인간에 대한 철학적 성찰

소광희 외 13인

문예출판사

머리말

영원한 수수께끼, 인간의 자기 인식

소광희(서울대 명예교수)

> (…) 당신에게 가장 가까이 가는 것은 가장 먼 길이며, 그 시련은 가장 단순한 음조를 따라가는 가장 복잡한 길입니다. 여행자는 자신의 문에 이르기 위해 낯선 문마다 두드려야 하고, 마지막 가장 깊은 성소에 다다르기 위해 온갖 바깥 세계를 방황해야 합니다. 눈을 감고 '여기 당신이 계십니다' 하고 말하기까지 내 눈은 멀고도 광막하게 헤매었습니다. … ─ 타고르, 《기탄잘리》

우리는 지금 이 책에서 '인간'을 논하려고 한다.

모든 인간은 본질적으로 자기 자신을 위해 살고 있다. 사람의 삶에는 언제나 '자기'가 중심에 놓여 있다. 그럼에도 이 '자기'가 무엇인지는 자신도 명확하게 모르고 있다. 인간은 자신이 무엇이며 누구인지 확실하게 모르면서 자기중심적으로 자기의 삶을 살고 있는 셈이다.

어느 학문이든 궁극적으로는 탐구자 자신을 포함한 '인간'에 대한 연구를 목표로 하고 있다. 목전의 이용후생을 위한 가정학, 경영학, 생리학, 의·약학 등은 말할 것도 없고 이공계 과학과 사회과학 인문학도 마침내는 인간이 무엇인가, 무엇이 인간을 위해 도움이 되는가를 알기 위한 사유노력이라고 해서 틀린 말은 아니다.

요즘 고구려와 발해의 역사적 소속이 국제적으로 심각하고 화끈한 논란거리로 되어 있거니와, 그것은 고구려라는 역사적 존재를 어떤 나라가 차지하느냐에 따라 그 나라의 위상이 달라지게 마련이기 때문이다. 다시 말하면 고대에 강력한 국가 형태와 화려한 문화를 이룩했던 고구려의 고토(故土)와 역사를 차지하는 나라는 다른 나라에 비해 강력한 나라로 자부할 수 있고, 그 나라의 백성들은 옛날의 찬란하고 강대한 나라를 이은, 그래서 언젠가는 그렇게 위대하고 화려한 문화를 재현할 가능성을 지닌 국민으로서 다른 나라 국민들 앞에서 자부심을 가질 수 있는 것이다. 중국이 갑자기 고구려와 발해를 자기네 역사 속에 편입하려고 하는 숨은 의도는 현재의 자기네 국가적 위상과 미래에 있을 것으로 예상되는 어떤 사태에 대비하기 위한 것이다. 그것이 혹시 고구려를 넘어 기자조선과 한사군을 들먹거리며 북한을 자기네 옛 영토라고 억지쓰려는 사전조작은 아닌지 의아스럽다. 이렇게 자기를 위한 일이라면 인간은 공간상의 영토는 말할 것도 없고 시간상의 현재와 미래뿐 아니라 과거까지도 자기 것으로 날조하려는 강한 욕망을 가지고 있다. '자기 확장'은 개인적으로나 집단적으로나 인간의 삶의 본질에 속하는 것인지도 모른다.

하기는 이미 백년 전에 군국주의 일본의 군부에서는 광개토대왕비를 일부 회칠해서 개조하고 일부를 마멸해서 마치 자기 나라가

백제를 토벌하고 고구려를 정벌한 것처럼 날조한 일이 있다. 엄연한 기록까지 자기들에게 유리하게 날조하고 개석(改釋)하는 판이다. 이래서 역사가 늘 다시 쓰여져야 하는지 모르지만 — 역사가 학문이 아니라 이데올로기라고 하는 이유도 이런 데 있다 — 합리성을 내세우는 학문이 이럴진대 학문 이외의 분야에서야 말해 무엇하겠는가? 설사 역사가 이데올로기를 넘어 학문이라고 하더라도 다른 모든 학문과 마찬가지로 인간중심적임에는 변함이 없다.

학문만이 아니라 모든 종교도 다름 아닌 살아 있는 인간을 위한 활동이다. 각종 종교에서는 죽은 자를 위해 기도하고 명복을 빈다. 그러나 그런 기도도 궁극적으로는 살아 있는 자기를 위한 기도인 것이다. 죽은 자를 위한 종교적 행위도 죽은 자를 위한 것이면서도 실지로는 산 자를 위한 것이다. 그뿐 아니라 종교는 인간을 위해 있는 것이지 종교를 위해 인간이 있는 것이 아니다. 종교에서 말하는 구원이란 한마디로 말하면 '죽음의 극복'으로서의 삶을 위한 것이다. 예수도 "안식일이 사람을 위해 만들어진 것이지 사람이 안식을 위해 만들어진 것이 아니라"(마가, 2장 27)고 하였다. 또 어떤 사람으로 하여금 자기를 따르라 하니 그가 말하길 먼저 가서 죽은 아버지를 장사를 지내게 해달라고 한다. 예수는 "죽은 자들로 하여금 자기네 장사를 지내게 하고 너는 가서 하나님의 나라를 전파하라"(누가, 9장 59~60)고 하였다. 합리적인 공자는 아예 사후세계에 대해서는 아는 바 없다고 하였다. 이런 말들은 달리 말하면 신앙도 산 사람을 위해 필요한 것임을 함축한다. 신앙은 죄의 참회를 통해 믿는 자가 스스로 안심입명하겠다는 것, 즉 사후세계까지 보장해놓고 편안한 마음으로 살기 위한 염원이며 그것의 표출행위인 것이다. 예술도 인간을 위한, 궁극적으로는 '자기'를 위한 활동이다. 인간인 자기가 결여된 예술이란 아무런 의의가 없다. 건축, 미술, 음악, 그 어떤 예술활동도 모두 인간을 위한 노력에 다름 아니다.

이와 같이 인간의 모든 지적·심미적·종교적 사유와 활동의 핵심에는 '자기'가 놓여 있다. 우리는 지금 이 인간으로서의 자기를 알려고 하는 것이다. '자기 인식'은 사실 철학적 성찰의 최고 목표이기도 하다. 회의론자인 몽떼뉴도 "세상에서 가장 위대한 일은 자기 자신을 찾아서 그 자기 자신으로 있을 줄 아는 것"이라고 갈파한 바 있다.

우리는 사회적 존재로서 경험적으로 개별적 인간 김모, 박모를 알고 있으며 그와 교섭하면서 살고 있다. 그러나 그렇게 아는 것은 학문적 인식이 아니다. 학문적 인식은 그 인식에 필연성을 보증하지만 경험적 개별적으로 아는 것에는 인식의 필연성이 없다.

학문적으로 김모, 박모에 이르기 위해서는, 즉 김모, 박모가 학문적 인식의 대상이 되기 위해서는 우리의 학문적 사유가 거기까지 도달해야 한다. 그래서 예로부터 학문적으로 개별자에 이르려는 노력을 기울여왔다. 소위 '개별화의 원리(principia individuationis)'에 대한 연구가 그것이다. 그러나 아무리 개별화를 철저하게 수행해도 학문적으로는 개별자에까지 이르지 못한다. 이 말은 학문적으로는 인간의 '자기 인식'은 개별적 인식일 수 없다는 것을 함축한다. 다시 말하면 학문적 인식의 대상으로서는 인간은 종(種)의 차원에서 인간이지 개인이 아니다. 학문적 사유는 본질적으로 보편지향적이다.

이것은 일반자로부터 출발해서 개별자에 이르는 길이 기껏해야 종의 차원에 머물 뿐 개별자 자체에까지는 도달하지 못한다는 것을 가리키지만, 그와 반대로 개별자로부터 출발하는 길을 택해도 사태는 마찬가지이다. 가령 "소크라테스는 백색이다"라는 명제를 보자. 이 명제는 개별자인 소크라테스의 성격을 포착하려고 출발했지만 술어가 가리키는 소크라테스의 성격은 '백색'이라는 일반자로 나타난다. 아리스토텔레스가 말하는 10범주나 칸트의 12판단 범주를 통해 드러나는 성격들을 모두 모은다 하더라도 소크라테스의 개별적 성격 자체에는 미치지 못한다. 학문적 사유와 마찬가지로 우리의 모든 진술명제 또한 보편지향적이기 때문이다. 그러기에 소설가들이 작중 인물을 개성적 인물로 부각시키기 위해서는 그를 단순히 대상으로서 묘사하는 데 그치지 않고 그의 출생과 성장은 말할 것도 없고 많은 인간관계 속에서의 그의 위치, 그의 언어와 행동양식 등을 자세하게 기술해야 한다.

인간의 '자기 인식'은 데카르트 이래 내성적 방법, 즉 반성을 통해 수행되어왔다. 반성은 자기가 자기를 성찰하는 것이다. 그것은 동일한 자기가 성찰하는 자기와 성찰되는 자기로 분열됨을 전제한다. 후설의 의식 현상학에서는 성찰하는 의식을 의식작용(noesis)이라 하고 성찰되는 의식을 의식내용(noema)이라 한다. 그리하여 반성이란 의식의 작용현행에 의한 의식내용의 포착이다. 그러나 의식활동에 있어서 작용의 측면은 아무리 반성을 거듭해도 ― 거듭하면

할수록 더욱더 ― 뒤로 물러나서 드러나지 않는다. 즉 작용 자체는 절대로 현재(顯在, patent)하지 않고 잠재적(latent)으로 머물러 있다. 그래서 작용하는 자아를 익명적 자아(anonymes Ich)라고 한다. 진정한 자기는 끝까지 숨어 있어서 현전하지 않는다는 것이다. 이와 같이 반성이라는 내성적 방법으로는 '자기 인식'은 자기에 대한 일면적 인식에 그치고 만다. 그 일면적 자기라는 것도 궁극적 주체로서의 자기가 아니라 대상화된 자기, 타자화한 자기, 명목상의 자기에 불과하다.

서양에서는 고대로부터 20세기 이전까지 주로 형이상학, 신학, 수학 및 생물학이 번갈아가면서 인간에 대한 연구를 주도해왔고 연구의 방향도 이끌어왔다. 그러나 19세기 말부터 이런 경향은 부서지기 시작했다. 니체는 인간의 본질이 권력의지에 있다고 하였으며, 프로이트는 인간을 성적 본능에서 해석하였다. 마르크스는 인간을 물적 소유를 위해 목숨을 걸고 싸우는 존재로 파악하였다. 사실들은 해석하기에 따라 얼마든지 다른 모습으로 드러나게 되었다. 말하자면 인식의 통일이 부서져버린 것이다. 이런 현상을 막스 셸러는 다음과 같이 진단하였다.

> 우리는 과학적 인간학, 철학적 인간학 및 신학적 인간학을 가지고 있으나, 이것들은 상호간에 아무것도 알지 못하고 있다. 그러므로 우리는 이제 인간에 관한 그 어떤 명료하고 통일적인 관념도 가지고 있지 않다. 인간 연구에 종사하는 특수 과학이 자꾸 늘어감으

로써 우리의 인간관은 밝혀지기보다 오히려 더욱 혼란스럽고 모호하게 되었다. … 인간 역사의 어느 다른 시대에서도 현대만큼 우리들 자신을 문제시한 적은 없었다.[1]

이런 현상은 학문세계의 현상으로 그치지 않고 일상생활에서도 이제는 일반원리가 되는 행위규범이 사라졌음을 의미한다. 가치 상대주의가 현대의 도도한 흐름이다.

이렇게 자기 인식에 대해 부정적으로 검토하면 인간에 대한 인식은 가망 없어 보인다. 그럼에도 사람은 누구나 자기가 남에 의해 해석되는 것을 본능적으로 거부한다. 즉 우리는 자기에 대해서는 자기가 가장 잘 안다고 자부한다. 그뿐 아니라 인류학, 심리학, 역사학, 민속학 등은 직접적으로 인간에 관해 탐구하고 있다. 이것은 인간의 자기 인식이 가능함을 보증한다.

철학은 다름아닌 인간의 자기 인식의 노력이다. 그리하여 모든 철학자는 어쨌든 인간을 주제적으로 다루어왔다. 즉 그들은 인간에 대한 논의를 건너뛰지 않는다. 만일 인간에 대한 논의를 치지도외 하였다면 그것은 철학이라고 말할 수 없다. 다만 인간의 자기 인식에 접근하는 방법이 철학자들마다 다를 뿐이다.

카시러는 인간을 '상징적 동물'이라고 파악한다. 인간은 한갓된 물리적 우주에 살지 않고 상징적 우주에 산다는 것이다. 특히 현대

---

1 M. Scheler, Die Stellung des Menschen im Kosmos, 1928, 13f.

인은 예컨대 TV 영상을 통해 간접적으로 사물과 만나지 직접적으로 사물을 대하지 않는다. 비유하자면 현금은 은행에 보관하고—보관하지 않더라도 은행이 보증만 하면 된다—수표를 가지고 거래하는 것처럼, 인간은 직접적으로 자연사물들과 만나지 않고 언어나 영상을 통해 그것들과 만나면서 살고 있는 것이다. 카시러에 따르면 언어, 신화, 예술 및 종교는 이 우주를 이루고 있는 상징들이다.

이것들[언어, 신화, 예술 및 종교]은 상징의 그물을 짜고 있는 가지각색의 실이요, 인간 경험의 엉클어진 거미줄이다. 사고와 경험에 있어서의 인간의 진보는 모두 이 그물을 개량하고 또 강화한다. 인간은 이제 다시는 현실에 직접적으로 부딪칠 수 없으며, 또 마치 얼굴을 맞대는 것처럼 그것을 볼 수 없다. 물리적 현실은 인간의 상징적 활동이 전진하는 데 따라 뒤로 물러가는 것처럼 보인다. 인간은 사물들 자체를 다루는 대신, 어떤 의미에서는 쉴 새 없이 자기 자신과 이야기하고 있다. 인간은 언어 형식, 예술적 심상, 신화적 상징 혹은 종교적 의식에 깊게 둘러싸여 있으므로 이러한 인위적 매개물의 개입에 의하지 않고서는 아무것도 볼 수 없고 또 알 수 없다. 인간의 이러한 형편은 이론의 영역과 실천의 영역이 마찬가지이다.[2]

---

2 E. Cassirer, An Essay on Man—An Introduction to a Philosophy of Human Culture, 1944. 최명관 역, 《인간이란 무엇인가—문화철학 서설》, 서광사, 1988, 49~50쪽.

그리하여 카시러는 그의 《인간론 *An Essay on Man*》 제2부에서 인간이 스스로 만든 이 상징 형식들을 통해 인간을 파악하고 있다. 이런 인간 인식을 그는 문화 철학의 과제로 삼고 있다. 이것은 인간의 자기 인식에 철학적으로 접근하는 한 예를 카시러에 즉해서 제시한 것뿐이다.

우리는 아래에서 카시러의 경우를 하나의 시금석으로 삼아 동서 고금에 걸친 철학적 '인간 인식'의 파노라마를 펼쳐 보일 것이다. 그렇게 함으로써 혼돈의 세기에 살고 있는 우리의 자기 인식을 위한 기연(機緣)으로 삼고자 한다.

차례

머리말
영원한 수수께끼, 인간의 자기 인식   3
    소광희(서울대 명예교수)

불교
인간 - 그 염정의 이중주   17
    김종욱(동국대 불교학과 교수)

노자
인간은 인위적 교육과 무관한 자연 본성을 가지고 있다   47
    정은해(서울대 철학사상연구소 선임연구원)

유학
이이 - 예(禮)의 거울에 자신을 비춰봐야 하는 인간   79
    정원재(서울대 철학과 교수)

플라톤
  인간, 이성과 반이성의 복합적 존재   107
    최 화(경희대 철학과 교수)

기독교
  인간은 신의 구원을 필요로 하는 존재   149
    강학순(안양대 기독교 문화학과 교수)

칸 트
  인간은 유한한 이성의 한계 내에서
  위대함을 꿈꾸는 형이상학적 존재다   181
    이선일(서울대 철학사상연구소 선임연구원)

셸 링

인간과 자연은
모두 근본적으로 자유롭다　　　　213

　　박 진(동의대 철학과 교수)

헤 겔

인간은 인정받기를 원하는 존재다　　239

　　강순전(명지대 철학과 교수)

마르크스

인간은 노동하는 존재이자
계급적 존재다　　　　　　　　　　289

　　손철성(경북대 윤리교육과 교수)

니 체

인간은 자신을 초극해야 하는 존재다　317

　　박찬국(서울대 철학과 교수)

베르그송
영화처럼 사는 인생   351
  차건희(서울시립대 철학과 교수)

후설
인간은 사실인의 차원을 넘어선
지향성의 주체이자 세계구성의 주체다   381
  이남인(서울대 철학과 교수)

하이데거
인간은 존재의 진리를 지키는
파수꾼이다   409
  이수정(창원대 철학과 교수)

불교

인간 - 그 염정의 이중주

김종욱(동국대 불교학과 교수)

인간의 본성

　인간의 본질에 관한 불교의 입장을 탐문해보기에 앞서 인간의 본성이라는 말의 의미부터 살펴보기로 하자. 인간의 본성이란 영어로는 human nature다. 이 말은 문자 그대로 '인간의 자연〔상태〕', 즉 인간의 자연적 성질, 다시 말해 자연의 일원으로서 인간에게 주어진 성질을 뜻한다. 그런데 이 성질을 '근본적인 성질'로 이해하느냐, 아니면 단지 '타고난 성질'로 이해하느냐에 따라 '본성'이라는 말의 의미가 달라지게 된다. 전자처럼 이해할 경우 본성은 '본질'이 되며, 후자처럼 이해할 경우 본성은 '본능'이 된다.

본질(essence)의 그리스적 어원 ousia와 라틴적 어원 essentia는 모두 '존재하다'는 동사의 분사형을 명사화시킨 것으로, '존재하는 것'이라는 뜻을 지니고 있다. 이것은 단순히 '현재 존재하는 것'이 아니라, '계속해서 존재하는 것'을 말한다. 한 사물이 존재하는 이상 계속해서 변하지 않고 남아 있는 것이라는 점에서, 본질은 항상적 불변성을 함축한다. 그렇게 남아 있으면서 그 사물로 하여금 바로 그러한 사물로 존재하게끔 하는 것이라는 점에서, 본질은 근원적 기체성(基體性)을 가리킨다. 그리하여 그 사물을 다른 것과 구별시켜주는 두드러진 것이 된다는 점에서, 본질은 일차적이고 배타적인 성격을 지닌다. 그리고 이런 성격은 그 사물이 제 구실을 하기 위해서는 마땅히 구현해야만 하는 것이라는 점에서, 본질은 바람직한 이상의 성격을 갖는다.

그렇다면 인간의 본질이란, 인간의 바람직한 상태를 가리킬 경우에는 인간의 인간다움(aretē)이고, 인간만의 두드러진 특성을 뜻할 경우에는 인간의 인간성(anthrōpinon, humanitas)이다. 또한 본질은 항상 불변하는 근원적 기체이며 이런 불변의 보편자는 오직 이성적 사유에 의해서만 파악된다는 점에서는, 인간의 본질은 이성적이고 정신적인 것이 된다. 따라서 인간의 본성을 자꾸 인간의 본질이라는 개념으로 설명하고자 하는 사람들의 생각 속에는, 인간의 본성은 바로 인간의 이성과 정신이어야 한다는 전략이 숨겨져 있다고 해도 과언은 아니며, 서양 철학사의 주류를 이들이 차지해온 것 역시 사실이다.

이에 비해 본능(instinct)은 자연적으로 타고난 성향을 뜻하는데,

그 어원 — in(위로) + stinguere(찌르다) = 찔러서 부추기는 것 — 에서도 알 수 있듯이, 구체적으로는 선천적 '충동'을 가리킨다. 이런 충동적 경향은 개체의 생존과 종족의 유지를 위한 기본적인 욕구〔食慾, 色慾〕와 밀접하게 관련되어 있다는 점에서, 본능은 주로 육체적인 성향의 것으로 간주될 수 있다. 그렇기 때문에 인간의 본성을 정신적 본질의 차원에서만 보아, 육체를 정신의 감옥으로 간주하는 사람들은 인간의 본능을 극도로 억제하고자 하였다. 다시 말해 본질의 이름으로 본능을 통제했던 것이다. 그러나 현대의 생물학에서 보면, 본능은 진화의 과정에서 생긴 종 차원의 정형화된 행동 유형으로서 유전적으로 확립된 것이기 때문에, 단순히 억누를 수 있는 것이 아니라, 인정해야 할 그 무엇이다.

인간에게만 있고 다른 동물에게는 없는 것이 '본질'로서의 인간 본성이라면, '본능'으로서의 인간 본성이란 다른 동물에게도 보이지만 인간에게서 그 정도가 많이 나타나는 것이다. 그렇다면 인간과 동물의 차이는 본질 상의 질적인 차이가 아니라, 정도 상의 양적인 차이에 불과한 것으로 된다. 이처럼 다 같이 인간의 본성을 논한다고 할지라도, 그것을 인간의 본질로 이해하느냐, 아니면 인간의 본능으로 이해하느냐에 따라 상당한 의견 충돌이 벌어질 수 있는 것이다.

이성과 동물성

그리스적으로 보자면, 사멸할 수밖에 없기에 그만큼 더 불사(不

死)를 갈구하는 인간으로서는 단순히 가사적(可死的) 동물에 머물 순 없고, 자신 속에서 불사의 '신적인 것'(theion)을 찾아내야만 했는데, 그것이 바로 영원 불변의 보편자를 인식하는 이성이고 정신이었다. 이런 이성과 정신은 동물과는 달리 인간에게만 '덧보태여진 것'(epiktesis)이라는 점에서는 인간의 고유한 '인간성'(anthrōpinon)이고, 인간의 본래적이고도 바람직한 '본질'(ousia)이라는 점에서는 인간의 인간다움(aretē)이다. 또한 그런 인간성과 인간다움으로 표현된 인간의 '본성'(physis)은 훌륭하고 좋은 것(agathos, 善)으로서, 영혼을 통해 생래적으로 주어진 것이다.

이처럼 죽을 수밖에 없는 인간의 유한성을 극복하기 위하여, 고대 그리스 철학과 더 나아가 중세의 기독교 사상에서는 영원 불멸하는 '신과의 닮음'을 통해서 인간의 본성을 규정했다. 그리하여 그리스인에게 인간의 본성은 불변하는 보편자에 대한 인식 능력인 이성(logos)과 정신(nous)으로, 기독교인에게 인간의 본성은 절대적 창조주에 대한 파악 능력인 이성(ratio)과 그런 신에 대한 자의적 거역으로서의 죄악성(peccatum)으로 각각 받아들여졌다.

그러나 천동설에서 지동설로의 코페르니쿠스적 전환은 모든 것을 바꿔놓았다. 이제 더 이상 지구는 우주의 중심점이 아니라 단지 행성 중의 하나로 태양의 주위를 도는 것에 불과하기 때문에. 인간은 그렇게 무한한 우주 속에 내던져진 채 방향과 안식처를 상실한 존재로 스스로를 느끼게 되었다. 이처럼 인간이 우주 안에서 확실하게 설 자리를 찾지 못하게 되자, 신적 질서로 유지되던 세계가 인간의 위상과 관련해 아무런 의미도 지니지 못하게 되었고, 그럴수록 인간은 점점 더 자신에게 주어진 유일하게 확실한 점인 인간 그 자신에게로 되돌아갈 수밖에 없게 되었다.

그런데 그로 인해 정신적으로든(헤겔) 물질적으로든(마르크스) 아니면 육체적으로든(니체) 인간의 주체성을 강조하는 것은 어쩔 수 없이 인간이 모든 것의 중심이며 주인이라는 인간중심주의로 나아갈 수밖에 없는 것이었지만, 근대인들은 이런 결론에 도달하기 위해 고대나 중세처럼 구태여 신을 끌어들일 필요도 없었고, 그렇다고 하찮게 보이는 동물과 자신을 비교하면서까지 그런 우위를 확보할 필요도 없었다. 인간의 내면과 인간의 사회만 둘러보아도 그 우수성을 증명하기에 부족함이 전혀 없었던 것이다.

그러나 19세기에 팽배하기 시작한 과학적 유물론의 경향은 모든 것을 물질적 인과율로 환원하고, 거기서 성립된 인과적 발생 과정에 있어서는 인간과 동물 사이에 전혀 차이가 없다고 보게 되었다. 인간성을 동물성의 차원에서 설명하려는 이 모든 경향의 최종 결정판이 바로 다윈의 진화론이다. 그의 진화론의 핵심 개념은 자연도태(natural selection)이다. 즉 모든 동물은 단세포 생물에서 시작하여 돌연변이와 불규칙적 변이를 통해 발전하였는데, 그런 변이에 의하여 발생한 새로운 변화물 중에서 환경에 적응하는 데 유리한 것만 남는다는 것이다. 다시 말해 적자(適者)는 계속 살아남고, 부적자(不適者)는 자연에 의해서 도태된다는 것이다.

이러한 자연도태설은 두 가지의 상이한 방향에서 읽힐 수 있다. 먼저, 자연도태설을 받아들일 경우, 인간이란 그런 진화의 과정에서 가장 적자로서 발전해온 만물의 영장으로 간주될 수 있는데, 이것은 인간중심주의의 생물학적 변종이라는 혐의를 받기에 충분한 발상이다. 단순한 것으로부터 복잡한 것으로 진화한다는 것은 낮은 것으로부터 높은 것으로 진보한다는 것을 시사하고, 다시 이것은 과거의 것보다는 현재의 것이, 그리고 현재의 것보다는 미래의 것이 더 완벽한 생물로 발전한다는 것을 함축한다. 그렇다면 현재의 인류가 자연 속에서 살아남아 오히려 자연을 지배하고 있는 것은 그만큼 인간이 최적자(最適者)라는 것을 증명해주는 것이 된다. 아울러 현재의 발전된 서양의 산업 문명이 과거의 낙후된 여타의 농업 문명을 지배할 수 있는 것 역시 그만큼 서양이 최적자라는 것을 보여주는 증거가 된다. 이렇게 될 경우 진화론은 인간중심주의, 제국주의, 인종주의, 종족주의 등 온갖 전도된 우월 의식의 진원지가 될 수 있다.

그러나 이와는 달리 자연도태의 진화론을 동물로부터 인간의 발생이라는 시각에서 볼 경우, 인간의 우월 의식은 곧바로 열등 의식으로 바뀐다. 다른 동물로부터 진화된 인간이란 한마디로 '털 빠진 원숭이(naked ape)'로서 한갓된 동물에 불과하기 때문이다. 이제 인간은 아담의 후손이 아니라 원숭이의 새끼이며, 신 쪽이 아니라 동물 쪽에 훨씬 더 가까운 존재가 된다. 다윈의 진화론이 당시의 유럽인들에게 충격을 준 것은 바로 이 대목이었고, 이것은 오늘날 생명의 출현이 진화냐 창조냐 하는 논쟁으로 계속되고 있다.

그렇지만 인간과 동물의 연속성을 강조하는 진화론의 시각은 인간의 본성에 관한 논의를 전혀 다른 지평으로 몰아갔다. 인간 본성에 관한 기존의 논의는 다른 모든 것과 인간이 '질적으로' 다른 것을 찾는 방향에서 진행되었다. 그렇게 질적으로 다른 것이 곧 인간의 '본질'이며, 인간의 본질은 바로 인간의 인간다움이므로, 그것은 마땅히 실현시키고 추구해야 할 바람직한 그 무엇이었다. 그 무엇이란 다름아닌 이성이고 정신이다. 그런데 이제 동물행동학(ethology)에서는 인간과 다른 동물의 차이는 본질의 차이가 아니라 '정도'의 차이이며, 단지 특정 성질의 많고 적음이라는 '양적인' 문제에 불과하다고 주장한다. 동물행동학자들은 인간의 독특한 행동이라고 간주되어왔던 것들을 먼저 조사해보고서, 그런 행동 가운데 놀라울 정도로 많은 부분이 다른 동물에게도 가능하다는 것을 보여주려 한다.

예를 들어 공격성과 이기심과 착취와 사적 소유와 교환과 도구 사용 능력 등은 침팬지에게도 나타나며, 군집 상의 상호부조는 대다수 포유류에게도 발견되고, 사회성은 개미나 벌들에게도 있다는 것이다. 또한 일정한 집단 내에서 학습되어 세대를 거쳐 전수되는 행동 유형을 일종의 문화라고 할 때, 침팬지 집단 내에서도 나름대로의 소규모 문화나 관습은 있다고 볼 수 있다. 자기 자신을 다른 대상물과 구별하는 능력을 자기 인식이라고 한다면, 거울에 나타난 자기 모습을 이해하는 오랑우탄이나 돌고래에게도 그런 인식 능력이 있다고 할 수 있고, 또 언어 능력이란 언어나 기호를 사용하여 의사 소통을 할 줄 아는 능력이라고 할 경우, 그런 능력은 침팬지나 보노보에게도 분명히 존재한다는 것이다.

그렇다면 이성은 무엇이란 말인가? 이성을 추상화와 개념화의 능력이라고 한다면, 그런 능력은 수화로써 새로운 물체의 이름을 묻기도 하는 침팬지에게도 어느 정도는 나타난다는 것이다. 결국 이성이란 주로 고도로 발달된 언어를 계속 사용한 결과물일 뿐이며, 복잡한 신경 세포의 놀라운 성과를 표현하는 또 다른 낱말에 불과하다고 할 수 있다. 그렇다면 이성적 동물로서의 인간의 자부심은, 영장류의 능력이 인간 종에 와서 비교적 높은 정도로 완성된 것이라는 자부심 이외의 것이 아니며, 인간의 본성은 동물성(animality)의 범위를 벗어나지 못한 채, 한 종에 특유하게 유전되는 생물학적 적응 방식인 '본능(instinct)'의 차원에서만 의미 있는 것이 된다.

그러나 잔인하게 살인을 저지른 어떤 범죄자가 자신의 행동은 자기 속의 동물적 본성의 표현일 뿐이므로, 자신에게는 아무런 책임이 없다고 주장한다면 어떻게 될까? 동물행동학자들은 인간의 본성에는 공격성뿐만 아니라 그것을 억제할 이성도 주어져 있다고 주장하겠지만, 과연 동물성[이성]으로 또 다른 동물성[공격성]을 제어할 수 있는 것인지, 또 동일한 본성을 소유한 인간들 사이에 왜 이성의 정도 차이가 발생하는지는 설명하기 쉽지 않다. 결국 그들처럼 일종의 생물학적 결정론을 주장하는 이상, 행위 주체의 자율성과 그로 인한 책임을 논하기는 어려울 수밖에 없는 것이다.

인간과 동물의 연속성에 대한 강조가 인간의 우월 의식을 허물고, 인간과 자연의 연속성에 관한 자각의 단서로 작용할 수 있는 것은 사실이지만, 인간중심주의적으로 설정된 인간 본성 이론에 대한 대안이 과연 인간의 동물화로만 가능한 것인지는 여전히 의문으로 남는다. 또한 고대나 중세처럼 불사를 꿈꿔 신과의 닮음 속에서 인간의 본성을 규정하든, 근대처럼 더 이상의 불사는 포기한 채 신이 떠난 그 자리에서 신 대신 현실 세계의 지배를 꿈꿔 인간 자신의 주체성 속에서 인간의 본성을 규정하든, 인간의 본성이라는 것이 이처럼 미리 전제된 의도 속에서 각색되는 것이 과연 타당한 것인가 하는 것 역시 의문으로 남는다. 인간의 본성에 관한 불교의 입장이야말로 바로 이런 문제들에 대한 적절한 답변이 될 수 있을 것이다.

심(心)과 생(生)

그런데 인간의 본성 문제에 관한 한 중국 불교의 사상은 그 이전의 도가적·유가적 인성론과 상호 밀접한 영향사 속에서 성립되었기 때문에, 중국 불교를 포함한 불교 전반의 인간관을 제대로 이해하기 위해서는 중국 철학의 인간 본성론에 관해 개괄적으로 살펴보는 것도 큰 도움이 될 것이다.

중국에서 철학은 인간의 본성에 관한 탐구로부터 시작되었다고 해도 과언은 아니다. 왜냐하면 중국 철학의 기초를 수립했던 제자백가들의 시기에 그들 쟁명의 중심에 섰던 문제가 바로 인성에 관한 논의였기 때문이다. 주 왕실의 와해로 인한 극도의 정치적 혼란기에 가장 요구되었던 것은 훌륭한 통치자인 성인(聖人)의 출현이었고, 그런 통치자의 제일 덕목은 피치자의 본성에 관한 분명한 이해에 있었던 것이다. 더욱이 중국적 철학의 영원한 사유 축인 천인합일(天人合一)의 관계에서 보더라도, 하늘이 명한 것(天命)으로서의 인성(人性)이야말로 인간 속에 부여된 하늘의 요소로서, 그것으로 인해 천과 인이 감응하여 합치할 수 있는 중요한 접점의 역할을 하고 있다고 볼 수 있다.

중국 철학의 역사 속에서 전개된 인간의 본성에 관한 다양한 논의들의 기본 경향이 이미 性이라는 한 글자 속에 함축되어 담겨 있다. 性이란 문자 그대로 心과 生의 합성이다〔從心從生〕. 여기서 生이란 "하늘이 부여하여(天之就)" "태어나면서부터 함께 생긴 것(與生俱生)" 그래서 "나면서 가지고 있는 것(生而有)"을 의미하니, 이것은 인간이 나면서부터 지닌 자연스러운 속성을 가리키는 말이다. 그런데 이런 자연스러움을 생리적인 것으로 본다면 生은 곧 본능과 욕망을 의미하고, 이런 자연스러움을 도가적인 것으로 본다면 生은 바로 그런 작위적 욕망이 배제된 무위자연(無爲自然)으로서의 원초적 생명 상태를 뜻한다. 둘 중 어느 입장을 취하든, 양자는 모두 인간의 본성을 인간과 자연 또는 동물 사이의 차이점보다는 공통점에 주목하여 해석하는 것으로서, 인성을 자연성의 시각에서 바라보는 경향이라고 할 수 있다.

이에 비해 心은 인간의 본성을 여타의 자연 사물과의 차이점에 주목하여 해석하는 것으로서, 인성을 윤리 도덕성의 시각에서 바라보는 경향을 대변한다고 하겠다. 이것은 정통 유가의 기본 입장이기도 한데, 맹자는 生 대신 心에 치중하여 性을 해석하면서, 인간의 마음속에는 인의(仁義)의 덕이 내재해 있으니, 이런 도덕적 본성으로서의 인성이야말로 인간을 금수와 구별시켜주고, 인간을 인간답게 만들어주는 인간만의 본질이라고 주장하였다. 또한 송대의 성리학자들은 이런 도덕적 본질로서의 性이 바로 전 우주의 이치(理)를 담보하고 있다〔性卽理〕고 하여, 인성에 관한 논의에 본체론의 계기를 끌어들였다. 이럴 경우 生으로서의 性이 생이후(生以後)의 형이하적인 것(形而下者)을 가리킨다면, 理로서의 性은 생이전(生而前)의 형이상적인 것(形而上者)을 가리킨다.

이렇게 볼 때, '나면서부터 자연스러운 것'을 뜻하는 生으로서의 性과 '사람을 사람답게 하는 것'을 의미하는 心으로서의 性은 본능(instinct)과 본질(essence)의 이중적 복합태로서의 인간 본성(human nature)이라는 서양 철학의 개념과 상당히 유사함을 발견할 수 있다. 자연성과 윤리적 도덕성을 구분하는 중국 철학의 인성론이 '사물에서 본 것(物上看)'과 '이치에서 본 것(理上看)'의 차이라면, 동물성과 이성적 사유성을 구분하는 서양 철학의 인간 본성론은 '사실적 측면에서(de facto)' 본 것과 '원리적 측면에서(de lego)' 본 것의 차이인데, 이는 매우 비슷한 발상법이라고 하겠다.

윤회와 해탈

이제 불교에서의 인간본성론을 다룰 차례가 되었다. 이에 대한 논의를 명확하게 하기 위해서는, 먼저 불교에서 인간을 바라보는 기본 시각부터 짚고 넘어갈 필요가 있다. 서양에서 인간에 관한 논의는 인간을 창조주와 피조물 사이의 종속 관계, 또는 같은 피조물인 인간과 자연 사물 간의 우열 관계에서 다루고, 중국에서는 인간을 천지의 도와의 도덕적 합일이라는 천인 관계 속에서 다룬다. 그러나 불교에서 인간은 윤회와 해탈의 과정이라는 전혀 다른 맥락에서 다루어진다.

생명을 가진 사물이 자신이 지은 행위의 영향력[業力]에 따라 여러 가지 삶의 형태를 띠고 생로병사의 괴로움을 되풀이하며 흘러가는 것을 일러 윤회(輪廻, saṃsāra, 흘러감)라 하고, 이런 윤회의 속박으로부터 벗어나는 것을 일러 해탈(解脫, mokṣa, 벗어남)이라고 하는데, 정확히 사람이라는 말에 해당하는 것은 윤회의 여섯 단계(六道) 중 하나인 인(人, manuṣya)이다.

manuṣya의 manu가 사유를 뜻하는 데서도 알 수 있듯이, "능히 생각을 가지고 일을 꾸며 사유 관찰하는고로 마누샤라 이름한다." (以能用意思惟觀察所作事 故名末奴沙) 그러나 인간은 이런 식의 분별 사유에만 머무르지 않고 그것을 무분별의 지혜로 전화시킬 수도 있는 존재이기 때문에, "생각과 신체와 언어를 가지고 있고 교만을 가지고 있으나 이 교만을 능히 파괴할 수도 있으므로 인간이라고 하는 것이다." 결국 인간이란 그가 어떤 마음과 생각을 가지느냐에 따라 윤회에 머물 수도 해탈을 이룰 수도 있기 때문에, 윤회의 육도(六道 : 地獄, 餓鬼, 畜生, 阿修羅, 人, 天)와 해탈의 사성(四聖 : 聲聞, 緣覺, 菩薩, 佛)은 미계(迷界, 어리석음의 세계)와 오계(悟界, 깨달음의 세계)라는, 주체자의 마음가짐에 따른 두 가지의 단계로 압축된다.

다시 말해 모든 것을 유(有)라는 고정적 실체로 간주하여 생각하면 육도의 미계가 생기고, 일체를 공(空), 가(假), 중(中)이라는 비실체적 사유 방식으로 생각하면 사성의 오계가 생기는 것이니, 미오(迷悟)의 그 마음가짐을 떠나 열 개의 세계들이 따로이 실재하는 것은 아니다. 소위 일체유심조(一切唯心造)라는 것도 이처럼 마음가짐에 따라 달리 보이는 세계의 출현 방식을 지적하는 말이지, 조물주의 의지에 의한 창조나 절대적 정신에 의한 구성처럼 추상적 관념론을 나타내는 표현이 아닌 것이다.

전미개오(轉迷開悟)

불교에서 인간은 창조신과 피조물, 하늘(天)과 땅(地)이라는 두 실재자 사이에서가 아니라, 오직 그의 마음가짐에 따라 미계(迷界)와 오계(悟界) 사이에서 존재한다. 그러나 이런 존재는 단순한 부유(浮游, 이리저리 떠돌아다님)가 아니라, 어리석음을 딛고 깨달음으로 나아간다는〔轉迷開悟〕뚜렷한 방향성을 지니고 있다. 이처럼 인간을 미오의 이중적 복합성과 마음가짐에 따른 전미개오의 가능성으로 규정하는 방식은 불교의 거의 모든 사상에 담겨 있다.

모든 것에는 고정적 실체성이 없어〔諸法無我〕, 영원 불변하지 않다는 것〔諸行無常〕을 모른 채 어리석게도 일체에 집착하면 괴로움이 생기지만〔一切皆苦〕, 그것을 체득하여 깨달으면 번뇌의 불꽃이 가라앉는다는〔涅槃寂靜〕사법인의 가르침, 그리고 괴로움이라는 현상〔苦〕을 직시해 괴로움의 발생 과정〔集〕을 알아내어, 괴로움의 제거 방법〔道〕을 통해 괴로움의 소멸 상태〔滅〕에 이른다는 사성제의 가르침 등은 모두 미오 간의 관계의 표현이라고 할 수 있다.

이러한 방식은 특히 십이연기(十二緣起)에서 잘 나타난다. 다르마(dharma)에 대해 무지하므로〔無明〕, 맹목적인 삶의 의지를 앞세워〔行〕, 물질과 비물질의 일체를 분별 인식한 후〔識, 名色, 六入, 觸〕, 거기서 즐거움과 즐겁지 못함을 느껴〔受〕, 즐거운 것을 갈망하여 집착하니〔愛, 取〕, 그것을 영원히 고정적으로 존재하는 것으로 여겨〔有〕, 무상한 생노병사에 괴로워한다〔生, 老死〕는 것이 십이연기의 내용이다.

그런데 십이연기에는 이처럼 괴로움의 발생 과정만 담겨 있는 것이 아니라, 괴로움의 소멸 과정도 함께 포함되어 있다. 왜냐하면 무명으로 인해 괴로움이 생겨난다는 것은, 무명을 제거하면 괴로움도 사라진다는 것을 아울러 함축하고 있기 때문이다. 비록 무지〔無明〕로 인해 괴로움 속에서 헤매는 미계(迷界)에 있지만, 자각〔明〕을 하면 괴로움에서 벗어난 오계(悟界)에서 살 수 있다는 것은 무명과 명으로 표현된 미오의 관계인 것이다.

염(染)과 정(淨)

그런데 오계의 부처란 바로 다르마에 대해 깨달은 자이고, 그런 깨달음의 내용인 다르마 자체는 여래의 출현 여부와 관계 없이 존재한다는 것은 미와 오의 관계에서 본래적인 것이 무엇인가를 시사해준다. 모든 것이 다르마를 본성〔法性〕으로 하는 하나의 세계〔法界〕인 이상, 비록 그런 다르마에 무지하여 거기에 맞지 않는 마음가짐으로 살면서 미계에서 헤매고 있다고 할지라도, 그러한 삶보다는 다르마를 깨달아 오계의 삶을 사는 것이 무시 이래로 있어온 저 일체의 본성에 부합하는 본래적인 것이라고 할 수 있다. 무명과 미계의 현실이 비본래적인 것으로서, 번뇌에 물든 염오(染汚, kilissana)된 것인 데 비해, 명과 오계의 가능성은 본래적인 것으로서, 번뇌에 물들지 않아 청정(淸淨, pabhassara, suddhi)한 것이다.

인간의 상황이 미오의 이중적 복합성으로 되어 있고, 전미개오가 오직 마음가짐의 전환으로 이루어진다는 것은, 불교에서 인간의 탐구가 마음의 탐색으로부터 시작하며, 그것이 비본래적 현실성과 본래적 가능성 혹은 염과 정의 구도에서 수행된다는 것을 보여준다. 인간을 염과 정의 구도에서 탐색하는 것은 서양에서 이성과 동물성, 유가에서 선과 악, 도가에서 정(靜)과 동(動)의 구도에서 인간을 보는 것과 대비된다. 불교적 인간관의 이런 구조를 한마디로 표현하면 "심성본정 객진소염(心性本淨 客塵所染)"이다.

이러한 관점이 초기 불교 이래의 전통이라는 것을 보여주는 표현으로《증지부경전》에 다음과 같은 것이 나와 있다. "비구들이여, 이 마음은 밝게 빛나고 있다. 단지 일시적인 번뇌에 의해 더럽혀져 있다." 여기서 '일시적인'이라고 옮겨진 āgantuka는 '손님[客]처럼 잠시 왔다 가는'이라는 뜻이고, 이것은 거울에 잠시 내려앉은 먼지[塵]와도 같기에, 보통 객진(客塵)이라고 부른다. 그런데 더럽혀진 오염이 이렇게 일시적인 현상이라면, 이것은 당연히 본래의 상태에서는 밝게 빛나는 청정이었다는 것을 시사한다. 그렇기 때문에 비록 '마음의 본성'(cittāprakṛti)이라고 할 만한 것이 정확하게 표기되어 있지 않음에도 불구하고, '심성본정'이라고 하는 것이다. 또한 번뇌가 손님이라는 것은 본래의 마음이 주인이라는 것을 함축하고, 이토록 마음이 중심이므로, "마음은 모든 일의 근본이 되니, 마음이 주인되어 마음이 시키는 것이다(心爲法本 心尊心使)". 따라서 "마음이 더러워지면 중생이 더러워지고, 마음이 깨끗해지면 중생이 깨끗해진다(心惱故衆生惱 心淨故衆生淨)"고 한다.

'심성본정 객진소염'이 가리키는 상황은 비유하자면, 구름[번뇌]이 달빛을 잠시 차단하지만 구름이 지나가면 달[마음]은 도로 본래대로 밝게 빛나는 것과도 같다. 이럴 경우 달은 구름에 의해 가려지기 전이나 후나 조금도 달라지지 않고 원래대로 빛을 발하고 있다.

따라서 마음 자체는 불생불멸(不生不滅)의 '불변(不變)'이라고 할 수 있는데, 이것은 생과 멸이라는 대립적 분별 의식에 의해서 '달라지는 것 없이' 본래 그대로 있는 진여(眞如)의 상태를 가리키는 것이지, 초월적 절대자의 고정 불변이나 영생 불멸을 말하는 것이 아니다. 따라서 '청정'이라는 것도 선과 악의 이분적 가치 판단에 물들지 않는 것을 뜻하는 것이지, 극악과 반대되는 절대적 최고선을 의미하는 것이 아니다. 그렇기 때문에 "모든 악을 짓지 말고 많은 선을 받들어 행하되, 스스로 그 마음을 깨끗이 하는 것, 이것이 모든 부처님의 가르침이다(諸惡莫作 衆善奉行 自淨其意 是諸佛敎)"라는 칠불통계(七佛通戒)도, 단순히 악을 멈추고 선을 행하라는 윤리적 교훈을 설교하는 것이 아니라, '선과 악으로 분열되기 이전의 본래 상태(善惡未分前本來面目)'로 돌아가 선악에 물들지 않은 청정함을 회복하라는 주문인 것이다. 그렇다면 심성본정을 주장한다고 해서, 이것을 사단(四端)의 선심(善心)을 주장하는 맹자식의 성선설과 동일시할 수 있는 것은 아니라고 하겠다.

자성청정심과 공성

마음의 이러한 본래 그대로의 면목을 일러 '본성(prakṛti)'이라고 할 수 있는데, 그럴 경우 이 마음은 '본성청정심(prakṛti-prabhāsvara-citta)'이라고 표현된다. 그리고 본성은 '자기만의' 고유한 성질이라는 점에서는 자성(自性, svabhāva, 자기 존재)과 통할 수 있으므로, 본성청정심은 곧 자성청정심(自性淸淨心)이라 번역되기도 한다. 그런데 이렇게 되면 무자성(無自性)의 공(空)을 일체의 진상으로 보는 대승 불교의 기본 입장과 자성청정심이 상충되는 것처럼 보인다. 그러나 무자성의 공이든 자성의 청정이든, 그것이 있는 그대로의 진여를 표현하는 것이라는 점에서는 다르지 않은 것이다. 그저 '그러그러하다(如如, tathatā)' 고밖에는 표현할 수 없는 그런 상태에 대해서, 무자성의 입장에서는 그것을 '상호의존(緣起)하기에 고립적 실체성(自性)이 부정될 수밖에 없는 상태'로 보는 데 비해서, 자성청정의 입장에서는 그것을 '이원적 분별에 의해 더해질 것도 덜해질 것도 없이(不增不減) 제 스스로 본래 그러한 상태'로 본다. 진여라는 동일한 사태에 대해서, 전자는 고립성(자성)의 부정 쪽에서 보고, 후자는 본래성(본성)의 부각 쪽에서 보고 있는 것이다.

실제로 공관(空觀)을 주장하는 반야계 경론서들에서는 "생사를 여읜 자(善逝)를 포함해 모든 것이 무자성이므로, 곧 자성청정이라

한다(一切法與善逝等而無自性 此如是說卽自性淸淨)"고 하여, 자성의 청정을 자성의 없음, 즉 공으로 이해하고 있다. 또한 "마음의 본성이 불생불멸하여 항상 청정한 모습인 것은 마음과 마음의 상이 모두 공하기 때문이다(心性不生不滅 常是淨相 心心相空故)"고 하여, 자성청정심을 공성과 연결시키고 있다. 이러한 내용을 볼 때, 자성청정심과 공성은 모순되는 것이 아니며, 자성청정을 마음의 본성으로 지닌 인간의 본성 역시 공성이라는 것을 알 수 있다.

알라야식

그러나 반야사상과 중관사상은 '심성본정 객진소염'의 가능 근거가 공성에 있음을 주장할 뿐, 마음 자체의 작용에 대해서는 깊이 있게 다루지 않았다. 이를 보완하기 위해 유식사상에서는 '심성본정 객진소염'이라는 정과 염의 구조를 알라야식을 통해 종합적으로 파악한다. 알라야식(ālaya-vijñāna, 阿賴耶識)이란, 알라야라는 말에 저장[藏]이라는 뜻이 있듯이, 심리적 경험 활동에 의해 산출되는 잠재적 형성력[種子, bīja]들을 축적하여 간직하고 있는 의식[藏識]을 말한다. 우리는 보통 경험 활동의 주체가 자아이고, 그 활동의 대상이 되는 것이 밖에 따로 실재한다고 여기지만, 활동의 주체는 마음이며, 모든 것은 마음의 작용(vijñāna)에 의해 알려진 내용(vijñapti)에 불과하다(vijñapti-mātra, 唯識).

유식의 입장에서 보자면, 우리는 단지 찰나 찰나 생멸하는 마음이 일정 기간 지속되는 것을 자아라는 개념으로 묶어 집착하고 있을 따름이다. 이런 자아의식(제7식, 意)과 대상의식(제6식, 識)을 총괄하여 마음의 흐름(心相續)에서 주체가 되는 일종의 잠재의식이 바로 알라야식(제8식, 心)이다. 이처럼 인간의 모든 활동을 총괄한다는 점에서, 알라야식은 정과 염, 선과 악의 의지처가 되며, 마음이 정(淨)이나 염(染)이 되고 행동이 선이나 악이 되는 것은 그 근저에 알라야식이 있기 때문이다.

이런 이중적 복합성의 중도적 성격은 존재의 상태를 3종으로 분석한, 소위 3성(性) 이론에서도 나타난다. 유식에서 보면 모든 존재는 의식된 세계로서, 전(全)7식과 알라야식이 서로 매개되어 상호의 존적으로 대상을 형성하는 것(依他起性, paratantra-svabhāva)인데, 이것은 의식 자신에 의해 언어를 통해 실체화되면서 두루 분별되고 집착되는 것(遍計所執性, parikalpita-svabhāva)이 되기도 하지만, 상호의존적으로 형성된 것 자체는 원래부터 공(空)의 상태로 완성되어 있는 것(圓成實性, parinispanna-svabhāva)이다. 이것은 의타기성을 중심으로, 변계소집성이라는 현실과 원성실성이라는 본래적 가능성을 통일하는 것이며, 연기된 세계가 일시적으로는 분별되고 있지만 원래적으로는 이미 완성된 것이라고 하여, 객염(客染)과 본정(本淨)을 종합하는 것이다. 또한 원성실성이란 의타기성의 본질을 공성으로 이해한 것이기 때문에, 공성을 주장하는 중관과 유식이 마치 무(無)와 유(有)처럼 모순된다고 보는 것은 무리이며, 공성으로서 원성실성에서는 의식이 진여와 합일되고 주객이 무이(無二)로 되어 '대상도 마음도 아울러 없게 되기(境識俱泯)' 때문에, 유식을 주

불교 35

관적 관념론으로 간주하는 것도 오해라고 할 수 있다.

여래장

유식 사상에서는 인간의 상황에 담긴 미오나 염정의 이중적 복합성과 전미개오(유식의 표현으로는 轉識得智)의 가능성을 알라야식과 3성 이론을 통해 나름대로 종합하고 있지만, 심성본정보다는 범부의 마음 상태를 해명하는 객진소염 쪽에 비중을 더 두었던 것이 사실이다. 이에 비해 여래장 사상에서는 심성본정 쪽에 강조점을 두고 객진소염과의 통합을 모색하고 있다.

여래장(如來藏, tathāgata-garbha)이란 여래와 태(胎, 태아 또는 자궁)의 합성어이다. 여래(tathāgata)는 진여(tatha)에 도달(agata)한 자이고, 진여는 일체의 진상인 법성(法性)으로서 모든 것에 편만해 있으므로, 기본적으로 일체 중생은 여래가 될 수 있는 가능성을 지니고 있다고 할 수 있다. 그런데 여래장이 여래의 태아라고 하는 것은, 가능성의 차원에서는 태아가 그대로 성장하면 여래가 될 수 있는, 그래서 여래와 같은 종족(gotra)이 되는 것이지만, 현실성의 차원에서는 아직은 여래가 아니고, 오히려 가만히 있으면 태아의 상태에서 벗어날 수 없다는 것을 의미한다.

여기서 가능성 차원에서 드러나는 여래와 중생의 동일성은 인간 본래의 심성본정을 가리키고, 현실성 차원에서 나타나는 여래와 중생의 차이성은 인간 실존의 객진번뇌를 함축한다. 이것을 《승만경》

의 표현대로 하면, 객진번뇌성은 진여의 충만함이 '비어 있는' 일시적인 허망한 것이라는 점에서 공여래장(空如來藏)이고, 본성청정성은 진여의 충만함이 '비어 있지 않은' 본래의 원만구족한 것이라는 점에서 불공여래장(不空如來藏)이다. 그러나 공여래장이든 불공여래장이든 동일한 진여의 은폐와 구현으로서, 양자는 기본적으로 무자성의 일체이며, 더욱이 여래의 본성인 법성이 곧 공성이기 때문에, 여래장은 공성의 유적(有的)인 표현일 뿐, 공성을 위반하는 것이 결코 아니라고 할 수 있다.

여래장이 공성과 모순되지 않는다는 것을 보다 잘 보여주는 표현이 바로 불성이다. 불성(佛性)에 해당하는 인도 원어는 여러 가지가 있지만, 보통 buddha-dhātu를 그 해당어로 본다. 붓다란 법(法, dharma)을 보아 깨달은 자를 말한다. 그렇다면 법을 본 자는 누구나 부처가 될 수 있고, 따라서 부처가 될 수 있는 가능성은 모든 이에게 열려 있다고 할 수 있다. 이런 가능성을 담보해주는 표현이 다투이다. 다투의 어근 dhā는 '야기하다, 일으키다' 또는 '놓다, 위치하다'는 뜻을 지니고 있다. 전자의 뜻으로 할 경우, 다투는 '야기하는 것(因)'이고, 붓다-다투는 '부처가 되게 하는 근원'이나 '부처가 될 요소' 등을 의미한다. 후자의 뜻으로 할 경우, 다투는 '야기되어 놓여진 것(界)'이고, 붓다-다투는 '그런 근원에 의해 야기되어 부처와 한 종족을 이루는 것'을 의미한다. 불성을 전자의 의미로 해석할 경우, 그 해당어는 buddha-garbha(佛藏)가 되고, 후자로 해석할 경우에는 buddha-gotra(佛姓)가 된다고 할 수 있다.

그런데 다투의 이런 용법은 dharma-dhātu(法性, 法界)에도 적용된다. 다투의 첫 번째 용법에 따를 경우, 다르마-다투는 '모든 존재자의 현상을 야기하는 근원'으로서의 '연생성(緣生性, pratī-tyasamutpannatva)', 즉 법성(法性)을 가리키고, 그 두 번째 용법에 따를 경우에는 '연기라는 원리 하에 마치 하나의 가족이나 종족처럼 공존하며 모여 있는 것' 다시 말해 '연기한 제법'(pratītyasamutpannā dharmāḥ), 즉 법계(法界)를 가리킨다. 법을 본 자를 부처라고 하는 이상, 부처를 되게 하는 근원은 법이고, 이 법에 해당하는 것이 일체의 근원으로서의 법성이며, 법성은 바로 연기성과 공성을 의미한다. 그렇다면 불성은 곧 법성이고 공성이라고 할 수 있다. 성불의 가능 근거와 일체의 존재 근거가 공성이라는 점에서 일치하고 있는 것이다. 그렇기 때문에, "불성은 곧 인간과 세계 모두가 공함에 의해 드러난 진여이며(佛性者 卽是人法二空所顯眞如)", 인간과 세계가 모두 공으로서, 분리되지 않는 "무이의 성이 바로 불성이니(無二之性 卽是佛性)", "불성이 없다는 것은 바로 공성이 없다는 것이다(無佛性者 卽無空性)"고 말할 수가 있다.

불성

심성본정 객진소염이라는 미오의 이중적 복합성을 함축하고 있는 것이 여래장이고, 그것의 이론적 토대가 공성에 있음을 보여주고 있는 것이 불성이지만, 여래장과 불성은 모두 중생의 성불 가능성을 가리킨다는 점에서는 차이가 없다. 그런데 인도에서 여래장

사상이 성립된 이래 후대로 갈수록, 여래장보다는 불성이라는 표현이 더 잦아지고, 특히 중국 불교에 이르러서는 여래장 사상을 체계화한 《보성론》이 거의 잊혀질 정도가 되었다. 이처럼 중국 불교에서 여래장이 불성으로 대체되는 것은 붓다-다투를 불성으로 옮김으로써, 중국인들이 훨씬 더 받아들이기 쉬운 것으로 되었다는 사실과 관련이 있다. 따라서 불성이란 단순한 번역 용어 이상이며, 거기에는 불교 사상과 중국 전통 사상 간의 상호 침투 관계가 함축되어 있는 것이다.

불성의 중국적 수용의 첫번째 특징은 불성의 인성화이다. 붓다-다투를 불성으로 옮길 때의 그 성(性)자는 단순히 추상명사형의 어미가 아니라, 중국의 유가적 인성론 상의 성, 즉 일반 사물의 특징[物性]이나 동물의 특징[獸性]과는 구별되는 인간의 특징[人性]과 연결된 말이다. 이제 성불의 가능 근거를 의미하던 붓다-다투가 인간의 본성으로 간주되며, 그렇게 인성화됨에 따라, 맹자 이래로 인성론을 심성론의 차원에서 다루어왔던 중국인들은 불성 사상에 담긴 심성본정론을 더욱 잘 이해할 수 있게 되었다.

그리하여 축도생(竺道生)은 맹자식의 성선을 불성론적으로 해석하여, "성선(性善)에서 선이란 리(理 → 다르마)의 오묘함이고 성이란 근본으로 돌아감이다(性善者 妙理爲善 返本爲性也)"고 했고, 혜능(慧能)은 심성본정을 곧바로 "인성본정(人性本淨)"으로 바꾸어 부르기도 하였다. 또한 불성이 인성화되고 심성화됨으로써, "성이 바로 마음이고 마음이 바로 부처이니(性卽是心 心卽是佛)", "마음을 밝히는 것이 성을 보는 것이고(明心見性)" "성을 보는 것이 부처가 되는 것

불교 39

이다(見性成佛)"라는 선불교의 기본 주장이 가능하게 되었다. 그리고 이렇게 불성론이 인성화·심성화됨에 따라, 후대의 신유학은 오히려 보다 더 쉽게 불교의 사상을 흡수할 수 있게 되었던 것이다.

불성의 중국적 수용의 두 번째 특징은 불성의 본체화이다. 본체론이란 만물은 자신의 전일적 근본[體, 본체]을 터전으로 삼아 조화롭게 작용하고 있는 것[用, 현상]이라고 보는 사고방식을 말한다. 중국에서의 본체론은, "만물은 모두 도로부터 말미암아 생겨난다(萬物皆有道而生)"고 주장한 도가사상 속에서 형성되었다. 그런데 그 도는 자연[自然, 스스로 그러함]을 성으로 삼고, 자연은 그 도를 체로 삼으니, 즉체즉성(卽體卽性)의 도즉자연(道卽自然)이 되어, 성은 곧 체와 연결된다. 이것은 본성을 심성의 차원에서 다루는 맹자와는 달리, 본성을 본체의 차원에서 다루고 있는 것이다.

불교에서는 법성과 공성으로서의 진여실상이 만물의 근본이고, 불성은 이런 법성과 다르지 않으므로, 불성 역시 기본적으로는 본체의 성격을 지닌다고 할 수 있다. 이제 중국에서 성이 체화(體化)되어 감에 따라, 불성도 본체화되며, 이렇게 내 속에 있는 만법의 근원으로서 본체화된 불성을 일러 본성(本性) 또는 자성(自性)이라 부른다.

그래서 혜능은 "스스로 본성을 보니(自見本性)" "자심에서 진여본성이 문득 현현한다(自心頓現眞如本性)", "만법은 자성을 따라 생하니(萬法從自性生)" "만법은 자성에 있다(萬法在自性)"라고 말한다. 이때의 자성은, 공은 곧 무자성이라 하여 부정되는 중관불교의 자성과는 다른 것이다. 혜능의 자성은, "만경은 스스로 여여(如如)한 것이니, 만약 이렇게 본다면, 바로 무상보리인 자성인 것이다(萬境

自如如 若如是見 卽是無上菩提之自性也)"는 말에서도 알 수 있듯이, 무이(無二)의 진여본성이 차별없이 여여하게 제 스스로 있음(自性)을 표현하는 말이다.

연기하여 여여한 상태에 대해서, 그런 상태에선 고립적 실체로 있을 수 없다는 점에 주목하면 무자성(無自性)이고, 그런 상태는 분별에 의해 좌우됨 없이 그 자체로 본래 자재(自在)하다는 점에 주목하면 자성(自性)이다. 따라서 진여를 드러낸다는 점에서는 무자성과 자성이 다르지 않기 때문에, 역설적이게도 진여 공성은 무자성이기도 하고, 자성이나 실성(實性)이기도 한 것이다. 이것은 진공(眞空)을 묘유(妙有)의 실상(實相)으로 긍정하는 태도인데, 이런 태도를 갖고 있기에 혜능은 "자성은 진공이다(自性眞空)"라고 말하는 것이다.

그런데 불성과 자성이 모두 공성이라고 하는 것은, 비록 불성을 본체로 간주한다 하더라도 그것이 곧 실체는 아니라는 것을 보여준다. 서양 철학에서 본체(noumenon)는 정신(nous)에 의해서만 파악되는 불변의 예지계를, 현상(phenomenon)은 이런 불변의 본체를 토대로 드러나는(phainomai) 덧없는 감성계를 의미하는 데 반해서, 중국 철학에서 체(體)는 한 몸과도 같이 융화된 전체를, 용(用)은 이런 전일적 체 내에서의 역동적이고도 다양한 작용들을 가리킨다. 서양 철학에서는 본체와 현상이 실체적으로 분립하지만, 중국 철학에서는 체와 용이 상즉(相卽)하고 있는 것이다.

따라서 중국 불교에서의 본체도 인간과 만물을 떠나 실체적으로 독립 실재하는 별유일물(別有一物)이거나, 만물을 실제로 생성시키는 우주론적 발생 기능을 지닌 초월적 주체이거나 한 것이 아니다.

만법 중 진여의 공성을 벗어나 성립할 수 있는 것이 하나도 없고, 이렇게 만물을 하나로 조화시키는 전일적 터전이 되기에 그저 본체라 할 뿐이며, 이런 공성으로서의 본체는 무상이면서도 실상(無相而實相)인 불이(不二)의 존재이므로, 특정의 실체로 한정될 수 없다고 하는 것이다. 그렇다면 이토록 실체화될 수 없는 공성이 바로 불성의 내용인 이상, 불성은 공성과 연기성의 자각 가능성을 확인시켜주기 위한 희망적 어법으로 간주해야지, 그런 불성을 실체적으로 미리 주어진 어떤 성품으로 고정화시켜서는 곤란하다고 하겠다.

공성으로서의 불성

이상에서 보았듯이, 중국의 불교인들에게 불성의 인성화는 불성이 인간의 본성으로서 자신의 마음속에서 드러날 수 있다는 확신을 심어주었고, 불성의 본체화는 그렇게 심성화된 불성이 만법의 근본인 진여 공성과 다르지 않다는 자각을 불러일으켜주었다. 이제 우리는 불교에서 인간의 본성은 불성이며, 그것도 '공성으로서의 불성'이라고 분명하게 말할 수 있게 되었다. 이런 '공성으로서의 불성'이 철학적으로 의미하고 있는 바를 간략히 살펴보기로 하자.

첫째, 공성으로서의 불성은 인간 본성의 비고정성과 그로 인한 자유의 가능성을 함축한다. 서양 철학이나 전통 중국 철학에서는 인간의 본성을 본능적 요소[instinct, 生]와 본질적 요소[essence, 心]로 구분한 후, 동물성과 이성, 육체와 영혼, 물질과 정신, 악성과 선성, 자연성과 도덕성 중에서 어느 한 측면을 부각시켜 인간의 본성으로 간주하였다. 그러나 인간의 본성이 이런 특정의 측면으로 한정될 경우, 그런 본성의 능력을 지니지 못한 것에 대해서는 배타적일 수밖에 없고, 더욱이 인간 자신이 그런 요소에 의해 제약받음으로써 진정한 자유를 누리지 못하게 된다. 다시 말해 인간의 본성을 특정한 것으로 한정시키는 것은 그런 본성의 장악을 통해 타자를 지배하려는 미리 전제된 의도에서 나온 것이지만, 오히려 그럴수록 그런 본성의 이름으로 지배의 주체 자신이 속박당하고 마는 것이다.

그런데 불교의 연기적 시각에서 보자면, 본능의 욕망[愛]과 본질의 이성[識]은 모두 자기의 지속적 존립을 의도로 한 의지 활동[行]의 산물로서, 연기성과 공성에 대한 무지[無明]로 인해 야기된 것들이다. 연기적 존재로서의 인간은 고정된 실체로 환원될 수 있는 단순성(simplicity)의 존재가 아니라, 상호 연관된 중층적 구조의 일원으로 참여하는 복잡성(complexity)의 존재이며, 이런 관계의 망 속에서의 인간의 본성은 공성일 수밖에 없다. 따라서 공성으로서의 불성을 본성으로 하는 인간은 욕망의 충동이나 이성의 사유나 맹목의 의지에 의해 규정되지 않는 존재이며, 그런 것들로 한정되지 않는다는 것은 곧 그런 것들로부터 자유롭다는 것을 의미한다.

진정한 자유는 욕망과 사유와 의지의 자의적 구사나, 그런 것들의 주체로서의 자아의 자발성이 아니라, 욕망과 사유와 의지의 중도적 극복이며, 그런 것들을 공화(空化)시키는 진여 실상의 수용성이다. 자유(自由)란, 그 말의 기원인 선(禪)의 시각에서 보더라도, 이성적 '자아로부터 비롯함(自我由)'이 아니라, 진여의 '자성으로부터 비롯함(自性由)'인 것이다. 사유하면서 그런 사유의 능력[이성]을 자신만의 우월성으로 확대 재생산해가는 것이 인간의 본성이 아니라, "사유하면서도 사유를 떠나는 머물지 않음이 바로 인간의 본성이며(念而不念 無住者 爲人本性)", 그것이 곧 공성의 자유이다.

둘째, 공성으로서의 불성은 인간중심주의를 극복함으로써 자연과 인간을 화해시킬 수 있는 조화로운 인간본성론을 창출할 수 있다. 불성과 법성이 모두 공성이라는 것은, 인간의 본성과 자연의 본성이 공성으로서 일치한다는 것을 의미한다. 따라서 공성으로서의 인간의 본성은 인간의 종적 우월성의 표시가 아니라, 자연과의 불이(不二)적 연관성의 징표라고 할 수 있다. 여기에는 인간의 우월적 본성을 빙자한 어떠한 인간중심주의도 끼어들 여지가 없다. '이성을 가진 동물'이라기보다는 '공성으로서의 불성을 지닌 중생'인 인간은 이성을 무기로 한 지배의 화신도 아니고, 동물적 욕망의 노예만도 아니다.

그런 인간은 자신과 한 생명의 그물로 연결된 일체의 존재에 대해 끝없는 관심을 기울이면서도, 자신이 중심임을 주장하지 않는 탈중심의 존재이다. 그렇기 때문에 인간중심주의의 올바른 극복은 서양의 동물행동학에서처럼 인간을 동물과 동질화시키는 데 있는 것이 아니라, 동물을 비롯한 일체생명과 인간과의 상호보완적 관계성[緣起 空性]을 자각하여 회복시키는 데 있는 것이다. 이렇게 연기와 공이라는 비실체적 상호의존성을 공통의 본성으로 하여 자연과 인간이 화해를 이룰 때, 진정한 생태학적 평화가 찾아올 수 있다.

불교 분야 입문서

1. 사이구사 미쓰요시, 김진무 역,《인간론, 심리학》, 불교학세미나 3, 불교시대사, 1996.
2. 정승석,《인간을 생각하는 다섯가지 주제》, 대원정사, 1997.
3. 월폴라 라훌라, 진철승 역,《붓다의 가르침》, 대원정사, 1990.
4. 이기영,《새벽의 햇빛이 말하는 의미-원효사상 70강》, 한국불교연구원, 1993.
5. 김종욱,《하이데거와 형이상학 그리고 불교》, 철학과 현실사, 2003.

필자 소개

동국대 불교학과를 졸업하고, 서울대 대학원 철학과에서 현대서양철학 분야로 박사학위를 받았다. 2001년 3월부터 1년간 불교 TV에서 〈불교와 철학의 만남〉을 강의했으며, 2003년 10월부터 2004년 4월까지 불교방송에서 〈불교와 생태의 만남〉을 강의하였다. 현재 동국대학교 불교학과 교수로 재직하고 있다.

저서로는《불교에서 보는 철학, 철학에서 보는 불교》,《용수와 칸트》,《하이데거와 형이상학 그리고 불교》,《불교생태철학》등이 있고, 공저로는《하이데거와 철학자들》,《하이데거와 근대성》,《하이데거 철학과 동양사상》,《실천불교의 이념과 역사》등이 있으며, 번역서로는《불교사상과 서양철학》,《서양철학과 禪》,《불교철학사》등이 있다.

노자

인간은 인위적 교육과 무관한 자연 본성을 가지고 있다

정은해 (서울대 철학사상연구소 선임연구원)

1. 머리말

이 글에서는 노자의 인간관을 그의 반(反)-교육학적 관점에서 밝혀보고자 한다. 동서를 막론하고 철학은 인간에게서 그 현실성과 가능성을 해명하고, 현실성의 유지가 아닌 가능성의 실현을 촉구해 왔다. 플라톤이 《국가론》에서 동굴의 비유를 통해 말한 것이 그것이고, 칸트가 《실천이성비판》에서 자유의 개념을 통해 말한 것이 그것이다. 또한 하이데거가 《존재와 시간》에서 본래적 실존이라는 개념을 통해 밝힌 것도 그것이다.

마찬가지로 불가에서 강조되는 불성(佛性)이나 유가에서 강조되는 인도(人道)도 인간의 가능성을 지적하는 말이지 현실성을 지적하는 말은 아니다. 노자가 말하는 무위자연(無爲自然)의 덕(德) 역시 인간의 가능성을 지적하는 말이다. 무위자연의 덕은 인간에게 현실적 덕목이 아니라 가능한 덕목인데, 노자는 이를 현덕(玄德)이라고 부른다.

교육학은 가능한 인간의 실현을 위해 인간행동의 계획적 변화를 의도하는 학문이다. 반면에 노자는 가능한 인간의 실현을 중시하면서도 모든 계획적-의도적 노력을 거부한다. 따라서 필자는 이 글에서 노자가 말하는 현덕에 주목하면서, 이러한 현덕의 실현에 관련된 그의 사유 속에서 드러나는 그의 반-교육학적 사유 내용을 부각시켜보고자 한다.

이를 위해서 필자는 먼저 현덕의 개념을 밝히고, 이어서 이에 상관된 개념들인 현명(玄明), 은폐, 무위자연, 자화자정을 차례로 검토할 것이다. 이러한 검토는 그의 반-교육학적 사유를 밝혀주는 한편, 그가 사유하는 가능한 인간 역시 반-교육학적으로 이해된 인간임을 밝혀줄 것이다.

2. 도의 체득: 현덕

1. 현덕의 작용: 살림

우리가 옥황상제나 산신령이 있고 이들이 천지(天地)를 섭리한다고 가정하지 않는다면, 천지는 우리에게 다른 모습으로 나타나게 될 것이다. 다시 말해 우리가 신학적-목적론적 가정 없이 천지를 바라보면, 천지는 저절로-이유 없이(自然) 움직여가는 것으로 나타난다. 그리고 저절로-이유 없이 움직여가는 천지는 자기 안에서, 곧 하늘과 땅 사이에서 만물이 탄생되도록 하고, 자라나도록 하고, 때가 되면 다시 자기 안으로 받아들이는 것으로 나타난다. 결국 천지가 자기 안에서 사물들을 살리고 키우고 거두는 일을 우리는 천지의 운행 방식 내지 존재방식이라고 말할 수 있을 것이다. 그런데 천지가 사람과 같이 의식이 있는 것으로 보이지 않는 한, 우리는 천지가 사람처럼 의식적-의도적-계획적으로 자신의 존재방식을 유지해간다고는 말할 수 없다.

천지의 존재방식, 곧 천지의 도(道)는 우선 사물을 살리는 것이다. 생겨난 사물은 천지의 도를 따라 다른 사물을 살리고, 다른 사물을 통해 자기를 살린다. 그러나 천지는 물론 사물도 살림의 일을 의식적으로 하지 않고, 자기를 드러내려고 하지도 않고, 자기가 살리는 남을 자기의 소유로 삼지도 않는다. 결국 천지는 물론 사물도 자기를 숨기면서 살림의 일을 하는 데, 노자는 이러한 자기 숨김의 살림작용을 큰 덕이란 뜻의 현덕(玄德)이라고 부른다: "도(道)가 살리고, 덕(德)이 기른다(道生之, 德畜之). (…) 살리면서 소유하지 않고, 행하면서 드러내지 않고, 신장시키면서 주재하지 않는다. 이를 현덕이라 한다."(51장)

도는 만물을 살리는 작용을 갖는다. 덕은 만물을 살리는 작용의 도를 만물이 역시 체득한 상태를 말한다. 그러기에 왕필은 "도는 만물의 유래가 되는 것이고, 덕은 만물이 얻어 지닌 것(道者 物之所由, 德者 物之所得也)"이라고 한다. 천지의 도나 사물의 덕은 자기 숨김의 살림작용을 한다. 노자는 천지와 사물에 공통된 자기 숨김의 살림작용을 현덕이라고 부른다.

도의 살림작용은 사물을 통해서도 이뤄지고, 인간을 통해서도 이뤄진다. 도의 살림작용을 허락한 인간의 태도가 살림의 태도이고, 도의 살림작용을 수용한 사물의 기능이 살림의 기능이다. 도의 살림 작용, 인간의 살림 태도, 사물의 살림 기능은 모두 만물의 생성화육을 그 효용으로 하는 것으로 현덕이다.

살림의 태도를 지닌 사람은 성인이라고 불린다. 성인은 살림 작용의 도를 작위 없이 허락하고 사심 없이 수용하는 태도를 지닌 인간이다. 살림의 태도, 곧 현덕은 인간의 가능성이다. 따라서 현덕을 지닌 성인은 가능적 인간을 말하지, 현실적 인간을 말하는 것은 아니다.

2. 현덕의 특징: 무위

현덕의 특징은 행위하지 않음에서 찾아진다. 그런데 행위하지 않음이 노자에게서는 다만 강제적인 행위가 없음을 의미하지 자연스러운 행위조차 없음을 의미하지는 않는다. 따라서 현덕은 한편으로는 강제적으로 행하지 않음(無爲)이지만, 다른 한편으로는 자연스럽게 행하지 않음이 없음이다(無不爲). 이때 무위, 곧 강제적으로 행하지 않음에 속하는 것은 소유하지 않고, 과시하지 않고, 지배하지 않음이고, 무불위, 곧 자연스럽게 행하지 않음이 없음에 속하는 것은 살리고, 기르고, 신장시킴이다.

현덕은 천지의 도와 사물의 덕, 인간의 가능한 덕에 대한 일반적 규정이다. 따라서 도 자체가 원래 작위가 없으면서도 행하지 않음이 없는 것이다: "도는 항상 무위이면서도 하지 않음이 없다."(37장) 그런 까닭에 도를 사심 없이 허락하는 인간의 가능한 덕(현덕, 상덕)에게도 작위가 없고, 의도적 행위가 없는 것이다: "상위의 덕은 무위이면서 의도적인 행위가 없다."(38장) 다시 말해 현덕을 지닌 성인에게는 작위가 없고, 강제하는 말도 없다. "그러므로 성인은 무위의 일에 처하고, 말없는 가르침을 행한다(是以聖人 處無爲之事 行不言之敎)."(2장)

작위가 없고, 강제가 없는 곳에서 사람들은 스스로를 발전시키면서 안정을 얻는다. 성인과 백성의 관계가 그러한 관계이다: "그러므로 성인이 말하여, 내가 무위하므로 백성이 스스로 화육하고, 내가 고요함을 좋아하므로 백성이 스스로 올바르게 되고, 내가 일하지 않으므로 백성이 스스로 부유하게 되고, 내가 욕심내지 않으므로 백성이 스스로 소박해진다."(57장)

노자는 무위에 의해 사물과 사람의 자연성이 보증되며, 그 결과로 사람들은 스스로 발전하고, 스스로 올바름을 회복하며, 만족함을 알면서 소박함에 처하게 된다고 보는 것이다. 이러한 무위는 도에 바탕한 인간의 가능한 덕의 특성이자 성인의 처신의 기본적 태도이다.

고대는 물론 현대에 있어서도 자녀와 학생에 대한 부모와 교사의 '입장'은, 비록 이들이 현실적으로 필부에 불과하다고 하더라도,

성인의 입장이다. 왜냐하면 오직 그런 한에서만 '미성년을 성년에로 이끈다'는 교육의 개념이 성립할 수 있기 때문이다. 노자는 이러한 교육이 언어적·강제적 학습이 아니라, 무언의 솔선수범이 되어야 한다고 지적한다. 이러한 지적은 현대의 지배적 교육 형태와는 다른 것이다.

3. 현덕의 의의: 복귀 상태

덕(현덕, 상덕)은 도의 체득을 말한다. 다시 말해 덕은 도의 운동 방식인 반전(反轉 = 反者 道之動)을 인식하고, 도의 작용 방식인 유약의 선취(柔弱先取 = 弱者 道之用)에 순응하여 처신하는 태도이다. 그러기에 덕을 갖춤은 도의 인식과 도에의 순응을 전제하는데, 이러한 인식과 순응이 본래적 인간의 모습이다. 그러므로 본래적 인간이란 도에 복귀(인식과 순응)한 상태의 인간이다.

반전의 운동 형식을 인식하고 유약을 선취하는 처신이 본래적 인간에 복귀하는 것이다. 이 점을 노자는 다음과 같이 말하고 있다: "남성적인 것을 알고 여성적인 것을 지키면 천하의 계곡이 된다. 천하의 계곡이 되면 항상 덕이 이탈되지 않고 어린아이에 복귀한다. 밝음을 알면서도 어둠을 지키면, 천하의 모범이 된다. 천하의 모범이 되면 항상 덕이 어긋나지 않고, 무한한 것에 복귀한다. 영예를 알면서도 오욕을 지키면 천하의 골짜기가 된다. 천하의 골짜기가 되면 항상 덕이 충족되며 소박한 통나무에 복귀한다."(28장) 여기서는 강함과 밝음, 영예를 알면서도 약함과 어둠, 오욕을 지키면, 덕의 상태에 머물게 되며, 어린아이, 무한한 것, 소박한 통나무에 복귀한다고 말해진다. 이 경우 어린아이는 본래적 인간을, 무한한 것은 도를 말하며, 소박한 통나무는 본래적 인간과 도를 모두 말한다. 결국 상반자들의 반전을 알고 유약을 선취하는 것이 도에의 복귀이자 본래적 인간에의 복귀라는 것이다.

도의 운동 방식을 인식하고 도의 작용 방식에 순응함이 곧 인간의 현덕이다. 이점은 다음과 같이 말해진다: "작은 것을 보는 것〔見小〕을 밝음〔明〕이라고 하고, 유약함을 지키는 것을 강함이라고 한다. 빛을 사용하여 밝음에 복귀하면(用其光 復歸其明), 몸에 재앙을 남기는 일이 없는데, 그것을 일컬어 상(常)을 받아들임〔習〕이라고 한다."(52장) 작은 것은 소박한 것을 뜻하므로 도를 가리키고, 따라서 견소(見小)는 도의 인식을 말한다. 도의 인식은 밝음〔明〕, 곧 현명이다. 유약(柔弱)이 도의 작용 방식이므로 유약을 지킴은 도에의 순응이다. 도에의 순응은 다른 강대함을 이기는 강함이다. 밝음에 복귀하면, 유약을 지키고 되고, 그래서 몸에 재앙을 남기는 일이 없게 된다. 밝음에 복귀하여 유약을 지킴이 곧 도를 받아들임〔習常〕이다.

노자는 도를 인식하고 도에 순응한다는 것은 이전부터 있어온 도를 붙잡아서 현재에 활용하는 것이라고도 밝힌다: "옛날의 도를 잡아서, 지금의 일을 다스린다."(14장) 아울러 도에 순응하는 것은 도를 아끼는 것이고, 흐려진 덕을 두텁게 쌓은 것이라고 말한다: "사람을 다스리고 하늘을 섬기는데, 아낌〔嗇〕만 한 것이 없다. 대저 아낌을 일찍 도에 순종하는 것이라고 한다. 일찍 도에 순종함을 두텁게 덕을 쌓음이라고 한다."(59장) 도를 아끼는 것은 이전부터 있어온 도에 순응하는 것이고, 두텁게 덕을 쌓는 것이다. 결국 도를 인식하고 도에 순응하는 상태로의 현덕은 덕을 두텁게 쌓은 상태이며, 이전의 도를 잡아 현재에 활용하는 상태이고, 이로써 본래적 인간에 복귀한 상태이다.

종래에 교육은 현실세계에의 적응을 돕는 일에 치중하고 인간성 회복에 소홀해왔다. 노자는 도를 받아들여 인간성을 회복하고, 도에 의거해 현실세계를 이해할 것을 지적한다. 그리고 도에 대한 인식과 순응은 학문을 배움에 의해서가 아니라 "학문하지 않음을 배움〔學不學〕"(64장)에 의해서 가능하다고 말한다. 이것은 노자가 현실세계에 대한 학습을 중시하고 그 근원에 대한 사유를 경시하는 교육학적 경향을 비판하고 있는 것이다.

4. 현덕: 하덕이 아닌 상덕

노자는 덕을 구분하고, 구분된 덕들 사이의 위계를 밝히고 있다. 노자에 의하면 최고의 덕은 인위성의 덕이 아니라 자연성의 덕이다. 자연성의 덕이 현덕인데, 이 덕은 다른 덕들에 맞서 상덕이라고 불린다: "상위의 덕〔上德〕은 드러나는 덕이 아니다. 그래서 상위의 덕에는 덕이 있는 것이다. 하위의 덕〔下德〕은 잃어버리지 않으려는 덕이다. 그래서 하위의 덕에는 덕이 없는 것이다. 상위의 덕에는 드러나는 행위가 없고 의도적인 행위도 없다. 상위의 인〔上仁〕에는 드러나는 행위가 있으나 의도적 행위가 없다. 상위의 의〔上義〕에는 드러나는 행위가 있고 의도적 행위도 있다. 상위의 예〔上禮〕에는 드러나는 행위가 있고, 응함이 없으면 소매를 걷어붙이고 강요한다. 도의 상실 이후에 덕이 생기고, 덕의 상실 이후에 인이 있고, 인의 상실 이후에 의가 있고, 의의 상실 이후에 예가 있다. 대체로 예라는 것은 충심과 신의의 박약, 분란의 시작을 말한다."(38장)

상덕은 무위자연의 도에 바탕을 둔 본래적인 덕이므로, 인위에 바탕하지 않은 자연스런 덕이다. 그래서 상덕에는 도의 체득(덕)이 있는 것이다. 하덕(下仁, 下義, 下禮)은 본래적이지 못하거나 자연스럽지 못한 덕이다. 그래서 도의 체득(덕)이 없는 것이다. 도의 상실이란, 도의 체득의 소실을 말할 것이고, 도의 체득의 소실, 즉 덕의 소실 이후에 하덕이 강조된 것이다. 결국 노자에게 중요한 것은 각종의 하덕의 실행이 아니라, 도의 체득인 것이다.

교육학은 옛부터 항상 인, 의, 예와 같은 덕목을 강조하여왔다. 그러나 노자가 보기에 그러한 덕목은 단지 드러나는 행동이자 의도적 행동, 강요된 행동으로서의 하덕에 불과하다. 세상 문제의 원인이 상덕의 상실에 있다고 보는 노자는, 예의범절의 강조에 불과한 교육학적 윤리를 비판하고 있는 것이다.

3. 도의 인식: 현명

1. 현명: 지혜와의 대비

노자는 자기의 인식 여부와 관련시켜 지혜[智]와 현명[明]을 구별한다: "남을 아는 자는 지혜롭고[智], 자기를 아는 자는 현명하다[明]. 남을 이기는 자는 힘이 있고[有力], 자기를 이기는 자는 강하다[强]. 만족을 아는 자는 부유하고[富], 힘써 행하는 자는 뜻이 있

다[有志]. 머물 자리를 잃지 않는 자는 영구히 살고, 죽어도 사라지지 않는 자는 장수한다."(33장)

여기서 지혜는 남을 아는 것이고, 이로써 남을 이길 수 있게 하는 것으로 말해진다. 반면에 현명은 자기를 아는 것이고, 이로써 자기를 이길 수 있게 하는 것으로 말해진다. 인간의 자기 인식이란 인간이 자신의 존재의 근원을 안다는 것이고, 이는 곧 도를 안다는 것이다. 도를 아는 자는 도에 복귀하여 머물 수 있고, 그래서 자기의 사심과 욕심을 이기며, 남과 다투지 않으면서도 그들을 살리면서 그들과 조화를 이룬다. 자기의 근원인 도를 아는 자는, 있어야 할 곳에 머무는 사람으로 강제와 작위로 자신을 드러내는 바가 없으므로, 나타난 흔적이나 사라진 흔적을 남기지 않으므로, 이로써 영구히 장수한다고도 말해질 수 있는 것이다.

2. 현명의 의미: 지상(知常)

노자는 현명[明]이란 상(常)을 아는 것이라고 하고, 상(常)이란 명(命)에의 복귀라고 한다: "허(虛)에 이르기를 지극히 하고, 정(靜)을 지키기를 두터이 하면, 만물이 다 함께 일어나도 나는 복귀를 본다. 대저 만물이 무성하나 그 뿌리[根]로 복귀한다. 뿌리로 복귀해 머물음을 고요함[靜]이라고 한다. 그것을 일컬어 명에의 복귀(復命)라고 한다. 명에의 복귀를 일컬어 상(常)이라 하며, 상을 아는 것을 밝음[明]이라고 한다. 상(常)을 알지 못하면, 함부로 움직여 화를 자초한다. 상(常)을 알면, 포용한다. 포용하면 곧 공평하고, 공평하면 곧 왕이고, 왕이면 곧 하늘이고, 하늘이면 곧 도(道)이고, 도이면 곧

영원함이니, 죽을 때까지 위태롭지 않다."(16장)

위 글에서는 만물이 복귀하는 곳이 뿌리[根]와 명(命)으로 말해지고 있다. 기존의 해설들에 따르면 위 대목의 뿌리[根]와 명(命)은 본성(本性)이나 공무(空無)를 가리킨다. 사물의 생성소멸이 사물의 '본성'에 따라 이뤄진다는 점이나, 사물이 '텅빈 무'에서 생겨나 텅빈 무로 돌아간다는 점에 주목한다면, 뿌리(根)와 명(命)은 그렇게 주어진 본성이나 텅빈 무로 이해될 수 있을 것이다. 하지만 사물이 천지에서 생겨나 천지에로 복귀한다는 점에 주목하면, 우리는 천지가 만물의 뿌리(根)이자 명(命)이라고 볼 수 있을 것이다. 그 다음의 구절인 '명(命)에의 복귀를 일컬어 상(常)이라 한다'는 '천지(본성, 공무)에의 복귀가 상도(常道, 항상적인 도, 도의 항상성)다' 라는 뜻으로 풀이되고, '상(常)을 아는 것을 밝음(明)이라고 한다'는 '상도(常道)를 아는 것이 밝음' 이라는 뜻으로 풀이된다.

노자는 다른 대목에서 상(常)이란 조화를 알고 있는 것[知化]이고, 현명(明)은 상을 아는 것(知常)이라고도 말하고 있다. 이 점을 살펴보기로 한다.

3. 지상(知常)의 의미: 지화(知和)를 아는 것

조화를 알고 있는 것(知和)에 대한 대목은 다음과 같다: "덕을 두텁게 품은 자는 갓난아이에 비유된다. 벌, 전갈, 살무사가 쏘지 못하고, 맹수도 잡지 못하고, 사나운 새도 할퀴지 못한다. 뼈와 근육이 유약하나 쥐는 힘은 견고하다. 암수의 교합을 모르나 온전히 성장하니, 이는 지극한 정기이다. 종일 울어도 목이 쉬지 않으니,

이는 지극한 조화이다. 조화를 알고 있는 것을 상이라고 하고[知和曰常], 상을 아는 것을 현명이라고 한다[知常曰明]."(55장)

조화를 알고 있다고 할 때의 앎은 물론 인간의 의식적 앎을 말하지 않고, 만물이 지닌 무의식적 앎, 곧 체득을 말한다. 노자는 조화의 체득인 바의 지화(知和)를 상(常)이라고 말한다. 이때의 상(常)은 위에서 풀이되었듯이 상도(常道)를 가리킨다. 따라서 조화를 알고 있는 것이 항상적인 도(常道)이고, 이러한 상도를 아는 것이 인간의 밝음, 곧 현명함이다.

4. 현명의 반면: 우둔

현명은 그러나 일상인들에게 우둔함으로 보인다. 노자 자신이 자신을 우둔한 사람의 마음을 지닌 듯하다고 말한다. 그 이유는 그가 보통 사람들과는 다르게 생각하고 행동하기 때문이다: "배움을 끊으면 근심이 없다. '예'라고 답하는 것과 '응'이라고 답하는 것의 차이가 얼마나 되며, 아름다운 것과 추한 것의 차이가 얼마나 되겠는가? (…) 나는 우둔한 사람의 마음이구나(我愚人之心也哉). 혼돈스럽구나. 속인들은 밝으나(俗人昭昭), 나는 홀로 어둡다(我獨昏昏). 속인들은 잘 살피나, 나는 홀로 애매하다."(20장)

현명함이 일상인에게 우둔함으로 여겨진다는 맥락에서 다음 문장 속의 우둔함도 이해해야 할 것이다. "옛날에 도를 훌륭하게 행하는 자는 백성들을 현명하게 함에 의해서가 아니라(非以明民), 그들을 우둔하게 함에 의해서였다(將以愚之)."(65장) 사람들은 실상 지모의 지혜를 현명함으로 알고, 도의 운동 방식에 따른 처신을 우둔함으로 여긴다. 이런 시각에 맞춰 노자는 스스로 우둔하게 살 것과 남들을 현명하게 하지 않고 우둔하게 하는 통치를 말한다. 물론 여기서 우둔하게 함은 도에 따라 살아가도록 한다는 것이다.

5. 현명의 결핍: 지혜

노자는 지혜가 속임수의 출처라고 본다: "대도가 없어지자〔大道廢〕, 인의라는 것이 있게 되고〔有仁義〕, 지혜가 출현하자〔智慧出〕, 큰 속임수가 있게 된다〔有大僞〕. 가족이 불화하자 효와 자애가 있게 되고, 국가가 혼란하자 충신이 있게 된다."(18장) 대도가 세상에 없는 한에서는 인의의 강조, 효와 자애의 강조, 충신의 강조가 불필요하다. 지혜가 출현하지 않았을 때는, 큰 속임수도 없었다. 노자가 버려야 할 것으로 말하는 것은, 지모나 지략으로서의 지혜〔智〕인데, 이것은 상도를 앎으로서의 현명〔明〕과는 다른 것이다. 노자는 지혜〔智〕가 거짓, 불화, 혼란을 불러온다고 보고 있다.

지혜는 따라서 백성에게 무익한 것이다: "성스러움을 끊고 지혜를 버리면(絶聖棄智), 백성의 이익이 백 배로 된다(民利百倍). 인을 끊고 의를 끊으면(絶仁棄義), 백성들이 효와 자애에 복귀한다(民復孝慈). 교묘함을 끊고 이익을 버리면(絶巧棄利), 도적이 없게 된다(盜賊無有). 이 세 가지는 표현으로 삼기에 부족하므로 따를 것이 있게 해야 한다. 소박한 것을 보고 지키며(見素抱樸), 사심과 욕심을 적게 하라(少私寡欲)."(19장) 여기서 끊어야 할 것으로 말해지는 성은 세속에서 말하는 규범적 성일 뿐이다. 노자 자신은 성인을 여러 곳에서 높이 평가하고 있기 때문이다. 인위적 성스러움을 끊고 지혜를 포기하면 백성의 이익이 백 배로 된다는 것은, 인위적 도덕에 의한 인의의 강조나 교묘한 지혜에 의한 이익의 추구가 도리어 백성들의 자연성과 이익에 역행된다는 것이다. 오히려 유념해야 할 것은 소박함을 지키며 사욕을 줄이는 것이다. 여기서 소박한 것으로, 즉 소(素)와 박(樸)으로 말해진 것은 인간의 본래적 인간성이거나 도이다. 이렇게 여기서는 지혜 대신 소박함을 지킴이 강조된다.

지혜의 해악을 막는 것이 통치의 규칙이 된다: "백성들을 다스리기 어려움은 그들의 많은 지혜 때문이다(民之難治 以其智多). 지혜로 나라를 다스림은 나라의 적이 되고(故以智治國, 國之賊), 지혜로 나라를 다스리지 않음은 나라의 복이 된다(不以智治國, 國之福). 두 가지 모두 통치의 규칙인데, 이 규칙을 능히 아는 것을 현덕이라고 한다."(65장) 백성들의 불화와 국가의 불난을 가져오는 지식이 지혜이다. 지혜가 해롭다는 것을 알고, 지혜 아닌 다른 것에 의해 다스림이 통치의 규칙이고, 이러한 통치의 능력이 현덕이다. 현덕은 도의 살림 작용을 사심 없이 허락하는 태도이다.

교육은 옛부터 우둔 대신 지혜를 강조해왔다. 그러나 이때의 우둔에 대비되는 지혜는 사실상 남들과 경쟁하여 이길 수 있게 하는 지식에 다름 아니다. 노자는 이러한 지식이 속임수와 도적의 증가를 가져온다고 본다. 따라서 그는 오히려 일상적 관점에 의하면 지혜가 아니라 우둔에 불과한 것들인 현덕과 지상의 필요성을 지적하다. 이러한 지적은 지식 강조의 교육학적 경향에 대한 비판인 것이다.

4. 도의 난점: 은폐

1. 일상적 관점의 인식 한계

도에 대한 인식에 한계가 있음은, 사물에 우선 관심을 두는 인간의 제한된 관점에 기인한다. 일상적 관점의 인간에게 도는 스스로를 은폐하고 위장한다.

도에 대해 말해진 것들은 사물의 관점에서 듣고 이해하는 일상인에게 낯설고 정반대의 것으로 여겨진다: "고로 격언에 있기를, 밝은 도는 어두운 듯하고, 진행하는 도는 물러서는 듯하고, 평탄한 도는 굴곡이 진 듯하다. (…) 도는 스스로를 은폐하고 무명이다(道隱無名)."(41장)

사물의 밝음에만 주목하는 사람에게 무형의 도는 어두운 것으로 여겨진다. 사물의 성장에만 주목하는 사람에게 사물의 쇠퇴는 반전의 운동을 하는 도가 퇴행하는 것으로 여겨지고, 일의 평탄한 진행에만 관심을 두는 일상인에게 반전의 운동을 하는 도가 굴곡 진 것으로 여겨진다.

일상적 관점에게는 도(道)가 낯설 뿐 아니라 덕(德)도 또한 낯설다: "상위의 덕(上德)은 골짜기 같고, 크게 흰빛은 어두운 것 같고, 넓은 덕(廣德)은 부족한 것 같고, 실질적 덕(質眞=質惠=質德)은 공허한 것 같다."(41장) 도를 따르는 상덕은 자기를 숨김 속에서 남을 살리는 태도이다. 상덕은 유약과 겸허에 처하기에 골짜기 같이 낮고 오욕을 지닌 듯 보인다. 상덕, 광덕, 질덕 모두 드러내는 행위가 없는 덕이므로, 겉보기에는 부족하고 공허한 듯하다.

도와 덕을 비롯한 모든 큰 것들이 일상적 관점에게는 정반대의 것으로 나타난다: "크게 완성된 것은 결함이 있는 듯하나 그 활용은 끝남이 없다. 크게 채워진 것은 빈 것 같으나 그 활용은 다함이 없다. 크게 곧은 것은 굽은 듯하고, 큰 기교는 졸렬한 듯하고, 큰 웅변은 어눌한 듯하다(大辯若訥)."(45장) 여기서 크게 완성된 것(大成)이나 크게 채워진 것(大盈)은 도를 지칭한다. 크게 곧음(大直)은 도를 따르는 살림의 덕, 큰 기교(大巧)는 도에 따른 처신을, 대변(大辯)은 도에 대한 말을 일컫는다. 일상인은 이것들을 본모습대로 이해하지 못한다.

도와 덕은 근원적 관점에 의해서만 파악되는 것들이다. 따라서 이것들은 일상적 관점에 대해서는 반대의 모습으로 나타난다. 반대의 모습으로 나타난다고 해서 그것들 자체의 효력조차 반대가 되는 것은 아니다. 이 점은 물에 의해 비유된다: "천하에 물보다 유약한 것이 없으나 견고하고 강한 것을 공략함에 있어 물을 능가할 수 있는 것이 없다. 그래서 아무것으로도 물을 대신할 수 없다. 약한 것이 강한 것을 이기고, 부드러운 것이 단단한 것을 이긴다는 것을 천하에 모르는 이가 없으나 행할 수 있는 이가 없다. 그래서 성인이 말하여, 나라의 오욕을 떠맡는 것은 국가의 주인이고, 나라의 불행을 떠맡는 것은 천하의 왕이라 한다. 올바른 말은 그 반대인 듯하다(正言若反)."(78장)

유약한 것이 견고하고 강한 것을 이긴다는 것은 근원적인 관점, 곧 도의 운동 방식(道之動)과 도의 작용 방식(道之用)의 관점에서만 파악될 수 있는 이치이다. 노자에 의하면, "반(反)이라는 것이 도의 운동이고, 유약이 도의 활용이다(反者, 道之動, 弱者, 道之用)."(40장) 여기서 반(反)은 반전(反轉)과 복귀(復歸)를 의미한다. 일상인이라도 도의 운동 방식과 도의 작용 방식에 대한 관점, 곧 근원적 관점을 취한다면, 유약한 것이 견고하고 강한 것을 이긴다는 점을 알아차릴 수 있다. 그러나 실제에 있어 일상인은 유약 선취의 삶을 수행하지 못한다. 일상인은 현실의 근원을 사유하기보다 현실자체에 집착하면서 당장에 강한 것을 선취하기 때문이다.

2. 지식과 언어의 한계

노자는 지식의 한계를 아는 것을 중요하게 여기면서 이를 다음과 같이 표현한다: "부지를 아는 것이 최상이고, 지를 모르는 것은 병이다(知不知上 不知知病)."(71장) 이 대목에 대해 하상공은 "도를 알고도 모른다고 말하는 것은 덕의 최상이다. 도를 알지 못하면서 안다고 말하는 것은 덕의 병통이다"라고 풀이한다. 왕필은 뒤 구절만을 해설하여 "지(知)가 담당하기에 부족하다는 점을 모르는 것은, 즉 병이다"라고 풀이한다. 왕필의 견해를 수용하여, 위 문장을 풀이하면 '알지 못한다는 것을 아는 것이 최상이고, 안다는 것이 갖는 한계를 알지 못하는 것은 병이다'로 풀이된다. 여기서 지식의 한계가 말해진다. 이때의 지식은 물론 도에 대한 지식을 말한다.

지식의 한계를 아는 사람, 곧 도에 대해 모두 알지 못한다는 것을 아는 사람은 도에 대해 대체로 침묵할 것이다. 그러나 지식의 한계를 알지 못하는 사람은 도에 대해 말함에 있어 주저함이 없을 것이다. 그러기에 "아는 자는 말하지 않고, 말하는 자는 알지 못한다

(知者不言 言者不知)."(56장)고 한다. 여기서 아는 자란 무지를, 알지 못함을, 앎의 한계를 아는 자를 말할 것이다. 도의 작용이 말로 다 설명될 수 없음을 아는 사람은 침묵을 위주로 하고, 도의 작용을 말로 다 설명하려고 하는 이는 도의 작용에 대한 지식의 한계를 알지 못하는 사람이라는 것이다.

노자는 도를 말로 설명하려 애쓰는 것보다 도를 인식하고 도에 의거해 처신하는 것이 중요하다고 본다. 도를 인식하는 방법은 마음을 비우고 고요히 하는 것(虛靜)이다: "허(虛)에 이르기를 지극히 하고, 정(靜)을 지키기를 두터이 하면, 만물이 다 함께 일어나도 나는 복귀를 본다."(16장) 여기서 복귀는 만물이 도에 귀속해 머물음을 말한다. 만물이 도에 귀속한 채 머문다는 것은 도가 만물을 생성 화육한다는 말과 다르지 않다. 따라서 만물의 복귀를 본다는 것은 도의 살림 작용을 본다는 것이다.

남에게 도를 말로 설명하여 가르치려는 것은 자신의 처신을 통해 남에게 깨우침을 주는 것보다 못하다. 이 점은 다음과 같이 말해진다: "많은 말은 빨리〔數=速〕막힌다. 텅 빔〔中=盅〕을 지키는 것만 못하다(多言數窮, 不如守中)."(5장) 여기서 텅 빔은 우선은 허정한 마음상태를 가리킬 것이고, 그 다음으로는 사심 없이 이뤄지는 살림의 태도를 가리킬 것이다. 도는 언어를 통해 모두 가르쳐지거나 전해질 수가 없다. 그런 까닭에 "성인은 무위의 일에 처하고 불언의 가르침을 행한다(是以聖人, 處無爲之事, 行不言之敎)"(2장)고 말해지는 것이다.

종래에 교육학은 학생 스스로 이해할 시간의 확대보다 학생의 학습할 시간의 확대를 추구해왔다. 이는 사유보다 학습을 강조해왔음을 의미한다. 그러나 노자는 지식과 언어의 한계를 지적함에 의해 학습의 강제보다 독자적 사유와 독자적 이해의 기회를 마련해 줄 필요를 밝히고 있다.

3. 근원적 관점에서의 태도

도의 인식을 지닌 자는 도의 관점, 곧 근원적인 관점에 의거해 처신한다. 근원적인 관점은 구체적으로는 도의 운동 방식과 도의 작용 방식의 관점을 말한다. 이런 관점에서 비롯되는 처신은 다음과 같은 것이다: "사람들이 싫어하는 바는 오직 고아, 과부, 홀아비인데, 왕들은 그것으로 칭호를 삼는다. 사물은 손해를 보는 듯하나 이익을 얻고, 이익을 얻는 듯하나 손해를 본다."(42장) 도의 관점에서 보면, 당장의 이익은 손해가 되고, 당장의 손해가 이익이 된다. 이 점을 아는 왕들은 자기비하의 손해를 선취한다. 다시 말해 왕들의 자기비하의 처신은 반전이라는 도의 운동 방식과 유약의 활용이라는 도의 작용 방식에 대한 인식에 의거해 스스로 유약을 선취하는 처신인 것이다.

근원적인 관점을 지닌 자는 경쟁관계의 남에 대해서도 도의 운동 방식의 인식에 의거해 행동한다. 이 점은 다음과 같이 설명된다: "움츠리게 하려면 반드시 펴주고, 약하게 하려면 반드시 강하게 하고, 끝나게 하려면 반드시 부흥시키고, 뺏으려 한다면 반드시 주어야 한다. 이것을 미묘한 현명함이라고 한다(是謂微明)."(36장)

도의 인식을 통해 천하를 이해해야 할 필요는 그러한 이해가 천하에 역행하는 위태로움에서 벗어나게 해준다는 점에 있다: "천하에는 시원이 있고, 그것이 천하의 어미가 된다(天下有始, 以爲天下母). 그 어미를 얻고서, 다시 그 아들을 알고, 그 아들을 알고서 다시 그 어미를 지키면, 죽기까지 위태롭지 않다."(52장) 여기서 말해진 천하의 시원은 물론 도를 말한다. 따라서 위 대목에서는 근원적 관점인 도의 관점에서부터 사물들의 현재모습을 알아야 하고, 사물들의 현재모습을 알았다고 할지라도 항상 그 어미인 도와의 관련 속에서 그 사물의 장차의 모습을 헤아려야 한다는 것이 강조된다. 사물과 도와의 관련성에 대한 인식이 천하의 운행에 역행하는 위태함을 피하는 처신을 가능하게 해준다.

앞서 지적했듯이 도의 인식과 도에의 순응이 현덕이다. 따라서 근원적 관점에서의 처신이란 현덕에 다름 아니다: "현덕은 심대하고 원대하여, 사물과 반대되며〔與物反矣〕, 그런 후에 큰 것을 따름〔大順〕에 이른다."(65장) 여기서 말해진 큰 것을 따름이란 도에 순응함을 말한다. 그리고 이에 앞선 구절인 "여물반의"란 하상공에 의하면 만물이 자기이익을 욕구하는 반면에 "현덕을 지닌 사람은 만물과 반대되며 다르다(玄德之人 與萬物反異)"는 뜻이고, 왕필에 의하면 사물과 더불어 "참됨에로 돌아간다(反其眞也)"는 뜻이다. 필자는 왕필의 견해를 따른다. 도는 스스로를 은폐하여 그것의 완전한 인식에는 난점이 있다. 그러나 사물과의 관계 속에서 사물의 근원으로 도를 인식하고, 이러한 도의 인식에 의거해 처신할 수 있다. 현덕은 도를 인식하고 도에 순응하는 태도를 말한다. 이런 태도가 근원적인 관점에서의 태도이다.

5. 현덕의 방식: 무위자연

1. 도의 본성: 무위자연

노자는 도의 인식을 강조하며, 이러한 인식으로부터 '자연'의 가치와 '살림'의 가치를 깨우치기를 바란다. "도는 자연을 본받는다(道法自然)."(25장)라는 것은 자연(스스로 그러함 = 이유 없음)이 도의 운동원인이며, 그러한 자연 자체가 삶의 가치가 되어야 함을 암시한다. "도는 살린다(道生之)"(51장)라는 것은 살림이 도의 원래작용이며, 이러한 이유 없는 저 스스로의 살림 자체가 삶의 가치가 되어야 함을 암시한다. 도의 본성은 따라서 자연의 생, 자연스런 살림이다. 자연스런 살림은 인위가 없이 저절로 그러한 것으로서 무위자연의 방식을 갖는다.

2. 현덕의 내용: 무사와 무욕

무위자연의 도를 인식하고 그에 순응하는 것이 현덕이다. 따라서 현덕도 무위자연의 방식을 지니지만, 무욕과 무사를 그 구체적인 내용으로 갖는다.

1) 무사(無私)

무사는 우선 자기만을 살려고 애쓰지 않음이다: "하늘은 장구하고, 땅도 장구하다. 천지가 능히 길게 장구할 수 있는 까닭은, 스스로 살려고 하지 않음에 의해서다(以其不自生). 그러므로 길게 산다. 그러기에 성인은 몸을 뒤에 두는데도 몸이 앞에 서게 되고, 몸을 도외시하는데도 몸이 보존된다. 사심이 없음에 의해서가 아닌가? 그러므로 자기다움을 이룰 수 있다(非以其無私邪, 故能成其私)."(7장) 천지는 스스로만을 살리려고 하지 않기에 능히 오래 생존한다. 여기서 불자생(不自生)이 강조된다. 불자생은 남을 살림에 의해 자기도 살리는 태도를 말한다.

무사는 겸허로 구체화된다: "강이나 바다가 모든 계곡의 왕이 되는 까닭은 자신을 잘 낮추기 때문이다(以其善下之). 그러기에 모든 계곡의 왕이 될 수 있다. 그래서 사람들 위에 서고자 하면 반드시 말로써 자기를 낮추고(必以言下之), 사람들 앞에 서려고 하면, 반드시 몸으로써 뒤로 물러서야 한다(必以身後之). 그러기에 성인은 위에 처해도 사람들이 귀찮아하지 않고, 앞에 있어도 사람들이 해치려 하지 않는다. 그러기에 천하가 그를 즐겨 추대하며 싫어하지 않는다. 다투려 하지 않으므로(以其不爭) 천하의 누구도 그와 다툴 수가 없다."(66장) 겸허는 자기를 낮춤이지만, 그 결과는 높임을 얻는 것이다. 겸허는 부쟁(不爭)으로 이어진다. 자기를 낮춤에 있어서는 높임을 위한 경쟁이 성립하지 않고, 그래서 다툼도 없게 되는 것이다.

낮춤이 높임을 가져오는 것은 천지의 도이다. 이를 따르는 이는 성인이다: "고로 성인은 하나를 품어 천하의 모범이 된다. 스스로 내보이지 않아(不自見) 빛나며, 스스로 옳다고 하지 않아(不自是) 드러나며, 스스로 자랑하지 않아(不自伐) 공이 있게 되고, 스스로 자만하지 않아(不自矜) 오래간다. 다투지 않아(不爭), 천하에 그와 더불어 다툴 사람이 없다."(22장) 여기서의 하나는 반전(反轉)과 상성(相成)의 도를 일컫는다. 반전과 상성의 도를 아는 성인은 유약을 선취하고, 그래서 다투지 않는다.

유약을 선취하는 겸허는 자기를 아끼기에 자기를 귀하게 여기지 않는 것(不自貴)이다: "그래서 성인은 자기를 알지만 자기를 드러내지 않고, 자기를 아끼지만 자기를 귀하게 여기지 않는다."(72장) 보통의 사람이 자기를 아끼기에 자기를 드러내고 강대함을 취하려고 하지만, 이는 반전과 상성의 도에 비추어 보면, 잘못된 처신이다. 왜냐하면 유약함으로 하여금 강대함을 이기게 하는 것이 상성과 반전의 도이기 때문이다.

이상에서 무사(無私)의 모습으로 말해진 것은 스스로 내보이지 않음(不自見), 스스로 옳다고 하지 않음(不自是), 스스로 자랑하지 않음(不自伐), 스스로 자만하지 않음(不自矜), 다투지 않음(不爭), 스스로 귀하게 여기지 않음(不自貴) 등이다. 무사는 무위의 구체적 내용이다.

2) 무욕

무위자연의 도의 인식에 바탕해 처신하는 성인은 무욕한다. 이 점에서 무욕은 무사와 더불어 무위의 구체적인 내용이 된다: "성인은 큰 일을 욕구하지 않고, 그런 까닭에 큰 일을 할 수 있는 것이다."(63장)

무욕이 가능할 수 있는 것은, 극단에 이르면 반전한다는 도의 운동 방식에 대한 인식 때문이다. 과도함이 반전을 부른다는 점은 다음과 같이 표현된다: "사물이 갑자기 장성해지면, 노쇠해진다. 갑자기 장성함은 도에 어긋나고, 그러기에 일찍 끝난다(是謂不道 不道早

已)."(30장) 과도함의 추구는 그 반대의 결과를 가져오는 까닭에, 반전이라는 도의 운동 방식을 인식한 이는 과도함을 피한다: "지속해서 채우려 하면, 그만두는 것만 못하다. 갈아서 날카롭게 하면, 오래 보관할 수가 없다. 금과 옥이 집을 채우면, 지킬 수가 없다. 부귀해서 교만하면, 스스로 허물을 남긴다(富貴而驕 自遺其咎)."(9장)

무욕은 과도함을 피하는 것으로서 동시에 만족을 아는 것이다: "심히 애착하면, 반드시 크게 소모하고, 많이 저장하면, 반드시 많이 잃는다. 만족할 줄 알면 오욕을 당하지 않고, 그칠 줄을 알면, 위태롭지 않고, 장구할 수 있다(知足不辱, 知止不殆, 可以長久)."(44장) 과도함을 피하고 만족을 아는 것은 곧 검약을 지키는 것이기도 하다: "성인은 쌓지 않는다(聖人不積). 남을 위하는 데 써서 자기 것이 더욱 있게 되고, 남에게 주는 데 써서 자기 것이 더욱 많게 된다." (81장)

이상에서 과도함이나 극단에 속한 것들로 말해진 것은 지속해서 채움, 날카롭게 함, 가득 채움, 교만할 정도의 부귀함, 갑작스럽게 장성함, 심한 애착, 많이 저장함 등이다. 이러한 과도함이나 극단을 버리고 검약을 지킴은 도의 인식에 바탕을 둔 태도이다. 왜냐하면 바로 과도함이나 극단에서 반전을 이루는 일이 도의 운동 방식이기 때문이다. 과도함을 피하고 만족을 알며 검약하는 것이 무욕이고 이러한 무욕은 무사와 더불어 무위자연의 구체적인 내용이 된다.

노자는 현덕을 지닌 성인에 대해 다음과 같이 말한다: "성인은 극단, 사치, 교만을 버린다(聖人 去甚 去奢 去泰)."(29장) 여기서 극단과 사치의 거부는 무욕을, 교만의 거부는 무사를 가리킨다. 노자는 또한 자기 스스로에 대해서도 다음과 같이 말한다: "나는 세 가지 보물을 갖고 있는데, 첫째는 자애이고, 둘째는 검약이고, 셋째는 천하의 앞에 나서려 하지 않는다는 것이다(我有三寶, 一曰慈, 二曰儉, 三曰不敢爲天下先). 자애롭기에 용감할 수 있고, 검약하기에 넓게 펼 수가 있고, 천하에 앞서려 하지 않기에 사물의 으뜸일 수가 있다." (67장) 여기서 타인을 아끼는 자애와 사물을 아끼는 검약은 무욕의 구체적 행동을, 천하에 나서려 하지 않는 불선(不先)은 무사의 구체적 행동을 지적하고 있다.

노자가 현덕의 방식과 내용으로 말하는 무위자연과 무사무욕은 교육학이 알려주는 욕망의 충족수단과는 무관한 것이다. 노자의 무사무욕은 교육학이 강조하는 윤리적 태도에 불과한 것도 아니다. 노자가 말하는 무사무욕은 무위자연의 도에 순응하는 존재론적 태도인 까닭이다. 교육학은 욕망충족의 경영학과 욕망억제의 윤리학을 양대 축으로 삼아 세워진다. 그러나 노자는 이러한 상호모순적 두 축을 천지의 도에 대한 존재론적 인식과 순응에 의해 극복하고 있다. 여기에서 인간의 욕망에서 사유의 출발점을 찾는 교육학에 대한 노자의 비판의식이 드러난다.

6. 현덕의 효과: 자화자정

1. 무위의 의미

노자에게 있어서 자연스런 살림은 무위로 이뤄진다. 자연을 지향하고 인위를 거부하는 살림이 무위이다. 무위는 만물의 생성을 허락함이다: "그러므로 성인은 무위의 일에 처하고(處無爲之事), 말 없는 가르침을 행한다(行不言之敎). 만물이 자라나도 주재하지 않으며, 생겨나도 소유하지 않는다. 일하면서도 자랑하지 않고, 공을 이루고도 거기에 머물지 않는다. 거기에 머물지 않으므로 물러서지도 않는다."(2장)

만물의 생성을 허락하는 무위는 무욕과 무사에 바탕을 둔다: "그리하여 성인은 욕구하지 않으려고 하며(欲不欲), 얻기 어려운 재화를 귀히 여기지 않고, 배우지 않음을 배우며(學不學), 사람들의 잘못을 회복시키고, 만물의 자연적 생성을 돕고 인위하지 않는다(以輔萬物之自然而不敢爲)."(64장) 무욕은 자기를 도모하지 않고, 만물의 자연적 생성을 돕는 일이다. 결국 인간의 무위는 만물의 자연적 생성을 허락하여, 자연계와 인간계의 자연적 발전과 안정을 돕는 일이다.

2. 무위의 효과

무위의 주체가 도로 말해진 유일한 곳은 37장이다. 여기서는 왕과 제후가 도를 따라 무위를 행하였을 경우 이뤄지는 효과도 함께 말해지고 있다: "도는 항상 행함이 없으면서도 행하지 않음이 없다(道常無爲而無不爲). 후왕이 만약 이를 지킬 수 있다면, 만물은 장차 스스로 화육할 것이다〔自化〕. 화육해서 욕심이 생기면 나는 무명의 소박함으로 이를 진정시킬 것이다. 무명의 소박함은 무욕에 이르게 하므로, 욕심을 내지 않아 허정에 이르면, 천하는 장차 스스로 안정될 것이다[自定]."(37장) 여기서 무위가 만물의 자화, 천하의 자정을 가져옴이 말해진다. 자화란 스스로 변화함, 곧 스스로의 생성화육을, 달리 말해 만물의 자기전개, 자연스런 발전을 말한다. 이러한 만물의 자화는 천하의 자정을 동반한다. 천하의 자정이란 천하의 자기안정을 말하고, 이는 천하만물의 자연스런 조화를 의미한다. '자정(自定)'(왕필 본과 하상공 본)은, 부혁 본과 백서 본에서는 '자정(自正)'으로 표현되어 있다. 전자는 통치적 관점에서, 후자는 우주적 관점에서 채택된 용어로 이해된다. 무위는 자화, 곧 개체의 자유로운 발전을 또 이로써 자정, 곧 자화에 바탕한 전체의 조화로운 안정을 보증하는 것이다. 결국 무위는 개체의 자유로운 발전과 전체의 조화로운 안정을 허락하는 것이다.

도를 따라 이뤄지는 왕과 제후의 무위는 만물의 자빈(自賓)과 백성의 자균(自均)이라는 효과를 낳는다: "도는 항상 무명이다(道常無名). 통나무가 비록 작으나, 천하가 이들을 신하로 삼을 수 없다. 제후와 왕이 그것을 잘 지킬 수 있다면, 만물이 스스로 복귀하여 손님이 될 것이다(自賓). 천지가 서로 합하여, 단 이슬이 내리고, 백성들은 명령함이 없어도 스스로 균등해진다(自均)."(32장) 여기서 통나무는 도를 지칭한다. 제후나 왕이 도를 지킨다는 것은 도의 무위의 특성을 본받는다는 것이다. 도를 따라 무위를 지키면, 만물은 도의 손님이 되어 도에 귀속하여 따른다. 이리하면 천지가 조화하여 비와 이슬을 내리며 백성은 강제하지 않아도 스스로 균등해진다는 것이다. 성인의 정치는 도에 따르는 무위의 정치이다. 무위는 만물을 도에 복귀하게 하며, 백성들이 균등해지게 한다.

무위의 주체가 성인으로 말해지는 57장에서 무위의 효과는 더욱 다양하게 말해진다: "천하에 금기가 많으면 백성이 더욱 가난해지고, 백성에게 이로운 물건이 많으면 국가가 점점 혼란해지고, 사람에게 기교가 많아지면 기괴한 물건이 점점 제작되고, 법령이 점점 정비되면 도적이 많이 있게 된다. 그러므로 성인이 말하여, 내가 무위하므로 백성이 스스로 화육하고(我無爲而民自化), 내가 고요함을 좋아하므로 백성이 스스로 올바르게 되고(我好靜而民自正), 내가 일하지 않으므로 백성이 스스로 부유하게 되고(我無事而民自富), 내가 욕심내지 않으므로 백성이 스스로 소박해진다(我無欲而民自樸)."(57장) 노자는 금기, 이로운 사물, 기교, 법령 등의 증대가 사회발전의 결과이지만, 이러한 결과가 백성의 빈곤, 국가혼란, 기이한 물건, 도적 등의 부작용을 수반한다고 말한다. 그러기에 노자는 법률과 기술에 의해 사회발전을 도모하는 통치가 아니라 무위, 호정, 무사, 무욕에 의한 통치를 강조한다. 이러한 무위의 정치, 자연스런 살림의 정치는 스스로 화육함(自化), 스스로 안정됨(自正=自定), 스스로 부유해짐(自富), 스스로 소박해짐(自樸)을 그 효과로 가져온다. 이 모든 효과는 한마디로 개체의 자유로운 발전과 전체의 조화로운 안정이라고 할 수 있다.

무사와 무욕에 바탕한 무위는 자연스런 살림이며, 자연스런 살림은 개체의 자유로운 발전과 전체의 조화로운 안정을 허락하는 일이다.

노자는 현덕을 통해 개체와 전체의 균형이 가능하다고 본다. 여기서 개체는 개인과 사물을, 전체는 국가와 생태계를 함축한다. 개체의 자화(自化)와 전체의 자정(自定)을 함께 염두에 두는 사유는 종래의 개인중심적, 인간중심적인 교육의 경향과는 다른 것이다. 현대의 교육에서 일어나는 바, 공동체적 사유와 생태계적 사유가 필요하다는 자기반성은 이미 고대 시기에 노자가 선취한 사상이다.

7. 맺음말

지금껏 우리는 노자의 현덕 사상을 검토하면서, 거기에 깃든 노자의 반-교육학적 사유 내용도 밝혀보았다. 먼저 노자의 현덕 사상에 대한 앞서의 논의를 정리하면 다음과 같다.

노자는 도라는 말로 천지의 존재방식을 가리킨다. 천지의 존재방식인 도는 살림을 본성으로 한다. 살림을 본성으로 하는 도에는 반전과 상성이라는 운동 방식과 유약의 선취라는 작용 방식이 속해 있다. 도는 살림을 본성으로 하는 까닭에 스스로 현덕이다. 도의 운동 방식을 인식하고 작용 방식에 순응하면서 인간이 갖춘 살림의 태도는 인간의 현덕이다. 이러한 현덕이 인간의 가능성이다.

도가 무위자연이듯이 인간의 현덕도 무위자연의 방식을 갖는다. 인간의 무위자연은 자기를 내세우지 않는 무사와 자애하며 검약하는 무욕을 그 내용으로 삼는다. 무사와 무욕의 현덕은 만물의 자화와 천하의 자정을 그 효과로 낳는다. 따라서 인간의 가능성인 현덕은 만물의 자화 및 천하의 자정과 더불어서만 실현된다. 노자에게서 인간의 가능성의 실현이란 결국 개인의 내부에서만 실현되는 것이 아니라 개인의 외부와 더불어, 곧 천하만물과 더불어서 비로소 실현되는 것이다.

이러한 인간의 가능성의 실현을 위해 부모와 교사의 교육이 나름의 의미를 갖는다. 그러나 노자가 말하는 교육은 과학으로서의 교육학에 의해 제안되고 실천되고 있는 교육과는 매우 다른 것이다. 노자의 인간관이 앞으로의 교육에 대해 시사하는 점은 다음과 같이 정리된다.

1) 교육이 단순한 지식전수의 활동이 아니라 인간형성의 활동이라면, 교육은 언어적, 강제적 학습이 아니라, 무언의 솔선수범의 방식을 취해야 한다. 실현되어야 하는 인간의 가능성은 세계에 대해 지식의 획득에 의해서가 아니라 도의 체득으로서의 현덕에 놓여 있고, 이것은 강요와 강제를 통해 형성되는 것이 아닌 까닭이다.

2) 교육은 학생이 현실세계에 적응하는 것에 앞서 현실세계를 근원적으로 이해하는 것을 도모해야 한다. 이를 위해서는 현실세계에 대한 지적 학습시간 이상으로 현실세계의 근원에 대한 독자사유의 시간을 더 많이 허락해주어야 한다. 현실세계의 근원에 대한 이해는 한계를 지닌 지식과 언어에 의해서보다는 스스로의 사유에 의해 비로소 가능해지기 때문이다.

3) 교육은 인간의 욕망 대신 천지의 도를 사유의 출발점으로 삼아야 한다. 그래야만 욕망충족의 경영학과 욕망억제의 윤리학이라는 모순된 것을 자기기반으로 삼는 교육이 극복될 수 있기 때문이다.

4) 교육은 인, 의, 예, 지와 같은 덕목보다도 현덕을 우선시 해야 한다. 여러 덕목들은 벌어진 문제에 대한 인위적 대응방도에 불과하지만, 현덕은 세상문제의 원인의 자연스런 해소방안이 되기 때문이다. 교육은 경영학적 태도 옆에 윤리학적 태도를 하나 더 형성함에 만족해서는 안 되고 천지와 인간을 함께 고려하고 행동하는 존재론적 태도를 지향해야 한다.

5) 교육은 경쟁의 능력으로서의 지식보다 사람 및 사물과의 공존의 능력을 도모해야 한다. 경쟁능력으로서의 지식의 증대는 동시에 속임수와 도적의 증가를 수반하는 까닭이다.

6) 교육은 개인중심이나 인간중심의 사유경향에서 벗어나서, 개체와 전체의 균형의 방도를 사유해야 한다. 개인중심적, 인간중심적인 교육은 공동체의 파괴와 생태계의 파괴를 가속화하여 인간 자신을 위협하기 때문이다.

참고문헌

노태준 역해, 《도덕경》(노자), 홍신문화사, 1993

김용섭 역, 유소감 저, 《노자철학》, 청계, 2000

김항배 저, 《노자철학의 연구》, 사사연, 1997

임헌규 역, 대빈호 저, 《노자철학 연구》, 청계, 1999

W. Y. Tonn(Hg.), *Lao-Tse Tao Te King*, Manesse Verl. Zuerich, 1992

Ernst Schwarz(Hg.), *Laudse Daudedsching*, Deutscher Tachenbuch Verl., Muechen, 1992

Lin Yutang(Hg.), *Die Weisheit des Laotze*, Fischer, Frankfurt, 1996

필자 소개

성균관대 교육학과를 졸업하고, 서울대 대학원 철학과 석·박사 과정을 거쳐 독일 프라이부르크 대학교에서 철학박사학위를 받았다. 서울대, 성대, 외대 등에서 강사를 역임하고, 현재 하이데거 학회 기획이사, 서울대 철학사상연구소 선임연구원으로 재직하고 있다.

저서로는 *Die Geschichtlichkeit des Menschen und die Geschichte des Seins*(Duncker und Humblot, 2000), 《자유교육의 철학》(원미사, 2000) 등이 있고, 번역서로《존재란 무엇인가》(E. Gilson 저, 서광사, 1992),《마르틴 하이데거와 토마스 아퀴나스》(J. D. Caputo 저, 시간과 공간사, 1993),《해석학, 경험론, 비판론 사이에서의 교육학》(C. Wulf 저, 철학과 현실사, 1999) 등이 있다.

유학

이이-예(禮)의 거울에 자신을 비춰봐야 하는 인간

정원재 (서울대 철학과 교수)

1. 들어가며

유학의 역사에서는 인간을 바라보는 두 가지 상반된 시각이 대립해왔다. 널리 알려진 성선설과 성악설이 그것이다. 중국의 선진 시대에 공자와 맹자가 성선설의 철학을 제시한 이래, 송대에는 주희가 역시 성선설의 견지를 종합한 이론을 세웠다고 할 수 있다. 또, 주희를 이어 한국에서 성선설의 입장을 내세운 대표적인 유학자는 이황이라고 할 수 있다. 반면 선진의 제자백가 중 성악설을 체계화한 유학자가 순자라면, 송대에 성악설을 전개한 대표적인 유학자로는 장재와 호굉을 들 수 있다. 이 글에서 살펴볼 이이의 인간관도, 크게 보아 성악설의 견지에 서 있다고 할 수 있다. 이 글에서는 성악설에서 인간을 어떻게 이해하고 있는지를 지각설(知覺說)의 측면에서 살펴보고, 이를 토대로 이이 인간관의 면모와 그 의의를 더 듬어보려 한다. 이 과정에서 가능하면 이이를 주로 주희나 이황과 대비하여 설명함으로써, 성선설의 이론적 기반에 대해서도 어느 정도 짐작할 수 있도록 애써볼 것이다.

2. 이이 인간관의 철학사적 배경

이이의 인간관을 살펴보기 위해서는, 대략 두 가지 철학사적 맥락을 고려해보아야 한다. 그 하나는 중국의 선진 시대까지 거슬러 올라가는 동아시아의 철학적 전통 중 하나인 지각설의 맥락이며, 다른 하나는 조선 유학사 자체의 맥락이다.

1) 지각설에서 보는 인간

지각설은 인간의 마음에 대한 여러 이해 방식 중의 하나이다. 이는 선진 이래 중국 철학사를 관류하는 주요한 흐름으로 자리잡았지만, 정작 이를 지목하는 뚜렷한 명칭은 없었다. 그러다가 송대에 이르러 장재가 '지각'이란 말을 비로소 철학적인 개념으로 쓰기 시작했고, 이를 이어받아 주희가 자신의 논적이었던 호남 학자들의 이론을 지각설로 부르면서 이 이름이 철학사에 등장하게 되었다.

지각(知覺)이란 외부의 대상에 대해 반응하고[知] 이 반응의 결과를 의식하는〔覺〕 능력이다. 곧 지각설에서는 인간의 정서적 반응, 나아가 인간의 활동 전체를 외부의 자극〔感〕에 대한 반응〔應〕으로 파악한다. 이에 따르면, 외부의 자극에 의해 생겨난 정서적 반응들은 희노애락의 다양한 형태로 드러나며, 이것들은 다시 외부 대상을 좋아하고〔好〕 싫어하는〔惡〕 두 가지로 단순화시켜볼 수 있다. 그리고, 외부 대상을 좋아하는 반응은 다시 그 대상을 가까이 하려는 욕구로 나타나며, 외부의 대상을 싫어하는 반응은 그 대상을 밀쳐내려는 욕구로 나타난다.

인간이 삶에서 부딪치는 외부적 계기에 우선적으로 주목하는 이 같은 사고는, 인간 행위의 내부적 기원을 따지는 사고, 예컨대 맹자의 성선설과 같은 이론과 정면으로 대립하는 것이다. 이 대립은 이미 맹자와 고자의 논변에서 극적으로 드러난 바 있다. 맹자가 인간에게는 선하게 행위하려는 경향성이 있음을, 물에 아래로 내려가는 성질이 '본래적으로' 있다는 사실로 논증하려 한 데 반해, 고자는 빙빙 돌고 있는 물은 동쪽으로 터주면 동쪽으로 흐르고, 서쪽으로 터주면 서쪽으로 흐르는 것과 같이 인간도 외부의 자극에 따라 반응할 뿐이라고 말한다. 이 논변에서 알 수 있듯이, 지각설에서는 인간 외적인 자극을 먼저 고려하는 까닭에, 도덕적 실천의 계기가 인간의 본성 안에 선험적으로 내재해 있다는 식으로는 생각하지 않는다. 따라서 인간의 도덕 실천이 가능하기 위해서는, 먼저 외적 자극에 의해 산출된 특정한 반응이 도덕적으로 정당한지를 판정할 수 있는 외적 기준의 도입이 요청된다. 현실적으로 이 기준은 그 사회에 이미 존재하는 규범의 체계, 구체적으로는 예를 그대로 수용하는 것이 된다. 외부의 자극에 의해 최초에 생겨난 정서적 반응은 이 기존의 규범 체계와 접촉함으로써 옳고 그르며, 선하고 악하다는 구분이 생겨난다. 따라서 지각설에서는 인간의 정서적 반응, 나아가 인간의 행위는 본래적으로 선과 악이 결정되어 있는 것이 아니라, 도덕적 기준이 되는 규범 체계에 들어맞는지 여부에 따라 그 선악이 결정된다. 이는 나중에 이치에 들어맞음〔中理〕, 혹은 절도에 들어맞음〔中節〕의 논리로 발전한다.

이렇게 도덕적 기준에 비추어 각 개인의 정서적 반응이 옳고 그른지 살필 때, 이는 그 반응의 결과를 의식하는〔覺, 察, 識〕 것이기도 하다. 이 의식의 결과 어떤 반응이 옳다거나 그르다고 판정되면, 인간은 이 반응이 유도하는 욕구대로 계속 행위할 것인지 아니면 이 욕구의 방향을 다른 쪽으로 전환하여 행위할 것인지를 선택하게 된다. 문제는 이 선택이 그리 쉬운 일이 아니라는 것이다. 왜냐하면 인간의 욕구가 항상 도덕적인 방향으로 흘러가는 것은 아니기 때문이다. 감각 기관을 통한 자극에서 비롯된 지각의 특성상, 좋아함〔好〕의 정서적 반응이 촉발하는 가까이 하고 잡아당기려는 욕구는 감각적 대상으로 향하기 쉽다. 그래서 인간의 욕구는 오히려 도덕과는 상반되는 경우가 대부분이다. 따라서 선택을 앞에 놓고 인간의 의식은 둘로 갈린다. 그것은 도덕적 기준에 맞게 행위하려는 마음과 도덕적 기준에 상관없이 자신의 욕구대로 행위하려는 마음이다. 이는 나중에 도심인심론(道心人心論)으로 정착된다. 그러므로 인간이 도덕적으로 행위할 수 있으려면, 자신의 욕구를 제어하여 예를 좇아가려는 강력한 의지가 필요하다. 그래서 지각설 계열의 철학에서는 도덕 실천의 여부는 인간의 의지에 달려 있다고 보고, 의지(志)의 중요성을 극단적으로 강조한다. 도덕 실천의 굳은 의지로 충만하여 규범을 실행할 때, 그것은 천리를 보존하는 것이지만, 규범을 저버리고 자신의 욕구대로 행동할 때 그것은 천리를 없애면서 인욕을 추구하는 것이 된다.

외부의 자극에 의해 정서적 반응이 발생할 때부터 예를 실천하기까지의 과정을 놓고 볼 때, 최초 정서적 반응이 나아가던 흐름이 바뀌면서 도덕 실천의 계기를 포착하는 지점은 다름 아닌 인간이 자신의 의식을 살펴서 굳센 도덕적 의지를 형성하는 것이라고 할 수 있다. 따라서 지각설에서 상정하는 인간의 수양 공부는, 정이 발생하기 이전(未發), 예컨대 본성에 대해서가 아니라, 정이 발생한 이후(已發)인 의식의 자기 점검 쪽에 초점이 모아진다. (곧 지각설에서는 인간의 이성이 기능하는 때는 희노애락의 감정이 발생한 이후(已發)부터라고 보는 것이다. 반면 주자학은 인간은 본성 자체가 이성이므로(性卽理), 인간의 감정도 이성의 발현이 될 수 있다고 보는 것이다.) 이를 지각설론자들은 성의(誠意), 찰식(察識), 성찰(省察) 등으로 부른다. 한편, 이 같은 의식의 자기 점검은 결국 예와 같은 기존의 규범 체계를 수용함으로써 완결된다는 점에서, 지각이란 처음부터 자아에 대한 앎이 아닌, 자아 외부에 대한 앎을 겨누고 있는 "밖으로 향해 열린 창"의 성격을 갖는 것이라고 할 수 있겠다.

맹자와 고자의 논변에서 처음 보이는 지각설의 경향은 이후 여러 선진 사상가를 거쳐 순자에 이르러 어느 정도 일정한 체계를 갖추게 되며, 이와 함께 《예기》의 〈악기〉와 〈대학〉, 그리고 《주역》의

〈계사〉 등에 압축된 형태로 편입된다. 이후 지각설은 송대 신유학에서 주돈이, 장재 등을 거쳐 마침내 호굉에 이르러, 성체심용(性體心用)의 마음 이론과 치지·거경·역행의 수양 이론을 축으로 하는, 호상학이라는 하나의 학파를 형성하기에 이른다. 호상학파는 당대에 가장 큰 영향력을 가진 학파였으며, 주희 역시 중화구설의 시기에는 호상학의 자장 안에 있었다. 이후 주희는 중화신설을 통해 자신의 독자적인 이론을 정립함으로써 호상학의 틀에서 벗어나지만, 지각, 인심도심, 찰식 등 호상학의 주요 이론적 장치들을 완전히 버리지는 않는다. 오히려 그는 이것들을 성즉리(性卽理)와 심통성정(心統性情)의 전제에 근거하여 재구성함으로써 자신의 이론 체계에 복무하게 만든다.

2) 이황과 기대승의 사칠논변

이이의 인간관은 이상과 같은 지각설의 흐름을, 조선 유학사의 맥락에서 재구성한 것이다. 여기서 말하는 조선유학사의 맥락이란, 이황을 둘러싼 논의의 흐름과 관련된 것이다. 이이의 인간관은 이황의 인간관에 대한 비판과 극복의 도정에서 나온 것이라고 볼 수 있기 때문이다. 이 도정은 애초 기대승이 시작했던 것을 이이가 이어받아 끝마친 것이다. 이황은 기대승과 사단칠정에 대한 논쟁을 벌이면서, 선한 정인 사단과 악하거나 악하게 될 가능성이 많은 정인 칠정을 구분한다. 그리고 사단은 인간 안에 있는 본성인 리[性卽理: 이하 '理' 자를 홑으로 표기할 때는 편의상 '리'로 적는다]가 그대로 발한 것으로 볼 수 있다고 주장한다[理發說]. 따라서 모든 인간이 가지고 있는 선한 본성이 선한 정으로 그대로 드러날 수 있다면[性發爲情], 다시 말해서 칠정이 아닌 사단이 주로 발현되게 할 수 있다면, 개개 인간은 도덕을 실천하는 군자가 될 수 있으며, 나아가 사회 전체가 도덕적인 이상 사회가 될 수 있을 것이다. 그래서 이황은 정이 드러나기 이전인 인간 마음의 밑바탕으로서 미발(未發)의 영역에 대해 관심을 집중한다. 그리고 미발의 본성이, 마음이 수행하는 모든 작용의 확고한 근거가 될 수 있도록 이를 함양하는 거경(居敬)의 공부를 가장 중요한 수양론으로 제시하며, 이를 통해 최종적으로는 본성과 정에 대한 마음의 주재[心統性情]를 확립하려 한다. 이황은 다시 이러한 심성론과 수양론의 주장을 '리는 움직인다'는 이기론의 명제로 뒷받침함으로써[理動說], 도덕적 이성이 직접 현실 세계에 개입하여 변화를 일으키는 근원적인 힘이 되기를, 그리하여 그가 꿈꾸는 이상 사회가 조속히 도래하기를 열렬히 희구한다. 이황의 이러한 주장은 주자학이 본래 지니고 있는 미발 중시의 성격을 훨씬 더 강화한 것이라고 할 수 있다.

이 같은 이황의 주장에 대해 이미 기대승은 몇 가지 점에서 문제를 제기한 적이 있다. 즉 사단과 칠정은 서로 대립적인 관계로 볼 수 없으며, 일반적 감정이라고 할 수 있는 칠정이 도덕적 감정인 사단을 포함한다는 점, 사단이든 칠정이든 모든 정은 기본적으로 외부 사물의 자극에 의해 발한다는 점, 정의 선악은 발한 이후에 절도에 들어맞는지 여부에 따라 판정할 수 있다는 점, 악한 정이 생겨나는 근본적 원인은 기품의 차이 때문이라는 점, 칠정이 사단을 포함하는 것과 달리 인심과 도심은 서로 대립적인 것으로 볼 수 있다는 점 등이다. 기대승의 이러한 논점은 고스란히 이이에게 수용된다. 이이는 사실상 기대승의 이 같은 논지를 발전시켜 이론적으로 보다 완결된 체계를 구성한 것이라고 할 수 있다.

3. 이이 인간관의 이기론적 전제

이이 역시 다른 신유학자들과 마찬가지로, 리(理)와 기(氣)를 동원하여 자신의 인간관을 설명한다. 그래서 이 절에서는 먼저 이이의 이기론을 간략히 검토하기로 한다.

이이에 따르면 리는 무형(無形)하고 무위(無爲)하지만, 기는 유형(有形)하고 유위(有爲)하다. 여기서 유위와 무위는 운동 능력이 있고 없음을 뜻한다. 이이는 이 같은 리와 기에 대한 무위, 유위의 규정으로부터, 이황의 이발설에 맞서는 기발이승일도설(氣發理乘一途說)을 이끌어낸다. 즉 리는 운동의 능력이 없으므로 일체의 동작이나 작위와 직접적으로는 관계가 없으며, 따라서 동작·작위를 주도하는 것은 기이고[氣發], 리는 단지 움직이고 작용하는 기에 '타고' 있을 뿐이라는[理乘] 것이다. 즉, "리는 무위인데 기는 유위이기 때문에 기가 발하고 리는 탄다." 이를 통해 이이는 천지의 조화와 인간의 마음을 비롯한 세계의 모든 현상은 리가 아닌 기의 주도에 의해 성립하는 것임을 주장한다. 따라서 현실에서 벌어지는 모든 일은 리가 아닌 기의 책임이 된다.

이렇게 되면 적어도 현상 세계에는 리의 역할이 끼어들 여지가 없어지므로, 리는 현상으로부터 떨어진 초월적인 것이 된다. 또, 기가 주도하는 현실 세계가 선과 악이 대립하는 세계인 데 반해, 이 세계에서 넘어서 있는 리는 그런 대립이 없는 절대로 파악된다. 그래서 이이의 기발이승론은 그 논리적 필연으로서 이통기국론(理通氣局論)이라는 독특한 형이상학에 도달한다. 즉 리는 보편적인 것이지만〔理通〕, 그것이 현상 세계에 실현되는 것은 기에 달려 있으므로 실제로는 기에 국한되는 것이다〔氣局〕.

기에 국한됨으로써 리 본래의 완전성은 왜곡된다. 따라서 이이는 정호의 "리에는 선악이 있다"는 말을 주희와는 달리 문자 그대로 리에도 선악이 있다는 뜻이라고 설명한다. 기에 국한된 리, 곧 기를 탄 리〔乘氣之理〕는 현실에서는 악으로 드러날 가능성이 더 많기 때문이다. 여기서 이이는 이통기국이 바로 주희가 제시한 이일분수(理一分殊 : 리는 하나이지만 그 나뉨은 다양하다)의 참된 의미라고 주장함으로써, 분수리(分殊理)에서 기국으로 즉, 리에서 기로 현상 세계의 무게 중심을 바꿔 놓는다.

이 같은 논의는 또한 본체와 현상의 관계를 축으로 세계 전체의 구도를 제시하는 것이기도 하다. 본체의 세계에서는 당연히 보편자인 리가 그 중심이 되는 반면〔理通〕, 현상 세계는 리를 국한하는 기가 중심이 된다〔氣局〕. 그 결과 본체와 현상은, 리와 기라는 서로 다른 원리에 의해 운용되는 것으로서 엄격히 이원화된다. 나아가 리와 기 역시 본체와 현상이라는 각각 다른 영역에서만 의미 있는 것으로서 분리되고 만다. 그래서 "리는 무형이고 기는 유형이기 때문에 이통기국이다." 이 때문에 이이의 이통기국론은 본체와 현상, 이와 기를 분리했다는 비판에 직면한다.

그러나 한편으로 이통기국론은 바로 이 점 때문에 이황의 이동설에 대한 강력한 반명제가 된다. 리와 기, 본체와 현상을 엄격하게 이원적으로 분리하는 이통기국의 구도에서는, '리가 움직여' 현실에 개입하는 것이 근본적으로 불가능하기 때문이다. 이 점에서 이이의 이통기국론은 이념에 대한 현실의 대등한 고려를 요청하는 것으로서, 이황의 세계관에 비하면 상대적으로 훨씬 강한 현실 지향적 성격을 갖는 것이라고 할 수 있다. 그래서 이이는 현실에 대한 이념의 우위, 기에 대한 리의 선재를 의미하는 주희의 이선기후론을 부정하면서 리와 기는 앞뒤가 없음을 힘주어 강조한다.

기발이승, 이통기국 등 이이가 제시한 이기론의 주요 명제들은, 지각설에 입각한 인간관을 뒷받침하려는 것이다. 이이는 지각이 이끌어내는 마음의 현상과 그 출발점인 기질지성 등은 기발이승론으로 설명한다. 그러나 마음의 본체와 현상이라고 할 수 있는 미발과 이발, 본연지성[性]과 마음[心], 본연지성과 기질지성 등의 관계는 이통기국론을 원용하여 설명한다.

4. 이이의 인간관

1) 기질지성으로서 인간 본성

지각설에서는 대체로 인간 외부의 자극을 먼저 고려하는 까닭에, 인간의 내부에서는 도덕 실천의 계기를 상정하려 하지 않는 경향이 있다. 이것이 순자의 경우에는 성악설로, 호굉의 경우에는 '본성은 선악으로 말할 수 없다'는 주장으로 나타난다. 이러한 순자와 호굉의 주장에 상당하는 이이의 본성론이 기질지성(氣質之性)에 대한 이론이다.

이이에 따르면, 사람이 태어날 때는 기질이 리를 싸고서 사람과 함께 생겨나며, 이것을 가리켜 본성(性)이라고 말한다. 즉 리는 반드시 기질에 깃든 뒤에야 본성이 된다. 단지 기질 속에 있는 리만을 가리킬 때는 본연지성이라고 말하지만, 본연지성만 있는 경우란 실제로는 없다. 곧 인간의 본성이란 처음부터 기질지성을 말한다. 그래서 그는 "본성이란 리와 기가 합쳐진 것이다"라고 말한다. 이에 따라 맹자의 성선설을 리로써 포착한 "본성은 리(性卽理)"라는 주자학의 핵심 명제는 간단히 무너진다. 이는 곧 인간의 본성을 기발이승의 상태로 파악하는 것이다.

따라서 모든 인간은 태어날 때부터 기질의 제약에 놓이며, 맑고 흐리고 순수하고 잡된 기질의 차이가 인간의 차이를 결정한다.(일종의 느슨한 결정론적 사고를 시사하는 '기질'에 가장 가까운 현대어는 '성격'이다.) 이는 본연의 리(本然之理)가 기를 탄 리(乘氣之理)가 됨으로써 리 본래의 완전성이 왜곡되듯이, 본연지성은 기질이라는 그릇에 담김으로써 본래의 성선을 상실한다는 점을 시사하는 것이다. 이 세상에서 기질이 완전히 맑고 순수한 사람은 오직 성인(聖人)밖에 없으므로, 대부분의 인간은 자기 안에 본연지성으로서 리가 깃들어 있다 하더라도 실제로는 이를 그대로 드러내지 못하게 된다. 여기서 이이는 사실상 맹자 이래의 성선설을 부정하고 성악설에 접근하게 된다. 이는 이이가 애초부터 인간의 현실을 극히 비관적으로 인식하고 있음을 말해주는 것이다. 거꾸로 이 점에서 기질은 인간이 안고 가야 할 현실로서 주어진다고 할 수 있다. 주희와 이황이 '성즉리'의 본성에서 출발한다면, 이이는 기질에서 출발하는 것이다.

2) 마음은 기이다

이이의 마음 이론은, 이 같은 그의 독특한 기질지성론이 전제된 것이다. 이이는 인간의 마음을 지각의 측면에서 파악한다. 즉, 인간의 마음은 반드시 자극이 있어야 반응하며, 이때 자극은 모두 외부의 사물로부터 주어지는 것이다. 따라서 자극을 받지도 않고서 마음 속에서 저절로 정이 발하는 경우란 없으며, 감정의 발생은 모두 이 같은 자극과 반응이라는 단일한 경로를 거쳐서 이뤄진다. 자극과 반응이라는 지각의 기제에 의해 정서적 반응이 발생하는 이 과정을, 이이는 존재론적으로는 '기가 발하고 리는 타는 것'이라고 설명한다. 이는 가령 '어린 아이가 우물에 빠지려 하는 것을 보는' 외부의 자극과 이에 대해 '측은히 여기는' 정서적 반응 자체는 '기'이며, 이 반응은 근원적으로는 리인 인(仁)에서 나온 것이므로, '리'가 탔다고 할 수 있다는 것이다.

이는 다시 물과 그릇의 비유로 설명된다. 이이는 인간의 마음은 그릇이며, 본연지성은 그릇에 담긴 물과 같다고 설명한다. 그리고 감정은 외부의 충격에 의해 그릇이 흔들리면서 그릇에 담긴 물이 밖으로 쏟아지는 것이라고 한다. 이는 리인 본연지성의 운동이 애초부터 기인 마음에 제약된 것으로 보면서, 외부의 자극에 의해서 마음의 온갖 현상이 일어나는 것으로 설명하는 지각설의 의도가 담긴 비유이다. 그래서 이이는 정은 본연지성이 아니라 마음이 움직인 것임을 힘써 강조한다.

여기서 이이는 지각하는 것으로서, 곧 외부의 자극에 의해 '움직이는' 것으로서 "마음은 곧 기〔心是氣〕"라고 말한다. 왜냐하면 유형(有形)하고 유위(有爲)한 것은 리가 아닌 기의 특성이기 때문이다. 그런데 이렇게 마음〔心〕은 기인 반면 본연지성은 리라고 봄으로써, 이이에서는 인간의 본연지성과 마음은 서로 다른 존재론적 위상을 갖는 것으로서 이원화되고 만다. 즉, 이통기국론의 엄격한 이원론적 세계관이 인간에게는 본연지성과 마음 사이에 적용되는 것이다.

이는 동시에 '마음은 본성과 감정을 거느린다〔心統性情〕'는 주자학의 핵심 명제를 포기하는 것이기도 하다. 주희에 따르면 마음은 미발의 본성과 이발의 감정을 모두 아우르면서, 본성의 리에 근거하여 기인 감정과 행위를 이끌어나간다. 그러므로 이때 마음은 리도 아니고 기도 아니며, 이 둘 사이에서 이들을 주재하는 것, 굳이 따지자면 리와 기를 합친 것〔合理氣〕이다. 이 점에서 주희가 보는 마음은 본체와 현상의 두 측면을 모두 가지고 있다.

반면 이이는 마음의 가장 중요한 기능이 지각이라고 봄으로써, '움직인다'는 현상적 측면에 국한하여 마음을 이해하는 것이다. 이는 이이가 생각하는 수양의 방법 또한 주자학의 그것과는 달라질 것임을 말해주는 것이다. 이이는 마음을 현상의 측면에서 포착하므로, 주자학에서처럼 마음의 움직이지 않는 본체의 영역을 기르고〔涵養〕, 이에 근거하여 마음의 움직이는 현상의 영역을 주재하는 수양론을 따라가기는 힘들게 된다. 따라서 이이에게는 오직 움직이는 마음에 나아가 이를 다스리는 방식만이 남게 될 것이다.

지각설에 근거한 이상과 같은 이이의 마음 이론, 특히 감정의 발생에 대한 설명은 대략 4가지 점에서 이황의 그것과 갈라지게 된다.

첫째, 인간의 감정은 자극과 반응이라는 단일한 경로에 의해 본성의 리라는 단일한 원천에서 발생한다는 점이다. 그래서 이이는 마음에 일어나는 현상은 오직 '한 길'임을 강조한다. '기가 발하고 리는 타는 하나의 길[氣發理乘一途說]'이라는 말이나, 본성·마음·정·의식이 하나의 길 위에서 연속적으로 작용한다는 '성심정의 일로설(性心情意一路說)' 등의 주장이 그것이다. 여기서 그가 마음의 작용은 결국 한 길임을 강조하는 것은, 이황의 호발설(互發說)을 겨냥한 것이다. 이이는 이황의 호발설은 마음의 정서적 반응이 일어나는 경로를 둘로 분리해서 생각하고 있다고 비판한다. "가만히 이황 선생의 의도를 살펴보면, 사단은 마음 속에서 발하고, 칠정은 밖에서 자극받아 발한다고 간주한다." 즉 이황은 사단과 칠정을 내출(內出)과 외감(外感)으로 구분해서 본다는 것이다. 이는 다시 이황이 호발설을 뒷받침하기 위해 사단은 본연지성에서 나오고 칠정은 기질지성에서 나온다고 '두 근원을 설정하는' 것에 대해, 인간의 본성이란 처음부터 리와 기가 합쳐진 것으로서 기질지성을 가리키며, 본연지성은 기질지성에 깃든 리를 가리킬 뿐 별도의 본성이 아니라고 비판하는 것으로 연결된다.

따라서 이이는 이황과 달리 사단과 칠정을 본질적으로 다른 것이라고 보지 않는다. 이이는 지각에 의해 일어난 정서적 반응의 전체가 칠정이며, 이 칠정 중에 선한 정만 사단으로 부를 뿐이라고 말한다. 그러므로, 사단은 칠정 안에 포함된다는 것이다.

둘째, 감정의 선과 악은 '근원과 경로에 따라 본래적으로' 판정되지 않는다는 점이다. 이황은, 사단은 본연지성에서 내출하는 것이기 때문에 본래적으로 선한 반면, 그렇지 않은 칠정은 악하거나 악의 가능성이 농후한 것이라고 본다. 반면 이이에 따르면 감정은 자극과 반응이라는 단일한 경로에 의해 본성의 리라는 동일한 원천에서 발하는 것이므로, 이황과 같은 방식으로 선악을 논할 수는 없다. 이이에 따르면, "그 반응이 절도에 들어맞는 것과 들어맞지 않는 것이 있어서 선과 악의 구분이 있는 것이다." 이렇게 정의 선악을 절도에 맞는지의 여부로 판정할 수 있다고 하는 것은 지각설의 전통을 그대로 잇는 것이다.

셋째, 마음의 반응은 기질의 차이에 따라 달리 나타난다는 점이다. 이이에 따르면, 인간의 본성은 처음부터 기질지성으로 주어진다. 그래서 이이는 "정은 본성의 작용이다"라는 주희의 말에 나오는 '본성'도 기질지성을 가리킨 것이라고 말한다. 기질지성의 작용이 인간의 감정으로 드러나므로, 그것은 각 개인의 기질의 차이에 따라 무수히 다른 양상으로 나타날 것이다. 그리고 완전한 기질을 지닌 인간은 성인(聖人)밖에 없으므로, 대부분의 인간이 발하는 정서적 반응에서 "선한 정은 항상 적게 나오고 악한 정은 항상 많은 법이다."

이 때문에 이이는 이황을 이렇게 비판한다. "만약 정이 선하지 않음이 없는 것으로 여겨서, 정대로 내맡겨 행동한다면 어찌 일을 그르치지 않겠는가?" 이황은 본연지성의 발함인 사단의 정이 선하지 않음이 없다고 봄으로써, 정을 방임하면서 정을 검속하는 공부는 없이 무반성적으로 행위하는 길을 열어놓았다는 것이다.

넷째, 정은 외부의 자극에 대한 반응이므로, "내 뜻대로 나오는 것이 아니다"는 점이다. 인간의 감정이 발생하는 데에 자극이라는 외부적 계기는 인간의 뜻대로 통제할 수 없는 우연적인 것이다. 또한 특정 자극에 대해 어떻게 반응하는지도 역시 각 개인별로 이미 타고날 때부터 기질에 의해 어느 정도 결정되어 있으므로, 최초의 정서적 반응 자체를 '필연적으로 선하게' 발하도록 만들 수는 없다. 이 같은 생각은, 인간의 정서적 반응을 칠정과 사단으로 구분하면서 사단이라는 선한 정이 주로 드러날 수 있도록 미발의 거경 공부에 힘쓰자는 이황의 주장을 정면에서 반박하는 것이다. 이이에 따르면 인간에게 선한 정만 드러나게 한다는 것은 애초에 불가능하기 때문이다.

이 때문에 이이의 철학 체계에서 사단칠정론은 이황과 달리 그다지 의미 있는 역할을 하지 못한다. 이이는 정이 발생하기 이전[未發]이 아니라 정이 발생한 이후[已發]에 의식을 변화시키는 데에 주력한다. 그래서 이이에서 이황의 사단칠정론에 맞먹는 중요성을 갖는 것은, 오히려 이발의 의식에 대한 논의인 인심도심론이라고 할 수 있다. 이로부터 이이의 마음 이론은 사단칠정론에서 인심도심론으로 옮겨간다.

3) 인심이냐 도심이냐

자극에 대한 반응 이외에 지각이 갖는 또다른 중요한 기능은 이 반응을 의식하는 것이다. 이이에 따르면 의식(意)이란 지각이 반응한 일차적 결과인 뭇 정서를 특정한 기준에 맞추어 계산하고 비교하여 어떻게 할지 생각하는 것이다. 즉, 정은 자신의 뜻대로 나오는 것이 아니기 때문에, 이 정을 놓고 다시 선의 방향으로 나아가려는 것이 의식이다. 인간의 정서적 반응은 의식함에 의해 크게 둘로 나뉜다. 그것은 인심(人心)과 도심(道心)이다. 그래서 인심과 도심은 "정과 의식(意)을 통틀어서 말하는 것이다." 이렇게 정은 본래 하나의 근원, 하나의 경로에서 나온 것이지만, 의식이 가해짐으로써 둘로 분열된다. 즉, "그 원천은 비록 하나이지만 그 흐름은 둘이다."

이이의 인심도심론은 주희의 인심도심론에 대한 반론에서 출발한다. 인심도심론은 그 연원이 순자였다는 점에서 알 수 있듯이, 본래 지각설의 근본 발상 중 하나였다. 그것의 핵심은 도덕적 기준에 비추어 볼 때 두 가지로 대립하여 나타나는 의식에서 하나를 '선택'하는 것이었으며, 이는 필연적으로 천리인욕론으로 이행된다. 주희 역시 본래 청년기에는 도심과 인심을 천리와 인욕으로 이해하고 있었다. 그러나 이는 둘로 분열된 의식에 대한 선택이라는 호상학의 해석에 더 가까운 것이라고 할 수 있다. 그래서 주희는 후기에는 '성즉리'의 견지에서 인심도심론을 재해석함으로써 지각설의 자취를 씻어내고, 이를 자신의 이론 체계에 편입시킨다. 이는 그가 60세에 쓴 〈중용장구서〉에 집약된다.

주희는 우선 도심은 도덕적 이성(性命)에서 나온 것이며, 인심은 육체적인 욕구[形氣]에서 생겨난 것이라고 함으로써, 도심이 본성으로서 리의 발현임을 분명히 한다. 그리고 리의 발현인 도심이 인심의 주재가 되고 인심은 도심의 명령을 들을[聽命] 때에 모든 행동이 절도에 들어맞게 된다고 함으로써, 도심과 인심을 서로 대립적인 선택의 관계가 아니라 주재에 의해 하나가 되어야 할 상호 요청적인 관계로 설정한다. 이 점에서 주희는 도심은 곧 인심의 리(理)라고 말한다. 따라서 도심이 인심을 주재한다는 것은, 미발의 알맞음[中]이랄 수 있는 도덕적 이성, 곧 리에 따라 육체적 욕구를 조화롭게[和] 충족시키는 것이 된다. 즉 주희는 인심도심론을 정이 이래의 '성즉리'설에 근거한 '중용'의 이론으로 만들어버린 것이다. 도심은 단지 인심을 운용할 때 근거해야 할 기준일 뿐이므로, 마음의 주재로 삼을 것이지, 확충할 수 있는 대상이 아니다. 또 인심은 그 자체로는 선한 것도 악한 것도 아니므로, 반드시 없애야만 할 것은 아니다. 오히려 인심이 도심의 주재를 따를 때, 인심은 도심이라는 도덕적 이성의 실현 수단이 된다. 그래서 주희는 도심은 확충하고 인심은 억누르라는 식으로는 결코 말하지 않는다. 이는 도심과 인심을 선택적인 대립의 관계에 놓아야만 할 수 있는 말이기 때문이다.

이이는 기본적으로 중용에 대한 이론인 주희의 인심도심론을 지각설의 본래 입론대로 재차 의식상의 선택 이론으로 만든다. 우선 그는 도심과 인심을 각각 도덕적 이성과 육체적인 욕구로 나누어 볼 수 있음을 인정한다. 그러나 이것이 주희의 말처럼 도심은 도덕적 이성에서 나오고 인심은 육체적인 욕구에서 생겨나온다는 뜻은 아니라고 말한다. 인심이든 도심이든 그 근원은 모두 리이고 모두

기의 작용에 의해 발하며, 단지 도덕률을 실천하기 위해 발했는지 몸의 욕망을 채우기 위해 발했는지에 따라 양쪽으로 구분된다는 뜻이라는 것이다. 이렇게 해서 이이는, 도심에 미발과 이발을 관통하는 리의 성격을 부여하려 했던 주희의 의도를 차단해버린다. 인심과 도심은 모두 동일한 근원에서 나온 것이며, 단지 '무엇을 위해서 발했는지' 의식함으로써 둘로 갈라지는 것일 뿐이다.

그래서 이이는 주희가 도심을 인심의 리로 파악했던 것과는 달리 도심은 본연의 기라고 본다. 반면 인심은 본연의 상태에서 변한 기이다. 따라서 도심과 인심은 한쪽이 다른 한쪽을 주재하는 것이 아닌, 이발의 의식상에서 서로 대립하는 관계가 된다. 여기서 이이는 두 가지 분열된 의식 중에서 도심은 확충하고 인심은 절제하라고 한다. "도심이 발하는 것은 마치 불이 처음 타오르기 시작하고 샘물이 처음 솟아나기 시작하는 것과 같아서 보기 어려우며, 인심이 발하는 것은 마치 매가 끈에서 풀려나고 말이 굴레를 벗어난 것과 같아서 날고 뛰는 것을 제어하기 어렵기" 때문이다. 이이는 인심도심론을 선택의 구조로 돌려놓은 것이다.

이는 결국 천리 인욕론의 틀로 포섭된다. 도심은 모두 천리이고, 육체적 욕구인 인심은 천리도 있긴 하나 인욕으로 흐를 가능성이 더 많다. 따라서 천리는 보존하고 인욕은 막아야 한다. 이는 의식 안에서 천리와 인욕의 치열한 싸움을 빚어낸다. 한편, 무엇이 천리이고 인욕인지를 구분하는 것은, 역시 절도에 들어맞느냐 여부에 달려 있다. 그래서 이이는, 천리와 인욕도 근본적으로는 하나이며, 단지 정서적인 반응으로 나타난 이후에 이를 기준에 맞추어 판정함으로써 천리인지 인욕인지의 구분이 있게 된다고 말한다.(이런 생각은 "천리와 인욕이 본체는 동일하며, 작용에서 달라진다"고 하는 호굉의 유명한 주장과 같은 맥락에 있는 것이다.) 천리와 인욕을 판정하는 기준이 중절의 여부라는 데에서 알 수 있듯이, 천리를 보존한다는 것은 결국 구체적인 규범으로서 예를 실천하는 것으로 이어진다. 이렇게 하여 이이는 주희가 인심도심 해석에서 내버렸던 천리 인욕론의 틀을 다시 되살려놓는다.

마음의 반응을 살펴서, 도심을 확충하고 인심을 절제하며 천리를 보존하고 인욕을 막는 방향을 선택하는 것은, 자신의 결단에 의해 도덕적 의지를 세우는 것이다. 즉, "의식〔意〕이 방향을 정하면 의지〔志〕가 세워진다." 그런데, 의식은 계산하고 비교하는〔計較〕 것이라는 규정에서 알 수 있듯이, 본질적으로 기능적인 것일 뿐 그 자체로 도덕적인 것은 아니다. 따라서 외물에 이끌리면 개인적인 욕망을 계산하고 비교함으로써 악한 생각에 빠지는 것이 의식이다. 곧 "지각이 많을수록 이해 관계에 심각하여, 이익을 택하여 편안함으로 나아가는" 것이 인간이다. 이 점에서 정은 자신의 뜻대로 할 수 없기 때문에 거짓으로 가장할 수도 없는 반면, 의식은 거짓으로 꾸밀 수 있다. 그래서 의식을 성실하게 하는 성의(誠意)의 공부가 필요하다. 이이는 "성의 공부는 수기와 치인의 근본이다"라고 말한다. 이는 곧 성찰의 공부라고 할 수 있다.

5. 이이 인간관의 의의

위에서 본 이이 인간관의 두 축은, 기질지성론과 지각론이라고 할 수 있다. 이하에서는 이 같은 인간관이, 수양론 및 이황 비판 등과 관련하여 갖는 몇 가지 의의를 살펴보기로 한다.

1) 더러운 기질을 바로잡기

기질지성의 본성론 때문에, 이이의 수양론은 결국 기질을 바로잡는 교기질론(矯氣質論)을 핵심으로 하게 된다. 이는 주희와 이황의 수양론이 넓은 의미에서 '본성을 회복함(復其性)' 또는 '처음을 회복함(復其初)'을 지향하고 있는 것과 대비된다. 이이에 따르면, 본성을 회복하는 공부는 본연지성에 대한 공부이다. 즉, 본연지성이 선하다는 사실에 근거하여 그 처음의 상태를 회복하는 공부가 '본성을 회복하는' 것이다. 따라서 이는 성선설에 따른 수양론이라고 할 수 있다. 반면 이이는 자신의 수양론인 교기질론을 설명하면서, 기질은 흐리고 잡된 것이 처음 태어날 때부터 이미 판가름되어 있기 때문에, 본성과는 달리 본래의 상태를 회복하는 것이 아니라 교정해야 되는 것이라고 말한다. 여기서 교기질론 자체가 이미 성악설을 전제한 것임을 알 수 있다. 즉 타고난 선한 것을 회복하는 것이 아니라, 타고난 악의 가능성을 고치는 것이 교기질론이라고 할 수 있다.

성선설에 근거한 주자학의 수양론이 본성을 회복하는 공부로 나아가는 반면, 성악설에 근거한 이이의 수양론이 기질을 교정하는 수양론으로 나아가는 이 차이는, 이이가 이황의 본성론을 비판하는 과정에서 다시 그대로 재연된다. 이이는 이황이 본연지성과 기질지성을 둘로 나누어 보는 점을 비판하면서, 본연지성과 기질지성은 두 가지 본성이 아님을 누누이 강조한다. 기질의 위에 나아가 단순히 그 리만을 가리켜 본연지성이라 하고, 리와 기질을 합쳐서 기질지성이라고 하는 것일 뿐, 이황 식으로 본연지성은 리를 주로 한 것이고 기질지성은 기를 주로 한 것이라고 구분하여 양쪽으로 나누어 보아서는 안 된다는 것이다. 이렇게 이이가 본연지성과 기질지성이 하나의 본성임을 강조하는 것은, 일차적으로는 이황 사칠론의 논거를 무너뜨리기 위한 것이다. 이황은 사단과 칠정을 각각 이발과 기발로 구분하면서, 이를 공격하는 기대승에게 본성도 본연지성과 기질지성으로 나누어 볼 수 있으므로, 정도 각각 본연지성과 기질지성에서 나오는 사단과 칠정으로 구분해 볼 수 있지 않느냐고 반문한다. 이이는 이황에 대한 응수로 본연지성과 기질지성은 두 가지 본성이 아니며, 따라서 사단과 칠정도 두 가지 다른 정이 아니라고 주장하려는 것이다. 즉 기질지성이 본연지성을 포함하고 있듯이, 칠정도 사단을 포함하고 있다는 것이다.

 그런데, 본연지성과 기질지성을 달리 보면서 사단과 칠정도 서로 다른 것으로 보는 이황과, 본연지성을 기질지성에 포함된 것으로 보면서 사단도 칠정에 포함된 것으로 보는 이이 사이의 가장 중요한 대립점은, 결국 본연지성의 독립적 존재를 인정하느냐 여부라고 할 수 있다. 이황은 본연지성의 독립적 존재를 확보하려 하기 때문에, 본연지성과 기질지성의 질적 차이를 강조하는 반면, 이이는 본연지성이 독립적으로는 존재할 수 없으며 따라서 현실적으로 인간에게 주어지는 것은 기질지성일 뿐이라고 보는 것이다. 여기서 드러나는 본연지성의 독립적 존재를 둘러싼 이황과 이이 사이의 대립은, 앞서 보았던 수양론상의 성선설과 성악설 사이의 대립이 그대로 이어진 것이라고 할 수 있다. 이황은 인간이 지닌 선한 본연지성에서 출발하려고 한다. 그래서 그는 본연지성에서 나온 사단의 정은 기질지성에서 나온 칠정과는 달리 순선하므로, 순선한 사단의 정이 주로 발출될 수 있도록 미발의 본연지성에 대한 함양 공부로서 거경에 힘쓸 것을 주장한다. 즉 이황의 수양론은 전체적으로 '본성을 회복하는' 공부를 지향하고 있으며, 따라서 그의 이론에서는 무엇보다도 선한 본연지성의 존재를 확보하는 것이 가장 중요하다. 반면, 이이는 기본적으로 인간의 본성은 기질지성일 뿐이라고 본다. 기질지성은 악의 가능성을 갖고 있는 것이므로 자연히 그는 '기질을 바로잡는' 공부를 주장한다. 따라서 이이는 인간에게 본연지성이 독립적으로 존재하며 수양의 출발점이 된다는 사실을 인정할 수 없는 것이다.

요컨대 이이가 본연지성과 기질지성이 둘이 아님을 강조하는 것은, 우선적으로는 이황 사칠론의 논거를 무너뜨리기 위한 것이지만, 그 바탕에는 성악설의 이론적 입각점을 확보하려는 의도가 깔려 있다고 볼 수 있다.

2) 내 밖의 진리

이이의 수양론은 궁리(窮理)·거경(居敬)·역행(力行)의 3조목을 근간으로 하는 체계이다. 여기서 궁리의 공부가 먼저 설정되는 이유는, 지각설과 관계가 있다. 지각설에서 중시하는 인심도심론의 성찰 공부가 가능하기 위해서는, 먼저 자신의 정서적 반응이 도덕적으로 정당한 것인지 검증할 수 있는 기준이 필요하기 때문이다. 이 기준의 확보가 바로 궁리이다. 이 기준은 실질적으로는 자신이 몸담고 있는 사회의 규범 체계, 곧 예가 된다.

이이는 궁리의 대상인 리가 인식 주관과는 상관없이 '본래 지극한 곳에 있다'고 함으로써, 리가 나의 밖에 객관적으로 실재하는 것으로 간주한다. 이는 리의 초월성을 시사하는 이통기국론에서 이미 어느 정도 예견되었던 진리관이라고 할 수 있다. 그래서 궁리는 나의 지각으로 이 외재적인 리를 '비추는' 것이며, 궁리의 성공 여부는 나의 지각이 밝은지 어두운지에 달려 있을 뿐이라고 본다. 이이는 이를 등불이 어둠 속의 사물을 비추는 비유로 설명한다. 진리의 객관성을 극단적으로 강조하는 이런 식의 궁리에 대한 설명은, 궁리의 출발점인 나의 일상과 진리 사이에 넘어설 수 없는 간극이 있음을 전제하는 것이다. 그리고 이 점에서 이이의 궁리는 주자학과 미묘한 차이를 드러낸다.

주희의 경우에 궁리 공부는 다양한 방법이 있지만, 그 중에서도 핵심이 되는 것은 구체적인 일상의 일을 실천하는 과정에서 그 도덕적 의미를 체득하는 것이라고 할 수 있다. 이는 비록 많은 이탈이 있기는 하지만 궁극적으로는 일상에서 부딪치는 일 속에 진리[理]가 그 근거로서 관류하고 있음을 믿기 때문이다. 그래서 주희의 궁리는 앎과 실천의 일치를 궁극적인 목표로 삼는다. '이치를 끝까지 파고듦[窮理]'이라는 말은, 그 목표에 대한 추구의 결과 나와 진리가 하나가 됨으로써 진리가 나에게 주체화됨을 의미하는 표현이기도 하다. 반면 이이의 경우에는 나의 일상과 진리 사이의 간극을 전제하므로, 처음부터 직접적으로 진리가 기록된 경전을 공부하는 독서가 궁리에서 가장 중요한 과정이 된다. 또, 진리는 끝까지 나에게 외재적인 것이므로, 이이는 '궁리' 대신 '이치를 밝힘(明理)'이라는 말을 더 즐겨 사용한다. 이는 진리가 주체화되는 것이 아니라, 나의 밖에서 확립된 권위로서 강제됨을 의미한다.

궁리가 실제적으로는 리의 외현인 예의 수용을 의미한다는 점을 고려할 때, 궁리를 이해하는 이 같은 차이는 예의 실천에서도 서로 다른 태도로 나타날 수 있다. 주희의 경우에 예는 처음부터 실천의 과정 속에서 수용되었으므로, 실천을 위한 별도의 공부가 필요하지 않다. 또, 그 수용 과정이 항상 '나'와 관련된 것이었듯이, 그 실천에서도 나의 견지, 나의 상황에 따른 탄력적인 대응이 가능하다. 반면, 이이에서 예는 실천과 분리된 채 독서를 통해 '무조건적으로' 수용된다. 따라서 이이에게는 이렇게 수용된 예의 의미를 따지면서 이것을 몸에 배도록 하는 훈련의 과정이 반드시 필요해진다. 그래서 이이는 참된 앎에 이르기 위해서는 '직접 함'이 꼭 뒤따라야 한다고 강조한다. 이 연장선에서 이이의 수양론에는 역행의 공부가 설정된다고 할 수 있다. 또, 예의 실천에서도 이이는 구체적인 세목까지 철저히 준수하기를 요구하는 강경한 입장을 보일 가능성이 높아지게 된다.

3) 고통스럽게 예를 지켜 나가기

이이의 거경 공부는 다시 함양과 성찰로 구분된다. 주자학의 함양은 미발의 본성 자체에 대한 공부인 데 반해, 이이의 함양은 우선 기(氣)인 마음의 안정을 확보하는 것이며, 나아가 이를 통해 지각의 기능을 예민하게 유지하기 위한 것이다. 이를 이이는 "또랑또랑하여 조금도 어둡지 않게 한다"고 말한다. 마음이 안정되어 지각의 기능을 예민하게 유지해야만 외부의 자극에 대해 잘 반응할 수 있으며, 이 반응을 의식하는 성찰의 공부가 가능해진다. 이이의 함양은 결국 성찰 공부를 예비하는 것이라고 할 수 있다. 이는 미발 함양을 가장 중요한 공부로 치는 주희에 비교할 때, 이이가 분명한 이발 중심의 노선을 걷고 있음을 말해준다.

성찰은 도심인심론을 수양론의 측면에서 이름 붙인 것이다. 곧, 성찰이란 마음의 반응을 살펴서, 도심을 확충하고 천리를 보존하여 도덕적 의지를 세우는 것이다. 도덕적 의지를 확립함으로써, 인간은 인간 밖의 리가 구체화된 예를 실행할 수 있게 된다. 이것이 곧 역행의 공부이다.

이이는 역행으로 기질의 제약을 극복할 수 있다고 함으로써, 역행이 자신의 수양론에서 핵심이 됨을 밝힌다. 역행의 구체적인 행위는 극기이며, 이는 사욕을 극복하는 것이다. 그런데, 이이에 따르면, "사욕을 없애려거든 반드시 몸과 마음을 다스려 한결같이 예를 준수해야 한다." 왜냐하면 예는 "욕심을 완전히 없애주는 것"이기 때문이다. 따라서 역행은 실제로는 예의 엄격한 준수라는 형태가 되고 만다.

이렇게 이이의 수양론이 예를 중시하는 결과로 나타난 것은, 그가 리가 아닌 기, 인간의 본성(性)이 아닌 지각에 의해 인간의 수양이 가능하다고 볼 때부터 이미 예정된 것이었다. 지각이란 처음부터 '바깥으로 향해 열린 창'이며, 이 창을 통해 내 마음의 밖에서 찾을 수 있는 도덕 원리란, 성현들이 이미 제정해놓은 예일 수밖에 없을 것이다. 이 점에서 이이의 궁리·거경·역행의 수양론 체계는, 외부의 자극에 대해 반응하고 이를 의식하는 지각의 마음이 기능하는 경로를 따라 이를 공부로 구체화한 것이라고 할 수 있다. 곧 이이의 수양론에서 궁리·거경·역행의 배열은, 지각이 외부의 규범인 예를 수용하고, 이 예를 따르기 위한 도덕적 의지를 확립하며, 구체적으로 예를 실천해가는 과정으로 정리할 수 있다.

그런데, 이이의 이 수양론에서 예를 실천하는 관건이 되는 계기는, 마음의 반응을 성찰하여 예를 따르겠다는 도덕적 의지를 세우는 것이다. 문제는 아무리 마음의 움직임을 잘 살핀다 하더라도, 도덕적 의지가 저절로 생겨나지는 않는다는 점이다. 즉 의식(意)이 의지(志)로 전화하기는 무척 힘들다. 지각설이 상정하는 인간성의 구도에서는, 좋아하고 싫어하는(好惡) 정서적 반응이 유도하는 이끌림의 욕구는 자연적으로 감각적 대상으로 향하기 마련이다. 반면, 예란 결국 나의 바깥에 있는 것이므로 그것의 실천은 나의 자연적 욕구에 반하는 엄청난 노력이 필요하다. 이에 비해 이황의 이론에서는 처음부터 도덕실천의 원동력이 전제되어 있다. 이발설이 시사하듯이 내 안에 있는 본성인 리가 선의지로 그대로 드러나므로, 이를 자연스럽게 실천하기만 하면 되는 것이다. 따라서 이 원동력을 확보하지 못한 이이의 수양론 체계에서는, 도덕 실천의 자발성을 이끌어내지 못한다는 점이 가장 큰 문제로 대두된다.

추천하는 책과 글
1. 풍우란 지음, 박성규 옮김,《중국철학사》상권, 까치, 1999.
2. 손영식,《이성과 현실》, UUP(울산대 출판부), 1999.
3. 이이,《국역 율곡전서》 I~Ⅶ, 한국정신문화연구원, 1987~1994.
4. 이황·이이,《한국의 유학사상》, 삼성출판사, 1997.

필자 소개
서울대 철학과 교수.
주요 논문으로는 〈서경덕과 그 학파의 선천 학설〉, 〈지각설에 입각한 이이 철학의 해석〉, 〈조식이 본 김굉필〉 등이 있다.

플라톤

인간, 이성과 반이성의 복합적 존재

최 화(경희대 철학과 교수)

1. 인간의 정의

플라톤 철학은 어떻게 보면 그 전체가 인간에 관한 것이다. 그에게서는 아직 학문의 분류가 완전히 이루어지지 않았지만, 내용상 심리학, 인식론, 윤리학, 정치학, 법학에 해당하는 부분은 물론이요, 그의 자연학, 우주론, 존재론, 변증법, 심지어 신학까지도 모두 인간에 관한 것이거나 적어도 인간을 위한 것이다. 그럼에도 불구하고 그에게서 "인간이란 무엇인가?"에 대한 분명한 언급을 찾을 수 없다. 플라톤은 "그것은 무엇인가(ti esti)?"라는 질문법 자체를 최초로 확립한 사람이고, 그러한 물음의 정신에 따라 인간을 파악하려면 인간에 대한 모든 데이터가 하나도 틀림없이 들어맞도록 그 전체를 꿰뚫을 수 있는 인간본성의 파악이 선행되고, 그 다음으로 그것을 하나의 정형화된 말로써 완전히 표현할 수 있어야 한다. 그것이 다름 아닌 인간에 대한 정의(定義)이다. 그런데 유독 그의 철학의 중심점인 인간에 관해서는 정확한 정의가 발견되지 않는다는 것은 상당히 역설적인 일이라 할 수 있다. 아리스토텔레스만 해도 인간을 "정치적 동물(zoon politikon)"이나 "언어적 동물(zoon logikon)"로 정의했던 것에 대비하면 그 점은 더욱 두드러진다.

그런데 플라톤의 대화편들에서는 인간의 정의로 사용될 수 있음직한 규정들이 여러 곳에서 발견된다. 가령 《크라틸로스》편에서는 인간을 의미하는 그리스어 "anthropos"를 어원적으로 분석하면서 다른 동물들과는 다르게 "자기가 본 것(ha opopē)을 탐구할(anathrein) 수 있는 자", 즉 "anathrōn-ha-opopē"(이것이 줄어서 "anthropos"가 되었다)로 규정한 것이 그 대표적인 예이다. 현상에 대해 즉물적으로 반응하지 않고 주의 깊게 살펴보고 요리조리 따져볼 수 있다는 것은 분명 대상을 객관화하고 여러 사태를 동시에 고려할 수 있는 능력, 즉 이성성을 의미하는 것이고, 따라서 플라톤 철학 전체를 비추어 봐도 전혀 이상할 것이 없는 훌륭한 규정임에는 틀림없다. 플라톤은 이성이 인간과 다른 동물들이 대비되는 가장 중요한 특징임을 다른 곳에서도 누누이 강조한다.

《대 알키비아데스》편은 그런 점에서 가장 대표적인 대화편이다. 거기에서 인간은 육체도, 육체와 영혼의 결합체도 아니며, 오직 영혼임이 분명히 논증된다. 그 내용을 간략히 요약하면 다음과 같다. 어떤 도구와 그 도구를 사용하는 자는 분명히 구분되는데, 우선 육체는 인간이 도구처럼 움직이게 하는 것이지 스스로 움직이는 것이 아니므로 그것이 인간일 수는 없다(130a-b). 또 육체와 영혼의 합(synamphoteron)은 그들 중 어느 한 부분, 즉 육체의 부분이 움직임의 주체에 속하지 않으므로 그 역시 인간이라 할 수 없다(130b). 따라서 인간은 바로 그 진정한 주체인 영혼(psychē)이라는 것이다(130c). 그리고 그 다음의 논지를 따라가 보면 영혼 중에서 가장 핵심적인 부분, 이를테면 눈의 눈동자의 중심에 해당하는 부분은 이성(sophia, phronēsis, sophrosynē)임이 드러난다. 결국 인간의 바로 인간인 부분, 인간의 자기 자신에 해당하는 부분은 얼굴도, 육체도, 외부의 재산도, 또 영혼과 육체의 합도 아니요, 영혼, 그 중에서도 이성이라는 것이다. 소크라테스로부터 우리에게 전해지는 몇 안 되는 말 중에 "너 자신을 알라"라거나 "네 영혼을 돌보라"는 격언으로부터 시작하여, 이러한 사상은 사실 플라톤 사상의 가장 핵심에 속하는 부분이며 플라톤의 대화편 도처에서 발견된다. 그러니까 고대 말 이후에 유행하여 오늘날까지 통용되고 있는 "인간은 이성적 동물"이라는 정의의 원조가 플라톤(또는 소크라테스)임은 누구도 부인할 수 없는 사실이며, 플라톤의 인간론에서 이 부분은 결코 간과될 수도 없고, 간과되어서도 안 된다.

 그러나 이성적이라는 것을 플라톤이 내린 인간의 정의라고 쉽게 받아들이기에는 석연치 않은 점이 너무나 많다.《대 알키비아데스》편만을 보면 분명히 "인간은 영혼"(130c)이라 언명되어 있고, 그것이 또 플라톤이 이성을 중요시했다는 것은 상식에 속하는 일이기 때문에, 그것을 그대로 인정할 수 있을 것 같기도 하다. 그러나 어느 한 구절, 어느 한 대화편만 놓고 이해하는 것이 아니라, 다른 대화편들도 모두 고려하여 전체적으로 플라톤의 진의를 살펴봤을 때, 플라톤의 눈에 비친 인간은 이성적이 아니라 오히려 비이성의 덩어리였다는 것이 진실에 가깝다. 인간이 오직 영혼일 뿐이고, 그 중에서도 이성적이기만 하다면 사실 플라톤의 철학 자체가 필요 없었을 것이고, 가만히 놓아두어도 영혼과 이성의 본성에 따라 잘 살아나갈 것이다. 그러나 현실적 인간에게 이성은 있는 듯 마는 듯 오직 육체를 살찌우는 쾌락과 부만이 관심사였으며, 영혼 내부에 이미 이성에 반하는 요소를 너무도 많이 가지고 있다. 그것은 단지 오늘날의 심리학이나 정신분석학이 인간의 영혼의 주도권은 비이성적인 것에 있음을 밝혔대서가 아니라, 플라톤 시대에도 이미, 아니 그 시대야말로 이성이라는 개념 자체가 확립되지도 못했고, 이성-비이성의 구별 이전의 시대였기 때문이다. 플라톤이 그토록 이성을 강조한 것도 따지고 보면 플라톤의 눈에는 그만큼 비이성적인 것이 판을 치고 있었음을 반증하는 것이다.《대 알키비아데스》편에서 인간은 오직 영혼임을 강조한 것은 따라서 현실의 인간들이 부나 쾌락만을 쫓음으로써 육체만을 돌보고 영혼은 돌보지 않는 데 대한 반작용이라고 보는 것이 더 실상에 충실한 관찰일 것이다. 그러니까 인간이 이성적이라는 것은 이를테면 당위적 정의는 될 수 있을지 모르지만, 인간의 현실적 실상을 반영한 정의라 하기는 매우 곤란하다는 말이다.

    이와 관련하여 우리는 플라톤이 왜 철학을 시작했으며, 왜 인간이 그의 철학의 중심이 되었는가를 살펴볼 필요가 있다. 플라톤이 살았을 당시 아테네는 펠로폰네소스 전쟁으로 스파르타에게 완전히 지고, 아테네로부터 그 관문인 피레우스 항(港)까지의 성벽이 스파르타의 지시에 의해 모두 파괴되었다. 전쟁은 모든 기성의 질서를 무너뜨리고, 단절을 낳는다. 조선시대가 왜 임진왜란을 중심으로 전·후로 나누어지며, 일제강점(그것도 전쟁이다)과 6·25가 얼마나 우리를 전통과 단절시켰나를 보더라도 그 점은 명확할 것이다. 전쟁으로 인해 모든 기존의 질서는 무너지고 사람들은 자신의 즉물적, 즉시적 만족에만 몰두하고 있었다. 그리스 전체로 보더라도 페리클레스 시대의 전성기는 지나고 그리스 문화 일반이 쇠퇴해가는 시기였다. 페리클레스마저도 아테네인들의 영혼을 고양시킨 것이 아니라 물질적 부만을 늘렸을 뿐이라고 비판하는 플라톤의 눈에, 유일한 이성의 옹호자였던 소크라테스마저 독배를 마시게 한 당대의 아테네인들이 어떻게 비쳤으리라는 것은 능히 짐작할 수 있다. 그의 눈에 비친 세상은 그렇게 전쟁과 노쇠로 모든 것이 해체되어가는 곳이었다. 국가 간에는 힘의 논리만 지배하여 강자의 이익이 곧 정의였으며, 국가 내의 각 계층은 당파의 이익만을 내세움으로써 나라가 뒤죽박죽이 되었고, 가정은 파괴되어 아들이 애비를 때리고도 교묘한 언설로 자기를 합리화하고, 개인의 도덕도 땅에 떨어져 어떤 짓을 하더라도 자기 변명에만 성공하면 아무 일 없이 지나갈 수 있었다. 이러한 세태를 가장 잘 반영하는 것이 바로 소피스트들인데, 그들은 실제로는 아무것도 모르면서 모든 것을 아는 양하며 돈을 벌고 다녔고, 누구의 의견도 나름대로 다 옳다는 극단적 상대주의를 뿌리고 다녔다. 대중들을 상대로 한 교묘한 언변으로 재판에서 이기는 것만이 찬양의 대상이었으며 무엇이 참인지는 아무런 관심거리가 되지 않았다. 그들의 주장의 근본은 사물의 본성(physis)이란 따로 존재하지 않으며, 모든 것은 인간이 정하기(nomos) 나름이라는 것이며, 그러한 주장의 철학적 특징은 해체주의라는 데에 있다.

플라톤의 철학의 가장 깊은 의도는 그러한 해체주의에 대항하여 사물에 사물의 본성을 되돌려줌으로써 사물의 질서를 회복하려는 것이었으며, 그렇게 함으로써 이루려는 것은 인간의 구제(sozein)이다. 그러나 그것은 나중의 문제이고 우선 그 출발점이 인간의 비극적 상황이므로, 그의 인간 파악은 누구보다도 비관적이며, 그것은 그의 대화편 전체에 깔린 분위기이다. 한마디로 플라톤에게 인간은 그냥 놓아두면 언제 파멸할지 모르는 존재, 아니 아무리 노력해도 결국은 파멸할 가능성이 훨씬 큰 존재이다. 가령 국민 각자의 능력을 가장 잘 발휘할 이상적 국가를 세우고 그것을 이끌어갈 이상적 지도자(철학자-왕)가 있다 하더라도 그것이 과연 잘 굴러갈지가 불분명한 터에, 우선 이상적 지도자가 될 재목을 찾기도 어렵고, 찾아서 키우기도 힘들고, 키워놓아봐야 그가 지도자가 될 가능성은 거의 없고, 되었다 하더라도 온갖 꼬임에 빠져 언제 타락할지 모르기 때문에 결국 신의 가호를 빌 수밖에 도리가 없다는 《국가론》의 비탄을 보면, 그의 비관론이 어느 정도인지 짐작할 것이다. 그도 저도 다 필요 없이 유명한 동굴의 비유에서의 쇠사슬에 묶인 인간의 처지만 보더라도 사태는 분명하다. 태양과 실재 사물이라는 진상의 세계는커녕, 깊은 동굴 속에서 사이비 태양인 모닥불조차도 직접 볼 수 없고, 뒤로 돌아 앉아서 고개도 못 돌리고 모닥불에 비친 어두운 그림자만을 보며 지내는 신세이다(《국가》, 514a-518b). 이런 상황 하에서 인간이 사태를 정확히 보고 올바르게 대처한다는 것은 거의 불가능에 가깝다.

일반 그리스인들에게도 그랬지만 플라톤에게 인간은 무엇보다도 유한한 존재자였다. 인간을 지칭하는 가장 대표적인 표현이 "가사적인 것(broton)"이었는데, 이것은 "불멸적인 것(athanaton)", 즉 신과 대립된 말이었다. 인간이 아무리 훌륭해도 불멸의 신에 비하면 아무것도 아닌 비천한 존재임을 "가사적"이라는 형용사가 대변하고 있다. 인간에게 아무리 심각한 것도 신에게는 놀이에 불과하다는, 플라톤에 자주 등장하는 "심각함(spoudē)-놀이(paidia)"의 주제도 결국 인간의 유한성에 대한 뼈저린 각성을 표현한 것이다. 철학이 "철학(philosophia)"인 것도 "전지전능한 앎(sophia)"을 가질 수는 없고 다만 그것을 "추구(philo)"할 수 있을 뿐이라는 인간의 유한성을 깨달았을 때 처음으로 시작되었기 때문이다. 모든 것을 다 안다는 소피스트들에 대하여 "인간이 모든 것을 다 안다는 것이 가능한가?"(Soph. 233a)라는 《소피스트》편의 주인공인 이방인의 물음은 인간의 유한성을 집약적으로 표현한 물음이었다. "그렇다면 우리는 참으로 행복한 종(種)이겠지요"라는 그 물음에 대한 답은 그렇지 못하기 때문에 인간은 불행하다는 사실을 곱씹고 있다.

플라톤에게 인간이 이렇게 유한하고 비관적일 수밖에 없었던 것은 철학적으로도 불가피한 이유가 있다. 그것은 우리가 사는 현실이 아페이론(무규정자)의 지배를 받는다는 것이다. 아페이론이란 모든 연속성, 관계성의 원리로서, 환원 불가능한 존재의 궁극적 요소인 바, 우주론적으로는 사물의 본성을 흐리게 하여 무규정성으로 떨어뜨리는 원인이며, 요즘 식으로는 열역학 제2법칙과 유사한 것으로 이해할 수 있다. 생명이 아무리 노력해도 열역학 제2법칙을 거스를 수 없는 것처럼, 인간이 아무리 노력해도 아페이론이라는 필연을 거스를 수가 없다. 그런 아페이론적 요소가 인간에게 가장 강하게 나타나는 부분이 바로 육체이며, 영혼에 있어서는 욕망의 부분이다. 인간이 인간인 한 육체와 욕망을 가지지 않을 수 없으므로 인간은 자신 속에 자신의 멸망의 원인을 지고 다니는 셈이다. "육체는 무덤(sōma sēma)"이라는 격언은 이러한 사실을 극명하게 표현한다. 플라톤에게는 따라서 눈앞에 전개되는 현실이나 철학적 고찰의 결과나 모두 비관의 바다를 그리고 있었으며, 세상은 나아갈 곳이 없는 막다른 골목, 즉 아포리아에 빠져 있었다. 인간의 이러한 비극적 상황을 너무나도 분명하게 보고 있었던 플라톤이 인간을 단지 이성적 동물이라고 낙관적으로만 볼 수 없었던 것은 오히려 당연하다 할 것이다. 그에게 인간은 단지 이성적인 것만이 아니라 비이성적, 아니 반이성적인 것까지도 포함하고 있는 복합적 존재자였을 것이다.

    정리하자면 플라톤에게 인간은, 다른 동물에 대비해서 볼 때 이성성이 그 가장 중요한 특징이기는 하지만 결코 이성적이기만 한 존재자는 아니었고 육체와 결합되어 있는 존재자였으며, 그 이성마저도 진정한 신적 이성이 아니라 불순한 중간적 이성이었다. 따라서 인간을 플라톤적으로 굳이 한마디로 정의하라면 신과 짐승 사이의 "중간적 존재자" 또는 영혼과 육체의 "복합적 존재자" 정도로나 표현될 수 있을 것이다. 그러나 이것은 단지 정의의 형태를 갖춘 것일 뿐, 인간의 이데아 자체를 파악하고 그것을 말로 표현하는, 진정한 정의와는 거리가 멀다. 플라톤 자신이 그러한 표현을 쓰지 않았다는 사실이 그것을 반증한다. 플라톤의 입장에서는 인간이 너무나 다양한 측면을 가지고 있어서 그 전모를 파악하기가 어려웠고, 따라서 그것을 정의할 수 없었다는 것이 아마도 진실에 가장 가까운 판단일 것이다. 그러나 이런 어중간한 정의가 우리에게 말해주는 것은 결국 인간은 정의 내리기 어려운 존재자라는 사실 이외의 다른 것이 아니다. 그렇다면 이제 "인간이란 무엇인가?" 대신, 최소한 "인간은 어떠한 존재자인가?"는 밝혀야 한다. 그것은 인간의 가장 내밀한 본성은 아닐지라도 그 내밀한 본성으로부터 발현된 인간의 존재방식과 구조가 어떠한지를 묘사하는 작업일 것이며, 플라톤의 여러 대화편을 종합함으로써 충분히 가능한 작업이다.

2. 인간의 탄생(논리적 발생론)

인간의 모습을 알기 위해서는 우선 인간이 어떻게 만들어졌는지를 알아야 한다. 플라톤의 우주론이 전개되어 있는 《티마이오스》편에는 인간의 탄생 과정이 기술되어 있다. 현대인의 눈에는 좀 황당한 듯한 느낌을 주지만 하나하나 이유를 따지고 보면 상당히 합리적이고 정합적인 설명이므로 일단 참고 귀 기울일 필요가 있다.

데뮤르고스의 우주제작. 우주의 제작자인 데뮤르고스(demiourgos)는 선하기 때문에 모든 것이 가능하면 선하기를 원하고, 따라서 무질서하게 움직이는 것들에 질서를 부여하여 "우주(kosmos)"를 만들기를 원한다. 질서는 무질서보다 무한히 선에 가깝기 때문이다. 그때 변하는 것보다는 변하지 않는 것에 따라서 만들어진 우주가 훨씬 아름다울 것이므로 불변하고 움직이지 않는 본성을 바라보면서 우주를 제작한다. 그런데 이성을 가지는 것이 그렇지 않은 것보다 훨씬 좋고 완벽하기 때문에 이성을 영혼 속에, 영혼을 신체 속에 구현한 살아 있는 우주를 만들기로 결정한다. 이때 우주 전체의 모형이 되는 것은 어느 한 종(種)이 아니라 모든 생명체의 형상이 부분으로 포함된 가장 완전한 생명체, 즉 생명의 형상이다(27d-31b).

세계영혼과 세계신체. 데뮤르고스는 우선 세계영혼을 만드는데, 존재(ousia)와 같음(tauton)과 다름(heteron) 각각의 불가분적인 것과 가분적인 것을 섞은 다음, 섞은 세 항들을 다시 하나로 섞어서 적당한 비율로 나누어 긴 띠를 만든다. 그것을 둘로 잘라서 적도와 황도처럼 X자로 교차하는 원환으로 굽힌 다음, 전자가 후자의 밖에서 서로 반대의 방향으로 돌게 하여 전자에 지배권을 주고, 전자를 같음의 운동, 후자를 다름의 운동이라 명명한다. 그 내부도 비율에 따라 일곱 개의 원환으로 나누어 셋은 같은 속도로, 넷은 다른 속도로 돌게 한다. 이렇게 세계영혼을 만든 후, 우주가 볼 수 있고 만질 수 있어야 하므로 우선 불과 흙을 취하고 그들 사이에 비례조화가 이루어지게끔 공기와 물을 취한다. 우주 밖에 다른 것들이 있으면 우주를 자신 밖으로 내몰아서 상하게 하거나 병들어서 죽게 할 수가 있으므로 물, 불, 흙, 공기 등 모든 성질을 가진 것을 우주 속으로 집어넣는다. 우주는 그 속에 모든 도형이 포함되며 가장 완벽하고 가장 자기 동일적인 도형인 구(球)의 모양을 띠게 한다. 우주 밖에는 아무것도 없으므로 볼 눈도, 들을 귀도, 숨쉴 코도, 먹을 입도, 배설구도 필요 없으며, 돌아다닐 필요도 없으므로 사지도 필요 없고, 따라서 그 표면은 완벽하게 매끄러운 구로서 자족적인 원 운동만을 한다. 데뮤르고스는 그 속에 모든 물질적 원소들을 장소에 맞게 배치함으로써 모든 것이 조화롭게 움직이게 하고, 영원을 본떠서 시간을 만든다(31b-39e).

신적 생명체들의 탄생. 그러나 아직 다른 생명체들이 없었으므로 우선 천체의 신들(즉, 천체들)을 가장 빛나는 불을 주재료로 하여 우주 전체처럼 둥글게, 그리고 강력한 이성을 가지도록 만들어 우주 곳곳에 배치하고 가장 완벽한 운동인 자전운동과 앞으로 가는 원 운동만을 하게 하였다. 그 다음으로 이리저리 방황하는 운동을 하는 천체들을 만들었고, 우리가 신화를 통해 아는 신들은 그 다음에야 탄생한 것들로서 그 연원이 불분명하다. 그러나 전해오는 이야기를 믿는다면, 가이아와 우라노스로부터 오케아노스와 테티스가, 그들로부터 크로노스와 레아가, 다시 그들로부터 제우스와 헤라가 태어났고, 제우스와 헤라로부터 여러 다른 신들이 태어났다(39e-41a).

여타의 생명을 만들라는 데뮤르고스의 명령. 이렇게 천체의 후손인 신들이 태어난 후, 데뮤르고스는 그들에게 하늘과 땅과 물에 사는 생명체들이 아직 없으나 자신이 직접 만들면 신과 같이 죽지 않을 것이므로 새로 태어난 신들이 이들을 만들어서 탄생, 성장하게 하고, 죽으면 거두어들이라고 명령한다. 단, 그들 중 항상 신과 정의(正義)를 따르려는 불멸의 부분, 즉 영혼은 데뮤르고스 자신이 만들어주겠다고 한다. 그리고는 세계영혼을 만들었던 그릇에 이전에 쓰고 남았으나 순도(純度)는 떨어지는 재료를 섞어서 아까와 마찬가지 방식으로 영혼을 만든 다음, 별의 수만큼으로 나누어 각 별에 거하게 하고 거기서 만물의 본성을 보여주면서 다음과 같은 운명의 법칙을 일러준다: "첫 탄생은 누구나 같다. 처음에는 누구나 신을 가장 두려워하는 생명체, 즉 인간으로 태어날 것이다. 인간은 다시 두 성(性)으로 나누어져 좋은 쪽이 "남자"로 불릴 것이다. 육체에 들어갈 때 영혼에는 필연적으로 1) 감각, 2) 쾌락과 고통이 수반하는 욕망, 그리고 3) 공포나 분노와 같은 감정들이 생긴다. 그러한 감정들을 지배하면 바르게 살 것이고 그것들에 의해 지배되면 부정하게 살 것이다. 바르게 산 자들은 다시 별로 돌아가 별들처럼 행복하게 살 것이며, 그렇지 못하면 다시 태어나 우선 여자로 환생하고 부정한 삶이 계속되면 다시 다른 동물들로 환생하여 이성에 의해 처음 상태로 되돌아올 때까지 온갖 소란스러운 운동에 의해 흔들리고 고통받을 것이다"(41a-42d).

인간의 탄생. 신들은 데뮤르고스가 뿌린 영혼의 씨앗을 받는 한편, 다시 돌려줄 것을 약속하고 우주로부터 물, 불, 흙, 공기를 빌어서 그것들을 접합하여 여러 부분으로 이루어진 하나의 신체를 만들고, 끊임없는 흐름으로 어지러운 이 신체에 규칙적으로 운동하는 불멸의 영혼을 집어넣는다. 영혼의 규칙적 운동과 신체의 어지러운 두 운동 중 어느 하나도 지배적이지 못하기 때문에, 이 새로운 생명체는 움직이기는 하지만 전후, 좌우, 상하의 온갖 방향으로 방황한다. 거기다 외부로부터 오는 감각의 충격에 의해 영혼의 같음과 다름의 원환 운동이 뒤죽박죽이 되어버려서 같은 것을 다르다 하고 다른 것을 같다고 하는 등, 온갖 잘못을 저지른다. 영혼이 처음으로 신체 속으로 들어갈 때는, 신체의 혼란스러운 운동에 의해 완전히 지배되어서 거의 미친 상태와 마찬가지로 정신이 없다. 그러나 시간이 지나고 신체를 성장시키는 물질의 흐름이 점점 줄어듦에 따라 영혼의 운동이 점차 제자리를 잡게 되고, 같은 것과 다른 것을 제대로 구별하고 상식도 회복한다. 거기다 좋은 교육이 더해지면, 정상을 되찾아 완전히 건강한 상태가 회복되고 병적인 상태에 빠지지 않는다. 그러나 이것을 무시하고 균형 잡히지 않은 삶을 살면 다시 지옥으로 떨어져서 불완전하고 정신없는 상태로 되돌아가 버린다 (42d-44d).

머리. 얼굴. 눈. 귀. 입. 인간의 각 부위는 어떻게 만들어졌는가? 신들은 우주의 둥근 모양을 본떠 신체의 둥근 부분을 만들고 거기에 영혼의 운동을 위치시킨다. 그것이 바로 머리이다. 그것은 신체의 가장 신적인 부분이며, 신체의 다른 부분을 지휘하고 다른 부분들은 머리를 위해 봉사한다. 머리가 온갖 방해물이 있는 땅 위에서 마음대로 움직일 수 있도록 몸을 달아서 그것을 나르게 했고, 그래서 몸은 길고 유연한 사지를 가지게 되었다. 그 중 앞쪽이 더 고귀하고 통제력이 있으므로 주로 그 쪽으로 움직이게 하고, 얼굴도 그 쪽에 위치시켰다. 그리고 얼굴에 눈을 만들었는데, 그것은 본래 천상의 이성의 주기적인 운동을 바라보게 하여, 동일한 성질을 가졌음에도 불구하고 항상 교란되는 우리 자신의 사유가 그것을 본받게 하기 위해서였다. 시각은 신체 내부의 불이 눈을 통해 조금씩 계속적으로 빠져나와 그것이 외부의 빛과 부딪히면 동일한 것이 동일한 것과 만나게 되어 하나의 상을 이룸으로써 성립한다. 밤이 되면 만나는 빛이 없으므로 내부의 불도 꺼지게 되고, 따라서 모든 것이 어둡게 된다. 눈꺼풀이 덮이면 내부의 불이 운동을 멈추고 잠이 들며, 그 운동이 덜 멈추었을 때 꿈을 꾼다. 눈과 마찬가지로 귀도 소리를 들음으로써 말을 하고, 말에 의해 우주를 사유할 수 있게 하기 위해 만들어졌다. 그것은 또 영혼의 주기성을 반영하는 조화(화음)를 깨닫게 하기 위해서이기도 하다(44d-45b). 입은 필연과 최선의 질서가 동시에 개입되어 만들어졌는데, 필연의 질서에 따라 음식이 들어가는 곳이자 최선의 질서에 따라 언어가 나오는 곳이다. 입술과 이와 혀는 그 양쪽의 기능을 다 수행할 수 있도록 만들어졌다(75d-e).

가사적인 영혼의 양분(兩分). 용기. 심장. 허파. 신들은 다음으로 가사적인 종류의 영혼을 만든다. 그것은 악을 행하게 하는 쾌락, 선을 포기하게 하는 고통, 우둔한 충고를 하는 공포와 건방짐, 맹목적 욕망, 속기 쉬운 희망 등, 두렵고도 피할 수 없는 감정들에다 사려 없는 감각과 무모한 욕정을 섞은 것이다. 그러나 이것이 신적인 영혼을 더럽힐지도 모르기 때문에 머리와 가슴 사이에 일종의 해협과 같은 목을 만들어 머리와 몸통을 분리하고 몸통에 가사적인 영혼을 위치시켰다. 그러나 그 영혼 중에 더 좋은 부분이 있고 더 나쁜 부분이 있으므로 몸통을 다시 반으로 갈라서 그 중앙에 횡경막을 친다. 그리고 위의 흉부에는 용기(andreia)나 기개(thymos)와 같이 승리를 좋아하는 부분을, 아래의 복부에는 욕망적 영혼(epithymetikon)을 위치시켰다. 기개적인(thymoeides) 부분을 목과 횡경막 사이에 두는 것은 용기가 좀더 가까이 있는 이성(logos)의 소리를 듣고, 이성의 명령과 처방에 저항하는 욕망을 힘으로 눌러서 지배하게 하기 위해서이다. 심장은 혈관들의 매듭이자 사지에 흐르는 피의 원천으로서, 외부의 영향이나 내부의 욕망으로부터 악의 소지가 발생했을 때 재빨리 몸의 각 부분에 이성의 경고와 명령을 전달하여 이성에 복종하도록 하는 일종의 전초 참호이다. 위험이 예견되거나 분노가 치미는 경우 불이 나서 심장을 공격하게 되므로 옆에 허파를 달아서 심장을 보호한다. 허파는 스펀지처럼 수많은 구멍이 뚫려 있어서 공기와 물을 빨아들여 심장을 식히는 역할을 한다. 허파는 심장을 둘러싸고 있기 때문에 분노가 극에 달하여 심장이 뛰어오를 때, 허파에 부딪힘으로써 푹신하게 충격이 완화되고 또 냉각되기 때문에 이성에 더 잘 봉사할 수 있게 된다(69c-70d).

욕망적 영혼. 간. 지라. 위장. 음식이나 그 밖의 육체적 필요를 욕망하는(epithumetikon) 영혼의 부분은 횡경막 아래의 복부에 위치시킨다. 이곳은 영양분을 섭취하는 곳으로서, 잡아먹을 야생동물을 붙잡아 매어놓듯, 그곳에 욕망을 잡아 매두었다. 신들은 욕망이 이성의 소리를 듣지 않을 것이며 밤낮으로 감각이나 환상에 의해 휘둘릴 것을 알았으므로, 사유하는 곳으로부터 가장 멀리 떨어진 곳에 잡아둠으로써 그것의 혼란과 소란스러움에 의해 사유가 방해받지 않게 했다. 욕망의 성질을 고려한 신들은 두껍고, 매끄럽고, 빛나며 씀[苦]과 달음[甘]을 가지고 있는 간(肝)을 만들어서 거기에 이성으로부터 오는 전달사항이 거울처럼 비치어 상을 만들게 했다. 욕망에 공포를 주려면 쓴맛과 더불어 거칠어진 표면에 어두운 색깔의 상이 비치며, 그때는 간이 줄어들고 측엽이 구부러지고 혈관이 막혀서 고통과 구토를 느끼게 된다. 그 반대의 경우는 단맛과 함께 모든 표면이 매끄러워져서 즐겁고 평안하게 된다. 데뮈르고스를 본받아 모든 것을 가능한 한 좋게 하려는 신들은 이 낮은 영혼의 부분에도 어느 정도 진리의 맛을 보게 하기 위해 가끔 간을 통하여 신들림(manteia)이 일어나게도 한다. 그런 현상은 따라서 깨어 있을 때가 아니라 잠들었을 때나 정신이 없을 때 일어난다. 지라는 간의 왼쪽에 위치하여 간의 표면이 더럽혀졌을 때 그것을 닦아내는 역할을 한다. 또 음식물이 너무 빨리 흘러가버려 너무 빨리 배고프지 않도록 뱃속에 위장을 꾸불꾸불하게 만들어서 계속 음식물만 쫓음으로써 철학과 음악으로부터 멀어지는 사태를 방지했다(70d-73a).

뇌. 척수. 뼈. 살. 건. 피부. 털. 손톱. 호흡과 순환. 영혼이 육체와 결합하는 부분은 척수(muelos)이다. 데뮈르고스가 생명체들의 영혼을 만들 때 이미, 가장 매끄럽고 순수한 삼각형들을 뽑아서 가장 선명한 물, 불, 흙, 공기를 만들고, 그들을 적당한 비율로 섞어 각 생명체가 띨 모양에 맞는 척수를 만들었는데, 그것은 이를테면 각 생명의 씨앗이었다.[1] 각 종류의 척수마다 거기에 해당하는 영혼들이

---

1 이것은 오늘날 유전자를 연상케 하는데, 플라톤은 아마도 척수와 정액이 같은 성분으로 생각한 듯하다.

자리잡을 것이기 때문이다. 신적인 영혼을 받아들일 척수는 둥근 모양으로 만들고, "뇌(enkephalos=머리 속)"라고 명명했는데, 그것이 자리잡을 곳이 머리 속이기 때문이다. 영혼의 가사적인 부분을 받아들일 척수는 둥글면서도 길게 만들어서 "척수"라 부르고 영혼 전체는 그 척수에 닻을 내린 것처럼 묶여 있다. 그 척수 주위를 뼈로 둘러싼 다음 그것을 중심으로 몸을 만들었다. 뼈는 가장 순수하고 부드러운 흙을 척수와 섞어 반죽한 후, 불에 달구었다 물에 담그기를 여러 번 반복하여 딱딱하게 만든 것이다. 그 뼈로 머리를 둥글게 둘러싸고 목뼈와 척추를 만들었다. 뼈가 너무 딱딱하여 움직일 수가 없고, 추위와 더위 때문에 부서지기 쉽게 되어 척수를 상하게 할 우려가 있기 때문에 관절을 만들고, 건(腱)과 살을 만든다. 건으로 관절 사이를 붙이고 폈다 접었다 할 수 있게 했으며, 살로 추위와 더위를 견디게 하고 넘어져도 충격을 흡수하게 했다. 살은 물과 불과 흙을 조화롭게 섞어서 소금과 산을 첨가해서 만들었으며, 건은 뼈와 살을 섞어서 만들었다. 살을 이루는 물질이 말라갈 때 그 표면에는 얇은 막이 형성되었는데, 이것이 오늘날 우리가 피부라 부르는 것으로서, 머리는 살이나 근육을 붙이면 우둔해지므로 이 피부만으로 감싸서 보호했다. 피부의 모든 부위에는 작은 구멍을 내어 습기와 열기가 빠져나오도록 했는데, 그로 말미암아 피부의 물질들이 조금씩 길게 뻗어 나오고 공기는 이를 다시 안으로 밀어 넣으려 했으므로 결국 피부에 뿌리를 박게 되었는데, 그것이 바로 털이다. 털은 피부 밖으로 나오면서 식혀져서 피부보다는 더 딱딱하고 조밀하게 되었다. 털은 특히 머리 주변에서 길게 자라 피부와 함께 머리를 보호해준다. 신들은 또 인간이 나중에 다른 동물로도 태어날 것이고, 그것들 중에는 특히 손발톱이 필요할 것을 알았으므로, 건과 피부와 뼈가 섞인 물질로 인간에게도 초보단계의 손발톱을 달았다. 그리하여 사지의 주변은 피부와 털과 손발톱이 덮게 되었다. 이 신체 속에 밭고랑에 관개를 하듯 입과 코로부터 가지를 쳐나가게 구멍을 뚫고 세밀한 불과 공기로 만든 관을 넣어 그리로 피가 돌아서 신체의 각 부분에 영양분을 공급하며, 또 호흡도 하게 된다(73a-81c).

이상은 인간의 탄생에 관한 《티마이오스》 편의 이야기를 골자만 따서 간략히 요약한 것이다. 오늘날의 눈으로 보면 매우 황당한 이 이야기는 사실 플라톤 자신도 엄밀한 앎(epistēmē)이 아니라 "그럴 듯한 이야기(eikos mythos)"에 불과함을 인정한 바 있다. 세부에 들어갈수록 그 황당함이 더해지는 것은 당대의 과학적 지식이 매우 불충분했기 때문인데, 여기서 무시해서는 안 될 사실은 적어도 당대로서는 가장 첨단적이고 가장 광범위한 지식의 총결집이었다는 점이다. 그리고 이 이야기는 중세 때까지 상당 기간 유럽인들이 그렇다고 믿었던 이야기이기도 하다. 우리가 주목할 점은 그러나 그 논리적 골간과 합리적인 설명 방식이다.

좀 어려운 이야기이지만, 설명을 위해 불가피하게 존재의 기본 원리에 관한 이야기를 조금 해야겠다. 플라톤에 따르면, 존재세계를 설명하기 위해서는 궁극적으로 세 개의 원리가 필요하다. 사물을 구별해주는 원리인 "페라스(peras=한계)", 사물을 연결해주는 원리인 "아페이론(apeiron=무규정성)", 그리고 그 양자를 만나게 해주는 능동적 힘인 "포이운(poioûn=능동인)"이 그것이다. 그것이 《티마이오스》편에서는 "이데아(idea=형상)"와 "코라(chora=장소)", "데뮤르고스(demiourgos=제작자)"로 나타난다. 우주의 발생은 데뮤르고스가 불변하는 본성인 이데아를 보고 아페이론을 설득하여 세계에 질서를 부여하는 사건을 말한다. 그 결과가 바로 "우주(kosmos)"이다. 질서란 사실 무규정성의 혼란이 규정성을 띠는 것, 즉 아페이론과 이데아가 결합하여 이데아의 본성이 구현되는 것 이외의 아무것도 아니다. 사물의 모든 본성, 즉 그 내용적인 측면은 모두 이데아로 독립하므로, 데뮤르고스 자신은 순수한 활동력 이외의 아무런 본성을 가지지 않는다. 데뮤르고스가 스스로의 본성을 가지면 그것에 의해 이데아의 본성이 왜곡될 것이기 때문이다. 데뮤르고스를 묘사하는 오직 하나의 특성은 선하다는 것인데, 그것은 사실 그의 순수한 활동력을 다른 말로 표현한 것에 지나지 않는다. 활동력을 가진 것이 게으르면 우주가 만들어지지 않을 것이기 때문에 우주가 존재한다는 사실 자체가 그의 비활동적이지 않음, 즉 선함을 보여준다. 그 이후의 이야기는 모두 어떻게 데뮤르고스가 가능한 한 가장 많은 질서를 부여하려고 노력했는가를 보여주는 과정에 불과하다. 오직 하나만의 우주를 만들고(하나가 여럿보다 질서 있다는 것은 이데아가 일자성을 띤다는 것을 생각하면 이해하기 쉽다), 우주 밖에는 아무것도 없게 함으로써 자족적인 우주를 만들었으며, 그리스인들에게는 가장 완벽한 도형인 구로 만들었고, 세계영혼을 구(球)로 휘어서 수학적 비례에 따라 나누고 등등의 이야기가 모두 그러하다. 단, 우주 전체는 이 세 가지 원리가 모두 들어가야 하므로, 데뮤르고스는 자기 자신의 활동력까지 우주에 부여했고, 따라서 우주는 살아 있는 생명체로 제작된다. 그 생명체도 불변의 본성에 따라야 하므로, 우주 전체의 모형은 가장 완전한 생명의 형상을 본받아 제작된다. 결국 《티마이오스》편의 우주 제작의 이야기는 데뮤르고스가 어떻게 이데아와 아페이론을 결합한 활동체를 만드는가를 당대의 수학적, 천문학적, 물리화학적, 생물학적, 생리학적, 심리학적 지식을 동원하여 설명한 이야기이다.

위의 세 가지의 원리는 처음부터 전제된 것이지, 다른 것에 의해서 그것들을 설명되는 것이 아니다. 그 이유는 그것들이 존재 일반에 대한 분석이 끝난 곳에서 만난 궁극적 원리들이고, 따라서 다른 것을 설명하기 위한 출발점은 될지언정 그것들 자신이 다른 것에 의해 설명되는 것은 아니기 때문이다. 플라톤의 계산은 너무도 철저하여, 주어진 존재자들에 충실한 형이상학이라면 아직도 이 세 원리에 기초를 두지 않을 수 없다. 각 개별과학이 전해주는 지식의 폭발적 증대에도 불구하고 아직도 플라톤이 살아 있는 것은 이 철두철미한 계산력 때문이다. 그는 전제할 것은 전제하고 설명할 수 있는 것은 설명한다. 학문은 항상 어떤 것이 있다는 것을 전제할 수밖에 없는데, 모든 앎은 항상 무엇에 대한 앎이며 대상 없는 학문은 없기 때문이다. 그것을 넘어서서 왜 있는 것이 있게 되었느냐를 묻는다면, 그것은 어떻게 무에서 유가 나왔느냐를 묻는 것이며, 그것은 다시 전건에 없던 것이 어떻게 후건에 나타났느냐를 묻는 것이고, 그것은 곧 비약을 설명하라는 것인 바, 비약은 설명의 대상이 될 수 없다. 설명이란 다름아닌 전건과 후건의 비약 없는 연결이기 때문이다. 완전한 무에서 유를 창조하는 비약은 신앙의 대상일 수 있을 뿐이지, 분석과 설명의 대상은 될 수 없다.

플라톤 철학은 이렇게 적어도 그 기본적 틀에 있어서 현재에도 유용한 원리들을 기초로 우주론을 전개했다는 점에서 합리적이며, 이 세 원리를 발견했다는 것은 플라톤 철학의 최고의 업적 중의 하나다. 가령 현대 생물학과 심리학의 발달에 기초하여 플라톤과는 정반대의 형이상학을 세운 베르그송마저도 그 분석의 차원은 플라톤과 같다. "플럭스(flux≒아페이론)"와 그것을 거슬러 올라가는 기능(=능동인) 사이에서 어떻게 질(質=페라스)이 결정되는가를 설명하는 것이 그의 형이상학의 골자이기 때문이다. 세 원리 중 어느 것에 무게를 주는가의 차이는 있을지언정 세 원리가 분석의 중심 틀인 점은 마찬가지이다. "나는 플라톤의 '그럴듯한 이야기'를 좋아한다"는 베르그송의 고백은 그냥 의미 없이 한 것이 아니라, 분석의 골격에 있어서 플라톤의 우주론은 아직도 살아있음을 보여주는 말이다.

그렇다면 이제 그러한 우주론이 인간은 어떻게 설명하는지, 인간에 대한 "그럴듯한 이야기"를 통해 좀더 자세히 살펴볼 차례이다. 우리의 눈길을 끄는 것은 우선 우주와 인간, 그리고 인간 중에서도 영혼과 신체, 그리고 인간과 인간이 모여서 만든 국가의 구조적 동형성(同型性)이다.

3. 인간의 구조(형태론)

데뮤르고스가 세계영혼을 만들 때 최초로 취하는 것은 "존재"와 "같음"과 "다름"이다. 이것은 《소피스트》편에 등장하는 다섯 "최고류(megista genê)" 중의 셋에 해당하는 것으로서, 관계 속으로 들어온 형상 일반의 특성을 나타내는 것이다. 모든 관계 속으로 들어온 형상은 존재하며, 자기 자신과 같은 동시에 다른 것과 다르기 때문이다. 플라톤에는 두 가지 종류의 형상이 있는데, 하나는 모든 관계를 떠나 오직 무에 대비되는 형상(auto kath' hauto)이며, 하나는 관계 속으로 들어와서 자기 동일성(tauton)을 유지하는 형상(자기동일성을 유지하려면 존재해야 하고 다른 것과 달라야 한다)이다. 세계의 제작에 참여하는 형상은 당연히 관계 속으로 들어오는 것이어야 하므로 데뮤르고스도 바로 그러한 형상의 특성들을 취한다. 여기서 중요한 것은 형상의 특성을 취했다는 것인데, 그것은 세계영혼이 그 기본 틀에 있어서는 형상을 따랐다는 것을 의미한다. 다시 말해서 세계영혼의 움직임, 즉 자전하는 활동력은 데뮤르고스가 부여하되, 그 형태, 즉 모양을 이루는 뼈대는 불변하는 형상의 가장 일반적 특징을 섞어서 만듦으로써, 모든 형상을 사유할 수 있고, 또 거기에 따를 수 있게 했다는 것이다. 이때 세계영혼의 형태와 그것의 운동은 분명히 구별되며, 형상을 따른 부분은 오직 형태라는 점을 잊어서는 안 된다.

한편 존재와 같음과 다름, 각각의 가분적인 것과 불가분적인 것을 섞는다는 것은 무슨 뜻인가? 그것은 순수하게 불가분적, 즉 형상적이기만 하면 가분적인 것, 즉 감각적인 것과 만날 수가 없으므로, 세계영혼을 중간적인 것으로 만들어, 물질과 형상 양쪽과 다 관계 맺을 수 있도록 만들었다는 것을 의미한다. 그 모양이 구인 것은 물론 그것이 가장 이성적이고 질서 지워진 모양이기 때문이며, 그 내부를 비율에 따른 여러 원들로 나눈 것도 당대의 천문학 지식을 동원하여 가능한 한 가장 질서 잡힌 우주의 모형으로 만들기 위해서이다. 같음과 다름의 원을 비스듬히 교차시킨 것도 한편으로는 적도와 황도라는 당대의 천문학 지식이 전해주는 모양에 일치시키기 위해서이지만, 다른 한편으로는 같음과 다름이 존재에 의해서 매개되기 때문에 아무런 공통점 없이 직각으로 교차되는 것이 아니라, 비록 반대되지만 서로 매개되고 관계 맺을 수 있다는 것을 보여주기 위해서이다. 모든 관계로부터 떠난 형상은 오직 무에 대비될 뿐 같음과 다름을 말할 수 없으나, 관계 속으로 들어온 형상은 같으면서 동시에 다를 수 있기 때문이다. 또 같음의 원이 다름의 원 밖에 위치하는 것은 그렇게 함으로써, 우주 전체가 다름이 아니라 같음, 즉 형상의 본래적 특성에 의해 지배되도록 한 것이다.

이렇게 세계영혼을 만든 데뮤르고스는 거기에 맞추어 사원소와 그 밖의 여러 물질들을 배치함으로써, 세계영혼과 몸을 결합시킨다. 우주 전체는 이성에 가장 가깝도록 만들어졌으므로 그 몸도 가장 이성적인 형태인 구의 모양을 유지할 수 있다. 또 데뮤르고스 자신이 만들었기 때문에 죽지 않고 영원히 운동한다. 천체(天體)의 별들은 이러한 우주의 모습을 그대로 본받지만, 그들은 다만 자전운동과 더불어 앞으로 진행하는 운동을 함으로써 그 전체가 원을 그리는, 한 단계 낮은 운동을 한다. 그보다 낮은 천체들은 그런 원 운동도 못하고 앞뒤로 방황하나, 그 밖의 신들은 온갖 방향, 즉 전후, 좌우, 상하로 방황한다. 낮은 차원으로 내려올수록 점점 더 방황성이 많아지는 것은 물론 점점 더 많은 아페이론의 지배를 받기 때문이다.

이제 인간에 오면 그 방황은 이루 말할 수 없을 정도로 심해진다. 그러나 인간도 일단 그것의 불멸적인 영혼의 부분은 우주를 닮았다. 우주의 영혼보다는 불순한 재료로 만들어졌지만 하여간 인간 영혼의 불멸의 부분은 그 모양이 우주영혼과 같다. 그것은 더구나 데뮤르고스가 직접 만들었다. 이것은 인간의 생명의 원천이 데뮤르고스 자신인 것을 의미한다. 생명-영혼-이성으로 이어지는 인간의 능동적인 부분은 그 존재방식이 데뮤르고스와 같다. 인간의 영혼의 형태나 신체의 형태는 불변하는 우주의 형상이나 인간의 형상을 본받은 것이지만, 그 생명, 즉 활동력의 원천은 데뮤르고스이다. 그렇기 때문에 데뮤르고스는 활동력이 깃드는 영혼의 부분은 자신이 직접 만들지 않을 수 없었다. 영혼의 모양은 형상을 본받으면 되지만 활동력은 다른 어디로부터도 올 수 없기 때문이다. 데뮤르고스는 한편 이 영혼이 자리 잡을 물질도 직접 만드는데, 그것은 아마도 영혼을 신들에게 줄 때 생명의 씨앗, 즉 종자의 형태로 주기 위함인 듯하다. 이 물질이 바로 골수이다. 각 생명체의 영혼은 자신에 맞는 골수에 깃든다.[2]

---

2 최초에는 모두 인간으로 태어나지만 점점 타락함에 따라 영혼도 일그러질 것이고, 그렇게 일그러진 모양에 맞는 골수에 자리 잡는다는 말이다.

데뮤르고스로부터 영혼의 씨앗을 받은 신들은 그것을 육체에 결합시킨다. 그들은 비록 데뮤르고스의 방식을 흉내 내지만, 더 이상 그와 같이 완벽한 생명체를 만들 수 없다. 그들이 만든 것은 결국 언젠가는 해체될 가사적 생명체였다. 그들은 일단 우주의 모양을 본 떤 둥근 머리를 만들고, 거기에 불멸적인 영혼을 위치시킨다. 처음 육체와 결합한 영혼은 신체를 구성하는 물질의 온갖 종류의 혼란한 운동과 외부로부터 오는 감각과 영양분의 혼란스러운 운동에 휘둘려서 거의 정신을 차릴 수 없을 정도다. 정신을 차릴 수 없다는 것은 영혼의 규칙적 운동이 제구실을 못하고 교란된다는 뜻이다. 이러한 교란은 어릴 때 더 심하고, 어른이 되면서 점점 덜해지지만, 아무리 어른이 되어도 신체 내부의 물질 운동도 그대로이고, 또 감각과 영양 섭취도 계속되어야 하므로, 그 정도가 약해졌다는 것이지 교란 자체는 죽을 때까지 지속되는 것이다. 따라서 어른이 되고 교육을 잘 받으면 상당 정도까지 영혼의 질서 있는 운동을 회복할 수 있다 하더라도, 신체를 가지는 한, 완전히 교란으로부터 벗어날 수는 없다. 그것이 바로 인간의 한계이다.

그 다음으로 신은 영혼의 가사적인 부분을 만든다. 이것은 데뮤르고스가 신들에게 일러주는 운명의 법칙에서도 영혼이 육체에 들어갈 때 반드시 생긴다고 했던 감정들이 속하는 부분으로서, 쾌락, 고통, 공포와 건방짐, 욕망, 희망 등의 온갖 감정들에 감각과 욕정을 섞은 것이다. 이것을 다시 둘로 나누어 이성에 좀더 잘 따를 수 있는 부분인 기개의 부분(thymoeides)과 완전히 맹목적인 욕망의 부분(epithymetikon)을 구별한 다음, 전자를 횡경막 위의 흉부에, 후자를 그 아래의 복부에 위치시키고, 각 부분에 해당하는 척수에 붙들어 맨다. 그리고 그 각자가 자신의 활동에 필요한 기관을 부여받는데, 기개는 심장과 그것을 보호할 허파를, 욕망은 위장과 간과 지라를 가진다. 이로써 머리에 위치한 이성과 더불어 영혼의 세 부분이 완성되며, 이것이 플라톤 식 영혼의 삼분설이다.

플라톤의 영혼 삼분법은 아마도 피타고라스학파의 영향을 받은 듯하다. 피타고라스는 올림픽 경기장에 1) 경기를 하여 상을 타려는 자와 2) 장사를 하여 돈을 벌려는 자, 그리고 3) 관람하러 오는 자들이 있는 것처럼, 인생에도 돈과 명성에 눈이 어두운 노예적 본성을 가진 자들과 진리를 추구하는 철학자가 있는데, 이 중에서 철학자가 가장 좋다고 말한 것으로 전해진다. 이것은 플라톤의 영혼의 삼분법과 정확히 일치한다. 그러므로 플라톤은 당시에 어느 정도 잘 알려진 영혼의 구분법에 따른 것으로 보인다. 그러나 이러한 구분법은 가령 생물학에 뛰어났던 아리스토텔레스의 삼분설에 비해 그 정확도가 떨어진다. 식물, 동물, 인간의 기능에 맞추어 영혼도 식물적인 부분(식욕), 동물적인 부분(감각), 인간적인 부분(이성)으로 나눈 아리스토텔레스의 분류는 훨씬 더 정확한 관찰에 기반을 둔 것이라 할 수 있다. 플라톤에서는 특히 감각의 위치가 매우 애매모호하다. 한편으로는 온갖 혼란스러운 운동을 다 받아들여서 영혼을 교란하는 것인 반면에, 한편으로는 천체의 이성적 운동을 감상하고 우주의 조화를 받아들이기 위해 만들어졌다는 것이다. 영혼의 각 부분마다 신체의 각 부분을 대응시키고 싶었던 플라톤으로서는, 그 자체 영혼을 혼란시키는 성격을 가진 것이 분명한 감각을 이성에 귀속시키기도 곤란하고, 그렇다고 머리에 달린 감각기관을 비이성적인 기능만 한다고 하기도 곤란했을 것이다. 결국 감각은 영혼의 구분에서는 배제된 채 어정쩡하게 남게 되었는데, 분명히 가사적인 영혼의 부분에 속하는 감각이 왜 몸통이 아니라 머리에 위치하는지에 대해서는 아무런 설명이 없다.

그 타당성은 어찌 됐건 플라톤의 영혼 삼분법은 다른 대화편에서도 일관되게 유지된다. 가령 《파이드로스》편에서는 좋은 성질과 나쁜 성질을 가진 두 마리의 말을 이끄는 마부의 이미지로 그려진 영혼이 육체를 이끈다고 묘사되어 있다(246a-b). 이때 좋은 성질의 말은 기개의 부분, 나쁜 성질의 말은 욕망의 부분, 그리고 마부는 이성의 부분에 대응함을 쉽게 짐작할 수 있다. 《국가》편에서의 영혼의 삼분법도 이와 다르지 않으며, 거기에서는 특히 영혼의 각 부분이 국가의 각 계급과 정확히 대응한다(436a-444a). 여기서 우리는 우주와 인간과 국가 사이의 대응관계 내지 동형성을 만난다.

우주는 존재, 같음, 다름으로 이루어진 세계영혼과 거기에 정확하게 대응하는 세계신체의 결합체이다. 세계신체는 전술한 바와 같이 데뮤르고스 자신이 만든 것이기 때문에 가장 완벽한 구의 모습을 띠고 세계영혼과 일치하는 규칙적 운동을 하므로, 세계영혼과 세계신체는 대응한다기보다는 오히려 일치한다고 해야 할 것이다. 우주는 완벽히 규칙적으로 움직이는 완벽한 구로서 완벽한 이성성을 상징하며, 인간의 이성은 그 모습과 규칙성을 그대로 물려받는다. 그런데 인간의 머리 또한 우주의 모습에 맞추어 둥글게 만들어졌으므로 인간의 머리 부분은 적어도 우주와 일치하는 셈이다. 결국 세계영혼과 세계신체, 세계영혼과 인간이성, 세계신체와 인간머리, 세계 전체와 이성이 깃든 인간머리, 그리고 인간영혼과 인간머리는 모두 대응하며, 대응 정도를 넘어서서 형태상 모두 완벽하게 일치한다(약간의 정도 차이는 있을지언정). 그러나 단지 인간의 이성과 머리만 우주와 대응하는 것이 아니다. 인간의 영혼 전체와 거기에 대응하는 신체, 그리고 그 양자를 합친 인간 전체도 우주와 대응하는 것으로 이해해야 한다. 그것은 세계이성을 본받은 인간 이성의 내부구성 자체가 이미 영혼 전체의 삼분을 그리고 있다는 것을 의미한다.

세계영혼은 형상의 공통적 성격을 이루는 존재, 같음, 다름으로 만들어지는데, 세계영혼의 그 세 요소는 인간영혼의 세 부분에 대응한다. 형상의 구성성분인 존재, 같음, 다름이 어떻게 영혼의 세 부분과 대응할 수 있을지 일견 의심스러울 수 있다. 그러나 우선 이성과 가능한 한 동일해지려 하고 이성의 명령에 따르려는 용기는 같음과, 이성의 명령을 따르지 않고 제멋대로 행동하는 욕망은 다름과 대응한다는 것은 《티마이오스》편을 읽으면 즉각적으로 알아차릴 수 있다. 문제는 존재와 이성의 대응이다. 적어도 존재:같음=이성:용기의 등식이 성립해야 그러한 대응이 가능하다. 과연 그러한 등식이 성립할 만큼 존재가 같음보다 더 이성적이라 할 수 있을까? 있다. 형상의 가장 기본적인 성격이 무에 대비되는 존재라는 것이며, 한 사물이 자기 자신과 "같다"는 동일률보다 무에 대비되는 사물 자체의 "존재"를 확보해주는 모순율이 더 기본적이라는 점을 생각하면, 존재가 같음보다는 더 형상의 본성에 가깝고, 따라서 더 이성적임을 이해할 수 있을 것이다. 플라톤에서 이성성이란 좀더 많은 질서를 가지는 것이며, 좀더 많은 질서를 가지는 것은 좀더 많은 일자성을 가지는 것이라면(우주가 둥글다든가 자전운동을 한다는 것은 모두 일자성을 가능한 한 많이 확보하여 질서를 더 함유하게 하기 위한 장치이다), 완전한 일자성이 확보되는 완전한 존재가 이성의 궁극적 원형임은 오히려 당연하다 할 것이다. 결국 존재, 같음, 다름과 이성, 용기, 욕망의 대응은 충분히 근거 있는 짝짓기인 셈이다. 세 구성 요소로 이루어진 세계영혼이 세계신체와 만날 때는 그 결합이 너무나 강하여 계속해서 이성성을 유지할 수 있었고, 따라서 이성과 멀어지는 다른 영혼의 부분으로 나누어질 필요가 없었다. 그러나 아페이론의 요소가 너무나 강한 인간으로 내려오면 이제 그것 나름의 이성성은 유지하면서도, 영혼 자체가 셋으로 쪼개져야 할 운명을 맞게 된다. 데뮤르고스가 일러준 운명의 법칙에서 영혼이 육체와 만날 때 "필연적으로" 여러 감정들을 가지게 된다는 것은 바로 완전한 이성이 자기동일성을 계속 유지할 수가 없어서 반(半)이성적이거나 반(反)이성적인 영혼으로 쪼개질 수밖에 없다는 것을 의미한다. 그 결과가 바로 영혼의 삼분이다. 그 영혼의 삼분도 아무렇게나 이루어지는 것이 아니라 원래 세계영혼이 가지고 있던 결을 따라 쪼개지며, 그것이 바로 존재, 같음, 다름과 이성, 용기, 욕망의 대응의 형태로 나타난다.

   셋으로 나누어진 영혼은 이제 각각에 대응하는 신체의 부분, 즉 머리, 가슴, 배에 위치하며, 따라서 영혼과 신체도 대응한다. 인간이 이러한 구조를 가지는 이상, 인간들의 모임인 국가도 동일한 구조에 따라 구성되었을 때 가장 잘 그 구성원을 보호할 수 있다고 생각한다. 그리하여 《국가》편에 기술된 것처럼 국가도 지도자 계급(bouleutikoi), 전사 계급(epikouroi), 생산자 계급(chrēmatistikoi)으로 구성되며, 각 계급에는 계급에 맞는 덕목인 지혜(sophia, phronēsis), 용기(andreia), 절제(sophrosynē)가 있고, 그것을 지킬 때, 정의(dikaiosynē), 즉 국가의 건강함이 유지되어 나라도 번성하고 그 구성원도 자신의 본성을 잘 발휘할 수 있게 된다(《국가》, 436a-444a). 플라톤에서는 결국 형상의 본성, 세계영혼, 세계신체, 인간이성, 머리, 인간영혼, 인간신체, 국가와 각 계급의 덕목, 이 모두의 세 부분들은 정확하게 대응한다. 그것을 종합하면 다음과 같은 표를 그릴 수 있다.

형상	세계영혼	세계신체	인간이성	머리	인간영혼	인간신체	국가	덕목
존재 ousia	존재 ousia		존재 ousia		이성 logistikon	머리 〈목〉	지배자 bouleu-tikon	지혜 sophia
같음 tauton	같음 tauton	세계영혼과 같은 모양=(球)	같음 tauton	세계영혼과 같은 모양=(球)	기개 thymo-eides	가슴(심장) 횡격막	전사 epikou-roi	용기 andreia
다름 heteron	다름 heteron		다름 heteron		욕망 epithy-metikon	배(위장, 간, 지라)	생산자 chrēmati stikoi	절제 sophro-synē

플라톤에게 인간은 결국 영혼과 신체의 결합체로서, 영혼의 각 부분인 이성, 기개, 욕망이 신체의 머리, 가슴, 배에 대응하는 구조

로 이루어져 있으며, 인간들의 집단도 영혼의 세 부분과 동일한 구조를 가질 때 가장 잘 기능한다. 이와 같은 대응이론에 포함되지 않은 다른 신체의 부분도 당대의 지식에 기반을 두고 플라톤이 그때그때 가장 타당하다고 생각하는 설명 방식에 따라 이루어진다. 가령 팔, 다리는 머리가 울퉁불퉁한 땅 위를 잘 돌아다닐 수 있게끔 길고 유연하게 만들어지고, 뼈는 골수를 보호하기 위한 것이고, 눈과 귀는 우주의 규칙적 운동과 조화를 보고 듣게 하기 위해서이고 등등으로 목적론적 색채를 강하게 띤 설명이 가해진다. 이것들은 또 이것들대로 또 흥미롭지만 그들은 어디까지나 잔가지에 해당하는 것이고, 플라톤 인간론의 근간은 역시 영혼과 신체의 삼분 대응론이다. 우리는 물론 이러한 대응론이 과연 얼마나 타당하냐는 의문을 제기할 수 있다. 영혼이 가슴이나 배에 나누어져 있다는 생각과 같이 오늘날의 눈으로 보면 도저히 받아들일 수 없는 사항도 있으려니와, 형상, 우주, 이성, 영혼, 신체, 국가, 이 모두가 대응한다는 것은 그 자체로서도 어쩐지 작위적이라는 느낌을 지울 수 없다. 또, 앞에서 지적한 바와 같이 플라톤식 영혼 삼분법 자체가 이미 고대에도 의문시되었을 뿐 아니라, 개인과 국가를 과연 동형으로 놓을 수 있느냐는 것도 문제가 아닐 수 없다. 그러나 중요한 것은 이러한 대응이론이 무엇을 의미하는가이다. 그것은 모든 존재자에게서 가능한 한 많은 질서를 찾자는 이론이며, 질서는 조화에서, 조화는 다(多) 속에서의 일자성을 의미하므로, 플라톤이 하려고 했던 일은 결국 가능한 한 많은 것에서 질서와 조화와 일자성, 한마디로 이성성을 찾으려는 노력이었다. 플라톤의 현실기술은 따라서 이미 나아가야 할 이상(理想)도 그리고 있는 셈이다. 그러나 뒤집어 말하면, 우주로부터 인간, 그리고 또 그것보다 더 하위의 존재자에 이르기까지, 각 단계의 존재는 결국 가장 완벽한 형상성(그 상징이 원이다)이 어떻게 일그러지고, 쪼개지고, 교란되는가, 즉 형상이 어떻게 아페이론의 영향을 점점 더 많이 받아들이는가 하는 과정을 보여준다. 인간의 영혼이 나누어지는 그만큼, 인간의 신체가 돌출하고 함몰하고 찌그러지는 그만큼 아페이론의 영향은 증대된 것이다. 플라톤은 결국 이지러진 현실을 직시하면서 이지러지지 않은 현실로 나아갈 수 있는 방법을 모색했던 것이다. 학문은 잘 살기 위해서 하는 것이지만, 잘 살기 위한 최선의 방도는 현실을 현실로서 잘 보는 것이다. 잘 살기 위한 것이라는 미명하에 행해지는 모든 현실왜곡은 결국 미봉책에 불과할 것이다. 학문이 요구하는 모든 엄밀함은 삶의 엄숙함을 반영한다.

인간의 본성으로부터 발현하는 형태론은 자연스럽게 당위론으로 옮겨간다.

4. 인간은 어떠해야 하는가?

플라톤의 위대성은, 그리고 그의 철학이 오늘날까지 힘을 갖는 것은, 비관적 현실에 맞닥뜨려서 헤어나지 못하거나 현실로부터 도피하는 것이 아니라 문제를 정면으로 부딪쳐서 헤쳐 나가려 했다는 데에 있다. 후대의 스토아학파나 에피쿠로스학파는 그 철학적 깊이에도 불구하고 결국 도피의 철학이었다. 플라톤은 그렇지 않았다. 그가 가장 먼저 한 일은 우선 현실에 현실로서의 그 존재를 인정하는 일이었다. 난관에 봉착하여 이래도 안 되고 저래도 안 되니 애써 봐야 무슨 소용이 있느냐, 모든 것이 허무하다는 허무주의에 빠지면 그 자체로서 패배이다. 플라톤은 그렇게 허무한 현실마저도 현실로서 존재한다는 것을 인정한다. 그의 서술 방식이 대화록인 것은 허무주의를 주장하건 무엇을 하건, 하여간 그런 현실이 그렇게 존재한다는 것을 묘사함으로써 제일차적으로 존재를 긍정한다는 의미를 가진다. 그 다음으로 할 일은 현실을 탐구하는 것이다. 아포리아에 빠져 행동이 되지 않을 때, 도대체 행동의 대상이 무엇이기에 행동이 안 되는지를 살펴보아야 한다. 더 깊은 아포리아에 빠지면 빠질수록 더 깊은 탐구가 필요하다. 플라톤은 죽느냐 사느냐의 전면적 아포리아에 빠졌으므로 대상에 대한 전면적인 탐구를 요구한다. 각 대상에 대한 전면적 탐구뿐 아니라 대상 전체에 대한 전면적 탐구가 필요한 것이다. 이것이 바로 "그것이 무엇인가?"를 묻고, 그 무엇들 간의 관계를 탐구하는 철학이다. 철학은 대상에 대한 전면적 탐구 이외의 아무것도 아니다. 그 결과 전 우주에 대한 밑그림(우주론)이 그려지고 그 속에서의 인간의 위치가 정해진다. 신적인 것과 아페이론적인 것을 복합적으로 갖춘 것이 인간의 본성이라면 이러한 주어진 상황에서 좌절하지 말고 난국을 타개해나가야 한다. 이것은 사실 선택의 문제인데, 플라톤은 좌절하지 않는 쪽을 택한다. 즉 질서와 이성의 쪽을 택한 것이다. 활동력 자체의 본성이 무규정성을 극복하는 것이라면 이러한 선택은 어찌 보면 선택이 아닌 필연이라 해야 할 것이다. 다만 그 결과가 정해지지 않았으며 실패할 확률이 더 크거나 기껏해야 성공률이 반반이라는 점에서 그 "선택성"은 손상되지 않는다. 인간은 자칫하면 파멸하거나 더 낮은 생물로 떨어질 가능성을 항상 안고 있는 존재자인 것이다.

그렇다면 인간은 어떻해야 하는가? 육체의 혼란을 극복하고 이성과 질서로 나아가야 한다. 그것이야말로 인간의 진정한 본성을 발휘하는 길이다. 그 길은 크게 두 가지이다. 하나는 인간들의 모임인 국가를 잘 기능하게 하는 것이며, 다른 하나는 개인적 차원에서 이성적 사유력을 높이는 것이다. 이 둘은 불가분적으로 연결되어 있다. 《티마이오스》편에서의 인간 기술에서는 인간이 왜 국가를 형성해야 하는가에 대한 이유가 전혀 피력되어 있지 않고, 마치 개개인이 신의 "운명의 법칙"에만 잘 따르면 구원될 수 있는 것처럼 이야기되고 있다. 그것은 전 우주에서의 인간이라는 종의 형태가 어떻게 만들어졌는가에 초점을 맞추었기 때문이기도 하고, 또 후기 플라톤이 좀더 개인적 구제에 관심이 컸다는 데에도 이유가 있다. 그러나 그 이전의 플라톤에게는 개별적 인간보다는 오히려 국가(polis)가 더 중요했다. 국가야말로 인간의 본성이 실현될 수 있는 장소이며 개인 혼자서는 생존할 수조차 없다. 사실 플라톤의 제1차적 관심은 국가였으며, 국가를 바로 세우는 것이야말로 인간구제의 가장 중요한 방법이었다. 그가 개인의 구제에만 관심을 기울였다면 스토아학파나 에피쿠로스학파와 다를 바가 없었을 것이다.

국가는 어떻게 해야 제대로 기능하는가? 법과 정의에 따라 통치되어야 한다. 선을 제외하고 철학이 사람들의 모임인 국가에 제시할 수 있는 최대의 덕목은 정의이며, 법은 정의를 구현하는 최소한의 규율로서 인간의 본성에 맞게 입법자가 정한 것이다. 법과 정의가 깨지면 국가도 깨진다. 정의는 인간들 사이의 질서이며, 질서가 무너지면 모임은 더 이상 모임이 아니기 때문이다. 물론 정의가 그 자체로서 최고의 가치는 아니며 국가조차도 선을 행할 때 그 존립의 정당성을 가진다. 그러나 정의로운 국가가 선하지 않을 수 없고, 국가 없이는 선한 개인도 생존조차 할 수 없는 이상, 일단 정의로운 국가의 건설이 가장 급선무이다. 그렇다면 어떠한 국가가 정의로운가? 개인이 머리와 가슴과 배가 있는 것과 마찬가지로, 국가도 지도자 계급, 전사 계급, 생산자 계급으로 이루어지므로, 국가의 각 계급은 계급에 맞는 덕목인 지혜와 용기와 절제를 지니면서 각자의 본분을 다하는 것이 정의로운 국가이며, 그럴 때만이 질서는 지켜진다. 그렇지 않고 가령 지도자가 부를 탐한다든지, 전사나 생산자가 권력을 탐하면 질서는 무너지고 부정이 횡행하게 된다. 이때 세 계급 중에 가장 중요한 것은 국가를 이끌며 질서를 수호할 지도자 계급이며, 《국가》편의 대부분도 지도자를 어떻게 양성할 것인가에 할애된다.

소년들 중에 가장 강건하고 용맹스러우며 학업에 우수한 자들을 뽑아서 2, 3년간 체육훈련을 시킨 다음 가장 자유스러운 분위기에서 산수와 기하학, 그리고 음악, 천문학 등, 여러 학문들을 가르친다. 20세에 이르렀을 때 그들 중 우수한 자를 뽑아서 그때까지 두서없이 가르쳤던 것을 그 전체의 관계가 한눈에 들어오도록 체계적으로 가르치고, 존재의 본성도 알게 한다. 30세가 되면, 그들 중 학문과 전투와 그 밖의 여러 훈련에서 가장 탄탄하면서 전체를 한눈에 보고(synopsis) 존재 자체까지 도달할 수 있을 자들을 뽑아서 35세까지 변증법을 강도 높게 훈련시킨다. 그 과정이 끝나면 다시 사회에 내보내어 15년간 군무나 나라의 여러 일에 종사하게 함으로써 경험을 쌓게 한다. 거기서 다시 한번 온갖 종류의 유혹에 굳건히 견딜 수 있는가를 시험하고, 50이 되면 영혼을 열고 모든 것에 빛을 주는 존재에로 그 시선이 향하게 한다. 그리하여 그들이 선의 이데아를 파악했을 때, 그들을 전 국가의 모범으로 삼으며 남은 생애 동안 대부분의 시간을 철학에 바치게 한다. 그들은 순번을 정하여 자기의 순번이 돌아왔을 때 시끄러운 정치의 세계로 나가 지도자로서 오직 공동의 선을 위하여 국가를 이끈다. 이때 그들은 명예를 위해서가 아니라 단지 피할 수 없는 의무로서 지도자의 임무를 수행한다. 그러고는 스스로의 모범에 따라 다른 지도자들을 양성한 후 행복한 자들의 섬으로 간다. 국가는 그들을 정령이나 신적 영혼으로 기린다(《국가》, 536d-540c).

플라톤의 국가론은 국가론이자 동시에 개인에도 그대로 적용된다. 개인에게도 가장 중요한 것은 결국 개인을 지배하는 이성의 배양이며, 그것은 국가의 지도자가 양성되는 것과 같은 방법으로 이루어질 수밖에 없다. 플라톤의 존재론이 정치학이면서 동시에 교육철학인 것은 그 셋이 그렇게 불가분적으로 연결되어 있기 때문이다. 개인도 육체의 단련과 더불어 대수학, 기하학, 음악, 천문학을 습득하고, 그 전체를 한눈에 볼 수 있는 눈을 키우면서 변증법을 훈련함으로써 존재의 빛을 보며, 궁극에 가서는 "무전제적인 것", 즉 선의 이데아를 파악하고, 우주 전체의 질서를 명상함으로써 이성의 지배를 강화해야 한다. 그렇게 함으로써 인간은 자신의 가장 내밀한 본성을 실현하는 것이며, 그것은 동시에 그의 영혼의 구제를 가져온다.

여기서 필연적으로 종말론(eschatology)이 개입한다. 종말론은 정의론과 영혼론의 논리적 귀결이다. 현실에서의 형벌로는 겉으로 드러난 죄만을 처벌할 수 있을 뿐, 영혼 내부의 정의, 부정의는 규율할 수가 없다. 따라서 삶의 기간 전체에 걸친 영혼에 대한 평가가 어떠한 방식으로든 이루어져야 하며, 그것은 죽은 후에 행해질 수밖에 없다. 우리는 이미 《티마이오스》편의 "운명의 법칙"에서 온갖 감정을 제어하고 정의롭게 사는 자의 영혼은 자신의 고향인 별로 돌아가서 행복하게 지낼 것이며, 그렇지 못한 자의 영혼은 여자로 그리고 다른 짐승들의 형태로 환생하여 고통받을 것이라는, 죽은 후의 영혼의 운명에 대해 살펴본 바 있다. 《파이드로스》편이나 《국가》편에 나오는 종말론도 그 내용은 조금씩 다르지만 이성을 잘 발휘한 좋은 영혼은 구제될 것이며 나쁜 영혼은 다른 동물로 환생한다는 기본골격은 같다. 《파이드로스》편에서는 영혼이 날개 달린 두 마리의 말과 그것을 이끄는 마부로 형상화되었는데, 좋은 말과 마부로만 이루어진 신들의 영혼은 날개를 펴고 천상으로 올라가지만, 좋은 말과 나쁜 말로 이루어진 다른 영혼들은 마부가 통제하기가 매우 어렵기 때문에 이리저리 휘둘리다가 깃털을 잃고 망각과 왜곡으로 무거워져 지상으로 내려온다고 한다. 그 망각과 왜곡의 정도에 따라 인간도 여러 계층이 있는 바, 1) 앎과 아름다움을 사랑하는 자(철학자), 2) 법을 따르는 왕, 능숙한 장군, 3) 정치가, 재정가, 4) 운동가, 의사, 5) 점술가, 예언가, 6) 시인, 모방가, 7) 장인, 농부, 8) 궤변가, 대중에 아부하는 자, 9) 독재자의 순이다. 사후의 영혼은 심판을 받는데, 부정하게 산 자들은 거기에 해당하는 형벌을 치러야 하고 그렇지 않은 자들의 영혼은 각자의 처지에 따라 하늘의 이곳저곳에 머문다. 그러다가 천 년에 한 번씩 환생할 때 자기의 삶을 선택할 수 있는데, 세 번을 연이어 철학자로 살면 다시 날개를 달고 천상으로 갈 수 있다. 그러나 진리를 모르는 자들은 동물을 선택하여 윤회의 고통을 벗어날 수 없다(246a-249d).《국가》편의 에르의 신화는 좀더 자세하다. 죽은 자들의 영혼은 어느 경이로운 장소에 도착하는데, 거기에는 땅과 하늘로 각각 두 개씩의 길이 열려 있다. 그 한가운데에 판관이 앉아 각 영혼을 심판한다. 정의로운 자는 오른쪽의 하늘로 난 길로 가게 하며, 부정한 자는 왼쪽의 땅 밑으로 가는 길로 가게 한다. 나머지 길에서는 하늘과 땅으로부터 천 년 동안의 긴 여정을 거친 영혼들이 나온다. 땅으로부터 나온 영혼들은 지치고 먼지를 뒤집어써서 초췌한 모습이며, 하늘로부터 온 영혼들은 행복에 싸여 있다. 이들은 옆에 있는 들판에 자리를 잡고 아는 자들끼리는 서로 인사를 나누면서 겪은 일들을 이야기한다. 땅에서 나온 자들은 그들이 저지른 잘못의 열 배만큼의 형벌을 받은 이야기를 들려주며, 하늘로부터 온 자들은 그들이 행한 선만큼의 보답을 받은 이야기를 들려준다. 특히 독재자들은 영원히 형벌을 받으며 밖으로 나올 수 없다는 이야기가 그들을 떨게 한다. 들판에서 칠일을 보낸 후 닷새를 걸어 하늘과 땅을 연결하는 빛의 사슬이 매어져 있는 곳에 도달한다. 거기에는 필연의 딸인 세 명의 운명의 여신들(moira)이 둥그렇게 앉아 있다. 한 사제가 과거를 관장하는 여신 라케시스의 무릎으로부터 제비와 온갖 종류의 삶의 형태들을 가져와 보여주면서 각자에게 자신의 삶을 선택하도록 한다. 처음에는 순서를 정하는 제비를 던져주고 각자는 자기 가까이 떨어진 제비를 집는다. 그렇게 해서 정해진 순서에 따라 여러 형태의 삶 중에서 원하는 것을 택한다. 이때 철학을 연마했던 영혼은 무엇이 좋은 삶이고 무엇이 나쁜 삶인지를 알지만, 대부분의 영혼들은 그렇지 못하여, 하늘에서 온 영혼이라도 그저 잘 다스려진 나라에 살았기 때문에 부정을 저지르지 않았던 자들은 무엇을 기준으로 자신의 삶을 선택할지를 몰랐다. 그리하여 대부분의 영혼들은 자신이 살던 습관에 맞추어서 삶을 선택하게 되는데, 욕심이 많은 자들은 지옥에서 본 것도 잊고 독재자를 선택하여 후회하고, 오르페우스 같은 이는 백조를, 인간으로서의 삶이 고통스러웠던 아가멤논 같은 자는 독수리를 선택하는 등 인간으로 살던 자가 오히려 동물을 선택하는 반면, 동물로 살던 영혼들은 오히려 인간을 선택하니, 그 기이하고 우스꽝스러움이 이루 말할 수가 없다. 이렇게 각자의 삶을 선택한 영혼들은 레테의 들판으로 가서 저녁이 되면 아멜레스 강가에 머무른다. 거기서 누구나 강물을 마셔야 하는데, 이것을 마시면 모든 것을 잊게 된다. 밤이 되어 모두가 잠들었을 때, 천둥이 치고 지진이 나면서 모든 영혼들이 이리저리 별똥별처럼 자기가 태어날 세계로 날아가게 된다.

국가를 지도하건 개인적 수양을 하건 인간이 나아가야 할 길은 결국 이성을 발현하는 것이다. 이성은 원래 형상과 능동력이라는 두 가지 원천을 가진다. 그러나 근본적으로 형상에 중점을 두는 플라톤 철학은 능동력도 형상에 접근하는 운동으로 파악한다. 그 결과 이성의 궁극적 지향점은 최고의 형상이 되며, 불변의 본성에 대한 명상이 인간의 최대 목적이 된다. 그리하여 인간은 대수학, 기하학, 음악, 천문학으로 기반을 다진 후 존재 자체의 본성을 탐구하여 결국에는 모든 존재에 빛을 던져주는 선의 이데아를 파악함으로써, 영혼을 정화하고 우주의 질서에 가능한 한 가까이 가도록 노력해야 한다. 나이가 들면 국가를 지도하고 젊은이들을 교육하며 나머지 시간은 우주의 질서를 사색한다. 그러한 영혼은 죽은 후에도 천상으로 올라가 신들과 함께 노닐 것이다.

플라톤에게 인간이란 결국 형상을 본받아 아페이론에 구현된 생명체이다. 그것은 곧 영혼과 육체가 결합된 복합적 존재자나 신과 짐승 사이의 중간적 존재자임을 의미한다. 굳이 "이성적 동물"이라는 정의를 살리고 싶다면, "이성적"이라는 것과 동일하게 "동물"이라는 점도 잊지 않는다는 조건을 달아야 할 것이다. 그러한 존재자로서 인간은 언제 죽을지 모르는 "가사적인 것"이나, 적어도 그 영혼만은 "불사적인 것"으로, 잘만 하면 신적인 세계로 올라갈 수 있다. 그러기 위해서는 개개의 사물을 탐구하고 그 전체의 관계 법칙을 찾으며, "사물에 사물의 본성을 되돌려줌으로써 사물의 질서를 회복"해야 한다. 그리하여 우주의 밑그림을 그리고 그 속에서 국가와 개인을 자리매김하고, 그런 조건 하에서 국가와 개인이 어떻게 행동할 것인지가 정해져야 한다. 그러나 그 모두는 결국 인간의 해결책이다. 나름대로는 최선을 다한 것이지만, 도대체 우주에 대한 밑그림부터, 인간의 본성에 이르기까지 제대로 된 것인지가 불확실하다. 그러나 그렇다고 모두 포기할 수는 없는 일이다. 나름대로 아는 것에 매달릴 수밖에 없다. 인간이 아무리 심각(spoudē)해봐야 신의 눈에는 장난(paidia)에 불과하다. 그러나 인간은 그 장난을 가장 심각하게 할 수밖에 없다. 심각한 것 중에 가장 심각한 것이 장난에 불과한 것을 알면서도 심각할 수밖에 없다는 것, 그것이 인간의 조건이다. 유한한 존재자인 인간에게는 항상 "죽느냐, 사느냐, 그것이 문제"이기 때문이다.

필자 소개

서울대 법대를 졸업하고, 같은 대학교 대학원 철학과 석사 과정을 거쳐, 프랑스 소르본대학에서 철학박사 학위를 받았으며, 현재 경희대 철학과 교수로 재직하고 있다. 〈지속과 순간-베르크손과 바슐라르〉, 〈'소피스트' 편의 "완전한 존재(pantelos on)"〉, 〈대지의 아들들과 존재의 정의〉 등의 글을 발표했으며, 번역서로는 《의식에 직접 주어진 것들에 관한 시론》(앙리 베르크손 저, 아카넷, 2001)이 있다. 공저로는 《고전 형이상학의 전개》, 《현대 존재론의 향방》, 《서양고대철학의 세계》, 《인간이란 무엇인가》, 《하이데거와 철학자들》 등이 있으며, 여러 언론 매체에 글을 발표하고 있다.

기독교

인간은 신의 구원을 필요로 하는 존재

강학순 (안양대 기독교 문화학과 교수)

1. 들어가며

아름다운 지구별에 사는 가장 무서운 동물은 무엇일까? 그것은 맹수가 아니라 사람이 아닐까 하고 조심스럽게 짐작해본다. 그 이유는 인류가 생존한 이래 야만적 폭력행위와 잔인한 전쟁과 끔찍한 살육이 도처에서 끊임없이 자행되어왔기 때문이다. 지금도 이라크에서 들려오는 전쟁과 테러의 비보들과 근자에 한국에서 벌어진 희대의 연쇄살인 사건 등은 인간의 정체가 과연 무엇인가 하는 물음을 던지지 않을 수 없게 한다. 그토록 가정, 학교, 사회, 종교단체, 교도소 등에서 인간에 대한 지속적이고 체계적인 교화, 계몽 그리고 교육을 한다고 하지만, 인간이 가지고 있는 저러한 인간성은 개선의 여지가 보이지 않으니 도대체 인간이란 어떤 존재인가? 그러면 인간 속에 자리잡은 저 끈질긴 탐욕, 이기심, 악의 충동, 적개심, 살의(殺意) 등은 치유가 불가능한 것인가?

과연 인간이란 무엇인가? 인간이란 누구인가? 인간은 어디서부터 와서 어디로 가는 것인가? 이러한 질문들은 전통적으로 철학의 중요한 물음들이다. 그것들은 바로 인간의 본질 및 본성, 인격성과 인간존재의 유래와 목적, 본향에 대한 질문들이다. 이 질문들에 대한 일련의 철학적인 대답들은 보편적으로 수용되고 있다. 예컨대 "인간은 이성적 동물이다", "인간은 죽음에 이르는 존재다"라는 대답들이다. 그러나 그 어떤 철학적인 대답도 완결된 것이 아니라, 계속 새롭게 제기될 수 있는 미완의 열려진 대답일 수밖에 없다. 왜냐하면 그 대답은 인간의 사색과 경험을 매개로 해서 얻어진 것이기 때문이다. 인간의 사색 및 성찰과 경험이란 항상 확장될 수 있고, 열려 있기에 그러하다. 니체(F. Nietzsche)는 탁월하게도 "인간은 확정되지 않은 동물"이라고 선언했다. 여전히 첨단과학의 발전으로 인간에 대한 새로운 정보가 속속 등장하고 있지 않은가! 또한 인간의 내부세계에 대한 과학적 이해를 위한 지도 그리기가 거의 완성되었다고 한다. 그럼에도 불구하고 한편으로는 인간은 아직도 미지수이고 신비의 베일에 쌓여 있고, 다른 한편으로는 인간은 아예 초자연적인 정신적 존재가 아니라, 자연의 일부일 뿐이고 고등동물임에 틀림없다는 진화론적·유물론적 견해가 현대의 인간이해의 새로운 도그마로 자리잡고 있기도 하다.

세계 내에서의 인간의 위치 혹은 인간의 본질에 관한 문제들은 신의 존재 문제와 인간이 "신의 형상(形象)"을 지닌 피조물인지의 문제와 직결된다. 이 세계가 존재하는 목적이 있는가, 아니면 이 세계는 우연의 산물인 것인가? 아직도 물질 이외에 초자연적이며 초월적인 그 무엇이 존재할 수 있는 것인가? 인간의 인격성 및 도덕성 그리고 자유는 어떤 근거 위에서 보장될 수 있는가? 아니면 인간도 단지 자연적 내지 인과론적 결정론에 묶여 있는가? 인간은 사후에도 존재할 수 있는 자아 혹은 영혼의 존재인가 아니면 어떤 실체성도 결여한 임시적·사멸적 존재인가? 자연의 법칙과 독립적인 소위 정신과 도덕의 법칙 내지 초월적 내지 피안의 세계가 존재하는가? 이런 문제들은 모두 기독교적 인간관의 조명 속에서 그 해답의 실마리를 얻을 수 있다.

　그러면 기독교에서는 인간을 어떻게 규정하고 있는가? 기독교적 인간이해를 위한 전제조건들을 먼저 살펴보기로 하자. 철학적 인간관에 의하면 인간의 "이성의 빛"에 의해 인간을 탐구하고자 한다. 반면에 기독교적 인간관에 있어서는 "신앙의 빛"에 의해 인간을 바로 이해할 수 있을 것이다. 여기서 신앙의 빛이란 신의 계시와 말씀인 성서를 진리로 믿는 데서 출발한다. 즉 성서에 기록되어 있는 인간에 대한 증언들을 진리로서 믿는 것이다. 철학적 인간이해와는 달리 성서에서는 인간에 대한 질문에 있어서 완결된 대답을 제시한다. 인간은 누구이며, 무엇이며, 어디서부터 와서 어디로 가는 것인가에 대한 명료한 대답을 제시하고 있다. 기독교적 인간관에 의하면, 숲을 떠나야 우리가 숲을 바로 볼 수 있듯이, 인간을 제대로 보기 위해서는 인간을 초월해 있는 신의 관점이 필요하다는 것이다. 그래서 "인간의 자기 이해는 신에 대한 지식이 선행해야 한다"는 칼빈(J. Calvin)의 생각은 여전히 탁견으로 받아들여지고 있다.

철학적 인간관에는 낙관론과 비관론이 공존하지만 언제나 낙관론이 지배적이었다. 인간이성 및 인간존재의 오류와 한계를 지적하면서도 이성이 그것들을 수정하고 치유할 수 있다고 확신했다. 인간이 보편적인 이성을 올바르게만 사용한다면 진리를 인식할 수 있고, 또한 그 진리에 따라 삶으로서 주체적이고 자율적인 삶과 자기완성과 행복을 향유할 수 있다는 낙관론적 입장을 철학은 줄곧 견지해왔다. 또한 이성적 인간은 불완전하긴 하지만 절대적 선을 인식하고 성취할 수 있는 능력을 가지고 있기 때문에 자신의 문제들을 자율적으로 해결할 수 있다고 확신한다. 물론 최근의 철학적 경향은 다소 이성에 대한 비관론적인 입장을 취하지만, 결국 그러한 입장도 이성이 가진 자기 비판적인 정신을 극대화한 것이다.

그러나 기독교적 인간관은 인간의 이성을 부정하지는 않지만, 이성에 근거한 인간이해와는 그 길을 달리하고 있다. 무엇보다도 이성의 자율성(autonomy)과 자충족성(self-sufficiency)을 문제시한다. 물론 인간의 이성이 인간에게 부여된 신의 선물로서 설명되지만, 인간이 신에 불순종하고 반역한 결과로서 이성이 어두워지고 부패되어 있어서 인간의 자력(自力)으로는 진정한 본성을 회복할 수 없는 무력한 존재임을 강조한다. 이제 인간은 오로지 신의 자비에 의한 은총에 의해서만, 즉 신의(神意)라는 타력(他力)에 의해서만 "타락한 존재"에서 "새로운 존재(new being)"로 거듭날 수 있다는 것이다. 새로운 존재가 되어야만 오염되고 부패된 이성이 회복될 수 있다고 본다.

그러면 성서는 자연적인 상태에 있는 인간을 어떻게 바라보고 있는가? 인간존재는 모두 신에게 반역하여 "악"과 "어두움"을 더 사랑하는 죄인 상태에 놓여있다고 진단한다. 여기서 죄는 종교적 의미로서, 그것은 신에게로 정향해 있지 못하고, 신과 어긋나 있는, 즉 올바른 관계가 끊어진 상태를 말한다. 이른바 죄를 범하기에 죄인이 아니라, 죄인의 상태에 있기에 죄를 범하고 있다는 것이다. 이것은 죄를 정당화하는 것이 아니라, 인간에게는 신에게로의 근본적인 전향과 치유가 필요하다는 것을 말한다. 그래서 성서는 모든 인간 종족을 신 앞에서 죄인으로 규정하고 있으며, 이 점에 있어서 위대한 인물들도 예외가 아니다. 죄인으로서의 그들의 치부와 잘못된 행적까지도 철저하게 고발하고 있다. 이스라엘의 족장, 민족의 지도자, 왕, 선지자 및 예수의 사도들조차 그들이 가지고 있는 타락한 인간의 실상을 여지없이 폭로하고 있다. 즉 아브라함, 모세, 다윗, 솔로몬, 베드로와 바울 모두 거짓말쟁이, 사기꾼, 위선자, 살인자, 간음자, 배신자로 묘사하고 있다. 성서는 결코 신앙의 위인들을 미화하거나 우상화하지 않는다. 성서는 그들이 단지 신의 은총을 받은 후에 어떻게 "새로운 인간"으로 회복될 수 있었는가를 증거하고 있다. 여기서는 성서와 그것에 대한 신학적인 고찰에 근거하여 "신앙의 빛"으로 본 기독교의 인간관을 조명해보고자 한다.

2. "신앙의 빛"으로 본 기독교의 인간관

일반적으로 인간관은 형이상학적 인간관과 과학적 인간관으로 대별되기도 한다. 대개 기독교 인간관은 전자에 속한 것으로 분류된다. 그러나 엄밀한 의미에서 그것은 두 부류에 속하지 않는다. 왜냐하면 기독교 인간관은 인간의 사색과 경험적 연구나 관찰의 산물이 아니라, 창조주의 말씀인 성서와 그것의 신학적 이해를 통해 밝혀질 수 있기 때문이다. 다시 말하면 이성의 빛이 아니라 성서의 진리에 대한 "신앙의 빛"으로 인간을 통찰할 수 있다. 성서에 의하면, 인간은 단지 형이상학적이며 이성적 존재 또는 자연적 존재이거나 우연히 지구별에 던져진 존재가 아니라, 창조주의 세밀한 숙고와 뜻에 의해 신의 형상으로 피조된 존재이다. 인간 존재의 창조를 계획하고 직접 빚은 창조주가 인간의 본성과 실존에 대해 인간이 자신을 아는 것보다 더 잘 알고 있음은 당연한 이치이다.

그러면 창조주는 인간을 어떻게 정의하고 있는가? 첫째, 인간은 신의 형상으로 창조된 존재이다. 둘째, 인간은 신에 대한 불순종으로 인하여 신의 형상을 상실한 존재이다. 셋째, 인간은 신과 인간을 다시금 화목하게 할 수 있는 예수 그리스도를 통해 상실한 신의 형상을 회복할 수 있는 존재이다. 성서는 인간의 원래 상태의 우주에서의 특별한 위치와 탁월한 존재의미를 드러내며, 또한 인간의 타락으로 인한 인간실존의 뿌리가 뽑혀 있는 비극적인 실상을 밝히며, 동시에 예수 그리스도에 의한 속죄를 통해 다시 신의 자녀가 될 수 있는 신적 구원을 필요로 하는 존재로 증언하고 있다.

1) 신의 형상으로 창조된 존재

먼저 신의 인간창조의 대표적인 성서의 기록을 살펴보자.

"하나님이 이르시되 우리의 형상을 따라 우리의 모양대로 우리가 사람을 만들고 그들로 바다의 물고기와 하늘의 새와 가축과 온 땅과 땅에 기는 모든 것을 다스리게 하자 하시고, 하나님이 자기 형상, 곧 하나님의 형상대로 사람을 창조하시되 남자와 여자를 창조하시고 하나님이 그들에게 복을 주시며 하나님이 그들에게 이르시되 생육하고 번성하여 땅에 충만하라, 땅을 정복하라, 바다의 물고기와 하늘의 새와 땅에 움직이는 모든 생물을 다스리라 하시니라."(창세기 1:26~28) "여호와 하나님이 땅의 흙으로 사람을 지으시고 생기를 그 코에 불어넣으시니 사람이 생령이 되니라"(창세기 2:7)

인간창조의 첫 단계는 창조주가 직접 흙으로 사람의 몸을 만든 것으로 인간이 자연적인 유기체적 특성을 지니게 되었고, 두 번째 단계는 그 몸에 생기를 불어넣어 그 결과 인간이 생령이 되었다. 흙으로 만든 몸과 신이 불어넣으신 생기, 즉 생명의 숨이며, 양자가 결합됨으로써 "살아 있는 영혼" 곧 "살아 있는 존재"가 되었다.

인간은 "신의 형상(imago Dei)"을 따라 생령이 된 것이다. 신의 형상이란 무엇인가? 형상은 문자적으로는 어떤 모습으로 나타난 인간의 살아 있는 출현을 의미한다. 성서에서는 영혼과 육체의 구분과 육체에 대해 갖는 영혼의 우위성에 대해서도 그리스 철학에서처럼 분명하지 않기 때문에 신의 형상은 인간전체에 대하여 언급하는 것으로 이해되어야만 한다. 신의 형상은 단적으로 인간의 본성이다. 이것은 신의 본성과는 동일하지 않으나 신적인 요소로서 다른 피조물들과 질적으로 구분되는 것이다. 이것은 시간적인 것에 제한되는 것이 아니라 시간을 초월해 있는 것으로서 인간의 존엄성과 품위를 보증해준다. 따라서 기독교는 가장 탁월한 휴머니즘을 표방한다고 볼 수 있다. 인간이 신의 형상을 따라 창조되었다는 사실은 인간은 신적인 기원을 지니고 있고, 신을 닮은 존재로서 초월적이며, 영생하는 존재라는 사실이다.

동시에 인간은 피조된 존재이다. 피조된 존재는 창조주와 동일한 절대적인 주권과 자율성을 지니지 못한다. 마치 질그릇이 토기장이의 의지와 계획대로 빚어지듯이 피조물은 창조주의 주권에 귀속되어 있다. 인간은 자신의 주인이 아니며, 인간의 진정한 주인은 만유의 주재인 창조주이다. 그분께 순종할 때만이 죄와 비진리의 노예가 되지 않고, 의와 진리의 빛 안에서 신의 자녀로서의 자유인이 된다. 여기서 인간이 피조물로서 신께 순종함은 종과 노예로서가 아니라, 신의 자녀로서의 인격적이고 자발적인 순종을 의미한다. 마치 자연물의 성장 과정과 천체의 운행이 신이 내신 자연의 법칙과 질서에 따를 때 아름다움과 결실을 가져오는 이치와 동일하다.

인간에게 부여된 이 형상성은 육신적인 것을 배제하진 않지만, 영적인 것으로 이성적이고, 도덕적이고, 불멸적인 것으로 이해된다. 아담은 모든 피조물들에게 이름을 지어줄 만한 지성이 있었다. "여호와 하나님이 흙으로 각종 들짐승과 공중의 각종 새를 지으시고 아담이 무엇이라고 부르나 보시려고 그것들을 그에게로 이끌어 가시니 아담이 각 생물을 부르는 것이 곧 그 이름이 되었더라. 아담이 모든 가축과 공중의 새와 들의 모든 짐승에게 이름을 주니라."

(창세기 2:19-20) 첫 사람 아담은 언어 구사 능력뿐만이 아니라, 사고할 수 있는 능력도 가졌다. 그는 도덕적인 악에 대항할 힘이나 아니면 굴복할 의지도 가졌었다.

초대 교부 저스틴(Justin)은 신의 형상에 대해서 언급하면서 그것이 인간의 이성적 성품의 선한 부분 속에 들어 있다고 본 반면에, 터튤리안(Tertullian)은 그것을 인간의 불멸성이라고 했다. 알렉산드리아의 저술가들은 그것이 이성과 불멸성 모두에 들어있다고 보았다. 아퀴나스(Thomas Aquinas)는 신의 형상을 선을 향한 인간의 자연적 성향과 창조 시에 부여되기 시작한 최초의 은혜의 선물 속에 내재되어 있는 것으로 이해하였다. 로마 가톨릭교는 형상을 인간의 본성 안에 있는 이성과 자유의 본질이라고 이해해왔다. 루터(M. Luther)는 이를 인간성의 핵심이요 그 근본으로 이해했다. 칼빈에 의하면, 신의 형상이라는 용어는 아담이 부여받은 완전성을 지칭하는 바, 명료한 지성, 이성에 복종하는 지성, 적절히 통제된 감성, 창조주가 부여한 모든 탁월하고 찬탄할 만한 재능들을 가리킨다. 물론 신의 형상의 자리는 정신과 마음, 혼과 그 능력이지만, 육체의 모든 부분 가운데 다소라도 영광의 빛이 비치지 않는 부분은 있을 수 없다는 것이다. 형상이란 만물의 영장으로서 인간이 피조물들을 다스리는 권위로 이해하기도 하고, 인간이 신과 인간과의 인격적인 사귐을 가능케 하는 것이 하나님의 형상이라고 한다. 결국 인간을 인간 되게 하는 것, 곧 지적 능력, 자연적인 감정, 도덕적인 자유 등과 같은 요소들까지도 신의 형상에 포함된다.

인간의 창조 앞에는 신의 거룩한 경륜(계획)이 선행하였고, 인간

창조는 엄밀한 의미에서 신의 직접적인 사역이었으며, 인간은 신의 형상을 따라 창조되었다. 신의 형상은 인간의 본질을 구성하고, 무엇보다도 그것은 인간의 지고의 존엄성과 고귀성의 존재론적 근간이 되는 것이다.

요약하면, 신의 형상의 구성요소는 첫째, 인간의 혼 또는 영, 즉 단순성, 영성, 불가지성, 불멸성과 같은 자질들, 둘째, 합리적인 인간의 신체적인 힘과 기능들, 즉 다양한 기능을 갖춘 지성과 의지, 셋째, 참된 지식과 의와 거룩을 통하여 나타나는 인간본성의 지적이고 도덕적인 순전성, 넷째, 물질적 실체로서가 아닌, 불멸성을 공유하는 영혼으로서, 동시에 하급 피조물을 지배하는 도구로서의 인간의 몸, 다섯째, 땅에 대한 인간의 지배권 등을 의미한다.

신의 형상을 부여받은 인간에게는 그의 통제 하에 있는 모든 자연과 모든 피조된 존재들을 자신의 뜻과 목적에 복종시킬 의무와 특권이 부여되었는데, 그 목적은 그와 그의 영광스런 통치를 통하여 전능한 창조주를 영화롭게 하기 위함인 것이다. 기독교는 사람의 제일 되는 목적을 창조주를 영화롭게 하는 데 있다고 가르치고 있다.

2) 신의 형상을 상실한 존재

인간의 본성에 대한 이론 중 기독교는 성선설과 성악설을 모두 포괄하거나 그러한 양분법을 넘어서 있다. 신이 인간의 창조 시에 심어준 하나님의 형상은 선에 대한 지향을 지니고 있었다. 그러나 인류의 첫 조상 아담이 인류의 대표자로서 신의 명령에 불순종했을 때, 신과의 원래적인 관계가 빗나가게 되었다. 이로 인해 아담 이후의 인간종족 모두는 신과의 불화 상태에 놓인 죄인으로 태어나고, 죄인으로 살아가게 되었다. 여기서 죄는 도덕적·법률적 죄가 아니라 "과녁을 벗어났다"는 의미로서, 인류가 이제 신에게로 정향하지 못하고 신과의 관계가 어긋나게 됨을 의미한다. 아담과 하와의 죄는 "선과 악을 아는 일에 신과 같이 되려고" 한 것이었다. 그래서 인간존재는 신과의 관계가 단절되고 비진리의 세계로 전락하고 말았다. 신을 망각하고 자신이 스스로 신과 같이 되고자 하는 종교적 죄의 기원과 신을 대체한 우상에게로 정향하는 인류의 타락을 성서는 증언하고 있다. 인류의 최대의 유혹은 자신이 신과 같이 되려고 하는 것이다. 그리하여 인간은 이제 온전한 의미에서 신의 형상을 상실하고 말았다.

"여호와 하나님이 이르시되 보라 이 사람이 선악을 아는 일에 우리 중 하나같이 되었으니 그가 그의 손을 들어 생명열매도 따먹고 영생할까 하노라 하시고 여호와 하나님이 에덴동산에서 그를 내보내어 그의 근원이 된 땅을 갈게 하시니라."(창세기 3:22~23) "이러므로 한 사람으로 말미암아 죄가 세상에 들어오고 죄로 말미암아 사망이 왔나니, 이와 같이 모든 사람이 죄를 지었으므로 사망이 모든 사람에게 이르렀느니라."(로마서 5:12) "여호와께서 사람의 죄악이 세상에 가득함과 그 마음의 생각의 모든 계획이 항상 악할 뿐임을 보시고"(창세기 6:5) "이는 사람의 마음이 계획하는 바가 어려서부터 악함이라."(창세기 8:21)

성서는 모든 사람이 인류의 대표자인 아담 안에서 죄책을 짊어진 죄인이라고 판단한다. 그는 참된 생명과 복의 근원으로부터 단절되었으며, 그 결과로 영적인 죽음뿐만 아니라 육체적인 죽음까지도 초래되었다. 인간은 죽을 수 없는 상태로부터 죽지 않을 수 없는 상태로 전락했다. 이제 신을 닮았던 인간의 윤리성은 대체로 파괴되었고, 인간의 신에 대한 인식 또한 희미해졌으며, 심지어 인간의 선천적인 덕마저도 인간이 본래 부여받았던 것들의 단순한 그림자가 되고 말았다. 이제 인간은 신에게 반항하는 존재가 되며, 이것을 우리는 인간의 타락이라고 부른다. 인간은 신의 뜻에 반하여, 그의 위로 올라서서 자기의 자율성을 헛되게 주장하는 죄를 짓게 된다. 따라서 죄의 본질이란 신으로부터의 이탈이요, 신에 대한 반역이다. 죄 때문에 이제 인간성 속에 들어 있던 본래의 신의 형상은 왜곡 파손되었다. 루터는 신의 형상을 인간의 합리적이고 도덕적인 능력과 같은 인간의 자연적 재능에서 찾지 않고, 오직 원의(原義) 안에서만 찾았다. 그러므로 그는 그것이 인간이 죄를 범할 때 완전히 상실된 것으로 보았다

아담이 범한 원죄의 결과로 인간은 정죄의 상태에 놓이게 되었으며 따라서 인간은 연약하여 스스로의 힘으로는 현재의 죄의식과 미래의 심판에서 벗어나 구원에 이르는 길을 찾을 능력이 없는 존재로 간주되었다. 인간은 "죄인"인 인간의 조건에서 죄의 문제를 해결할 수가 없다. 그러므로 인간은 신앙의 행위에 의해서만 미래의 소망을 가질 수 있으며, 또한 신앙에 의해서만 인간 행위의 연약함과 불확실성에서 구원받을 수 있는 존재로 간주된다. 칼빈 역시 루터와 마찬가지로 의지의 한계와 인간의 구원이 전적으로 신에게 속

한 것임을 강조했다. 어거스틴(St. Augustinus)에 의하면 육체의 눈은 우리 스스로 떠서 빛을 바라보지만 마음의 눈은 주께서 뜨게 해주시지 않으시면 감겨진 상태 그대로 있다고 덧붙였다. 이리하여 인간의 노력은 신의 은혜의 부름에 응답하는 것으로 엄격히 한정되었다. 그러나 토마스주의(Thomism)에 따르면 인간은 선천적으로 악하기는 하지만 신을 향해 나아가고 죄를 범하지 않으려는 약간의 주도적인 능력을 가지고 있다고 한다. 따라서 인간은 은혜의 역사를 받아들일 수 있는 능력을 가지고 있다는 것이다. 둔스 스코투스(Duns Scotus)는 의지를 강조하면서 인간의 의지가 인간으로 하여금 조화로운 신의 법에 의해 그어진 한계를 넘어서도록 허용하는 한에서만 인간성은 악한 것이며, 또한 그 의지가 신의 은혜와 더불어 역사하는 한 인간성은 선한 것이라고 보고 있다.

인간이 신의 형상을 상실했으나 그것의 흔적은 남아 있다고 본다. 즉 신은 인간에게 어느 정도 신께 반응할 수 있으며 또한 희망을 가질 수 있는 능력을 남겨두었다. 그러나 자신을 죄에서 구원할 수 있는 가능성은 전혀 남아 있지 않다. 예컨대 우리의 본성에 이성이 고유한 특질로 존재한다는 것을 인류 전체에게 볼 수 있다. 어떤 사람들은 예리함이 뛰어나고 어떤 이들은 판단력이 탁월하며, 또 어떤 이들은 재치가 있어서 이런저런 학예와 공예를 쉽게 터득하기도 한다. 이런 다양함 속에서 신은 우리에게 자신의 은혜로 말미암은 사실을 깨우쳐주며, 그리하여 어느 누구도 순전히 신의 풍성하신 자비에서 흘러나온 것을 자기 자신의 것처럼 주장하지 못하도록 하는 것이다. 우리는 이렇게 다양한 가운데서도 신의 형상의 흔적이 남아 있어서 인류전체를 다른 피조물들과 구별되게 해준다는 것을 아는 것이다. 또한 시민적 질서라는 원리가 모든 사람들에게 심겨져 있다는 사실은 변함이 없는 것이다. 그리고 이 사실이야말로 현재의 삶의 근본상태와 관련하여 이성의 빛을 받지 않은 사람이 없다는 것을 충실히 입증해주는 것이다. 신의 형상을 상실한 인간과 인간세계에 그래도 어느 정도 법의식과 도덕성이 남아 있는 것은 전적으로 신의 자비에 기인한다. 왜냐하면 인간의 죄성을 그대로 방치하면, 인간들이 생존할 수가 없고, 더욱이 이 세상이 존립할 수가 없고, 다시금 인류에게 소망이 없기 때문이다. 더욱이 죄인까지도 용서하시고 사랑하시는 신의 자비가 이 세상에 여전히 미치기에 선한 자와 악한 자에게 똑같이 신이 햇빛과 비를 내려주신다고 성서는 증언하고 있다.

3) 신의 형상을 회복할 수 있는 존재

신 앞에서 죄인으로서 인간은 자력으로는 신의 형상을 회복할 수 없는 절망적인 무력한 상황에 처해 있다고 성서는 인간의 존재론적 실상을 진단하고 있다. 그러나 인류의 종교적인 죄의 문제를 해결할 수 있는 유일한 방법은 예수 그리스도의 속죄의 사역이라고 한다. 인간의 몸으로 성육신하여 이 땅에 와서 인류를 대신하여 십자가에 죽으심으로 인류의 죗값을 치른 구속주 또는 구세주 예수 그리스도를 중심으로 하여 기독교는 성립할 수 있다. 이제 그리스도의 구원의 기쁜 소식(복음)을 받아들이고 믿는 자들 모두에게는 신의 자녀가 될 수 있는 자격이 부여된다. 왜냐하면 예수 그리스도는 인간의 신과의 불화상태를 속죄사역을 통해 화목상태로 변화시켜주었기 때문이다. 이제 그리스도를 주로 고백하는 자에게는 상실된 신의 형상이 회복될 수 있는 희망이 주어졌다. 이제 인류는 신의 형상을 상실한 "옛 사람", "육신에 속한 사람", "어둠과 거짓에 속한 사람", "죄인"의 신분에서 예수를 통해 신의 형상을 회복한 "새 사람", "성령에 속한 사람", "빛과 진리의 자녀", "의인"으로서, 즉 신의 자녀로서 신분이 바뀌게 된다. 세상에 속한 자녀에서 하늘에 속한 자로 새롭게 태어난 것이다. 예수 그리스도는 인간에게 하늘에 속한 형상을 새롭게 입혀준다고 성서는 약속하고 있다.

"하나님이 미리 아신 자들을 또한 그 아들의 형상을 본받게 하기 위하여 미리 정하셨으니 이는 그로 많은 형제 중에서 맏아들이 되게 하려 하심이니라"(로마서 8:29) "사망이 한 사람으로 말미암았으니 죽은 자의 부활도 한 사람으로 말미암는도다."(고린도전서 15:21) "아담 안에서 모든 사람이 죽은 것 같이 그리스도 안에서 모든 사람이 삶을 얻으리라."(고린도전서 15:22) "우리가 흙에 속한 자의 형상을 입은 것 같이 또한 하늘에 속한 이의 형상을 입으리라." (고린도전서 15:49) "주는 영이시니 주의 영이 계신 곳에는 자유가 있느니라. 우리가 다 수건을 벗은 얼굴로 거울을 보는 것 같이 주의 영광을 보매 그와 같은 형상으로 변화하여 영광에서 영광에 이르니 곧 주의 영으로 말미암음이니라."(고린도후서 3:17~18) "새사람을 입었으니 이는 자기를 창조하신 이의 형상을 따라 지식에까지 새롭게 하심을 입은 자니라."(골로새서 3:10) "오직 너희의 심령이 새롭게 되어 하나님을 따라 의와 진리의 거룩함으로 지음을 받은 새사

람을 입으라"(에베소서 4:23~24)

첫 번째 인간은 흙으로 되어 있다. 그러나 두 번째 아담은 하늘로부터 왔다. '우리가 흙에 속한 자의 형상을 입은 것 같이 또한 하늘에 속한 자의 형상을 입으리라'고 바울(St. Paul)은 고백한다. 이것이 인간의 궁극적 가능성이다. 그리스도의 가르침에는 신의 형상은 중요한 위치를 차지한다. 즉 그리스도는 보이지 않는 신의 형상이다. 신자는 그리스도의 형상이라는 것이다. 신의 형상은 일반적으로 원의(原義)라고 불리는 것, 좀더 구체적으로 말해 참된 지식과 의와 거룩을 내포한다. 이 세 가지 요소가 원의를 구성하며 이 원의가 죄 때문에 상실되었다가 그리스도 안에서 다시 획득되었다. 이것은 신의 도덕적 형상 또는 보다 좁은 의미의 형상이라고 할 수 있다. 인간이 신의 도덕적 형상으로 창조되었다는 말은 인간의 원래 상태가 적극적인 거룩의 상태였으며, 무지나 도덕적 중립의 상태는 아니었음을 시사해주는 것이다. 루터와 칼빈은 원죄가 인간의 의지는 물론 이성까지도 곡해시켰기 때문에 하나님의 은총 없이는 특별계시에 대해서도 신앙으로 응답할 수 없다고 보았다.

인간은 타락하기는 했지만 은혜를 통해 상실된 하나님의 형상을 다시 회복할 수 있다. 인간은 이 생에서 상대적인 불완전 속에서 살아야 하지만, 구속 안에서 자신이 완성되지 못한 능력들을 실현시킬 수가 있다. 성서에 의하면, 인간의 영적인 부분은 멸망하지 않으며, 죽음 이후에도 계속 살아남는다고 보고 있다. 신약은 인간의 형체가 없어지는 것은 단지 일시적인 것이며, 모든 사람이 몸의 부활을 기다리고 있으며, 어떤 사람은 영원한 의로, 다른 사람들은 최종적인 영적 상실로 부활할 것이라는 점을 분명히 하고 있다. 인간은 스스로의 노력으로 자신이 되고자 하는 사람이 될 수 있는 존재가 아니다. 인간은 예수 그리스도를 통해서 창조주와의 파괴된 관계를 회복함이 없이는 자신의 가능성을 완전히 실현할 수가 없다.

영원한 로고스는 성육신에 의해 인간의 형상을 입고 나타나서 앞으로 구속받은 인간이 어떻게 변화될 수 있는지를 보여준다. 신이자 동시에 인간인 그리스도 속에서 인간은 자신이 닮아야 할 신의 형상을 보게 된다. 예수는 우리 인간들을 위해 육신을 입고 이 땅에 살면서 우리와 같은 삶을 살았으며, 인간은 그를 통해 변화를 받게된다. 인간은 그 안에서 자신이 마땅히 되어야만 하며 또한 그가 많은 사람들을 영광으로 인도할 그날에 인간이 갖게 될 참다운 인간성을 발견할 수 있다.

3. 기독교적 인간이해의 특성

철학적 인간관에서는 전통적으로 인간의 초월적이며 능동적인 주체성과 이성의 자율성을 강조해왔다. 물론 최근에는 그것들에 대해 이의를 제기하고 인간의 수동적인 탈주체성과 이성의 타율성을 주장하고 있기는 하다. 그러나 후자의 입장들도 모두 인간의 사색과 경험의 산물로서 인간 내재적인 관점을 반영하고 있다. 이와는 달리 기독교적 인간관은 인간을 초월한 신의 관점에서 인간을 규정하고 있다.

그러면 기독교적 인간관의 특성은 무엇인가? 여기서는 3가지로 정리해보고자 한다. 첫째는, 기독교는 신율적(神律的, theonomic) 인간을 표방한다. 인간을 신의 주권 하에 있는 존재로 보고, 신의 말씀과 뜻을 받아들이고 신앙하는 신율적 인간을 기독교는 올바른 인간상으로 내세운다. 이것은 인간 이성의 주체적 자율성을 근간으로 삼는 전통 철학적 인간관을 배격한다. 둘째는, 기독교는 인간을 영육(靈肉)의 통일체로서 간주하며, 전인적이며, 구체적인 존재로 설명한다. 영혼과 몸의 이분법이나 또한 영혼이나 몸을 부정하는 영지주의적, 유심론적 인간관이나 유물론적 인간관을 배격한다. 셋째는, 기독교는 인간을 관계적 존재로 규정한다. 창조주와의 관계, 인간과의 관계, 세계 및 피조물과의 관계 속에 있는 인간임을 강조한다. 인간을 유아론적 주체로 보거나 기계론적 혹은 전체주의적 인간관을 배격한다. 인간은 신의 주권 하에 있는 피조물이고, 신을 경외하고 의존하며 살고, 신-인간-세계의 관계 속에 사는 신앙적이며 연대적인 존재이다.

1) 신율적 인간

인간은 자연으로부터 혹은 선천적으로 부여받은 이성(로고스)의 법칙에 따라 사고하고, 진리를 인식하고, 그 법칙에 따라 살 때 행복할 수 있다는 것이 전통적인 철학의 가르침이다. 이것은 철두철미 인간 이성의 자율성(autonomy)을 전제로 하는 것이다. 기독교는 이성을 신의 선물로 간주하나 그것이 인류의 타락으로 인하여 어두워지고 왜곡되어 있다고 진단한다. 그것은 마치 우리가 시력이 있다고 하더라도 햇빛이 있어야 사물을 볼 수 있듯이, 신의 조명이 있어야 이성이 제대로 그 역할과 기능을 할 수 있다는 것이다. 어거스틴에 의하면 육체의 눈은 우리 스스로 떠서 빛을 바라보지만 마음의 눈은 주께서 뜨게 해주지 않으면 감은 상태 그대로 있다고 덧붙였다. 손상된 이성은 새롭게 되어야 하고 치유되어야 한다. 이성의 법보다는 최상위의 법인 신의 법(말씀)을 신앙하고 그 신앙의 빛 아래서 이성은 올바로 그 기능을 다할 수가 있다. 이성은 진리 그 자체인 신의 법(말씀)을 따라야 하고, 그것에 의해 인도되기 때문에 이성의 자율성보다는 신율성(theonomy)이 우선되어야 한다.

이성의 자율성의 한계와 무력함을 성서는 증언하고 있다. 참 신이 누구이며 그가 우리에게 어떤 신이기를 원하시는지를 깨닫는 것이 진리인데, 인간의 이성은 그 진리에 접근하지도 않고, 그 진리를 향하여 힘써 나아가지도 않으며, 심지어 그 진리를 확고한 목표로 삼지도 않는 것이다. 신의 영의 조명함이 없이는 육체로는 신을 생각하고 신의 것을 생각하는 그런 고상한 지혜는 가질 수 없다는 것을 의미하는 것이다.

"육신의 생각은 하나님과 원수가 되나니 이는 하나님의 법에 굴복하지 아니할 뿐 아니라 할 수도 없음이라."(로마서 8:7) "육에 속한 사람은 하나님의 성령의 일들을 받지 아니하나니 이는 그것들이 그에게는 어리석게 보임이요, 또 그는 그것들을 알 수도 없나니 그러한 일은 영적으로 분별되기 때문이다."(고린도전서 2:14) "우리 주 예수 그리스도의 하나님, 영광의 아버지께서 지혜와 계시의 영을 너희에게 주사 하나님을 알게 하시고"(에베소서 1:17) "빛이 어둠에

비취되 어둠이 깨닫지 못하더라"(요한복음 1:5)

여기에 육에 속한 것으로 말하는 자들은 과연 누구를 가리키는가? 자연적 본성인 이성의 빛에 의존하는 사람을 가리킨다. 자연인은 하나님의 영적 신비들에 관해서는 아무것도 깨닫지 못한다. 신의 은혜로 말미암아 조명하심을 받아야만 비로소 하나님의 신비들을 깨달을 수 있다. 인간의 이성은 이제 신율에 따라서 그 기능을 다할 수 있다. 이성은 선과 악을 분간하며, 이해하고 판단하는 역할을 하는 자연적인 은사이므로 그것은 완전히 제거될 수가 없다. 첫째로 사람의 타락하고 부패한 본성에서도 어느 정도 희미한 불빛이 보인다는 것이다. 이 불빛들은 사람이 짐승과는 달리 이해력을 부여받은 이성적 존재임을 보여준다. 그러나 둘째로 이것은 빛이 짙은 무지로 덮여 무력한 상태에 있어서 효과적으로 역할을 할 수 없다는 것을 보여주는 것이다. 이성이 허망하고 무가치한 것들을 탐구하느라 어리석은 호기심으로 자신을 괴롭히면서 정작 반드시 이해해야 할 문제들에 대해서는 거의 또는 전혀 주의를 기울이지 않는 경우가 허다하다.

성서의 인간관은 신학적, 초자연적이며, 본질적으로 신 중심적이다. 기독교 신학의 탐구대상의 구성요소인 신에 대한 진술과 신이면서 또한 인간인 그리스도에 대한 진술, 창조와 구원의 역사, 그리고 삶과 죽음, 죄와 의화(義化), 구원과 심판에 대한 진술 등에서 인간의 모습을 찾을 수 있다. 항상 신과 연관되어 있으며, 신의 구원행위와 관계를 맺는 인간의 자기 이해는 계시의 성격을 지닌다는 점에서 절대적 의미를 지니며, 동시에 신의 계시가 없었다면 영원히 우리에게 알려지지 않았을 우리의 구체적·역사적 본질에 대한 진정한 경험적 인식을 우리에게 부여하는 유일한 인간관이다. 성서 전체는 인간을 신의 법에 복종해야 하는 신의 피조물로 본다.

인간은 신의 부름을 받고 있다. 그것은 인간으로 하여금 신께 예배하고 동시에 자기 동료 인간들에 대하여 의를 행하기 위함이다. 삶의 모든 관계 속에서 인간은 자신의 행동에 대하여 신께 책임을 지고 있다. 인간은 자기 자신이 단지 자연의 한 부분만이 아니라 역사의 주인인 신에 대한 책임적인 존재로서 역사 안에 자기 자리를 가지고 있는 존재이다. 신은 인간의 의지를 무시하지 않기 때문에 신앙이 필요하다. "복음에는 하나님의 의가 나타나서 믿음으로 믿음에 이르게 하나니 기록된 바 오직 의인은 믿음으로 말미암아 살리라함과 같으니라."(로마서 1:17) 인간의 자유는 인간으로 하여금 신의 의지를 선택할 수 있게 만들며 인간의 제한된 자율성은 인간으로 하여금 신의 의지를 실현시킬 수 있게 허용해준다.

인간은 신께 속하여 있는 존재로서 인간의 자기 이해는 신께 그 근거를 두어야 하며 또한 신을 지향해야만 한다. 기독교 인간관은 신 중심적이며 동시에 신 의존적이다. 인간이 무엇이며 그의 운명이 무엇인가 하는 문제는 기독교의 신이 누구인가와 그의 구원이 기획과 밀접한 관계를 맺고 있다. 인간이 신율을 따를 때, 참된 진리와 자유 안에 거하게 된다는 것을 성서는 증언한다. 새가 창공에서 자유롭고, 물고기가 물에서 자유롭듯이, 인간은 신율의 영역 하에서 살도록 규정되어 있다. 사랑한다는 것은 사랑하는 사람의 말을 청종하는 것과 동일한 원리이다.

2) 영육의 통일체로서의 구체적인 인간

기독교는 인간을 영육(靈肉, mind & body) 통일체로서 간주하며, 전인적 개체로 설명한다. 영혼과 몸의 이분법이나 또한 영혼이나 몸을 부정하는 영지주의적·유심론적 인간관이나 유물론적 인간관을 배격한다. 인간은 매우 다양한 면모를 지니고 있으나 본질적으로 단일체이다. 성서의 인간관은 유대-기독교의 구원의 역사 속에 그려진 구체적인 인간의 모습에 초점을 맞추고 있다. 성서에 나타나는 구체적인 인간에 대하여 형이상학적이거나 철학적으로 구성된 질문을 한다는 것은 무의미하다. 그리스, 로마의 인간론은 "몸으로서의 인간"과 "마음으로서의 인간"을 구분하는 뿌리 깊은 이원론적 전통을 가지고 있었다. 히브리인들은 영혼이 육체를 가진 것으로 생각하지 않았고 인간의 생명을 지닌 상태를 강조하면서 살아 있는 육체라고 생각했고, 기독교는 영혼과 몸을 동시에 강조했다.

성서에서는 육체와 영혼이 종종 같은 의미를 지니고 서로 교환될 수 있는 용어들로 사용되고 있는 바, 이 용어들은 동일한 실체의 각기 다른 면모들을 나타내주고 있다. 즉 인간은 그의 무상하고 사멸적인 면에 있어서 "육체"인 동시에 그의 생명력과 활동적인 면에 있어서는 "영혼"이기도 한 존재인 것이다. 바울은 육체, 몸, 죄를 교호(交互)적으로 사용하고 있으며 그것들은 본질적으로 동일한 것임을 나타내고 있다. 이스라엘 백성들은 육체의 도덕적인 열등성을 함축하고 있는 비관주의적인 태도를 결코 취하지 않았는데, 그 까닭은 그들이 비록 창조주에 대한 인간의 의존성을 확신하고 있었으나 그리스 철학과 후기 헬레니즘 철학에 의하여 제기되었던 것과 같은 형이상학적 이원론, 혹은 인간학적 이원론을 인정하지 않았기 때문이다. 인간이 신으로부터 변절하는 요인은 육신의 사악함과 인간 안에서 인간을 파멸로 이끌어가는 악의 근원으로서 작용하는 인간 자신의 마음이었다. 그리고 유대적 사고에 있어서 바로 이 인간 자신의 마음은 그곳으로부터 신의 명령에 대적하고자 하는 악한 경향과 욕망이 일어나는 인간 존재의 가장 핵심적인 중심부이다.

바울에게 있어서 몸은 인간 존재의 본질적으로 필수적인 요소이며, 그것은 인간의 일면을 나타내는 것이 아니라 종종 전 존재로서의 인격을 나타내는 용어로 사용되어왔다. 즉 인간은 곧 몸인 것이다. 인간은 이 세상 안에서 신께 대한 반역인바 자만과 이기심으로 가득 차 있는 육신의 지배와 세력 안에서 자기 자신이 죄인임을 발견하게 된다.

아퀴나스처럼 일부 기도교인들은 영혼의 불멸에 대한 플라톤(Platon)의 이론을 불신하면서 인간을 육체 속에 일시적으로 갇힌 존재로서가 아니라 하나의 통일체, 즉 육화된 형상으로 보는 아리스토텔레스(Aristoteles)의 개념에 더 매력을 느껴왔다. 토마스는 인간 본성에 관하여 플라톤과 아리스토텔레스의 중도를 모색한다. 그는 감각은 영혼의 활동일 뿐만 아니라 육체도 필요로 한다고 말한다. 인간은 영혼일 뿐만 아니라 영혼과 육체로 구성된 그 무엇이라고 한다. 손과 발이 곧 인간일 수 없는 것처럼, 영혼이 곧 인간일 수는 없음을 아퀴나스는 강조한다. 그는 엄청난 대가를 치르면서도 인간 존재의 완전성, 즉 정신과 육체의 통일을 강조했다.

그리스인들이 영혼의 불멸에 대한 믿음을 갖고 있었던 것에 비해 기독교는 육체의 부활에 대한 믿음을 갖고 있었다. 기독교 교리에서 분명히 중요한 것은 인간이 죽음을 초월하여 인간의 정체성과 개체성을 유지한다는 것으로서, 이것은 그리스적 영혼 개념으로서는 도저히 생각할 수 없는 것이었다. 그는 육체의 부활과 영혼의 불멸을 동시에 받아들임으로써 결말을 맺으려는 것으로 보인다. 인간 불멸의 문제는 인간 본성에 관해 제기되는 가장 근본적인 문제가 아닐 수 없다.

성경은 한편으로 인간의 본성을 하나의 통일체로 볼 것을 가르치면서, 독립된 두 요소로 구성된 이원적 존재로 보는 것은 타당하지 않다고 말한다. 각 요소는 서로 평행선을 달리는 상관없는 실재가 아니라, 연합하여 하나의 단일한 유기체를 형성하는 실재이다. 그리스 철학 및 그 이후 몇 명의 철학자들의 글에서 발견되는 인간 본성의 두 요소가 서로 평행선을 달린다는 생각은 성경과는 아주 낯선 것이다. 성경은 인간 본성의 복합성을 인정하면서도 인간 본성을 두 개의 주체로 나누지는 않는다. 모든 인간의 행위는 전인적인 행위이다. 영혼이 죄를 짓는 것이 아니라 인간이 죄를 짓는 것이다. 몸이 죽는 것이 아니라 인간이 죽는 것이다. 영혼만이 아니라 몸과 영혼이 아울러 그리스도 안에서 구원받는 것이다. 인간이 두 요소로 구성되어 있음을 지시하면서도 그 유기적 통일성을 강조한다.

3) 관계적인 인간(신-인간-세계)

성서는 자율적이며 독아론적인 인간에 대해 아무것도 알지 못한다. 인간의 본성은 전적으로 그의 신과의 관계, 신과 인간, 창조주와 피조물 사이의 거리를 유지하는 관계에 의해 결정되고 있다. 인간이 신의 형상대로 창조되었다는 신앙이 그의 신과의 관계와 자연의 다른 모든 것들과의 관계를 모두 규정하고 있다. 인간은 신과의 독특한 친교에로 초대되고 있다.

"사람이 무엇이관대 주께서 저를 생각하시며 인자가 무엇이관대 주께서 저를 권고하시나이까?"(시편 8:4) "그런즉 한 범죄로 많은 사람이 정죄에 이른 것과 같이 의의 한 행동으로 말미암아 많은 사람이 의롭다 하심을 받아 생명에 이르렀느니라. 한 사람이 순종치 아니함으로 많은 사람이 죄인 된 것같이 한 사람의 순종하심으로 많은 사람이 의인이 되리라."(로마서 5:18, 19) "인류의 모든 족속을 한 혈통으로 만드사 온 땅에 거하게 하시고"(사도행전 17:26).

인간은 피조물로서 신과 관계를 맺고 있으며 신과 대화를 나눌 뿐만 아니라 근본적으로 구원의 역사에 속하여 있는 계약 파트너로서 언제나 결단과 응답에 직면해 있는 존재이다. 구약성서의 인간론은 개별적 인간에 대해서가 아니라 혈과 육을 지닌 피조물로서의 인간, 즉 가족, 부족, 국가관계 안에 사회적으로 예속되어 있는 존재로서의 인간에 대해서 기술하고 동일한 축복과 저주 아래 있는 인간의 연대성에 관련되어 이야기하고 있다. 인간은 공동체의 한 일원으로서 그 자신이 역사의 은혜로우신 주인이시며 계약적 동반자이고 인도자인 신과 관계되어 있다. 그리고 인간은 바로 인간 자신의 본성에 따라 공동체 안에 예속됨으로써 신과 그 자신과의 관계에 의하여 동료 인간들과의 관계 속에 들어가게 된다. 그 까닭은 바로 이러한 관계성에 있어서 동료 인간들은 신의 초월성 앞에서 누구나 똑같은 무력한 존재들일 뿐만 아니라 누구나 동일한 가치를 지니고 있기 때문이다. 따라서 우리의 동료 인간은 신께 부여해준 권리에 따라 보호를 받아야만 할 우리의 형제로 나타나며 또한 신이 명한 이웃사랑에 입각하여 소중히 여겨져야만 할 이웃으로 나타나게 된다. 또한 인간에 대한 인간의 책임성은 특별히 예언자들에 의하여 계속 강조되어 있으며 토라(torah: 유대교 율법)는 신과 인간의 대화가 구체화된 특정한 양식을 띠게 되는 것이다.

신과의 관계 속에 있는 인간의 모습은 계약적 동반성과 상호적인 의사소통의 국면들 이외에도 인간이 지니는 자신의 피조성에 대한 인식에 의해 나타나기도 한다. 인간은 모든 피조물들 중에서 가장 뛰어난 존재로서 말을 할 수 있는 신적인 능력을 부여받았다. 인간은 이 세계에 대한 신의 대리인이며 또한 수많은 결점을 지니고 있음에도 불구하고 하나의 인격적 존재로서 신과의 관계에 있어서 "그"가 아니라 "너"인 것이다. 그리고 남자와 여자로 창조된 우리 인간은 인격적인 사랑의 관계 속에서 상호간에 "너"가 됨으로써 가장 심오한 의미에서 바로 자기 자신이 되는 것이다.

인간의 사회적 본성은 사랑 안에서의 인격적인 상호 의사소통(교제), 동일한 진리와 공동의 문화적인 가치와 습득물들의 상호교환, 조직화된 사회, 생물학적 경제학적 상호의존 등과 같은 수많은 국면들을 지니고 있다. 인간의 사회적 본성이 주장되어왔는데 이는 이것이 바로 원죄와 그리스도를 통한 모든 인간 구원의 전제요건이기 때문이다. 인간은 인간이 이 세상에 창조된 때로부터 계속하여 아무런 조건 없이 신에 의하여 신의 계시와 은총 속에서 신과의 초자연적인 교제에로 불려옴을 받아오고 있다.

인간은 독자적인 자유의 역사를 지닌바 그 어느 누구도 대신할 수 없는 개별적인 인격적 주체자인 동시에 하나의 인간성의 통합된 단일성 안에서만 역사를 지닐 수 있는 사회적 존재이다. 그리하여 기독교 인간관은 남녀노소, 신분, 종족에 관계없이 인류 전체가 동일한 신적 기원 속에서 한 형제 자매로서 존재론적인 연대성 하에 놓여 있다는 "신 앞에서의 평등"을 함의하고 있다.

4. 기독교적 인간관의 의의

우리가 기독교 인간관에 관심을 기울여야 하는 이유는 무엇일까? 서구 문명의 원천은 그리스·로마 문화와 유대·기독교 문화이다. 서구적 인간 이해에 직접적으로 관계되는 사상과 개념들은 기독교적 의미를 갖게 되거나 혹은 기독교적 원천을 갖는다. 인간의 인격성, 역사성, 죄, 소외와 화해, 자유, 정의, 평등, 거듭남, 역사의 진보와 목적론적 역사 이해는 기독교적 원천을 갖는다. 특히 역사적으로 가장 큰 영향을 발휘한 인간에 대한 정의인 "인격(persona)"과 "이성적 동물(animal rationale)"이란 개념 등은 기독교적 문화에서 계승되어왔다. 기독교 인간관은 서구적 인간 이해의 중요한 한 축이다.

인간은 신의 형상에 따라서 창조되었지만 그것을 상실했기에 단순히 그 원천에 대한 지식만으로는 본래의 모습으로 회복할 수는 없는 것이다. 인간의 죄성과 신의 은총의 절대적 필수성은 기독교와 플로티누스(Plotinus) 사이에 넘나들 수 없는 간격을 드러내며 진실로 인간의 본성이 본질적으로 신성한 것인데, 이 감각적 세계에 단순히 잡혀 있다고 보는 모든 종류의 헬라적 철학과 종교들과도 구별된다. 기독교는 플라톤의 세계관처럼 인간이 신성함에도 불구하고 감각적 세계에 처해 있다고 보지는 않는다. 플라톤주의는 이성적 영혼이 궁극적인 것을 인식하고, 신성한 것을 바로 직관할 수 있다고 본다.

그와는 달리 기독교에서 지성적인 세계와 감각적인 세계 사이의 구분이 관건이 아니라 창조주와 피조물의 인격적 관계가 중요하다. 인간이 비록 신의 형상을 따라 창조되었지만 인간은 어디까지나 피조물일 따름이다. 따라서 인간이 아무리 철학적으로 승화되더라도, 즉 자력으로는 신과 하나가 될 수 있거나, 신의 위치로 귀환할 수 없다. 그러나 예수는 신성과 인성을 겸비한 존재이다. 따라서 그는 인간과 신 사이의 중보자의 역할을 지닌다. 인간은 신과 불화의 상태에 놓여 있기 때문에 인간이 신과 맺는 관계는 신앙과 은총에 의해서 이루어진다. 인간은 이제 그리스도를 통해서 신의 형상을 회복하여 신성한 삶에 참여하도록 일깨움을 받는다.

성서에 나타나 있는 인간의 모습은 그리스 철학에서의 육체와 영혼의 형이상학적 이원론으로 규정되지 않는다. 인간은 신적 기원을 가지고 있고, 영육의 통일체인 구체적인 인간으로서 간주된다. 신은 인간의 영혼과 조우하는 것이 아니라 구체적인 사람과 교통하고, 구체적인 사람의 생명과 내세와 구원에 관심을 기울인다. 철학이나 그리스 종교처럼 영혼 내지 이성의 정화나 승화가 문제가 아니라, 구체적인 사람의 죄책 고백, 회개와 거듭남이 관건이 된다.

칼빈에 의하면, 모든 사람들이 본성적으로 자기 자신에 대한 맹목적인 사랑을 갖고 있으므로 사람들은 누구나 자기에게는 혐오스러운 것이 전혀 없다는 것을 아무런 거리낌 없이 받아들인다는 것이다. 그리하여 외적인 지지나 확실한 보증이 전혀 없는데도 불구하고, 사람이 스스로 충분히 선하고 복된 삶을 스스로 이어갈 수 있다고 하면서 사람의 교만을 부추겨주는 정말 허망하기 그지없는 사고가 사람들에게 전반적으로 환영을 받고 지지를 얻고 있다는 것이다. 그러므로 누구든지 우리의 선한 특징들만을 생각하도록 우리를 붙잡아두는 그런 가르침을 귀담아 듣는 사람은 자기를 아는 지식에서 발전하는 것이 아니라 오히려 최악의 무지 속에 빠져들 뿐인 것이다. 그리하여 인간이 신 앞에 죄인으로서 신을 싫어하고, 신에게 반항하고, 신에게 단절됨으로써 어두움을 더 사랑하고 악의 충동에 지배받고 있는 별수 없는 존재임을 철저히 깨달을 수 있어야 한다. 참된 신을 떠나 자기 자신이나 대체 신을 우상 숭배하는 데 경도되어 있는 인간 자신의 적나라한 실상에 대한 자기 이해를 성서는 촉구하고 있다. 인간의 존재론적 곤경과 고향 상실을 자각할 때, 즉 심령이 가난해질 때, 인간은 결국 신에게로 나아갈 수 있게 된다.

오늘날 인간관에 의하면 생명마저도 더 이상 신비의 대상이 못된다. 생명의 비밀을 밝혀낼 수 있는 유전자 지도가 완성 단계에 왔다고 한다. 인간의 생명마저도 인간의 수요와 필요에 따라 얼마든지 변형, 조작 가능하다고 한다. 그리고 전통적인 형이상학적 인간관과 고별하는 것이 과학적이며, 인간적인 태도라고 한다. 인간이 지닌 초자연적·정신적 속성은 모두 신체가 가지고 있는 물리·화학적 작용으로 환원하여 설명될 수 있다는 자연주의적·유물론적 환원주의가 주도하고 있다. 오늘날 회자하고 있는 인간관은 철두철미 과학적이고, 유물론적 세계관의 전제에 붙박혀 있다. 고로 인간의 질료성, 자연성, 우연성, 맹목성, 결정성, 조작가능성 등이 전통적인 인간관을 무력하게 하고 있다. 인간의 인격성, 초월성, 역사성, 자유, 영원성, 도덕성은 이제 어디에서 그 궁극적 기반을 찾을 수 있을 것인가?

그러나 인간을 목적 없이 존재하는 유전자의 다발로 보는 견해와 신의 형상을 지닌 특별한 피조물로 보려는 견해 사이의 논란은 최근 철학자들 사이에서 쟁점이 되고 있다. 근대의 인간관에 영향을 미친 결정론자인 홉스(T. Hobbes)는 인간을 살아 움직이는 기계로 보았고, 인간과 동물을 엄격히 구별하지 않았다. 그는 인간이 의욕하거나 의욕하지 않음에 있어서 다른 생물체에 비해 더 자유로운 존재가 아니라고 주장하며, 인간의 자유는 단순히 강제의 부재에 불과하다고 한다. 다시 말해 언덕 아래로 구르는 돌이 자유롭듯이 우리가 그만큼 자유롭다고 생각한다.

기독교에서 인간은 이 세상에서의 순례자, 나그네로 묘사하고 있다. 사람은 이 세상에 살고 있지만 이 세상에 속하지는 않는 두 세계의 시민이다. 신의 형상을 지닌 인간은 신과 함께 인간의 영원한 본향에 거주할 소망이 있는 존재이다. 신과 올바른 관계에 들어간 자는 이 세상에서도 신의 통치 하에 있기에 신의 나라 혹은 천국에 이미 속한 자이다. 기독교는 철두철미 인간 안에서 또는 이성의 빛 안에서 궁극적 구원과 희망을 두지 않고, 신이 주시는 은총의 빛과 신앙의 빛 안에서 인류의 구원을 설파하고 있다. 이 세상이 전부가 아니고, 이 세상은 유한한 것이고 사멸할 것인 반면에, 신의 나라는 영원할 것임을 이야기한다. 이제 인간은 신의 형상을 상실하여 신과 불화 상태에 놓인 "옛 사람"(비진리와 어두움과 죄의 노예)에서 돌아서서 그리스도를 통한 신과의 화해 상태에 놓인, 즉 신의 형상을 회복한 "새사람"(진리와 사랑과 빛의 자녀)으로 거듭날 수 있는 존재라는 것이다. 결국 궁극적인 인간의 존재론적 전향에만 인류의 마지막 희망이 달려 있음을 성서는 증거하고 있다. 그러면 오늘날 종교다원주의에서 주장하는 것처럼 "오직 그리스도만이 인류를 구원할 수 있다"는 것은 과연 기독교의 마지막 독선의 그림자일까?

어거스틴은 단호히 인간을 신 앞에서의 "찬란한 죄인"으로 정의한다. 인간이 신의 형상으로 피조되었으나 그것을 상실했고 그리스도를 통해 다시 신의 형상, 즉 새로운 지성과 의로움을 회복할 수 있는 "새로운 존재"에로의 희망이 있기에, 인간은 그래도 신 앞에서 찬란한 죄인인 것이다. 결국 인간은 신의 구원을 필요로 하는 존재이다. 결론적으로 인류가 모든 것을 희생시키고서라도 지켜내고자 하는 인간의 존엄성과 인권은 인간의 신적 기원을 확보할 때 가능할 것이고, 인류의 빛나는 유산인 휴머니즘도 기독교적 인간관의 토양 위에서 흔들리지 않는 든든한 뿌리를 내릴 수 있을 것이다.

소개문헌

1. 성경전서(구약성서, 신약성서)
2. 칼빈, 《기독교강요》
3. 토마스 아퀴나스, 《신학대전》

필자 소개

총신대학교 종교교육과를 졸업하고, 독일 뒤셀도르프대학교 철학과에서 석사 학위를, 독일 마인츠대학교 철학과에서 박사 학위를 받았다. 한국하이데거학회 회장을 역임했으며, 현재 안양대학교 신학대학 기독교 문화학과 교수로 재직하고 있다. 저서 및 역서로는 *Die Bedeutung von Heideggers Nietzsche-Deutung im Zuge der Verwindung der Metaphysik*, Peter Lang, 1990, 《하이데거철학의 근본문제》, 철학과 현실사, 1996(공저), 《사회철학대계》, 민음사, 1993(공저), E. Hufnagel, 《해석학의 이해》, 서광사(역서), R. Wisser, 《카를 야스퍼스》, 문예출판사, 1999(공역), R. Wisser, 《하이데거, 사유의 도상에서》, 철학과 현실사, 2000(공역) 등이 있다.

칸트

인간은 유한한 이성의 한계 내에서 위대함을 꿈꾸는 형이상학적 존재다

이선일 (서울대 철학사상연구소 선임연구원)

1. 들어가는 말

그리스어 philosophia를 어원적으로 분석해보면 철학은 지혜(sophia)에 대한 사랑(philo)을 의미한다. 철학적 물음은 인간이 자신의 유한성을 스스로 자각함으로부터 비롯된다. 절대자인 신(神)은 이미 모든 지혜를 소유하고 있으므로 굳이 지혜를 희구할 필요가 없을 터이고 인간을 제외한 모든 다른 유한자는 자기의식이 없는 고로 자신에게 지혜가 없음을 깨닫지조차 못할 터이니, 오로지 신과 다른 유한자 사이의 존재자인 인간만이 자신의 유한성을 자각함으로써 지혜를 향한 험난한 사유의 도정에 들어선다. 그러나 종래의 철학사를 되돌아보면, 인간은 자신의 유한성을 중심에 놓고 인간의 본질, 우주의 근원, 혹은 신의 본질에 대한 물음을 던져왔음에도 불구하고, 정작 인간의 유한성의 본질에 관한 물음은 인간의 유한성에 토대를 두고 발원한 형이상학적 욕구의 그늘에 가려져 망각되어온 실정이다.

인간은 유한한 존재자이다. 하지만 인간은 식물과 동물 같은 단순한 의미에서의 유한자가 아니라, 적어도 자신의 유한성을 자각하기에 이러한 유한성을 뛰어넘어 무제약자(無制約者)와 하나가 되고픈 동경을 간직한 형이상학적 존재자이다. 시원적 의미에서의 형이상학이 인간의 본질로서의 영혼, 우주의 근원, 그리고 궁극적으로는 이 양자까지도 가능하게 하는 최고 이상으로서의 신의 본질에 관한 물음을 제기할 때, 이런 물음 속에서는 무제약자를 그리는 인간의 형이상학적 동경이 아름답게 펼쳐지며, 또한 이러한 동경 안에는 자신의 유한성에 대한 인간의 자각이 은닉된 채 도사리고 있다. 그러나 인간은 이율배반적이다. 무제약자를 꿈꾸던 저 소박한 동경은 어느덧 수평선 너머로 사라지는 반면, 역사의 무대에는 무제약자를 향한 무한 질주가 등장한다. 이러한 무한 질주는 신과 다른 유한자 사이의 존재자이던 인간을 무제약자의 영역을 정복한 찬탈자로 뒤바꾸어놓는다. 그리고 마침내 인간은 자신의 유한성에 대한 자각은 뒤로 한 채, 유한성의 흔적마저 스스로 지워버린다.

인간의 유한성에 대한 자각으로부터 철학적 물음이 발원하는 한, 인간의 유한성의 본질에 관한 물음은 철학의 근본 물음이 된다. 인간이 건설한 형이상학적 세계가 그것의 건강성을 확고히 견지하기 위해서는 인간의 유한성에 대한 끊임없는 각성이 요망되는 바이다. 그러나 인간에게 유한성의 흔적이 지워진 것은 이미 오래전이고, 이제는 그러한 지워짐마저 망각되고 있는 것이 현실이다. 여기에서 우리는 오늘날 우리 인간이 처한 위기의 본질을 발견한다. 위기의 본질은 바로 신과 다른 유한자 사이를 오만하게 뛰어넘은 인간의 본질 그 자체의 위기이다. 따라서 종래의 형이상학의 역사 속에서 철저히 망각되었던 인간의 유한성의 본질에 관한 물음은 우리에게 더욱 절박하게 다가오는 바, 이 글은 이러한 문제의식 하에서 칸트(I. Kant, 1724~1804)의 인간론을 재조명하고자 한다.

널리 알려져 있듯 칸트는 자신이 제기한 초월 철학의 3가지 물음〔1) "나는 무엇을 알 수 있는가?", 2) "나는 무엇을 해야 하는가?", 3) "나는 무엇을 희망해도 좋은가?"〕을 "인간이란 무엇인가?"라는 물음으로 종합 통일함으로써 서구 형이상학의 역사상 최초로 인간의 본질에 관한 물음을 철학의 근본 물음으로 정립한 철학자로 평가받는다. 그러나 다른 한편 칸트는 자신의 말년 작품인 《실용적 관점에서 본 인간학》(1798)이 인간의 본질을 철학적으로 해명하지 않은 채 경험적 인간학에 머무른 결과, 자신이 제기한 인간학적 물음을 성공적으로 전개하지 못한 철학자로도 평가받는다. 칸트는 인간의 본질에 관한 물음을 철학의 근본 물음으로 정립하였음에도 불구하고 스스로는 인간의 본질을 관한 물음을 재대로 전개하지 못한 철학자로 대접받는 형편이다. 그런데 필자는 칸트에 대한 세평에 일면 동의하기는 하나, 앞서의 세평이 칸트의 인간학적 물음이 전개되는 근본적 사태인 유한성의 문제를 놓치고 있음도 지적하고자 한다. 따라서 이러한 관점에서 필자는 이 글의 논점을 다음처럼 이끌어가고

자 한다.

1) 칸트의 3대 비판서를 각각 주도하는 3가지 물음은 단순히 초월 철학의 물음이 아니라 인간의 유한성을 인식, 행위, 종교의 관점에서 드러내는 물음이다.
2) 칸트는 이러한 물음을 해명함으로써 유한한 인간이 궁극적으로 추구할 수 있는 위대함의 영역을 개척하고자 한다.
3) 칸트는 유한한 인간의 위대함을 개척하되 이러한 논의를 인간 이성의 한계 내에서만 전개하였기에, 인간의 유한성의 본질에 관한 물음은 천착하지 못한 채, 결국은 전통적 형이상학의 울타리 안에 머물고 만 것이며, 따라서 이러한 형이상학의 울타리로부터 벗어나는 것이 칸트가 우리에게 물려준 참다운 유산이 된다.

2. 비판철학의 주도적 물음이 갖는 근본적 의의

형이상학은 인간의 자연적 소질에서 기인한다. 인간은 자신의 유한성을 자각하기 때문에 유한성을 넘어서 무제약자와 관계 맺기를 꿈꾸는 존재자이다. 그런데 무제약자를 향한 인간의 형이상학적 동경은 3가지 관심 안에서 표명된다. 첫째, 인간은 영혼의 불멸성을 그리면서 인격성과 자유를 확보하고자 한다. 둘째, 인간은 눈앞에 펼쳐지는 자연(혹은 우주)의 근원을 알고 싶어한다. 셋째, 인간은 신과의 합일을 통해 지복(至福)인 불멸성을 누리고자 한다. 아마도 이러한 관심이 구체화된 것이 바로 칸트가 궁극적 목적의 형이상학으로 인정한 특수형이상학이다. 특수형이상학의 각 분과인 이성적 심리학, 우주론, 신학은 앞의 3가지 관심에 각각 대응한다. 그런데 칸트는 전통적인 특수형이상학을 수용하되 이를 학문적으로 정초하고자 이성의 한계 능력을 비판적으로 조명한다. 따라서 칸트의 비판철학의 체계 내에서 위의 3가지 물음에 대응하는 것은 각각 《실천이성비판》, 《순수이성비판》, 《판단력비판》이다. 다만 우리가 주의할 점은 칸트에게서 순수이성은 실천이성까지를 포괄하는 폭넓은 의미를 갖는다는 점이다. 《순수이성비판》에서 언급된 순수이성은 엄격하게는 이론이성에 국한된다.

칸트가 바라본 인간은 이성적 존재자이다. 인간은 단순한 자연적 존재자가 아니라 순수 이성적 능력을 통해 자신의 형이상학적 욕구를 실현하는 형이상학적 존재자이다. 더욱이 인간은 자신의 형이상학적 욕구를 단지 자기 안에서 실현하는 것이 아니라 남과 더불어 사는 세계 안에서 실현하므로, 칸트는 인간을 세계 시민으로서 규정한다. 따라서 순수이성이 갖는 능력의 한계 내에서 특수형이상학을 학적으로 정초하고자 했던 칸트는 순수이성을 그것의 가장 내적인 본질에서 이해하기 위해 순수이성의 근저에서 순수이성을 항시 움직이는 인간의 형이상학적 관심을 주목하는 가운데, 자신의 《논리학 강의》 서론에서 세계시민적 의미에서의 철학의 장(場)을 다음의 물음들로 구성한다.

1. 나는 무엇을 알 수 있는가?

2. 나는 무엇을 해야 하는가?
3. 나는 무엇을 희망해도 좋은가?
4. 인간이란 무엇인가?

이 물음들에서 앞의 3가지 물음은 우리가 위에서 거론한 인간이 지닌 3가지 형이상학적 관심에 관련된다. 다만 칸트는 특수형이상학을 학문적으로 정초하고자 인간의 형이상학적 관심을 비판철학적으로 걸러낸바, 1) "나는 무엇을 알 수 있는가?"는 자연(혹은 우주)에 대한 인간의 인식론적 관심에, 2) "나는 무엇을 해야 하는가?"는 인격성과 자유를 확보하고자 하는 인간의 실천적 관심에, 그리고 3) "나는 무엇을 희망해도 좋은가?"는 신과 하나가 되고픈 인간의 종교적 관심에 대응한다. 이 물음들 각각이 특수형이상학에서는 우주론, 이성적 심리학, 신학에 대응하며, 칸트의 비판철학에서는 《순수이성비판》, 《실천이성비판》, 《판단력비판》을 통해 구체화된다. 그렇다면 특히 우리의 이목을 끄는 것은 "인간이란 무엇인가?"를 묻는 네 번째 물음이 된다. 이 네 번째 물음은 순서상 마지막 물음일뿐더러, 더욱이 특수형이상학의 한 분과인 이성적 심리학이 이미 인간에 관해 다루고 있는 현실을 감안한다면, 첫 3가지 물음에 헝겊조각을 대듯 피상적으로 덧붙여진 불필요한 물음처럼 보이기도 한다.

그러나 칸트는 《논리학강의》에서 이러한 통념을 반박한다. 오히려 "첫 3가지 물음은 마지막 물음에 관련되기 때문에, 근본적으로 사람들은 이 모든 것을 인간학에 집어넣어라"고 칸트 스스로가 말할 정도로, 네 번째 물음의 중요성은 강조된다. 그렇다면 앞서의 3가지 물음은 어떻게 네 번째 물음에 관계하는가? 과연 네 번째 물음은 어떤 의미에서 앞서의 3가지 물음을 종합 통일하는가? 도대체 이 3물음의 공통점은 무엇이며 또 도대체 이 3가지 물음은 어떤 관점에서 통일되기에, 이 3가지 물음은 네 번째 물음으로 귀환되는가? 과연 저 3가지 물음을 통일적으로 자기 안에 받아들여 떠받쳐 줄 수 있기 위해서라면, 도대체 이 네 번째 물음은 스스로 어떻게 물음을 던져야 하는가?

아마도 이런 물음에 대한 해답을 구하기 위해《실용적 관점에서 본 인간학》을 조금이라도 뒤적인 독자라면, 그는 금방 실망감을 토로할 것이다. 이 작품은 긍정적으로 보자면 각양각색의 인간 현상들을 일반적 도식에 의해 관찰하고 설명함으로써 인간에 관한 일반지를 겨냥한다. 그러나 칸트가 철학을 소위 '선험적 원리로부터의 인식체계'로 규정한다는 점을 감안한다면, 이 작품은 인간의 본질을 철학적으로는 해명하지 못한 채 다만 응용윤리학의 관점에서 경험적 인간을 시야에서 놓치지 않고 있다는 정도의 평가를 받는 작품이다. 즉《실용적 관점에서 본 인간학》은 칸트의 말년 작품임에도 불구하고 칸트 자신이 제기한 "인간이란 무엇인가?"라는 물음에 대해 아무런 철학적 답변도 제시하지 못한 채, 주로 세상사에 대한 단순한 앎으로서의 인간에 관한 경험지만을 나열한다.

그렇다면 우리는 어디에서 칸트가 제기한 인간의 본질에 관한 물음의 해답을 얻을 수 있을 것인가?《순수이성비판》이 '인식하는 나'의 선험적 원리를 규명하고,《실천이성비판》이 '실천하는 나'의 선험적 원리를 규정하며, 《판단력비판》이 '희망하는 나'의 선험적 원리를 논의한다면, 인간의 인식적-실천적-종교적 주관을 종합 통일할뿐더러 이러한 인간의 초월적 주관이 거기로부터 발원하는 인간의 본질에 대한 해명은 어디에서 얻어지는가? 필자는 이러한 물음에 대한 답변을 구하고자 다시 앞서의 3가지 물음으로 선회하여 그 물음들의 구조를 천착하고자 한다.

앞서의 3가지 물음에서 관건이 되는 바는 인간 이성의 유한성이다. 이 3가지 물음은 각각 인간 이성의 인식론적 가능, 실천적 당위, 그리고 신과 하나가 되고픈 이상에 대한 희망을 담고 있다. 그런데 칸트가 이러한 물음을 묻는 까닭은 인간의 이성에게는 그런 것들에 반대되는 인식론적 불가능, 실천적 당위에 대한 부정, 그리고 인간이 희망할 수 없는 영역이 이미 문제가 되기 때문은 아닐까?

먼저 "나는 무엇을 알 수 있는가?"라는 물음을 주목해보자. 만약 우리가 전지전능한 신이라면 우리는 인간이 알 수 있는 영역이 무어냐고 묻지 않을 터이다. 그러나 인간은 유한자이기에 우리는 인간에게 가능한 앎의 영역에 대해 묻게 된다. 이러한 의미에서 이 물음은 유한자로서의 인간이 지니는 유한성을 드러낸다. "나는 무엇을 해야 하는가?"라는 물음도 마찬가지이다. 만약 우리가 전지전능한 신이라면 우리는 당위적 행동 앞에서 추호의 망설임도 없을 터이다. 그러나 인간은 유한자이기에 당위적 행동 앞에서 번민하며 또한 무엇이 당위적 행위인지에 대해 의문을 품고 만다. 따라서 이 물음 역시 인간의 유한성을 내면으로부터 폭로한다. "나는 무엇을 희망해도 좋은가?"라는 물음도 인간 이성의 본질적 유한성을 입증한다. 만약 우리가 전지전능한 신이라면 모든 것은 이미 충족되었기에, 우리는 무엇은 허용되고 무엇은 허용되지 않는지를 물을 필요조차 없을 터이다. 그러나 유한자인 한에서, 우리 인간은 무언가의 결핍을 보상하기 위해 기대해도 좋은 영역에 대해 묻게 된다.

칸트가 제기한 3가지 물음의 근저에는 인간 이성의 유한성에 대한 자각이 도사리고 있다. 이 3가지 물음 속에는 유한자로서의 인간이 자신의 유한성을 넘어서 무제약자를 동경하지만 유한자이기에 결코 무제약자와 동일하게 될 수 없는 고로, 오히려 자신의 유한성을 심려하는 애틋한 정서가 깃들어 있다. 그러나 이 3가지 물음은 인간 이성의 유한성을 인식, 행위, 종교의 차원에서 드러낼 뿐 아직 유한성의 본질을 구명하지는 못하고 있다. 그렇다면 칸트가 이 3가지 물음을 근거 짓는 물음으로 제시한 네 번째 물음은 인간 이성의 유한성의 본질을 구명하고자 하는 물음이 되어야 한다. 그러한 한에서만, 앞서의 3가지 물음은 "인간이란 무엇인가"를 묻는 이 네 번째 물음으로 종합 통일될뿐더러 거기에서부터 발원하는 것으로 귀결될 수 있다.

그러나 칸트는 인간 이성의 유한성의 본질에 관한 물음 앞에서 스스로 물러선다. 칸트의 인간학이 결국 실용적 인간학으로 귀결되었다는 것은 이러한 사태를 반증한다. 그러나 바로 이 점에서 칸트는 근대 주관주의적 형이상학자로서의 면모를 늠름하게 갖추게 된다. 칸트가 인간 이성의 유한성을 확인하였음에도 불구하고 유한성의 본질은 묻지 않은 채 단지 유한한 인간이 추구할 수 있는 위대함만을 그려보고자 했기에, 자연의 입법자로서의 인간, 도덕의 입법자로서의 인간, 그리고 자연의 합목적성의 정점으로서의 인간은 근대의 역사를 주도하는 주인공으로 당당히 등장한다. 하지만 바로 그러한 이유 때문에 유한한 인간이 유한하기에 추구할 수 있는 참다운 존엄성은 그것의 맹아(萌芽)만을 간직한 채 다시금 망각의 바다 속으로 사라진다.

3. 이성의 한계 내에서 그려본 유한한 인간의 위대함

3.1. 사고방식의 혁명: 코페르니쿠스적 전향

칸트가 《논리학 강의》에서 제시한 철학의 근본물음은 인간 이성의 유한성이 관건임을 노정한다. 그러나 그는 유한성의 문턱에 다다랐을 뿐 유한성의 본질을 구명하지는 않는다. 오히려 그는 이성의 한계 내에서 유한한 인간이 추구할 수 있는 위대함을 그려내고자 한다. 이것이 바로 그가 자찬하는 '사고방식의 혁명'이 거둔 실질적 성과이다. 그가 자신의 사고방식의 혁명을 코페르니쿠스적 전향에 비유할 때, 우리는 이러한 비유 안에서 그의 진정한 의도를 읽어낼 수 있을 것이다.

코페르니쿠스적 전향은 천동설로부터 지동설로의 전향이다. 천동설은 기본적으로 기독교적인 유기체적 우주관이다. 천동설에서는 월하(月下)의 지상계(地上界)만이 기독교적 신의 구원을 받을 수 있는 우주의 중심이고, 월상(月上)의 다른 성군은 지구 주변을 떠도는 무의미한 돌멩이에 불과하다. 그러나 지동설에서는 이 모든 것이 전향한다. 우주 전체는 단일한 기하학적 공간으로 재편되며 구원의 흔적은 사라진다. 지구도 다른 성군(星群)처럼 아무런 의미 없이 태양을 중심으로 일정한 궤도에 따라 회전하는 돌멩이가 된다. 일견 코페르니쿠스적 전향은 인간중심주의의 포기인 것처럼도 보인다. 그러나 코페르니쿠스적 전향은 결코 인간중심주의를 포기하지 않는다. 오히려 인간은 종래와는 달리 '성군은 정지해 있고 관찰자는 회전한다' 는 가정 하에 천체의 운동을 더 잘 설명할 수 있게 된다. 바야흐로 인간은 자신의 유한한 이성을 통해 우주를 수학적으로 계산함으로써 우주의 정복자가 될 수 있는 길을 닦는 것이다.

칸트가 말하는 소위 사고방식의 혁명도 이러한 이중적 구조를 갖는다. 칸트는 우리 인간의 인식이 '사물 자체로서의 대상' 에 준거할 것이 아니라 오히려 '사물 자체가 우리에게 주어지는 현상으로서의 대상' 이 우리의 선험적 인식에 준거할 것을 강조한다. 얼핏 보면 칸트의 사고방식의 혁명도 인간중심주의를 포기한 듯하나 실상은 그렇지 않다. 칸트는 인간이 사물 자체의 본질을 알 수 없다는 점은 인정하지만, 사물 자체가 우리에게 주어지는 현상만큼은 인간의 선험적 인식에 의해 규정되어야 함을 강조한다. 이러한 점은 《순수이성비판》이 기본적으로는 근대 자연과학의 방법을 모델로 한 작품임을 보아도 쉽게 입증된다. 그러니까 칸트의 사고방식의 혁명은 인간중심주의의 포기가 아니라 오히려 중세의 기독교적 세계로부터 벗어나 유한한 인간의 이성을 통해 인간의 눈으로 본 세계를 그려내고자 하는 사고의 전환을 의미한다. 사고방식의 혁명은 비단 《순수이성비판》만이 아니라 《실천이성비판》 및 《판단력비판》에도 동일하게 적용된다.

3.2. 자연의 입법자

사고방식의 혁명을 통해 《순수이성비판》에서 등장하는 인간은 자연의 입법자이다. 자연의 입법자로서의 인간도, "나는 무엇을 알 수 있는가?"라는 물음에서 암시되듯, 기본적으로는 유한한 존재자이다. 인간은 기독교적 신이 아니므로 자연을 창조하지 못할뿐더러 기독교적 신이 창조한 자연의 본질도 알지 못한다. 감성적 존재자로서의 인간은 공간과 시간이라는 직관의 형식 속에 주어진 감각적 다양으로서의 현상만을 알 수 있을 뿐이다. 이 점이 자연의 인식에서 인간이 갖는 유한성의 징표가 된다.

그러나 인간은 단순한 의미에서의 유한자로 머물지 않는다. 인간의 초월적 주관은 일종의 자기의식이다. 인간은 그때마다의 다양한 경험적 사태 안에서 다양한 경험적 주관으로 활동하지만 인간의 초월적 주관은 다양한 경험적 주관을 동일한 자기로서 반성하는 자기의식이다. 달리 말하자면 초월적 주관은 초월적 통각이다. 따라서 초월적 통각으로서의 초월적 주관은 인간에게 주어지는 감각적 다양을 다양으로서 내버려두지 않는다. 오히려 초월적 통각으로서의 초월적 주관은 감각적 다양을 하나의 통일적 대상으로 규정하고자 하는데, 이때 발동하는 것이 인간의 사고 능력인 지성이다. 《순수이성비판》에서 이론이성의 능력은 감성과 지성이라는 두 줄기로 나누어지는 바, 감성이 감각적 다양을 수용하는 수동적 능력이라면 지성은 감각적 다양을 하나의 대상으로 규정짓는 능동적 능력이다.

지성은 감성을 통해 주어진 감각적 다양을 내적으로 결합하되, 마구잡이로가 아니라, 이미 그 싹이 보존된 12개의 범주에 따라 활동한다. 범주가 대상 일반의 개념이다. 지성은 범주를 통하여 감각적 다양을 하나의 대상으로 규정한다. 그런데 지성이 범주에 따라 감각적 다양을 내적으로 결합하고자 할 때 보편으로서의 범주와 특수로서의 감각적 다양 사이에서는 적용의 문제가 발생한다. 이 문제를 해결하는 것이 한편으로는 판단력이요, 다른 한편으로는 초월적 상상력이다. 먼저 판단력은 주어진 구체적인 것을 일반적 규칙의 한 사례로서 인식하는 능력이다. 판단력이 자연에 대한 인식에서는 특수(감각적 다양)를 보편(범주) 아래로 포섭하는 역할을 수행함으로써 감성과 지성을 매개한다. 다른 한편 감각적 다양은 경험적인 것이로되, 반면 범주는 선험적인 것이므로 지성이 판단력의 지침에 따라 감각적 다양을 범주 아래로 포섭하고자 할 때 이질성(異質性)의 문제가 발생한다. 이 문제를 극복하는 것이 초월적 상상력이다. 초월적 상상력은 보편에로의 특수의 포섭이 실현될 수 있도록 범주의 초월적 시간 규정인 초월적 도식을 산출한다.

지성은 판단력 및 초월적 상상력의 도움을 받아 범주에 따라 감각적 다양을 내적으로 결합한다. 지성이 범주에 따라 감각적 다양을 내적으로 결합하고자 할 때 한편으로는 판단력이 작용하여 보편에로의 특수의 포섭을 가능하게 하는 지침을 마련하며 또 다른 한편으로는 초월적 상상력이 작용하여 그러한 포섭이 실현될 수 있도록 감각적 다양과 범주 사이의 이질성을 극복하는 초월적 도식을 산출한다. 지성은 초월적 도식의 궤적에 따라 범주를 감각적 다양에 적용하여 감각적 다양을 우리에 대한 하나의 통일적 대상으로 확보한다. 따라서 이 결과 인간은 인식론적으로는 유한자가 추구할 수 있는 최고의 존재자가 된다. 인간은 한편으로는 감성적 존재자이므로 비록 자연의 내용은 제약하지 못하나, 그러나 다른 한편으로는 지성적 존재자로서 자연의 형식만큼은 제약하는 자연의 입법자가 된다. 자연의 입법자로서의 인간이 근대 자연과학적 인간임은 물론이다.

3.3. 도덕의 입법자

《순수이성비판》의 논의는 인간에게 경험 가능한 감성계에 국한된다. 거기에서는 자연의 인과적 필연성을 제약하는 자연의 입법자로서의 인간이 관건이다. 그러나 인간은 단순히 경험적 자연의 울타리 안에만 구속되어 있는 한갓된 자연적 존재자일 수 없다. 비록 감성적 존재자로서의 인간은 육체를 지니고 있기에 경험적 욕구에 이끌려 자연적 경향성에 경도되기도 하지만, 다른 한편 인간은 어떤 행위를 선택하기에 앞서 과연 무엇이 올바른 것인가를 골똘히 고민하기도 한다. 이런 의미에서 인간은 단순한 감성적 존재자가 아니라, 이성에 따라 행위를 결정지으려는 의지를 지닌 도덕적 존재자이다. 즉 인간에게는 온갖 역경을 무릅쓰고라도 도덕적 이상을 펼쳐 보이려는 소박한 꿈이 서려 있다. 이것은 어느 누구라도 인간으로 존재하는 한, 부정할 수 없는 '이성의 유일한 사실'이다. 따라서 칸트는 "나는 무엇을 해야 하는가?"를 또 하나의 철학적 근본물음으로 제기한다. 이 물음은 인간의 도덕적 유한성을 기초로 하여 인간의 도덕적 존엄성을 확인하고자 하는 물음이 된다.

이 물음이 구체화된 것이 《실천이성비판》이다. 《실천이성비판》에서도 이른바 사고방식의 혁명은 유효하다. 종래의 윤리학이 '그 자체로 선하다고 간주된 외부의 대상' 혹은 '절대적으로 선한 초월적 존재자' 혹은 '행위의 결과'를 근거로 도덕성을 정초하는 타율적 윤리학이라면, 《실천이성비판》은 도덕성을 인간의 외부로부터 인간의 내부로 전환하여 정초한 자율적 윤리학이다. 사고방식의 혁명을 통해, 도덕성의 영역에서 초월적 독단주의나 경험적 우연성은 배척되는 반면, 실천이성의 명령을 무조건적으로 수행하고자 하는 선의지가 도덕성의 토대로서 등장한다. 그러니까 자연의 인과적 필연성에 따른 욕구의 경향성에서 벗어나 의지의 자유를 통해 마침내 선의지를 구현한 인간이 도덕의 입법자로서 군림한다. 《실천이성비판》이 그려내고자 하는 인간은 "해야 한다, 고로 할 수 있다"는 신념 하에 초감성적 세계 안에서 마침내 자신의 도덕적 이상을 구현한 인간인 것이다.

그러나 인간은 선의지를 구현하기에는 본질적으로 유한하다. 만약 우리가 법칙에 대한 존경심에서 법칙을 수용하고 또한 동일한 존경심에서 법칙에 복종하라는 실천이성의 명령을 수행하는 태도를 의무라고 정의한다면, 선의지란 어떤 추호의 망설임도 없이 이러한 의무를 무조건적으로 이행하고자 하는 의지를 의미한다. 그러나 인간은 감성적 욕구에 사로잡혀 있기에 당위적 행동 앞에서 번민한다. 우리는 선의지야말로 이 세상에서 또 이 세상 밖에서 무조건적으로 선한 유일한 의지라고 인정하지만, 또한 우리는 선의지를 구현한 인간이야말로 자연의 인과적 필연성에서 벗어난 자유의 세계에서 군림하는 도덕의 입법자라고 자부하지만, 우리 유한한 인간에게 선의지는 어쩌면 우리가 다가설 수 없는 아득한 이념으로 보이는 것이다. 따라서 인간에게 도덕률은 명법(命法)의 형태로 주어진다. 그것도 어떤 조건하에서라도 모든 인간에게 시공을 초월하여 무조건적으로 적용되는 명법의 형태로 주어진다. 그러한 명법이 바로 칸트가 말하는 정언명법이다.

"네 의지의 준칙이 항상 동시에 보편적 입법의 원리로서 타당하도록 행위하라." 이것이 칸트가 제시한 정언명법이다. 이 명법 안에는 법칙에 대한 존경심에서 법칙을 수용하고 또한 동일한 존경심에서 법칙에 복종하기 위하여 인간이 가질 수 있는 모든 자애심을 극복하고자 하는 유한한 인간의 위대한 이상이 담겨 있다. 이 명법 안에서 인간은 어떤 초월적 존재자에 의존하거나 혹은 행위의 결과를 고려함으로써 도덕적 행위를 실현하는 타율적 존재자가 아니라 스스로 선택한 법칙에 스스로 복종함으로써 도덕성을 정초하는 자율적 존재자가 된다. 이러한 자율적 존재자가 바로 도덕의 입법자이다. 우리가 말하는 도덕의 입법자란 도덕법을 창조한다는 의미에서의 입법자가 아니라 자신의 도덕성을 자신의 선택과 책임 하에서 구현하는 자율적 존재자로서의 인격(Person)을 의미한다.

인간은 인격이다. 인격으로서의 인간은 수단이 아니라 목적이다. 또한 인간이 인격인 한에서, 모든 인간이 자신의 인격이나 타인의 인격을 수단으로서가 아니라 목적으로서 대우해야 함은 마땅하다. 따라서 칸트의 정언명법은 3중적 양식으로 표현된다. 즉 "네 의지의 준칙이 항상 동시에 보편적 입법의 원리로서 타당하도록 행위하라"가 정언명법의 제1양식이라면, "너 자신의 인격과 다른 모든 사람의 인격 가운데 있는 인간성을 언제나 동시에 목적으로서 대우하고 결코 수단으로서만 사용하지 않도록 행위하라"는 정언명법의 제2양식이며, "따라서 어떠한 이성적 존재자도 마치 자기가 자신의 준칙에 의하여 언제나 보편적인 목적의 왕국에서의 입법적 성원인 것처럼 행위하지 않으면 안 된다"는 정언명법의 제3양식이 된다.

그러나 유한한 인간이 제 아무리 정언명법에 충실하다 한들, 선의지의 구현자로서의 인간의 이념을 완전히 실현하는 것은 요원하다. 인간에게는 유한한 시간만이 보장되어 있기에, 인간이 그 주어진 유한한 시간 안에서 완전한 이성적 존재자가 되기는 불가능하다. 최상선(最上善)의 경지에 도달하기 위해서는 무한한 길이의 시간이 인간에게 전제되어야 하는 바이다. 따라서 실천이성은 우리 인간에게 영원한 시간을 보장할 수 있는 영혼의 불멸을 필연적으로 요청한다. 이로써 영혼은, 비록 감성계에서는 그것의 실체성이 유보되었으나, 초감성계에서는 도덕적 필요에 의해 실천적으로 그것의 존재를 확인한다. 그런데 인간이 설령 영혼의 불멸을 요청하여 최상선을 실현한다 한들, 최상선을 실현한 인간이 자신의 덕에 알맞은 행복을 누린다는 아무런 보장도 없다. 오히려 도덕적으로 선한 자는 불행하나, 반면 도덕적으로 악한 자가 행복을 누리는 것이 인간의 세간사이다. 그러나 이것은 도덕적 이율배반이다. 도덕적으로 선한 자가 행복을 누리는 세계가 도덕적으로 선한 자는 고통을 겪는 반면 도덕적으로 악한 자는 행복을 누리는 세계보다 도덕적으로 정당하다는 것을 감히 누가 부인하랴? 따라서 칸트는 최상선을 구현한 완전한 인격과 완전한 행복의 결합인 완전선(完全善)의 실현을 위하여 신의 존재를 요청한다. 결국 칸트는 도덕적 입법자로서의 인간의 이념을 궁극적으로는 자신이 이성적 차원에서 요청한 신의 존재를 통해 실현하고자 하는 것이다.

3.4. 자연의 합목적성의 정점

근대 자연과학은 기계론적 자연관을 대표한다. 자연은 하나의 기계로서 인과성에 의해 필연적으로 제약된다. 《순수이성비판》에서의 자연도 본질적으로는 기계론적 자연을 반영한다. 그러나 인간은, 자연 속에서 자연과 더불어 있는 존재자인 한에서, 단순한 기계로서의 자연에 만족하지 않는다. 비록 기계론적 자연이 인간에게 우주 자연을 지배할 정복자로서의 단서는 마련하지만, 기계론적 자연은 정서적으로 삭막하다. 별빛 가득한 밤하늘을 바라보면서 밤하늘을 지배하는 필연적인 수학적 법칙을 계산하기보다는 오히려 밤하늘에 감추어진 우주 자연과 인간의 조화를 그려보면서 조물주와의 아련한 합일을 꿈꿔보는 것이 우리 인간의 심정이다. 그러기에 칸트는 "나는 무엇을 희망해도 좋은가?"를 또 하나의 철학적 근본물음으로 제시한다. 이 물음이 구체화된 것이 바로 그의 제3비판서 《판단력비판》이다.

칸트에게서 순수이성은 이론이성과 실천이성으로 나누어진다. 이론이성이 감성계에 타당한 자연법칙을 정립하는 이성이라면, 실천이성은 의지의 자유를 기초로 초감성계 안에서 도덕적 이상을 구현하는 이성이다. 이론이성이 자연의 영역 안에서 진위(眞僞)를 판별하는 이성이라면, 실천이성은 자유의 영역 안에서 선악(善惡)을 따지는 이성이다. 이론이성과 실천이성은 상호 배타적이다. 이론이성이 실천이성의 영역을 침범한다거나 혹은 실천이성이 이론이성의 영역을 침범한다는 것은 원칙적으로 불가능하다. 그러나 초감성계에 타당한 실천이성이 감성계에 국한된 이론이성에 대해 우위를 지니는 한, 인간은 실천이성의 우위를 바탕으로 자유의 관점에서 자연을 바라보고자 하는 형이상학적 욕구를 지니게 된다. 아마도 우리가 어린 시절 동화에서 읽었던 권선징악(勸善懲惡)적 자연관 속에는 인간의 이러한 형이상학적 욕구가 고스란히 반영되어 있다.

그런데 자유의 관점에서 자연을 바라보자면 우리에게는 이론이성과 실천이성을 매개하는 능력이 요구된다. 칸트에게서 그러한 능력이 바로 판단력이다. 판단력은 본질적으로 매개능력이다. 그런데 《순수이성비판》과 《판단력비판》에서 판단력은 사뭇 다른 양상이다. 《순수이성비판》에서의 판단력이 감각적 다양과 범주를 매개하는 능력이라면, 《판단력비판》에서의 판단력은 이론이성과 실천이성을 매개하는 능력이다. 즉 전자가 순수지성이 범주를 통해 감각적 다양을 결합하고자 할 때 특수(감각적 다양)를 보편(범주) 하에 포섭하는 판단 능력이라면, 후자는 특수(경험적 자연) 안에서 보편(합목적성)을 발견하는 능력이다. 따라서 전자는 규정적 판단력이요, 후자는 반성적 판단력이다. 그러나 엄밀히 보자면 반성적 판단력은 자연에 대한 경험적 인식을 가능하게 하는 인식 능력이 아니라 특수(자연) 안에서 거기에 감추어져 있을 법한 보편을 발견해내는 능력이므로,

판단 능력이라기보다는 판정 능력 정도라고 생각되어야 무난하다.

　기계론적 자연관에서 인간과 자연은 주관과 객관으로 대립한다. 주-객 이분법은 자연 속에서 자연과 더불어 존재하는 인간을 처음부터 자연에 대한 대립자로 세워놓는다. 이러한 대립 구도 하에서 도덕적 존재자로서의 인간의 의지를 투영하여 자연의 감추어진 의미를 읽어내기란 애당초 불가능하다. 따라서 판단력은 인간과 자연을 하나로 엮은 유기체적 자연을 상정한다. 경험적 자연을 제약하던 인과적 필연성은 순식간에 해체되고, 어느덧 자연은 살아 있는 거대한 생명체의 세계로서 부상한다. 자연을 바라보는 우리의 눈길이 뒤바뀌자, 자연은 전체와 부분, 그러니까 목적과 수단이 긴밀하게 관련 맺는 합목적성의 세계로 떠오른다. 들판의 풀 한 포기조차 그것의 생성은 단지 인과 필연적으로 제약되는 것이 아니라 거대한 생명계 안에서 자신의 목적론적 의미를 지니게 된다.

　여기에서도 사고방식의 혁명은 여전히 유효하다. 칸트가 말하는 자연의 합목적성은 아리스토텔레스적 합목적성이 아니다. 아리스토텔레스적 합목적성이 인간으로부터 독립하여 그 자체로 존립하는 합목적성이라면, 칸트의 합목적성은 그의 비판철학의 의도에 맞게 단지 판단력이 그려낸 합목적성일 뿐이다. 칸트에게서 목적 개념은 경험적 인식을 가능하게 하는 구성적 개념으로서의 범주가 아니라 단지 자연 속에 있을 법한 감추어진 의미를 찾아내기 위한 통제적 이념이다. 그러니까 칸트의 합목적성은 기계론적 자연관에 의해 자신의 삶터인 자연으로부터 소외된 인간이 다시 자연과 하나가 되고픈 소망 속에서 착상된 자연의 그림이다. 따라서 이러한 자연의 합목적성 안에서 인간이 그 정점을 차지함은 당연하다. 인간만이 목적 개념을 이해할 수 있고 자신의 이성적 능력을 통해 우주 자연을 합목적적 체계로 재편할 수 있는 지상의 유일한 존재자인 한에서, 인간이 그려낸 자연의 합목적적 체계 안에서 인간이 자연의 최후목적이 된다는 것은 두말할 나위도 없다.

인간이 자연의 합목적적 체계 안에서 그 정점을 차지하는 한, 인간은 자연의 최후목적이 된다. 그러나 엄밀한 의미에서 보자면 자연의 최후목적은, 자연이 인간의 무엇을 위해 존재하느냐를 묻는 '자연의 의도에 관한 물음'이 해명될 때 비로소 규명된다. 이 물음에 대한 우리의 답변은 두 가지이다. 하나는 인간의 행복이요, 다른 하나는 인간의 문화이다. 그런데 자연은 천지불인(天地不仁)이요, 또한 설령 자연이 인자하다 한들 인간의 내적인 자연(즉 본성)은 이기적(利己的)이므로, 자연이 인간의 행복을 의도할 리 없고, 더욱이 행복에 대한 감정은 인간이면 누구나 각양각색이며 행복에 대한 만족이란 불가하므로, 자연의 최후목적을 인간의 행복으로 규정하기란 난망하다. 따라서 우리의 선택은 인간의 문화에로 기울어진다. 본래 '구부러진 재목(材木)'에 불과한 인간이 이기적이기는 하되 다른 유한자와 달리 이성이란 탁월한 능력을 갖추고 있기에 자연의 온갖 역경을 무릅쓰고 미개 상태에서 벗어나 사교적인 문화를 구가하는 것을 보노라면, 자연의 감추어진 의도를 인간의 문화라고 감지하는 것이 타당하다.

판단력에 의해 착상된 자연의 합목적성 안에서, 우리가 엄밀한 의미에서 자연의 최후목적으로 규정 지을 만한 것은 인간의 문화이다. 자연과의 역사적 투쟁 속에서 인간이 발전시켜온 학문과 예술은 이를 입증한다. 그러나 학문과 예술로서의 문화도 인간에게 우아한 삶은 보장할지언정 도덕적 존재자로서의 가치는 실현하지 못한다. 우리는 도덕적 목적에 대한 유용성을 갈망한다. 따라서 인간의 문화는 자연의 최후목적이기는 하되, 자연의 절대목적일 수는 없다. 오히려 자연의 절대목적은 도덕적 목적이 된다. 비록 인간은 감성적 존재자인 동시에 도덕적 존재자이긴 하나, 실천이성이 이론이성에 대해 우위를 점하는 한에서, 이념적으로는 감성적 자연도 인간의 도덕이 실현될 수 있는 장(場)으로 그려져야 한다. 그러므로 여기에서 우리는 유한한 인간이 유한한 이성의 한계 내에서 희망할 수 있는 위대한 인간의 모습을 만나게 된다. 그것은 바로 자유와 자연이 통일된 도덕적 합목적성의 정점 위에 우뚝 선 인간이다. 또한 이러한 한에서 도덕 세계를 창조한 예지적 존재자로서의 신도 필연적으로 상정되는 바, 이러한 신이 바로 윤리적 신이다. 따라서 신학은 도덕에 종속된다. 신과 하나가 되고픈 인간의 애틋한 희망은 순수한 이성적 신앙의 지평 안에서 실현되는 것이다.

4. 형이상학적 전통 속에서 바라본 인간

칸트의 3대 비판서를 주도하는 물음은 각각 1) "나는 무엇을 알 수 있는가?", 2) "나는 무엇을 해야 하는가?", 3) "나는 무엇을 희망해도 좋은가?"이다. 이 3가지 물음은 인식, 행위, 종교의 관점에서 순수이성의 유한성을 폭로한다. 이 3가지 물음을 물음으로서 있게 하는 공통분모는 바로 순수이성의 유한성이다. 그러니까 우리가 이 3가지 물음을 제기하기 때문에 순수이성이 유한한 것이 아니라, 오히려 순수이성이 유한하기 때문에 우리는 위의 3가지 물음을 제기한다. 따라서 칸트가 이 3가지 물음이 궁극적으로 거기에로 종합 통일될뿐더러 거기로부터 발원한다고 천명한 "인간이란 무엇인가?"라는 물음은 순수이성의 유한성의 본질에 관한 물음이 되어야 하는데, 그럼에도 불구하고 그는 유한성의 문제를 더 이상 견지하지 않는다. 그의 인간학이 경험적 인간학에 머문 채 인간의 본질에 관한 철학적 구명 앞에서 물러난 것은 이런 까닭에서이다.

칸트는 비판철학자이다. 비판철학에서의 관건은 인간의 이성의 유한성이다. 비판철학이 순수이성의 능력에 대한 비판적 분석을 통해 순수이성의 타당성의 범위와 한계를 규명함으로써, 독단의 꿈속에 빠져 있던 유한성의 문제를 다시 일깨운 것은 주지의 사실이다. 그러나 소위 사고방식의 혁명은 순수이성의 유한성을 전제하기는 하되, 유한성의 본질은 묻지 않는다. 오히려 칸트가 사고방식의 혁명을 통해 도달하고자 한 인간의 자화상은 자신의 유한성을 심려하는 인간이 아니라, 유한한 이성의 한계 내에서 우리가 추구할 수 있는 위대한 인간이다. 사고방식의 혁명은 유한할 수밖에 없는 인간 존재의 심연에로 우리를 안내하지 않는다. 오히려 사고방식의 혁명은, 유한하기는 하되 자신의 유한성을 극복하고자 하는 인간의 염원을 충족한다. 사고방식의 혁명의 목적은 유한성에 대한 심려가 아니라, 유한성의 극복이다. 자연의 입법자, 도덕의 입법자, 자연의 합목적성의 정점으로서의 인간은 계몽적 근대인이 추구하던 이상을 정초하기는 하되, 인간 이성의 유한성의 본질은 여전히 비밀로서 남겨놓는다.

이러한 한에서 칸트도 인간의 본질에 대한 구명에서는 근본적으로 전통적인 서구 형이상학의 울타리를 벗어나지 못한다. 돌아보건대 전통적 형이상학은 영혼과 육체의 이분법적 구도 하에서 인간을 조명한다. 영혼을 지닌 존재자 중 오직 인간만이 이성이라는 탁월한 능력을 구비하고 있으므로 인간은 이성적 동물(혹은 이성적 생명체)로서 정의된다. 인간의 본질에 관한 구명에서 전통적 형이상학을 지배하는 기본적 도식은 영혼과 육체의 이분법 및 영혼의 다양한 능력 중 이성이 차지하는 탁월한 지위가 된다. 이러한 기본적 도식은 영혼과 육체의 조화를 부정한 극단적 이원론자인 플라톤이나 데카르트는 물론이거니와, 영혼과 육체의 조화를 도모한 절충론자인 아리스토텔레스에게도 고스란히 적용된다. 그들은 영혼과 육체의 조화를 긍정하느냐의 여부에서만 나누어질 뿐, 영혼과 육체의 이분법적 구도를 동일하게 인정하는 가운데 이성적 능력을 갖춘 인간을 유한자 중 최고의 존재자로서 규정한다는 점에서는 일치한다. 그런데 비판철학자인 칸트도 근본적으로는 여전히 형이상학적 영역 안에 머물러 있다. 물론 칸트는 자신의 비판철학적 관점에서 감성계에서는 영혼의 존재를 육체의 존재와 구별되는 실체로서 인정하지 않고 또한 도덕적 세계에서도 영혼의 불멸성을 실천이성의 요청에 의해서만 수용한다는 점에서는 전통적 형이상학자와 차별화되나, 그러나 칸트 역시 근본적으로는 인간의 본질을 영혼, 이성(혹은 정신), 육체의 삼각 구도 하에서 조명한다는 점에서는 전통적 형이상학으로 회귀한다.

칸트가 바라본 인간은 기본적으로 이성을 구비한 육체적 존재자이다. 이 점에서 칸트는 인간을 '이성적 동물(rationale animal)'로서 정의한 아리스토텔레스의 전통적 인간관을 받아들인다. 물론 칸트는 영혼의 실체성을 부정하고 실천이성의 요청에 의해서만 영혼의 존재를 수용하므로, "인간은 이성적 동물이다"라는 정의에서 칸트가 동물(animal)이란 개념을 '영혼(anima)을 지닌 존재자'로 해석한 채 이 정의를 받아들여 인간에게 적용하였는지는 의심스럽다. 하지만 백보를 양보한다 한들 칸트가 인간을 이성적 능력을 지닌 육체적 존재자로서 정의하였음은 분명하다. 그러니까 칸트에게도 아리스토텔레스적인 정의(定義)의 구조는 타당하다. 즉 칸트가 인간을 정의하고자 할 때, 육체적 존재자가 최근류(最近類)라면, 이성은 종차(種差)가 된다. 달리 말하자면 육체적 존재자가 인간을 정의하는 일차적 영역이라면, 이성은 육체를 지닌 다른 존재자로부터 인간을 구별하는 최종영역이 된다. 칸트는 순수이성의 유한성을 자각하기는 하였으나 순수이성의 유한성의 본질을 천착하지는 못하였으므로, 아마도 여기까지가 칸트의 인간관이다. 그러나 우리는 칸트의 인간관 앞에서 주저한다.

"인간은 이성을 지닌 육체적 존재자이다." 인간에 대한 이러한 정의는 올바르다. 인간을 현상적으로만 보자면, 인간은 분명히 일차적으로는 육체적 존재자이되, 다른 육체적 존재자와는 달리 이성이라는 탁월한 능력을 구비하고 있다. 그러나 인간을 일차적으로 육체적 존재자의 영역에 국한시킨다면, 비록 우리가 다른 육체적 존재자에 대한 인간의 종적 차이를 인정한다 한들, 인간의 존엄성을 어디에서 구해야 할지 의문스럽다. 물론 혹자는 인간은 다른 육체적 존재자인 동물과 달리 이성적 능력을 소유하였기에 동물과 동일시되지 않는다고 항변할는지 모르지만, 여전히 인간은 육체적 존재자로서 동물의 영역 안에 남을 뿐이다. 따라서 문제는 인간이 일차적으로, 즉 근원적으로 존재하는 영역이 어디인가의 여부이다. 만약 우리가 인간의 존재영역을 일차적으로 육체적 존재자의 영역 안으로 한정해버린다면, 비록 우리가 영혼, 마음, 주체, 인격, 이성 따위를 인간의 종적 차이로서 인정한다 한들, 또한 우리가 인간의 종적 차이로서의 이성을 '원칙들의 능력'이나 혹은 '범주들의 능력'으로 고양한다 한들, 우리는 인간을 원칙적으로는 항상 동물적 인간(homo animalis)으로서 사유하고 마는 것이다.

  이 문제를 해결하기 위한 실마리는 이성의 본질을 어떻게 해석하느냐의 여부이다. 칸트는 이성을 이론이성과 실천이성으로 나누긴 하나, 이성의 본질은 고대 그리스 철학에서 논의되던 노에인(noein)으로 소급된다. Vernunft는 존재자를 존재자로서 있는 그대로 받아들이는 직관활동인 $\nu o \epsilon \hat{\iota} \nu$(noein)이다. 근원적으로 보자면, 이론이성이든 혹은 실천이성이든, 여하튼 인간의 이성이 이성으로서의 능력을 발휘하기 위해서는, 존재자를—그것이 자연의 사물이든 혹은 인간의 실천적 행위이든—존재자로서 있는 그대로 받아들이는 직관활동이 전제된다. 직관활동으로서의 노에인이 근원적 의미에서의 이성이 된다. 즉 이성은 받아들이는 직관활동이다. 그러나 받아들이는 직관활동으로서의 이성이 인간의 본질을 규정하는 최종점은 아니다. 이성이 존재자를 존재자로서 있는 그대로 받아들이기 위해서는 그에 앞서 존재자가 존재자로서 고유하게 드러나 있어야 할뿐더러, 또한 그때마다 존재자가 존재자로서 고유하게 드러나는 관계 맥락 안에 인간이 이미 나아가 서 있어야 한다. 그러니까 그 안에서 존재자가 존재자로서 고유하게 드러나는 관계 맥락이 이미 밝혀져 있어 그러한 밝음 안에서 존재자가 존재자로서 드러나는 가운데, 그러한 밝음 안에 인간이 이미 나아가 서 있는 한에서만, 이성은 비로소 이성으로서 가능하다.

현대 철학자인 하이데거의 낱말을 빌린다면, 존재자가 존재자로서 고유하게 드러나는 그때마다의 관계 맥락이 곧 존재(Sein)라면, 존재의 밝음 안에 인간이 이미 나아가 서 있음은 탈존(脫存)이라 명명된다. 그러니까 인간이 존재의 밝음 안으로 탈존해 있는 한에서만, 인간의 이성은 인간을 향해 쇄도해오는 존재자를 그때마다 그것의 존재 안에서 있는 그대로 받아들인다.

이상의 논의를 통해 칸트의 비판철학을 비롯한 전통적 형이상학의 인간관은 근본적으로 뒤흔들린다. 전통적 형이상학에서 이성은 더 이상 그 무엇에 의해서도 근거 지어지지 않는 최고의 능력으로 간주된다. 물론 칸트는 자신의 비판철학을 통해 이성의 유한성을 자각한 바 있으나 그 역시 이성의 유한성의 본질에는 이르지 못한다. 그러나 우리는 인간의 이성이 지닌 유한성의 본질을 발견한다. 이성이 이성으로서 존립하기 위해서는 존재의 밝음 및 존재의 밝음에로의 인간의 탈존이 존재론적으로 전제된다. 이성의 본질은, 이성이 존재자를 그것의 존재 안에서 그때마다 받아들일 때면 언제나 존재가 이미 밝혀져 있다는 사실에 근거한다. 이로써 인간이 근원적으로 존재하는 영역도 달라진다. 종래의 형이상학에서 인간은 일차적으로, 그러니까 근원적으로 육체적 존재자 사이에 존재하는 것으로 간주된다. 다만 인간은 육체적 존재자이기는 하되, 이성이라는 탁월한 능력을 지니고 있기에 육체적 존재자 중 최고의 존재자로 정의된다. 그러나 인간이 인간인 소이는 존재의 밝음으로의 탈존에 있다. 인간은 이미 존재의 밝음에로 탈존해 있기에 비로소 인간이 된다. 따라서 인간을 단순히 존재자의 영역에서만 정의한 전통적 형이상학은 인간이 존재하는 근원적 영역을 놓치고 만 것이며, 이성의 유한성의 본질에 관한 물음 앞에서 물러선 칸트 역시 전통적 형이상학의 이러한 한계 지평 안에 머물고 만다.

인간의 존재영역을 일차적으로 육체적 존재자의 영역에 한정하는 한, 우리는 인간의 참다운 존엄성을 확보하지 못한다. 다른 육체적 존재자에 대한 인간의 종적 차이를 그 무엇으로 규정한들, 인간은 육체적 존재자로서 동물의 영역 안에 남을 뿐이다. 물론 칸트는 사고방식의 혁명을 통해 유한한 인간이 추구할 수 있는 위대함을 그려냈지만, 위대함이 존엄성은 아닌 것이다. 인간의 본질을 구명하지 못한 채 그려진 위대함이란 '그루터기만 남은 주관'의 허울좋은 위대함에 불과하다.

인간은 본질적으로 유한하다. 존재의 밝음에로 탈존하는 한에서만 인간은 비로소 인간이 된다. 인간의 유한성의 본질은 존재와의 관련이다. 인간의 사유는 결코 이성의 자발성에 의해 이루어지지 않는다. 오히려 이성이 존재의 밝음에 근거하는 한, 인간의 사유는 존재에 의한 사유요, 그러기에 존재를 위한 사유가 되어야 한다. 존재자의 한복판에서 존재자에 의존한 채 실존해야 하는 것이 인간의 운명이라면, 그 안에서 그때마다 존재자가 존재자로서 드러나는 관계 맥락, 다시 말해 존재를 심려하면서 존재의 진리를 수호하는 것이 인간의 사명이 된다. 인간의 존엄성은 유한한 인간이 위대해지려고 노력할 때 주어지는 것이 아니다. 오히려 유한한 인간이 자신의 유한성을 유한성으로서 기꺼이 떠맡아 유한성을 심려할 때 인간의 존엄성은 비로소 확보된다. 존재의 밝음에로 탈존하는 한에서만 인간은 비로소 인간이라면, 인간이 존재의 밝음을 간수하는 가운데 존재의 진리를 수호할 때, 인간은 비로소 존엄한 인간이 된다. 우리는 이러한 인간을 존재의 목자라고 부르거니와, 존재의 목자로서의 인간이 자연의 입법자, 도덕의 입법자, 자연의 합목적성의 정점으로서의 인간과 구별됨은 물론이다.

5. 맺는 말

계몽적 이성의 변증법에 대한 논의가 분분하다. 자연과의 탈마법적 관계의 정립, 자율적 시민사회의 건설, 종교와 과학의 조화, 이 3가지는 근대적 이성이 거둔 소기의 성과이다. 아마도 근대적 서구인은 위대한 세계의 도래에 환호했을 것이다. 그런데 근대적 이상향(理想鄕)의 정상에 우뚝 선 철학자가 바로 칸트이다. 그는 이성의 유한성에 대한 자각을 토대로, 우리가 유한한 이성의 한계 내에서 그려낼 수 있는 위대한 인간상을 정초하였다. 자연의 입법자, 도덕의 입법자, 자연의 합목적성의 정점으로서의 인간은 근대적 서구인이 추구하였던 계몽적 인간의 이상을 반영한다.

그러나 근대적 이성이 낳은 부작용도 만만치 않다. 인간과 자연의 공멸, 국제적, 민족적, 지역적, 이념적, 계층적 갈등, 그리고 신앙의 몰락 등, 근대적 이성의 자기모순은 열거하기 어려울 정도이다. 따라서 우리는 이쯤에서 근대적 서구를 되돌아보아야 하는데, 이러한 반성적 사유의 도정에서 만난 이가 또한 칸트이다. 칸트는 인간 이성의 유한성을 자각하기는 하였으나 인간 이성의 유한성의 본질에 관한 물음 앞에서 물러선다. 때문에 그는 유한한 이성의 한계 내에서 인간의 위대함을 추구하기는 하였으되, 인간의 참다운 존엄성은 확인하지 못하고 만다.

인간은 위대하기 때문에 존엄한 것이 아니다. 오히려 인간은 자신의 존엄성을 확보할 때 비로소 위대하다. 인간의 참다운 위대함은 인간이 자신의 존엄성을 회복하는 한에서만 가능하다. 이 점에서 우리는 칸트의 인간관에 대한 아쉬움을 토로한다. 그러나 이렇다고 해서 우리가 칸트를 폄하하려는 의도는 전혀 없다. 우리는 다만 존재의 역사 속에서 칸트를 바라보고자 한 것이요, 이러한 사유의 도정에서 칸트를 전형적인 근대의 형이상학자로서 자리매김한 것이다. 하지만 그렇기 때문에 역설적이게도 칸트가 우리에게 물려준 유산은 풍성하다. 칸트가 인간 이성의 유한성의 본질에 관한 물음 앞에서 물러났기에, 오히려 우리는 칸트가 열어준 지평 안에서 유한성의 본질을 구명함으로써 존재의 목자로서의 인간에 다다른다. 그러니까 어쩌면 존재의 역사는 칸트를 매개자로 선택하여 우리를 존재의 목자 앞으로 인도한 것인지도 모르는 것이다. 이 글은 이러한 의문에 자답하면서 마감된다. 존재의 운명!

참고문헌

I. 1차 문헌

1. 《순수이성비판》, 최재희 옮김, 박영사, 1997.
2. 《실천이성비판》, 최재희 옮김, 박영사, 1989. 〔이 책에는 《도덕철학서론》이 포함되어 있음.〕

    , 백종현 옮김, 아카넷, 2002. 〔이 책에는 《실천이성비판》에 관한 역주 및 해설이 실려 있음〕
3. 《판단력비판》, 이석윤 옮김, 박영사, 1996.
4. 《실용적 관점에서 본 인간학》, 이남원 옮김, 울산대학교 출판부, 1998.

II. 2차 문헌

1. 김수배, 〈칸트의 인간관, - 실용적 인간학의 이념과 그 의의〉, 《철학연구》 37권, 철학연구회, 1995.
2. 남경희, 〈칸트의 《도덕형이상학 원론》과 《실천이성비판》을 중심으로〉, 《사회비평》 13권, 1995.
3. 백종현, 《존재와 진리》, 철학과 현실사, 2000.
4. 송경호, 〈칸트 도덕철학에서의 인간관〉, 《범한철학》 8권, 범한철학회, 1993.
5. 최재희, 《칸트의 생애와 철학》, 태양문화사, 1977.
6. M. Heidegger, *Kant und das Problem der Metaphysik*, 이선일 옮김, 《칸트와 형이상학의 문제》, 한길사, 2001.

7.   , *Wegmarken*, GA 9, Vittorio Klostermann, Frankfurt am Main, 1976.
8. W. O. Döring, *Das Lebenswerk Immauel Kants'*, 김용정 옮김, 《칸트 철학 이해의 길》, 새밭, 1984.

필자 소개

서울대 철학과를 졸업하고 같은 대학교 대학원에서 철학박사학위를 받았다. 지금은 서울대학교 철학사상연구소 선임연구원이며, 가톨릭대, 세종대, 중앙 승가대에 출강하고 있다.

저서로는 《하이데거의 기술의 문제》(서울대 박사학위 논문, 1994), 《하이데거 『존재와 시간』》(서울대 철학사상연구소, 2003), 《하이데거 〈언어로의 도상〉》(서울대 철학사상연구소, 2004)이 있고, 주요 논문으로는 〈하이데거와 현대성 비판의 문제〉, 〈환경철학과 하이데거의 존재사유〉, 〈다시 써보는 "예술 작품의 근원"〉, 〈열려 있음의 미학: 하이데거와 장자의 비교를 중심으로〉, 〈하이데거의 칸트 읽기〉 외 다수가 있다. 번역서로는 《이데올로기의 시대》(헨리 에이킨, 서광사, 1986), 《마르크스 레닌주의의 실천논쟁》(편역, 거름, 1989), 《칸트와 형이상학의 문제》(한길사, 2001)가 있다.

셸링

인간과 자연은 모두 근본적으로 자유롭다

박 진 (동의대 철학과 교수)

1. 생애와 사상 개관

프리드리히 빌헬름 요제프 셸링은 1775년 1월 27일 독일 뷔르텐베르크주 레온베르크의 경건한 기독교 가정에서 출생했다. 성직자였던 아버지의 영향으로 1790년 15세의 어린 나이로 튀빙겐 대학 신학부에 특별 허가를 받고 입학한 후 신학·철학을 공부하였고 프랑스혁명에 대한 열광적 공감의 분위기 속에서 헤겔, 횔덜린과 함께 대학 시절을 보냈다. 젊은 셸링은 칸트의 비판철학, 요한 피히테의 관념론 체계, 17세기 합리론자인 스피노자의 범신론 등에서 영감을 얻었다. 대학 시절인 19세 때 셸링은 이미 첫번째 철학 저서

인《철학 일반의 한 형식의 가능성에 관하여 *Über die Moglichkeit einer Form der Philosophie überhaupt*》(1795)를 썼다. 그는 이 책을 피히테에게 보냈고 피히테는 열렬한 지지를 표시했다. 그 뒤《철학의 원리로서의 자아에 관하여 *Vom Ich als Prinzip der Philosophie*》를 썼다. 이 두 저서에 공통된 기본주제는 절대적인 원리로서의 자아다. 셸링에 의하면 절대적 원리인 자아는 영원하고 시간을 초월하며, 감각적 직관이 아니라 지적 성격을 갖는 직접적 직관을 통해 파악될 수 있다.

1795~1797년 셸링은 리데젤 남작 집안의 가정교사로 일하다가, 그를 따라 라이프치히대학으로 가서 공부했다. 1796년 대학을 졸업한 이후, 라이프치히에서 보낸 시간은 셸링의 사상에서 결정적 전환점이었다. 그는 물리학·화학·의학 강의를 들었고 자연철학에 관한 저술,《자연철학의 이념 *Ideen zu einer Philosophie der Natur*》(1797)을 출간했다. 셸링은 이전까지 자기 철학의 모범으로 존경한 피히테가 그의 철학체계에서 자연에 적절한 주의를 기울이지 않았다고 지적했다. 왜냐하면 피히테는 항상 자연을 인간에게 종속된 대상으로만 보았기 때문이다. 이에 반해 셸링은 자연은 그 자체로 볼 때 정신을 향해 능동적으로 발전하고 있음을 밝히고자 했다. 셸링이 독자적으로 성취한 첫번째 업적인 이 자연철학 덕분에 그는 낭만주의자 모임들 사이에서 유명해졌다. 그는 피히테에 의하여 세계의 궁극적 원리로까지 높여진 근대적인 자유로운 '자아'를, 객관적 '자연'의 방향으로 심화시킴으로써 양자의 궁극적 통일의 실현을 시도한다. 낭만주의에 영향을 받은 셸링의 자연철학

은 자연과 정신이 잠재적 힘에 의해 연속적인 발전 속에서 연관을 맺고, 함께 하나의 거대한 유기체를 형성한다는 것을 보여준다. 그 안에서 자연은 역동적으로 보여진 정신이며, 정신은 보이지 않는 자연이다.

1798년 셸링은 23세의 젊은 나이에 괴테의 추천으로 당시 피히테가 재직하고 있던 예나대학교 교수로 초빙된다. 당시 예나대학교는 독일의 학문 중심지였으며 이곳에서 그는 슐레겔 등 낭만파 철학자들과도 교류하였다. 이 시기에 셸링은 많은 저서들을 출판했는데, 유명한 저서 《초월적 관념론의 체계 System des transzendentalen Idealismus》(1800)와 《나의 철학 체계의 서술 Darstellung meines Systems der Philosophie》(1801)에서 셸링은 자아를 출발점으로 삼는 피히테의 철학을 자신의 자연관과 통일함으로써 피히테의 체계를 보완하고자 시도한다. 셸링은 예술작품에서 자연적인 것과 정신적인 것, 무의식적인 것과 의식적인 것이 통일되어 있기 때문에 예술이 자연영역과 정신영역 사이를 매개한다고 생각했다. 자연성과 정신성은 아직 전개되지 않은 절대자 속에 가라앉아 있는 무차별의 원초 상태에서 출현하고 점점 더 높은 수준의 연속 단계들을 거치면서 전개된다고 설명했다. 셸링의 자연철학은 초월적 관념론의 체계 속에서 그 정점에 도달한다. 정신과 자연, 자유와 필연은 동일한 실재의 상이한 굴절작용이다. 정신과 자연은 발전 과정 속에서 서로 연결되며 하나의 유기체적인 통일을 이룬다. 그의 철학의 특징은 범신론적이며 미학적이다. 왜냐하면 그의 체계 속에서 세계의 발전 과정은 최초에 예술가의 창작 과정과 유사하게 무의식적 필연성과 의식적 자유가, 재료와 형식이, 물질과 정신이 함께 유기적으로 조화롭게 창조되는 것으로 그려지기 때문이다. 예술은 자유와 필연의 완전한 조화이며, 미는 유한자 속에서 무한자를 반영한다.

그러나 피히테는 이러한 관점에 동의하지 않았으며, 두 철학자는 점차 서로 의견의 차이를 표명하게 된다. 예나에서 셸링은 독일 낭만주의의 가장 재능 있는 여성 가운데 한 사람인 카롤리네 슐레겔을 알게 되고, 1803년 결혼했으나 결혼에 뒤따른 구설수와 피히테와 벌인 논쟁 때문에 셸링은 예나를 떠났고, 뷔르츠부르크대학교의 교수직을 받아들였다.

뷔르츠부르크대학에 1806년까지 재직하면서 셸링은 동일철학에 관해 강의했다. 동일철학은 예나에서 마지막 몇 해 동안 생각해낸 것으로, 이 철학을 통해 그는 절대자가 주관과 객관, 정신과 자연의 통일로서 모든 존재에서 자신을 직접 표현한다는 점과 이런 절대자를 지적 직관을 통해 파악할 수 있다는 것을 보여주고자 했다.

1801~1806년 사이의 이른바 '동일철학(Identitätsphilosophie)' 속에서 상상력은 핵심적인 개념이 된다. 상상력은 자유와 필연, 무한과 유한 사이에 존재하는 욕구 속에서 유동하는 활동성이다. 셸링의 동일철학은 정신과 자연의 근원적인 "절대적 동일성"이라는 원리를 통해 이원적 분열을 극복하고자 시도했다. "자연(Natur)"의 실재적인 세계는 상상력에 의해 무한자의 유한자에로의, 이념적인 것의 실재적인 것에로의, 통일성의 다양성에로의, 동일성의 차이성

에로의, 보편의 특수에로의 형상화(Einbildung)를 통해 구성되고, 역으로 "정신(Geist)"의 이념적 세계는 상상력에 의한 유한자의 무한자에로의, 실재적인 것의 이념적인 것에로의, 다양성의 통일성에로의, 차이성의 동일성에로의, 특수의 보편에로의 형상화를 통해 구성된다. 실재적인 세계와 이념적인 세계의 **동일성**이 철학적 사유 속에서 스스로를 인식하는 **절대자**다.

그의 예술철학에 의하면, 실재적 세계에 있어서 물질, 빛, 유기체는 각각 이념적 세계에 있어 인식, 행위, 예술과 상응한다. 이는 더 나아가 필연성, 자유, 양자의 **통일**; 자의식, 감각, **직관**; 반성, 포섭, **상상력**에 대응한다. 그러므로 제3의 최고의 능력은 상상력이며, 이는 실재적 세계에서 유기체와 상응한다. 1804년의 자연철학(Naturphilosophie) 속에서 유기체는 "자연의 상상력"이라고 특징지워진다. 유기체는 필연성과 자유의 통일인 예술, 미, 상상력, 직관과 연관된다. 셸링에게 있어 우주는 절대적인 예술작품 이해되기 때문에, 우주의 아름다움은 신의 아름다움의 모상이요, 아름다움과 창조는 우주 안에 뿌리내리고 있다. 예술은 동일한 상상력에 의한 무한한 이념성의 실재성에로의 형상화에 기초한다. 이런 사태에 가장 적절히 들어맞는 독일어 단어 "상상력(Einbildungskraft)"은 실제로 모든 **창조**가 그에 기초하는 바, **내적으로 통일시켜 형성**(Ineinsbildung)하는 힘을 뜻한다.

신은 이런 "모든 통일적 형성활동의 원천"이며, 신적인 상상력의 원칙으로부터 다양성을 산출한다. "동일한 법칙에 따라 인간적 상상력의 반성 속에서 다시 우주는 상상과 환상의 세계로 형성된다." 상상력은 예술의 대상을 산출하며, 환상(Phantasie)은 신화 속에서 스스로를 표현한다. 상상력 안에서는 이성 안에서와 마찬가지로 자유가 지배한다. 천재(das Genie)에게 있어 특징적인 것은 매우 뛰어난 상상력이며, 언어(Sprache)는 상상력의 도식화 작용에 근거한다.

그는 이제 자연철학과 초월철학의 공통된 기초를 자연과 정신의 구별과 대립을 넘어선 양자의 무차별(Indifferenz)인 절대자에서 찾게 된다. 오직 하나이면서 동일한 사태인 자연과 정신을 종래처럼 두 개의 상이한 측면에서 자연철학과 초월철학으로 분리시켜 다루지 않고, 자연은 드러나 보여진 정신이며, 정신은 드러나 보이지 않는 자연이라는 동일성의 체계를 확립했고 이것이 이른바 셸링의 동일철학이다. 그리고 이런 동일성의 원리인 절대자는 주관과 객관, 정신과 자연의 완전한 무차별이며, 그 자체 내에 아무런 대립도 포함하지 않는 절대적 동일성이다. 이는 추상적 개념으로는 이해할 수 없고 비유와 상징을 통해 직관적으로만 파악할 수 있다. 그런데 바로 이 점 때문에 G. W. F. 헤겔의 비판을 받게 된다.

애초에 셸링과 피히테가 서로 논쟁을 벌였을 때 헤겔은 셸링 편을 들었고, 1802년 셸링과 함께 《철학 비평 *Kritisches Journal der Philosophie*》을 편집할 때 두 사람 사이에 완전한 의견일치가 이루어진 듯이 보였다. 그러나 그 뒤 헤겔의 철학사상은 셸링과 뚜렷한 차이를 나타내기 시작했고 그의 《정신현상학 *Phänomenologie des Geistes*》(1807)은 셸링의 체계를 비난하는 내용을 담고 있었다. 절대자가 주관적인 것과 객관적인 것의 구분 없는 통일이라는 셸링의 정의에 대해 헤겔은 그러한 절대자란 "모든 황소가 검게 보이는" 밤에 비유할 수밖에 없다고 반박했다. 헤겔은 또 셸링이 어떻게 우리가 절대자로 상승할 수 있는지를 분명하게 밝히지 않았고, 이 절대자를 마치 "권총에서 발사된" 것처럼 출발점으로 삼았다고 비난했다. 이러한 비판은 셸링에게 큰 타격을 가했고, 튀빙겐 신학교에서 함께 생활한 시절부터 헤겔과 맺어온 우정도 깨졌다. 셸링은 헤겔의 《정신현상학》이 나오기 전에는 당대 최고의 철학자로 여겨졌으나 이제 뒷전으로 밀려나고 말았다. 이러한 상황 때문에 셸링은 공적 생활에서 물러나 1806년 이후 학술원회원으로 뮌헨에서 살았다. 그곳에서 1806년 조형예술 아카데미의 사무총장으로 임명되었고, 1820~27년 에를랑겐에서 강의했다. 1809년 9월 7일 슐레겔의 죽음을 계기로 영혼불멸에 관한 철학책을 썼으며, 1812년 슐레겔의 친구인 파울리네 고터와 결혼했다. 이 결혼은 잘 어울리는 것이었으나, 셸링은 슐레겔에게 느낀 뜨거운 열정을 또다시 느낄 수 없었다.

뮌헨에서 사는 동안 셸링은 헤겔을 의식하고, 자신의 철학 연구를 새로운 방식으로 강화하려고 애썼다. 셸링은 프란츠 폰 바더를 중심으로 한 신비주의 사상가들과 교류하면서 뵈메(J. Böhme)의 저술에 접하게 되었고, 또한 기독교 사상에도 깊이 심취하게 된다. 그 결과 셸링은 이제 세계가 스스로 합리적인 우주로 드러난다는 가정에서 나온 모든 관념론적 사변에 의문을 표시했다. 그는 다음과 같이 물었다. 세계에는 비합리적인 것도 있고, 오히려 악이 세계를 지배하는 힘이 아닌가?《인간 자유의 본질에 대한 철학적 탐구 *Philosophische Untersuchungen über das Wesen der menschlichen Freiheit und die damit zusammenhängenden Gegenstände*》(1809)에서 셸링은 인간의 자유란 선과 악에 대한 자유일 때에만 진정한 자유라고 선언했다. 이러한 자유가 실현될 가능성은 모든 생명체에서 작용하는 2가지 원리를 기초로 삼는다. 하나는 육체적 욕망과 충동에서 나타나는 숨어 있는 원초적 기초이고, 또 하나는 인간을 지배하는 명석한 분별력이다. 그러나 인간은 원래 지성에 대해 힘의 원천으로만 쓰이도록 되어 있는, 충동의 숨어 있는 층을 지성 위에 올려놓음으로써 지성을 충동에 종속시켰으며 이제 충동의 지배를 받는다. 올바른 순서의 역전이 바로 성서에서 악이 세상에 나타나게 되는, 은총의 상실이라고 알려진 사건이다. 그러나 인간의 이 타락은 신이 철회한다. 신은 그리스도로 인간이 되어 원래의 순서를 재건한다.

자유에 관한 저서에서 개진한 관점은 1810년부터 죽을 때까지 셸링의 후기 철학의 기초가 된다. 그의 후기 철학은 1811년 저술한 《우주의 역사 *Die Weltalter*》라는 미발표 저서의 초고와 후기 강의의 수고들을 통해 겨우 알려져 있다. 《우주의 역사》에서 셸링은 신의 역사를 설명하려 했다. 본래 고요한 동경 속에 빠져 있는 신은 자신을 의식할 수 있는 관념들을 자신 속에서 어렴풋이 봄으로써 의식을 되찾게 된다. 자유와 동일한 자기의식 덕분에 신은 이 관념들을 자신으로부터 투사할 수 있고 달리 말해서 우주를 창조할 수 있다.

당시 독일 철학의 주류는 헤겔의 사상에 압도당한 상태였으나, 셸링이 베를린에서 헤겔주의로 무장한 청년헤겔파를 견제해주기를 기대했던 프로이센 왕 프리드리히 빌헬름 4세에 의해 헤겔 사후 10년이 되는 1841년 셸링은 베를린대학교 교수로 임명되었다. 헤겔이 1831년 죽을 때까지 몸담았던 베를린대학교에서 셸링이 한 첫 강의에서 그는 자기의식을 뚜렷이 보여주었다. 셸링은 젊은 시절에 자기가 철학사 책에 새 장을 열었으며 이제 원숙기에 접어들어 이 책장을 넘기고 더욱 새로운 장을 열고 싶다고 선언했다. 프리드리히 엥겔스, 쇠렌 키에르케고르, 야코프 부르크하르트, 미하일 바쿠닌 등 유명한 사람들이 이 강의를 듣고 있었다. 그러나 베를린에서 셸링은 큰 성공을 거두지 못한 채, 1846년 교수직을 사임했고 강의도 중단되었다. 그러나 이 마지막 강의의 내용은 셸링의 창작활동의 극치를 보여주었다. 셸링은 철학을 '소극' 철학과 '적극' 철학으로 나누었다. 소극 철학은 이성만으로 신의 관념을 설명했으며, 반면 적극 철학은 세계가 존재한다는 사실에서 그 창조자로서 신이 있다는 점을 후천적으로 추론함으로써 신관념의 실재성을 증명했다. 그 다음 셸링은 자유에 관한 자신의 저서를 언급하면서, 신과 똑같아지고 싶어한 인간은 신에게 저항하여 죄를 짓고 타락했다고 설명했다. 그러나 신은 곧 원리의 지위로 다시 상승했다. 신화의 시기에 신은 숨어 있는 힘으로 나타났다. 그러나 계시의 시기에 신은 그리스도의 모습으로 매우 생생하게 역사에 등장했다. 그러므로 종교의 완전한 역사는 철학사상을 통해 전달되어야 한다. 1846년 셸링은 강의활동을 그만두고 1854년 8월 20일 스위스의 바트 라가츠 요양소에서 세상을 떠났다. 뮌헨의 노이에 피나코텍에는 그의 초상화 중 최고의 걸작이 걸려 있다.

2. '자유'로서의 인간과 자연
– 셸링의 "자유론"을 중심으로

1) 인간과 자유

셸링의 《자유론》은 그의 나이 34세 때인 1809년에 출판되었으며, 원제는 "인간 자유의 본질과 그와 연관된 대상들에 대한 철학적 탐구(Philosophische Untersuchungen über das Wesen der menschlichen Freiheit und die damit zusammenhängenden Gegenstände)"라는 다소 긴 제목으로 되어 있다. 자유론은 셸링 자신의 시기 구분에 의하면, 이른바 "소극 철학(negative Philosophie)"이라 불리는 전기 사유부터 "적극 철학(positive Philosophie)"이라고 불리는 후기 사유에로 나아가는 이정표가 되는 저술이라고 볼 수 있다. 전기의 사유가 체계 지향적인 사유로써 절대자의 본질을 개념적으로 파악하여 이론적으로 체계화하고자 했던 시기라면, 후기의 사유는 개념적인 사고 넘어의 존재 자체를 경험하고자 노력했던 시기다.

《자유론》(1809) 이후 셸링은 야코비에 대한 반박서를 제외하고는 1854년 그의 생을 마칠 때까지 45년의 긴 세월 동안 이렇다 할 주저를 내놓지 못한 채, 그의 사색의 노력들이 강의 형식의 유고로 남아 있을 뿐이다. 하이데거는 셸링의 이런 침묵이 "사유의 힘의 소진"을 의미하는 것이 아니라 《자유론》에서 비롯되는 "질문의 어려움과 새로움"에 기인한 것으로 해석한다. 즉 이러한 침묵은 "전적으로 다른 것이 다가오는 표지"이며, "새로운 시작"을 예고하는 것이라는 점이다.

당시 1807년 헤겔의 첫 주저인 〈정신현상학〉이 출판되었는데, 이 책의 서문에서 헤겔은 셸링에 대한 날카로운 거부를 표명하고 있고 이런 헤겔의 입장 표명은 죽마고우였던 두 친구 간에 결정적인 결별로 이끌었다. 따라서 셸링의 자유론이 출판된 시기는 셸링이 헤겔과의 사상적인 결별을 시도하던 시기였다. 즉 셸링 사유의 전개 과정을 살펴보면, 피히테의 영향 아래 자아(das Ich)를 철학의 원리로 삼았던 최초의 시기(1794~1797), 이후 피히테의 영향으로부터 벗어나 그가 소홀히 다뤘던 자연(Natur)을 체계의 중심에 놓고자 하는 자연철학의 시기(1797~1800)와 자아와 자연을 예술에 의해 통합하고자 하는 "초월적 관념론의 체계"(1800)를 거쳐 흔히 그의 철학을 대표하는 것으로 알려져온바, 자아와 자연의 근원적인 동일성(Identität)을 원리로 하는 동일철학(1801~1806)의 시기에 도달한다. 그리고 이 시기까지를 그의 전기 사유로 특징짓는데, 그의 자유론(1809)은 이런 전기 사유 이후 신화와 계시의 철학(1815~1854)으로 특징지워지는 후기 사유로 넘어가는 도상에 위치하고 있다.

그런데 이런 다양한 사유의 전개에 있어서도 셸링의 일관된 문제의식은 모든 것을 꿰뚫는 동일한 원리인 "절대자"와 "자유"에 대한 추구였다고 볼 수 있다. 즉 피히테의 영향 하에 절대자를 자아에서 찾고자 했던 초기 사유에서부터 이미 "자유"는 "철학의 알파이자 오메가"로 간주된다. 셸링은 이미 그의 사유의 최초의 시기라고 볼 수 있는 1795년 2월 4일 헤겔에게 보내는 편지에서 다음과 같이 쓰고 있다.

"나에게 모든 철학의 최고 원리는 순수하고 절대적인 자아(das reine, absolute Ich), 다시 말해 그것이 대상들(Objekte)에 의해 제약되지 않고 오히려 자유(Freiheit)에 의해 정립되는 한에서 한갓 된 자아다. 모든 철학의 알파와 오메가는 자유다."(Aus Schellings Leben. In Briefen. Leipzig, 1869, Bd. I, S. 76.)

이후 피히테와 달리 절대자를 무의식적인 자연에서 찾고자 했던 자연철학의 시기와 자연과 정신의 동일성을 확립하고자 했던 동일철학에로의 전개 과정 역시 자유의 원리를 자연의 영역에로까지 확장하고자 한 시도요, "자유"라는 궁극적인 원리에 의해 자연과 정신을 통일적으로 이해하고자 했던 시도라고 볼 수 있다.

칸트의 초월적 반성 속에서 발견되는 자의식의 주체, 즉 자아의 통일성에 대한 반성의 심화 과정이 독일 관념론의 전개사라고 해도 과언이 아닐 것이다. 피히테는《학문론》의 제1원리 속에서 칸트가 남겨둔 이론이성과 실천이성의 분리를 실천적 자아의 활동성으로 일원적으로 파악한다.

"자아(das Ich)에 의한 자아의 정립은 자아의 순수 활동성 (reine Tätigkeit)이다. 즉 나는 나 자신을 정립한다(Das Ich setze sich selbst). 그리고 나는 이런 한갓된 나 자신에 의한 정립에 의해 존재한다."(J. G. Fichte, *Grundlage der gesamten Wissenschaftslehre*, 1794, §1.)

피히테에게서는 A=A라는 동일률이 공허한 동어 반복이 아니라 사유(Denken)와 존재(Sein)의 동일성, 다시 말해, 사유하고 정립하는 자아와 정립된 현실적 자아의 동일성(Ich bin Ich)이라는 형이상학적인 의미를 지니며 모든 학문 이론의 근본 원리가 된다. 그러나 피히테는 절대적 원리를 활동하는 자아에서 찾음으로써, 칸트의 이론이성과 실천이성의 분리를 실천적 자아 안에 통일시킴에 그쳤다.

2) 자연과 자유

이제 셸링의 과제는 피히테가 자립성을 박탈한 자연 내지 비아의 자립성을 확보하면서 자아와 자연을 체계 안에 통일적으로 파악하는 것이다. 즉 피히테의 이른바 주관적 관념론은 자연을 단지 주관의 자유로운 활동의 부산물로 간주한 채, "자아만이 모든 것"이라고 주장하는 한, 일면적이라고 비판된다.

> "'활동성과 생과 자유만이 현실적인 것' 이라고 주장하는 주관적 관념론이 성립할 수 있다고 주장하는 것만으로는 불충분하다. …… 요구되는 것은 오히려 그 반대로 '현실적인 것(자연, 사물의 세계)도 활동성과 생과 자유를 근거로 갖는다' 는 것을 지적하는 것이다. 또는 피히테의 표현을 빌면 오직 자아만이 모든 것이 아니라, 반대로 모든 것이 자아라는 것을 지적하는 것이다." (F. W. J. Schelling, *Philosophische Untersuchungen über das Wesen der menschlichen Freiheit und die damit zusammenhängenden Gegenstände*(1809), Darmstadt, 1980, S. 295f.)

셸링은 피히테의 주관적 관념론을 지양함으로써 자연과 정신을 동일한 자유의 원리에 의해 근거 지우려 시도한다. 절대자를 자연 안에 내재하는 생산적인 힘(natura naturans)에서 찾고자 했던 자연철학의 시기와 더 나아가 정신과 자연, 주관과 객관, 관념적인 것과 실재적인 것의 동일성을 확립하고자 했던 동일철학으로의 전개 과정은 자유의 원리를 자연의 영역으로까지 확장하고자 한 시도요, "자유"라는 궁극적인 원리에 의해 자연과 정신을 통일적으로 이해하고자 했던 시도라고 볼 수 있다. 즉, 자연철학과 동일철학의 시기에 이르러는, 자아만이 절대자요 자유인 것이 아니라 자연과 자아, 양자 모두 동일하게 절대적인 주체요 자유라고 간주된다. 그런 한에서 자연은 말하자면 아직 깨어나지 못한 정신이요, 정신은 깨어나 스스로를 의식한 자연이다.

"자연(Natur)은 가시적인 정신(der sichtbare Geist)이요, 정신(Geist)은 비가시적인 자연(unsichtbare Natur)이어야 한다. 우리 안의 정신과 우리 밖의 자연의 절대적인 동일성(die absolute Identität) 안에서 우리 밖의 자연이 어떻게 가능한가 하는 문제가 해소되어야 한다."(F. W. J. Schelling, *Ideen zu einer Philosophie der Natur als Einleitung in das Stadium dieser Wissenschaft*(1797), SW II, S. 56.)

셸링의 자연철학에서 말해지는 자연은 기계적인 필연성이 지배하는 죽은 자연이 아니라 자유를 원리로 하는 생동하는 자연이다.

따라서 자연과 자아 양자의 궁극적인 근거는 동일한 절대자요 자유다. 이로써 셸링은 동일성의 체계를 성립시키는 하나의 원리, 즉 정신과 자연, 주관과 객관의 무차별적 동일성의 원리에 도달한다. 이런 사유의 전개에서 셸링의 일관된 문제의식은 자아와 자연 모든 것을 꿰뚫는 동일한 원리인 "절대자(das Absolute)"와 "자유(Freiheit)"에 대한 추구였다고 볼 수 있다.

3) 절대자와 자유

동일철학의 시기에 이르러서는, 자아만이 절대자요 자유인 것이 아니라 자연과 자아, 양자 모두 동일하게 절대적인 주체요, 자유라고 간주된다. 그런 한에서 자연은 말하자면 아직 깨어나지 못한 정신이요, 정신은 깨어나 스스로를 의식한 자연이다. 셸링의 자연철학에서 말해지는 자연은 기계적인 필연성이 지배하는 죽은 자연이 아니라, 자유를 원리로 하는 생동하는 자연이다. 따라서 자연과 자아 양자의 궁극적인 근거는 동일한 절대자요, 자유다. 흔히 사람들은 셸링이 끊임없이 자신의 입장을 변경했던 점을 들어, 성격적인 결함으로까지 간주하지만, 하이데거가 지적했듯이 셸링은 "그의 초기부터 자기의 유일한 입장을 위해 격정적으로 투쟁했던 사상가"라고 보는 것이 보다 진실에 가깝다. 헤겔이 늦게 체계를 확립한 후 말년에 이르기까지는 모든 것을 처음부터 새롭게 문제 삼기보다 그 완성과 적용이었을 뿐 일관된 체계를 건설했던 철학자라면, 셸링은 최종적인 완성에 도달하기보다는 "항상 모든 것을 다시 자유롭게 놓아주고 항상 다시 동일한 것을 새로운 근거에로 이끌어야 했다."

셸링은 자신의 철학함의 태도를 다음과 같이 말한다.

"참으로 자유로운 철학의 출발점에 서고자 하는 자는 신마저도 떠나야 한다. 이것이 뜻하는 바는 다음과 같다: 그것을 얻으려하는 자는 잃을 것이요, 그것을 버리려 하는 자는 얻으리라. 한 번쯤 모든 것을 버리고 자신 역시 그것에로 모든 것이 가라앉는 모든 것으로부터 버림받는 자, 그리고 무한자와 더불어 모든 것을 볼 수 있는 자만이 자기 자신의 근거에 이르고 삶의 전체적인 깊이를 인식한다. 이는 플라톤이 죽음과 비교했던 위대한 발걸음이다."(F. W. J. Schelling, *SW* IX, S. 217-218)

셸링에 있어 자유는 단지 그의 체계의 원리일 뿐만 아니라 진정한 철학함의 태도이기도 하다. 우리는 셸링의 자유론(1809)에서 인간 자유의 본질에 대한 물음과 더불어 체계의 문제, 범신론과 악의 문제 등과 만난다. 이런 문제들은 독일관념론의 심장부에 놓인 근본 문제이자 오랜 역사 속에서 전승된 서구 형이상학의 핵심 문제들에 속한다. 따라서 하이데거는 셸링의 자유론 속에서 "모든 서구 형이상학의 본질적인 핵심이 드러내어질 수 있다"고 본다. 즉 하이데거는 셸링의 《자유론》의 철학사적인 위상을 다음과 같이 평가한다. 셸링의 《자유론》은 "셸링의 가장 위대한 업적"이며, "독일 관념론 형이상학의 정점"이자, "독일 관념론의 모든 본질적인 규정들"이 그 속에서 조정되고 있을 뿐만 아니라, 그 속에서 "모든 서구 형이상학의 본질적인 핵심"이 드러나고 있는 바, 서구 "형이상학의 완결(Vollendung der Metaphysik)"로 간주된다.

셸링은 《자유론》에서 당대 형이상학에서 보여지는 실재론과 관념론의 대립, 자연의 기계적인 필연성의 체계(Spinoza)와 주관적 관념론(Fichte)의 대립을 극복하고자 시도한다.

이미 칸트는 "초월적인 자유(transzendentale Freiheit)"(B474)를 그 자체 다른 것으로부터 제약되는 모든 현상적인 원인들과 구별하여 현상들의 계열을 비로소 자기로부터 개시하는 무제약적인 능력을 의미하는 자유로부터의 원인성(Kausalität durch Freiheit)으로 특징짓는다. 그러나 이런 자유는 모든 시간의 흐름 너머, 시간 밖에 있으며, 모든 현상 속의 인과적 연관을 벗어나 있는 예지적 존재에게만 허용될 수 있다.

이때 자유가 원인성에 의해 규정되는 것이 아니라 오히려 원인성 자체가 자유에 의해 규정된다. 즉 원인성은 자유 안에 근거하고 있다.(S. 303) 이런 관점에서 보자면, 칸트도 존재 일반의 문제 안에서 존재 자체의 개시성이자 초월로서의 자유를 이해하고 있다는 해석이 가능하다. 우리가 존재자와 만날 수 있는 것은 초월로서 자유인 개방성 안에 들어섬에 의해서만 가능하다. 그러므로 개방성이자 초월로서의 자유는 존재자의 존재가 열어 보여질 수 있는 가능조건이요, 존재이해의 가능조건(Vom Wesen der menschlichen Freiheit, Bd. 31, S. 303)이다.

4) 선과 악에로의 자유

《자유론》에서 셸링은 종래 관념론의 형식적인 자유의 개념을 넘어서 인간의 자유를 악과 선에의 능력으로서 이해한다. 셸링은 로고스 중심주의로 특징지워지는 서구 형이상학의 관념론적 전통 속에서 악의 문제를 가장 진지하게 문제 삼았던 사상가에 속한다. 그는 예컨대 데카르트, 스피노자, 라이프니츠가 그랬듯이 악을 전체의 다양성과 완전성에 기여하는 것으로 제거하거나 그 자체 고유한 현실성을 지니지 않는 결여나 결핍으로 보지 않았다. 오히려 셸링은 악의 근원을 인간 정신 안의 원리들의 전도로서, 인간의 자기의식과 자유 속에서 찾고자 했다. 자유로운 정신 안에서만 원리들의 분열과 전도로서의 악이 가능하며, 원리들의 통일로서의 선도 가능하다. 셸링에 의하면 인간의 자유는 선과 악의 능력이며, 악은 인간의 자기성의 고유의지가 보편적 의지와 분리되어 중심으로부터 벗어나 개별의지로서 주변에 머물고자 함에서 생겨난다. 이렇게 중심에서 벗어난 고유의지는 개별의지로서 머물며, 보편의지와의 통일성에서 벗어나 원리들의 전도가 발생한다. 셸링은 두 원리의 대립을 빛과 어둠의 원리로서 비유적인 표현을 사용하기도 한다. 빛과의 일치가 선이라면, 빛으로부터 분리에서 악이 성립한다. 자유로운 정신 안에서만 원리들의 분열과 전도로서의 악이 가능하며, 원리들의 통일로서의 선도 가능하다. 그러나 주의할 점은 두 원리 가운데 하나인 어두운 원리나 자연성 자체가 악이 아니라는 점이다. 동물에게도 어두운 원리가 있지만 단지 맹목적 추구나 욕구로 남아있으며, 인격적 통일성이 존재하는 자유로운 정신 안에서만 타락 또는 분리가 있을 수 있고, 따라서 고유하게 악이 성립한다. 그러므로 악은 수동적인 것 내지 자유가 결여된 경향성의 지배가 아니라 자유에 의해 성립하는 적극적인 것 내지 정신적인 것이다.

셸링에 의하면 지성과 의지, 빛과 어둠, 실존과 근거, 이성과 자연이라는 두 원리는 신적 정신 안에서는 통일되나, 피조된 인간 정신 안에서는 분리 가능하다. 여기에 악의 가능성이 놓여 있다. 인간 안의 고유의지가 보편의지와 일치되고, 어두운 원리가 빛과 하나가 될 때, 실존하는 신이 인간 안의 두 원리를 결합하는 끈, 사랑의 원리가 된다. 반면에 두 원리가 분열되어 있을 때 전도된 신, 악한 정신이 신의 자리를 대신하게 된다.

그렇다면 셸링은 선과 악에로의 능력으로 간주되는 인간 자유의 원천을, 또한 원리들의 모든 대립과 분열에 앞선 근원 근거를 궁극적으로 어디에서 찾고자 하는가?

5) 인간과 자연의 통일 근거

셸링에 의하면 인간은 신 안에 있음을 통해 비로소 자유의 능력을 갖는다. 여기서 셸링이 말하는 신은 종래 형이상학에서 "최고의 존재자"로서 단지 개념적 사유에 의해 추상적으로 파악되는 신이 아니다. 오히려 셸링은 생동하는 신을 사유하고자 한다. 그는 신의 자유를 "사랑"으로 이해한다. 자기를 드러내는 신은 사랑이며, 신은 스스로를 비근거(Ungrund) 안에 숨긴다.

"사랑(Liebe)이 최고의 것이다. 사랑은 근거가 있기 전에, 실존하는 것이(분리된 것으로) 있기 전에 이미 존재했던 것이다." "우리는 여기에 마침내 모든 탐구의 최고 정점에 도달했다. 모든 근거에 앞서, 그리고 모든 실존에 앞서 따라서 모든 이원성에 앞서 하나의 존재가 있어야 한다. 우리는 그 존재를 근원 근거(Urgrund) 또는 무근거(Ungrund) 이외에 달리 어떻게 말할 수 있겠는가?"(350)

인간은 주변적인 여타 자연 사물에 비해 중심 존재이며, 인간은 신과 자연의 매개자다. "신은 오직 인간을 통해 자연을 받아들이고 자연을 자신과 결합시킨다."

> "인간 안에는 어두운 원리의 모든 세력이 존재하며, 동시에 그만큼 빛의 모든 힘이 존재한다. 인간 안에는 가장 깊은 심연과 가장 높은 하늘이, 또는 양 중심들이 존재한다. 인간의 의지는 근거 안에 존재하는 신에 대한 영원한 동경 속에 숨겨진 씨앗이다. 그것은 신이 자연에의 의지를 가지고 바라본, 심연 안에 감추어져 있는 신적인 생명의 통찰이다"(M. Heidegger, *Schelling: Vom Wesen der menschlichen Freiheit*(1809) Bd. 42, 307)

하이데거에 의하면, 셸링의 《자유론》(1809)에서 발견되는 체계의 문제, 범신론과 악의 문제, 인간 자유의 문제 등은 독일관념론의 심장부에 놓인 문제들이자, 더 나아가 "모든 서구 형이상학의 본질적인 핵심"에 해당하는 근본적인 문제다.

자유의 문제는 철학적 전통 속에서 가장 뿌리 깊은 문제들 가운데 하나이며, 인간 자유의 본질에 대한 물음이 셸링과 하이데거로 하여금 관념론적 전통의 한계와 가능성에 대한 반성으로 이끌었다.

1936년 강의에 덧붙여 1941년 세미나의 중요한 메모들을 통해 엿보이는 하이데거의 셸링 독해는 특히 인간의 자유와 악의 문제와 관련하여 셸링의 사유가 하이데거 자신의 생각에 어떤 영향을 미쳤는지를 명확히 드러내 보여주고 있다. 셸링에 의하면 인간은 신 안에 있음을 통해 비로소 자유의 능력을 갖는다. 인간은 신과 자연의 매개자다. "신은 오직 인간을 통해 자연을 받아들이고 자연을 자신과 결합시킨다." 하이데거에 있어서도 인간의 자유는 그가 표상적 사유를 통해 여타의 존재자를 지배할 수 있는 이성적인 동물이라는 점에서 찾아질 수 있다기보다는, 오히려 그에 앞서 "존재 자체를 사유하는 본질로서 존재에 열려 있고, 존재 앞에 세워져 있고, 존재에 관련되어 있고 따라서 존재에 응답할 수 있다"는 점에 근거한다. 존재(Sein)는 인간을 본현케 하고(west), 말 걸음(Anspruch)을 통해 인간과 관계한다(an-geht). 그리고 인간은 이런 존재의 부름에 응답할 수 있다.

또한 자유론에서 엿보이는 셸링의 "무근거(Ungrund)" 개념은 야콥 뵈메(J. Böhme)의 범신론적 신비주의 사유의 전통에로 소급될 수 있는 바, 실존(빛)과 근거(어둠)의 구별에 앞선 "근원 근거"로서 단적으로 고찰된 "절대자"이자 양자의 "무차별적 동일성"이요, "존재" 자체로서 사유된다. 이런 셸링의 "무근거" 개념은 후기 하이데거의 무적인 심연으로서의 "존재" 사유와 친근성을 보여준다. 또한 자유론 이후 엿보이는 셸링의 사유 속에는 후기 하이데거 철학에서 중요한 주제인 바, 존재자를 개념적으로 파악하고자 하는 대상화적 사유를 넘어서 모든 존재자를 고유하게 존재케 하는 근원적인 "일어남(Ereignis)"의 사건 속에서 존재와 사유의 근원적인 공속함의 체험에로 나아가고자 하는 그의 사유의 방향 전환과 연결될 수 있는 중요한 모티브를 발견할 수도 있다. 셸링은 다음과 같이 말한다.

"인간은 나로 하여금 다음과 같은 궁극적인 물음에로 몰아넣는다. 즉 왜 도대체 어떤 것이 존재하는가? 왜 무는 없는가?" (F. W. J. Schelling, *Philosophie der Offenbarung*, SW. XIII, 7.)

"참된 철학을 하고자 하는 자는 모든 희망, 모든 욕구, 모든 동경에서 자유로워야 한다. 그는 아무것도 원해서는 안 되고, 알아서도 안 되고, 완전히 알몸이고 궁핍함을 자각해야 하며, 모든 것을 얻기 위해 모든 것을 포기해야 한다. 어려운 것은 이 발길이다." "여기서 모든 것을 포기하는 것이 필요하다. 흔히 말하는 것처럼 단순히 아내나 아이들뿐만 아니라 존재하는 모든 것, 신까지도 포기해야 한다. 왜냐하면 신 역시 이러한 입장에서 볼 때 하나의 존재자이기 때문이다. 또 진정 자유로운 철학의 출발점에 자신을 놓기를 원하는 자는 신 자체도 포기해야 한다. 이 말이 뜻하는 것은 다음과 같다. 그것을 얻으려 하는 자는 잃을 것이요, 그것을 버리려 하는 자는 얻으리라." (F. W. J. Schelling, *Über die Natur der Philosophie als Wissenschaft*, SW. IX, 217f)

이와 유사하게 하이데거는 존재 자체에 대한 사유에로 나아가기 위해서는, 다시 말해 존재자를 고유하게 존재케 하는 근원적인 일어남(Ereignis)을 사유하기 위해서는 존재자를 주관에 맞선 대상으로 설정하여 개념 파악하고자 하는 "표상적인" 사고를 포기하고 존재와 사유의 공속함의 근원체험에로 스스로를 내맡기는 "회상적인 사고(das andenkende Denken)"를 요구한다. 그리고 이런 존재 사유로부터 비로소, 오늘날 망각된 신성함의 의미도, 신이라는 말의 본래적인 의미도 고유하게 이해될 수 있는 가능성이 열릴 것임을 시사한다.

즉 "존재의 진리(die Wahrheit des Seins)로부터 비로소 성스러움(das Heiligen)의 본질이 사유될 수 있다. 그리고 성스러움의 본질로부터 비로소 신성(die Gottheit)의 본질이 사유될 수 있다. 그리고 신성의 본질의 빛 속에서 비로소 신(Gott)이라는 말이 의미하는 바가 무엇인지가 사유될 수 있고 언표될 수 있다."(M. Heidegger, *Wegmarken*, Bd. 9, 351.)

하이데거가 말하고자 하는 바는 우리 시대의 두드러진 특징이 "신(Gott)"이라는 말의 의미가 상실된 시대요, "성스러움(das Heiligen)"의 차원이 철저히 은폐된 시대요 계산적인 합리성과 기술이 모든 것을 지배하는 시대라고 한다면, 그 근본적인 이유는 인간이 존재의 개방성에로 정향되어 있지 못하고, 존재의 빛 속에 가까이 있지 못하기 때문이라는 점이다. 따라서 신의 의미를 우리가 참으로 이해할 수 있기 위해서는 종래 형이상학의 대상화적 사유 속에서 이해된 신 개념, 예컨대 '제일의 원인(causa prima)', '존재자 중의 존재자(ens entium)' 같은 개념에 머물러서는 안 되며, 오히려 그동안 존재 망각의 역사 속에 묻혀져온 근원적인 존재사건으로서 존재 자체의 일어남, 자유로운 생기 속에서 신과 자연과 인간의 고유화(Er-eignis)의 경험에로 우리의 사유가 도약할 것을 요구하고 있는 것이다. 하이데거는 이런 존재의 진리, 존재와 사유의 동일성을 사유하기 위해서는 앞서 셸링이 요구한 바와 같이 모든 것을 포기하고 모든 존재자로부터 자유로워지는 일종의 "도약(Sprung)"이 필요하다고 말한다.

이렇듯 존재자를 대상화하여 개념적으로 파악하고자 하는 태도로부터 벗어나 인간과 존재의 공속함의 근원 체험에로의 나아감은 인간과 존재를 비로소 고유하게 만드는 일어남(Er-eignis) 속에서 수행된다. 그리고 이런 일어남(Ereignis)이야말로 대상화적 사고에 기반한 종래 형이상학의 존재 망각의 역사 속에서 잊혀져온바, 비로소 사유되어야 할 존재의 진리(a-letheia)다. 대상적인 존재자에 집착하는 사유에게 이렇듯 모든 존재자를 존재케 하는 존재란 존재자가 아닌 한, 무적인 심연(무근거)으로서 은폐되며 망각될 수밖에 없다. 그러나 존재는 존재자를 "존재케 하는 힘"이요, 각 존재자에게 "본질을 선사하는 능력"이며, "존재자를 고유한 본질로 자유롭게 허여함"이다. 따라서 하이데거에 의하면 이런 모든 근거들의 근거로서 더 이상의 근원을 갖지 않는 심연인 존재의 능력은 자유(Freiheit)요 자기를 넘어서는 "초월(Transzendenz)"이자 그 본질은 셸링의 표현에 의하면 "사랑(Liebe)"이다. 하이데거에 의하면 인간은 "존재의 비춤(Lichtung des Seins)"에 의해 지금 여기(Da) 존재하며 존재의 부름에 응답하는 탈존적인 존재(Ek-sistierende)다. 인간의 진정한 존재방식인 자유와 초월도 이런 존재 자체의 고유화하는 일어남 속에서 비로소 이해될 수 있는 것이다.

셸링의 영향력은 깊고 넓어 그 한계를 명확히 규명하기 쉽지 않다. 철학사적으로 볼 때, 셸링의 철학이 독일관념론의 전개 속에서 피히테와 헤겔 사이에서 차지하는 위상은 대체로 동일철학에서 찾아볼 수 있다. 그러나 앞에서 살펴보았듯이 셸링의 후기사상에서 키에르케고르나 하이데거의 실존철학은 물론, 쇼펜하우어, 니체의 생철학, 프로이트의 인간학과 심리학에서의 의지론과도 연관성을 찾아볼 수 있고, 최근에는 생태학적 입장에서 인간과 자연의 통일에 대한 셸링의 자연철학이 주목받고 있다. 또 그의 예술이론이 인간화된 자연과 자연화된 인간을 선구적으로 형상화했다는 점에서 자연과 인간의 공존을 추구하는 오늘날 새로이 주목받을 만하다고 보인다.

참고문헌

원전 번역서

F. W. J 셸링, 정진 역, 《학문론》, 1978.

―, 한자경 역, 《인간 자유의 본질》, 서광사, 1998.

―, 한자경 역, 《자연철학의 이념》, 서광사, 1999.

―, 한자경 역, 《철학의 원리로서의 자아》, 서광사, 1999.

―, 심철민 역, 《조형미술과 자연의 관계》, 책세상, 2002.

단행본

G. W. F. 헤겔, 임석진 역, 《피히테와 셸링철학 체계의 차이》, 지식산업사, 1989.

M. 하이데거, 《셸링》, 동문선, 1997.

N. 하르트만, 이강조 역, 《독일관념론 철학 I》, 서광사, 1989.

J. 슈페크 편, 원승룡 역, 《근대 독일철학》, 서광사, 1986.

O. 회페, 《철학의 거장들 3: 칸트에서 딜타이까지》, 한길사, 2001.

김혜숙, 《셸링의 예술철학》, 자유출판사, 1992.

필자 소개

서울대 철학과와 동대학원을 졸업하고 철학박사학위를 받았으며, 서울대 철학사상연구소 특별연구원, 독일 괴팅엔대학 박사 후(Post-Doc.) 과정을 거쳐 현재 동의대학교 철학과 교수로 재직중이다.

저서로는 《토마스에서 칸트까지》, 《하이데거와 철학자들》, 《칸트와 독일이상주의》, 《칸트와 정치철학》, 《칸트와 문화철학》(공저) 등이 있으며, 논문으로는 〈칸트 초월철학에서 질료와 형식 개념〉, 〈칸트의 반성원리들에 관하여 I〉, 〈칸트의 라이프니츠 비판〉, 〈근대인식론에서 반성 개념에 관한 연구〉, 〈칸트의 초월논리학에서 헤겔의 사변논리학으로〉, 〈독일관념론에 전해진 중세 스콜라철학의 유산〉, 〈전쟁과 평화〉, 〈문화와 예술〉 등이 있다.

헤 겔

인간은 인정받기를 원하는 존재다

강순전 (명지대 철학과 교수)

1. 들어가는 말

　헤겔은 칸트의 철학적 방법을 형식주의라고 비판하면서 자신의 철학을 구체적 내용의 전개와 더불어 서술한다. 그의 철학은 구체적 내용에 대한 탐구로부터 이성적 맥락을 발견하고 이성적 맥락으로부터 구체적 내용들을 설명한다. 특히 실재 철학에 속하는 인간론에 대한 고찰은 당시의 경험 과학에 대한 풍부한 지식을 토대로 형성되었으며 많은 흥미로운 사례들을 소개하고 있다. 헤겔 철학의 또 하나의 특징은 그가 철학적 내용을 항상 체계적으로 서술한다는 점이다. 그는 하나의 사태가 추상적인 것에서 구체적인 것으로, 낮은 단계에서 높은 단계로 단계적으로 서술될 때에 각 계기들이 전체와의 연관 속에서 잘 이해될 뿐만 아니라 전체의 연관도 분명히 드러날 수 있다고 생각한다.

헤겔은 인간이 동물을 포함한 자연으로부터 본질적으로 구별되는 기준이 정신이라고 보고 있기 때문에 헤겔의 인간론은 인간 정신에 대한 탐구이기도 하다. 인간 정신은 자연적 본성의 측면인 혼으로부터 출발하여 대상을 의식적으로 고찰하는 의식으로 전개된다. 인간 정신의 출발점으로서 자연적 정신은 정신의 자연성, 즉 본성에 주어진 인간 정신의 특성을 고찰한다. 여기서는 인간이 아직 자연과 공생하는 가운데 갖는 정신적 삶의 모습들이 탐구된다. 인간의 혼은 자연의 현상과 운행에 의존하여 인식하고 자신의 행위에 있어서 영향을 받는다. 인간은 또한 어떤 인종에 속하느냐, 어떤 민족에 속하느냐에 따라서 본성적으로 공통적인 경향을 공유한다. 이런 것들은 인간의 정신의 기초에 놓여 있는 그 집단의 성원이 모두 공유하는 일반적인 자연적 성향들일 뿐이어서 그것을 훨씬 뛰어넘는 개별 인간의 발전된 정신에서는 중요한 의미를 갖지 않지만 인간 정신의 기초로서 탐구할 필요가 있다. 또한 인간의 천성과 기질, 성격 등에 대한 심리학적 고찰과 연령의 경과에 따라 인간 정신이 보이는 특성 등도 이러한 탐구의 대상이다. 자연 정신과 의식 사이의 관계로서 꿈과 생시의 구별, 정신과 신체의 관계 같은 중요한 철학적 문제들도 이 단계에서 다루어진다. 또 인간의 정신이 건전한 오성적 의식으로 발전한 다음에 자연적 생의 느끼는 삶으로 퇴락해서 후자가 전자를 대치하게 될 때 발생하는 정신병도 인간의 정신의 특성을 고찰하는 하나의 내용이 될 수 있다.

하지만 인간의 정신에서 가장 본격적인 단계는 의식의 단계이며, 인간의 본질적 특성을 형성하는 것은 무엇보다도 자기의식이다. 인간은 자기의식을 갖기 때문에 수치심을 가질 수 있고 자존심 상해한다. 헤겔은 인간이 자기의식으로서 인정받기를 갈구하는 존재라고 보며, 사회를 자기의식으로서 인정받기 위해 인간들이 벌이는 인정투쟁의 장으로 본다. 인간에게 가장 중요한 것은 무엇인가? 어떤 사람은 돈을 다른 사람은 권력이나 명예를 꼽는다. 하지만 그들이 각기 다른 대상을 추구하더라도 그들이 이 대상들을 수단으로 하여 추구하는 목적은 타인으로부터 인정받는 것이다. 이 점에서 인간은 인정을 갈구하는 자이고 인생은 인정투쟁의 장이라는 헤겔의 통찰은 우리에게 심오함을 느끼게 한다.

2. 자연과 정신: 인간은 정신적 존재

통상적으로 자연과 정신은 이질적이고 대립하는 것으로 간주된다. 특히 자아의 발견과 과학기술의 발전 등으로 특징지워지는 근대적 정신에서 자연은 정신으로부터 단절되어 있고 정신의 지배 대상으로 간주되었다. 지배적 관심에 정향된 계몽주의는 인간을 자연의 우위에 두고 자연을 그 지배 대상으로만 간주한다. 이에 반대하여 낭만주의는 자연 역시 인간의 정신과 동일한 하나의 생명체로 간주한다. 낭만주의는 자연과 인간 세계를 관통하여 흐르는 하나의 생명성이 있고 자연은, 곧 신 혹은 정신과 동일하다는 범신론을 표방한다. 헤겔은 계몽주의의 지배적 관심에 반대하여 낭만주의와 함께 자연과 정신이 하나의 동일한 유기체라고 생각한다. 세계는 하나의 연속체이고, 외관상 서로 독립적인 사물들의 기계적 관계로 보이는 자연의 현상들도 사실은 정신과 동일한 유기체의 한 부분이라는 것이다. 쉘링의 말대로 자연은 아직 의식되지 않은 정신일 뿐이며 정신은 이미 의식된 자연이다.

헤겔은 청년기에 이러한 범신론적 사유를 그의 친구들과 공유했다. 하지만 범신론적 사유는 헤겔 사유의 출발점일 뿐이었으며 헤겔은 여기로부터 자신의 고유한 사유로 발전해간다. 자연과 정신을 관통하는 하나의 통일적 생명을 전제하는 범신론적 사유는 세계를 하나의 연속체로 보는 헤겔의 형이상학에 수용되어 있다. 하지만 이것은 헤겔 사유의 한 계기를 구성할 뿐이다. 헤겔은 자신의 사유가 세계의 통일성 속에 모호하게 함몰되어 있는 것을 원치 않았다. 세계의 통일성은 그 안의 다양한 사물들의 차이와 구별에 의해 그 내용적 규정성을 명백히 보유하여야 한다. 이 구별을 드러내는 데는, 타자를 지배하기 위해 차이에 주목하고 구별을 수행하는 계몽주의적 계기가 사상에 있어서 필요하다. 계몽주의는 자연과 타인을 효과적으로 지배하기 위해 합리적 절차를 통해 구별하고 이 구별된 것들 사이의 관계를 사유한다. 헤겔은 자연과 정신의 관계를 통일 속에서 보지만 이 통일이 이성적으로 분절화되어 합리적인 지식의 체계로 구성되어야 한다고 본다. 통일은 감성적으로 느껴지지만 분절은 이성을 통해 이루어진다.

헤겔은 낭만주의적 통일과 계몽주의적 합리성을 자신의 사상 속에 통일시키고 있지만, 자연과 정신의 통일에도 불구하고 그의 사상에 있어서 정신은 자연에 대한 우위에 있다. 인간은 정신적 존재이다. 인간이 자연과 구별되는 것은 정신적 활동을 한다는 것이다. 자연은 서로 분리되어 있고 개별자들로서 현상한다. 자연의 사물들은 타자를 자신의 외부의 존재로만 간주하고 서로서로 병렬해서 나란히 존재하기 때문에 각자는 독자적인 개별자들이다. 자연적 존재는 이러한 개별성으로만 있고 개별성에만 묶여 있다. 자연 중에서 가장 고차적인 동물도 개별적인 감각에만 묶여 있을 뿐 보편성을 사고하지 못한다. 동물은 개별적 감각으로 자신의 혼 전체를 채우고 있으며, 이러한 개별적 감각에서 다른 마찬가지로 개별적인 감각으로 이행할 뿐, 그 속에서 보편을 사유하는 정신을 결여하고 있다. 동물은 단지 감각을 갖고 있을 뿐인데 감각은 그때그때의 개별적 존재만을 파악할 뿐이다. 동물의 감각은 개별적 감각에서 개별적 감각으로 진행할 뿐이며, 그것이 아무리 반복되더라도 동물은 거기서 추상적 보편을 사유해내지 못한다. 동물이 어떤 일관된 반복적 동작으로 개별적 상황에 대처한다 하더라도, 그것은 의식된 규칙에 따라 이루어지는 것이 아니라 본능과 습관에 의해 체화된 무의식적 활동에 따른 것일 뿐이다.

반면 인간은 감각의 개별성을 넘어서 사상의 보편성으로 나아간다. 인간은 개별성들에 대한 감각에 묶여 있지 않고 개별적 사물들의 필연적 연관을 파악하고 그것을 의식적으로 반성한다. 이 필연적 연관은 법칙이나 사태의 보편성이다. 인간만이 개별성에서 보편성으로 고양될 수 있고, 그런 의미에서 사유할 수 있는 정신적 존재이다. 흔히 우리는 개별자를 구체적인 것이라 하고, 보편자를 추상적인 것이라고 한다. 이런 의미에서 사유는 추상화하는 작용이다. 하지만 추상적이라는 용어는 지식의 내용과 관련하여 사용될 때 구체적이지 못하다는 부정적인 의미로도 사용된다. 통상적으로 개념은 구체적 사물을 추상한 보편자라고 생각되며, 이런 의미에서 대상을 개념화하는 사유의 작용은 부정적인 의미의 추상화로서 비난받기도 한다. 하지만 헤겔이 보기에 개별적 존재자 자체는 지식의 측면에서 볼 때 아직 전혀 규정되지 않은 것이기 때문에 내용상 그것이 어떤 것인지 모호한 것이다. 개념을 통해 보편화하는 것은 그것의 내용적 연관들을 명료하게 드러내는 것이며 사상적 내용으로 규정짓는 것이다.

그래서 헤겔은 개별자를 구체적인 것이라고 하지 않고 직접적으로 주어진 것이라고 하고, 보편자를 추상적인 것이라고 하지 않고 사상적으로 매개된 것이라고 한다. 개별에서 보편으로 고양하는 정신적 매개활동이 인간의 자연에 대한 차별성을 특징짓는 근본 특성이다. 인간은 자연의 필연적 연관을 의식적으로 반성할 뿐만 아니라, 또한 자기 스스로를 반성하여 자신에 대한 앎을 갖는다. 자기반성을 할 수 있는 인간만이 수치심을 느끼며 자존심을 갖는다. 자기 자신에 대한 반성을 통해 인간은 자기의식, 자아를 획득하며 주체성으로 된다.

3. 자연적 정신으로서의 혼: 인간의 무의식

헤겔은 인간의 정신을 크게 혼, 의식, 정신의 세 단계로 구분한다. 정신의 본래적인 의미는 세 번째 단계에서 밝혀지지만 세 번째 단계는 앞의 두 단계를 계기로서 포함하고 있기 때문에 정신의 의미는 세 단계의 차이와 관계를 통해 포괄적으로 드러난다. 첫 번째 단계는 인간 정신의 가장 낮은 단계로서 여기서 정신은 자연적인 성격을 지닌다. 자연이란 본성이라는 의미도 갖고 있으며 자연에 속하는 사물과 생명체들은 본성에 따라 존재하고 행위한다. 자연적인 정신은 자연적으로 주어진 인간의 질적 소질이며 인간에 고유한 본성이다. 그런데 이 측면에서 인간은 아직 자연적으로 주어진 본성적 측면에 머물러 있기 때문에, 마찬가지의 측면에만 머물러서 본성에 따라 행위하는 동물과 유사한 정신적 상태를 보여준다. 이러한 자연적 상태에 머물러 있는 정신을 헤겔은 혼이라고 한다. 혼은 아직 존재의 객관적 연관을 의식적으로 파악하는 사고에 미치지 못하며, 자기 자신을 의식적으로 자각하지 못하는 정신의 상태를 말한다. 따라서 혼은 의식 이전의 상태, 의식하지 못하는 정신적 상태라는 의미에서 전의식 혹은 무의식의 상태를 말한다. 우리는 명백히 자각적인 의식 없이 느끼고 행위하는데, 이때 지침이 되는 것은 혼이라는 정신의 본능적 규정성이다. 혼은 아직 대상을 자신에 대립해 있는 타자로서 의식하지 못하고, 타자와 분리되어 있지 않기 때문에 규정되고 개별화되어 있지 못하다. 혼으로서의 인간 정신은 자연을 타자화하고 그로부터 자신을 구별하는 것이 아니라,

자연 및 타자와의 동일성을 느끼는 정신적 단계이다.

3.1 우주와 공생하는 보편적 자연정신으로서의 혼

인간은 혼의 측면에서 우주와 공생 관계에 있다. 이것은 특히 인간의 정신이 아직 도야되지 않고 자연적인 상태에 의존하는 단계에서 그렇다. 우리는 폭풍우나 지진 등 기상 변화에 대해 동물이나 식물이 민감한 반응을 나타내는 것을 알고 있는데, 이들은 본능적으로 자연과의 공감을 느끼며 인간의 사고가 사태를 아직 인식하지 못할 때 이미 사태를 느끼고 반응을 보인다. 인간의 경우에도 육체적으로나 정신적으로 허약한 상태에서는 자연의 변화에 대해 동물처럼 민감한 반응을 나타낸다. 부상을 입은 사람의 상처 부위가 아직 기압계가 기후의 변화를 표시하기도 전에 그것을 예감하며, 정신적으로 우울증에 빠진 사람은 사철의 변화에 상응하는 민감한 정서의 변화를 보인다. 또한 아직 정신적 자유가 진보하지 못한 민족은 자연과의 연관에 근거해서 놀랍게 보이는 상황을 예견하기도 하고 그와 관련된 사건을 발견하기도 한다. 하지만 이것은 의식적으로 인식된 법칙에 근거하지 않기 때문에 오류로 나타날 수도 있고, 그러한 자연적 근거에의 의존은 미신과 허약한 지성을 초래한다. 정신이 보다 발전하여 스스로를 성찰하는 자유를 갖게 되면 이러한 자연과의 공생에 기초한 사소한 성향은 사라진다.

인간의 혼과 우주의 변화 내지 별들의 운동과의 공생 관계에 근거하여 점성술은 인류와 개인의 운명을 행성의 형태나 위치와 결합시킨다. 또한 지구의 변화와 인간의 혼의 공생관계에 근거하여 인간은 사철의 변화(절기)에 따라 축제와 종교적 의식을 행한다. 하루의 시간에 있어서도 인간의 혼은 아침에는 진지함에, 낮에는 대립이나 노동에, 밤에는 반성이나 환상에 지배되기 때문에 자연에 밀착한 고대인의 국민회의는 아침에 개최되었으며, 생각에 깊이 빠져드는 영국인의 의회는 저녁에 시작해서 늦은 밤까지 계속된다. 고대인들은 민족의 운명을 결정하는 중요한 전쟁을 수행하기 전에 자연의 상태에서 징조를 확인하고 결단을 내렸다. 하지만 이러한 경향이 정신의 성찰을 대신하는 것은 인간을 자연존재로만 고찰하는 것이며 미신에 떨어진다.

별의 운동은 단지 시간과 공간에 제약된 운동일 뿐이다. 인간의 운명은 물론 병도 행성의 변화와는 무관하다. 시공간의 자연에 제약된 동물의 육체조차도 이미 이러한 물리적 변화에 대한 자립성을 갖고 있다. 앞에서 말한 우울증 환자나 부상자의 경우는 인간의 정신적 생활이 퇴락한 상태에서 나타나는 측면이며, 그 밖의 인간의 자연과의 공생적 삶도 인간의 정신적 삶에 비해 극히 제한적인 것일 뿐이다. 아직 주체성의 힘이나 자기 확신의 힘에 도달하지 못한 고대인들은 자신의 문제를 신탁이나 외적인 자연적 현상에 근거해서 해결하였다. 고대의 총사령관은 동물의 건강한 상태를 보고 승리를 확신하며 전쟁터로 향했는데, 아직 자연과의 합일 속에서 살아갔던 고대인에게는 개인의 용맹성이나 용기가 전투를 결정하는 요소였다. 그래서 동물의 건강상태로부터 인간의 건강 상태를 추론하고 민족의 운명을 결정하는 전투를 단행했던 것이다.

반면 모든 일에 관해서 자기 스스로 결정을 내리는 근대인들에게서는 군대의 규율이나 사령관의 전략적 재능이 전투에서 근본적인 주요 변수이다. 고대인들은 자연적인 것과 정신적인 것 사이의 연관에 대한 탐구를 너무 지나치게 진행했고, 그 경우 자아는 자신의 자립성을 포기하고 외적인 상황이나 규정에 굴복하여 그것을 정신의 규정으로 만들어버렸다.

3.2 인종 상이성을 형성하는 특수한 자연정신으로서의 혼

자연적 정신의 보편적인 생활이 이제 구체적인 구별로 특수화되면 지리적으로 구분된 대륙의 본성을 표현하면서 인종적 상이성을 형성하는 혼으로 된다. 헤겔은 지리학적으로 아프리카 대륙이 대륙을 둘러싼 산맥에 의해 자유를 상징하는 바다로의 길이 막혀 있는 지형이기 때문에 아프리카인들에게 자유란 낯선 것이었던 반면에, 유럽 대륙은 그와 반대로 바다를 향해 개방된 지형이고, 아시아 대륙은 양자를 복합한 지형을 이루고 있다고 한다. 한편 인종의 상이성이 육체적인 측면에서는 생리학적으로 고찰되는데, 코카서스 인종은 피부가 희고 붉은 볼을 가지고 있으며 머리카락은 길고 부드러운 반면, 본래적인 아시아인인 몽골인은 광대뼈가 튀어 나왔고 눈은 좁게 찢어졌으며 코가 납작하고, 흑인은 위 두 인종보다 좁은 두개골을 가지고 있으며 턱이 튀어 나왔고 치아는 기울어 있다.

철학적으로 정신적 관계에서 보면 흑인은 천진난만한 유아민족으로 간주되며 평화상태에서는 온순하고 순진하지만 흥분을 하면 가장 무섭고 잔인한 행위를 범한다. 흑인에게 교양의 능력은 부정되며 전제주의가 지배한다. 한편 몽골인은 유아적 천진난만에서 벗어

나 있지만, 그의 신은 아직 비가시적 신이 아니다. 종종 한 아이를 현세의 신으로 선택하는 티베트인이나 인간인 브라만을 신으로 간주하는 인도인의 경우처럼 이들에게 신은 인간 정신과 동일하게 간주된다. 죽은 사람에 대한 숭배에서처럼 이들은 자연성을 초월하지만 그들이 초월해가는 보편자를 그들은 자연 전체, 즉 산이나 강물과 같은 직접적인 현존재에서 직관한다. 아시아인들에게서 정신은 자연으로부터 분리되지만 정신이 정신 자신 안에서가 아니라 자연적인 것 속에서 현실성에 이르기 때문에 정신은 다시 자연성으로 돌아간다. 이러한 자연과 정신의 동일성 속에서 참다운 자유는 불가능하다. 여기서 인간은 아직 인격성에 대한 의식에 이르지 못하고 자신의 개체성에 대한 어떤 가치와 권리도 갖지 못한다. 코카서스 인종은 근동인 혹은 회교도와 유럽인 혹은 기독교인으로 분류된다. 전자, 특히 아랍인의 종교는 유일신으로 비약함으로써 그들은 모든 고난에 초연하고 자신의 생명과 재물을 아끼지 않으며 용맹하고 인자한 성품을 갖는다. 하지만 이들은 추상적 일자를 고집할 뿐, 이 보편자의 특수화를 이끌어내지 못했으며 구체적인 교양으로 발전시키지도 못했다. 보편자가 내재적 특수화에 도달하지 못했기 때문에 여기서는 숭고한 감정과 함께 극도의 복수심과 교활함이 발생한다. 유럽 정신에 이르러서야 비로소 특수한 것이 사상을 통해 규정되고 거꾸로 보편적인 것이 특수화로 발전하는 자기의식적인 이성이 정신의 원리로 된다. 유럽인은 자신을 세계와 대립시키고 세계로부터 자신을 자유롭게 하지만 다시 이 대립을 지양하여 자신의 타자인 다양한 것들을 자신의 단일성으로 회수한다. 그래서 유럽인은 다른 인종에게서는 찾기 힘든 무한한 지식욕을 갖는다. 그들은 세계를 인식하고 자 자신과 대립해 있는 타자를 제 것으로 하고 세계의 특수화 속에 서 유, 법칙, 보편자, 사상, 내적 합리성을 직관한다.

3.3 지방정신 혹은 민족정신으로 개별화된 자연정신으로서의 혼

민족의 지적인 성격과 인륜적 성격의 내적 경향이나 능력을 나타내는 민족성은 인간의 자연적 정신을 구성하는 구체적 형태이다. 민족성은 지형과 기후에 의해 영향을 받는다. 유럽의 남쪽 지역에서는 개성이 개별성 속에서 숨김없이 나타난다. 이탈리아인에게서 개인의 성격은 그가 존재하는 바대로 있어서 보편적 목적이 그들의 솔직담백함을 방해하지 않는다. 이러한 성격은 여성적인 본성에 가깝다. 이탈리아인의 큰 몸짓은 솔직담백한 개성과 연관되며, 그들의 정신은 신체성으로 흘러넘친다. 이탈리아인이 갖는 개별성의 우위는 무수히 많은 공동체가 여러 당파로 분할되는 결과를 초래했고 역사적으로 이탈리아는 많은 작은 국가들로 분열되었다. 스페인 사람들도 개성의 우위를 보이지만 이 개성은 이탈리아적 솔직담백함이 아니라 반성과 결합된다. 그들은 명예를 존중하며 직접적 개별성에서가 아니라 그들이 행동이 따라야 하는 원리에 따라 인정받기를 바란다. 그들은 이탈리아인들보다 끈기와 지속성을 갖으며, 이탈리아인들이 종교적 망설임 때문에 생활의 향유를 제약받지 않는 반면 스페인 사람들은 광적인 열정으로 가톨릭 이론의 자구에 얽매여 있다. 프랑스인들은 오성의 확고함과 민첩한 재치를 보여주지만 경솔함과 허영심을 갖는다. 그들의 사회적 교양은 타자를 존중하며 타자에 대해 호의적이지만, 타인의 의견에 대한 존중이 진리를 희생시켜서라도 다른 사람의 마음에 들고자 하는 노력으로 퇴화되기도 한다. 프랑스인들의 재기발랄한 사상은 보편적 사상이나 사태의 개념으로부터 발전된 것은 아니다. 하지만 엄밀한 규칙에 종속된 그들의 언어와 표현의 명확성은 그들 사상의 분명한 질서와 간결함을 통해 정치적·법률적 서술의 본보기를 제공한다. 정치적으로 그들의 날카로운 오성은 구질서에 대항하여 새로운 인륜적 질서를 창조하는 단호한 모습으로 나타났다. 영국인은 지적 직관의 민족이다. 영국인들은 이성적인 것을 보편성의 형식에서보다 개별성의 형식에서 인식한다. 영국인에게서 인격성의 원형이 보여지지만, 그것은 솔직담백하고 자연적이지 않고 사상 혹은 의지로부터 발원한다. 영국인들에게서 정치적 자유는 보편적 사상으로부터 유래하지 않는 관습법의 형태를 지니고 있다. 독일인은 심오하지만 몽롱한 사색가로 알려져 있다. 그는 사물의 내면적 본성과 필연적 연관을 개념적으로 파악하고자 한다. 그래서 학문의 영역에서 가장 체계적으로 작업한다. 이때 종종 형식주의에 빠지기도 한다. 독일인의 정신은 내면을 향해 있고, 조용한 생활, 은둔적 정신의 고독 속에서 그는 행위에 앞서 원칙을 세부적으로 규정한다. 그래서 어떤 것을 더디게 행위로 옮기고 민첩한 결정이 필요할 경우에도 종종 결단을 내리지 못한다. 독일인은 실행할 모든 것을 근거를 통해 정당화하고자 하며, 이러한 정당화 과정은 종종 형식주의로 전락한다. 이러한 형식주의는 독일인들이 약간의 정치적 권리를 한갓 항의만 함으로써 유지하는 데 만족해왔다는 점에서 드러난다. 헤겔은 독일인들이 정치적 정신이나 애국심이 투철하지 못하여 국가를 위하여 일하기를 꺼림에도 불구하고 관직의 명예에 각별한 열망을 갖고 있다고 판정한다. 그래서 독일인들은 스페인 사람들만큼이나 긴 이름을 선호한다는 것이다.

3.4 개체적 주체로 개별화된 자연정신으로서의 혼

상이한 인종의 특성에 대한 헤겔의 서술은 그가 인종주의자임을 말해주는 것이 아니다. 그것은 궂은 날씨에 상처 부위가 쑤셔오는 증상이 인간이 자연과 공감하는 자연성을 지니고 있다는 것을 보여주듯이, 마찬가지로 인간은 인종적으로 상이한 외모와 정신을 가지고 있다는 것을 말할 뿐이다. 뿐만 아니라 인간은 보다 구체적으로는 어떤 민족에 속하느냐에 따라 그 민족성을 공유한다. 하지만 자연과의 공감이 특별히 병적인 상태에서 두드러지고 의식적인 정신생활에서는 아주 미미한 영향만을 미치듯이, 인종적 특성은 개인의 정신생활에서 매우 적은 영향을 미칠 뿐이다. 보편성이 줄어들수록, 즉 특수성이 강화될수록 자연적 정신으로서의 혼이 개인의 정신생활에 미치는 영향이 보다 구체적이고 강하겠지만, 정신적 능력이 탁월한 사람은 민족성이라는 자연성에도 별로 제약되지 않는다. 다만 자연의 보편적 특성과 자신이 속하는 인종 및 민족의 특성이 개인의 정신생활에서 자연적 본성으로서 근저에 놓여 있다는 것이다.

개인이 속한 집단의 구성원들과 공유하고 있는, 위에서 열거한 보편적 특성이 개인에게 귀속되는 방식과는 달리 이제 각 개인에게 고유한 자연적 본성으로서의 정신적 특성이 개인에게 주어진다. 말하자면 개인은 각기 다른 기질, 재능, 성격, 골상 등을 가지고 태어난다. 이와 더불어 혼은 개체적 주체로 개별화되는데, 이 개별화된 주체는 아직 의식적 개인으로서의 주체가 아니라 자연규정성의 개별화로서의 주체, 즉 자연적 정신이 개인에게 고유한 형태로 나타남을 의미한다. 개별화된 자연정신은 천성, 기질, 성격이라는 세 가지 형태로 분류된다.

천성이란 인간이 자신의 행위를 통해 이룬 것이 아니라 자연적으로 주어지는 소질을 의미한다. 재능과 천재성이 여기에 속한다. 재능이 단지 특수한 것에서 새로운 것을 산출하는 능력이라면, 천재성은 하나의 새로운 유를 창조한다. 헤겔은 재능이나 천재성이 우선 단순한 소질에 불과하기 때문에 계발을 통해서만 현존하고 능력을 유지한다고 한다. 가령 어린 시절에 그림을 잘 그리는 것은 예술에 대한 재능을 알려주지만 그것이 아무것도 성취하지 못한 채 사라져버릴 수 있다. 재능은 행위와 노력을 통해 계발되는 한에서만 현존하고 유지되는 것이다. 때문에 한갓된 재능은 자신의 활동에 의해서 개념적 인식에 이른 이성보다 높이 평가되어서는 안 된다. 특히 철학에 있어서는 천재성이 그다지 중요하지 않다. 천재성은 논리적 사유의 엄밀한 교육에 종속되어야 하기 때문이다. 천재성은 오로지 교육에 종속됨으로써만 자신의 완전한 자유에 도달한다는 것이 헤겔의 생각이다.

어떤 사람이 어떤 영역에 재능이 있다고 말하는 것처럼 재능과 천재성은 외부의 어떤 특정한 대상적 영역에 상응하는 능력이다. 하지만 기질은 어떠한 특정한 영역에도 관계하지 않으며, 개인이 행동하고 자신을 객관화하며 현실 속에서 살아가는 보편적인 방식을 말한다. 재능과 천재성은 고정된 형태를 지니며, 한 개인에게 하나 혹은 여러 개의 재능이 병렬적으로 변함없이 지속된다. 반면 기질은 동일한 개인이 어떤 기질에서 다른 기질로 바뀔 수도 있고, 그렇기 때문에 어떤 고정된 존재도 갖지 않는 가변적인 것이다. 헤겔은 아직 도야되지 못한 시대에는 희곡이 경박한 사람, 우스꽝스럽게 산만한 사람, 인색하고 탐욕한 사람들과 같은 편협한 성격을 그리지만, 교양이 발달된 시대에는 이러한 것이 줄어드는 것처럼 교양의 발달과 더불어 기질의 상이성은 사라진다고 한다. 우리는 누구나 어린 시절에 코미디 프로를 보고 인간의 행위를 지나치게 희화화하는 코미디언의 과장된 몸짓에 웃느라 혼을 빼앗긴 경험을 한 적이 있을 것이다. 하지만 정신적으로 도야되어 교양을 형성한 지금은 그러한 것은 유치하게 생각되고 더 이상 우리의 관심을 끌지 못한다. 마찬가지로 기질의 상이성은 교양 있는 사람에게는 그렇게 크게 드러나지 않는다.

헤겔에게 인간의 기질은 다혈질, 점액질, 담즙질과 우울한 기질의 네 가지로 알려져 있다. 다혈질과 점액질은 사람이 사태에 빠져드는 경우이고, 반대로 담즙질과 우울한 기질은 자신의 개별성이 보다 중심에 있는 경우이다. 다혈질의 사람은 사태에 자신을 완전히 쏟아 붓고, 피상적 유동성을 지닌 채 사태의 다양성 속에서 이리저리 몰려다닌다. 반면 점액질의 사람은 지속적으로 하나의 사태에 몰입한다. 담즙질과 우울한 기질의 사람들은 주관성에 고착하는 것이 지배적인데, 담즙질의 경우에는 유동성이 우울한 기질의 경우에는 비유동성이 우세하다. 그래서 담즙질의 사람은 쾌활한 기질을 가지며 점액질의 사람은 우울한 기질을 갖는다.

미국인들은 커다란 제스처에 감정 표현을 서슴지 않는 반면에, 독일인들의 얼굴은 평소에 전혀 감정을 나타내지 않는다. 하지만 개인적으로 눈이 마주칠 때에는 환한 미소를 짓는데, 이것은 독일인들이 평소에 웃음을 머금고 있는 것처럼 아무 목적 없이 감정을 표현하는 것이 교양 있는 태도라고 생각하지 않음을 말해준다. 이러한 생각은 내면적이고 사변적이라는 독일인의 민족성에서도 유래하지만 기질을 드러내는 것이 천박하다는 생각에서 유래하는 것이기도 하다. 교양 있는 사람은 기질에 지배되지 않고 기질을 드러내지 않는다는 것이다.

기질이 교양의 시대에는 중요성을 상실하지만, 성격은 여전히 개체성을 형성하는 중요한 규정이다. 성격은 인간이 정력을 가지고 자신의 목적과 관심을 추구하는 행위 속에서 흔들림이 없이 자신의 중심을 유지하는 태도를 말한다. 성격은 열정에 관계하는데, 열정이란 여타의 어떤 것도 도외시한 채 혼신의 힘을 집중하여 자신의 관심과 목적을 성취하고자 노력하는 태도를 말한다. 열정은 따라서 특수한 내용을 갖는다. 성격도 열정처럼 내용에 관계하는데, 개인의 의지가 실질적이고 보편적인 내용을 지녀 원대한 목적을 실행함으로써 다른 사람의 길잡이 역할을 할 때 그 개인은 위대한 성격을 갖는다고 말한다. 따라서 성격이 뚜렷한 사람은 다른 사람을 감동시킨다. 반면에 의지가 개별성에 고착되거나 내용이 없는 공허함을 띤다면 그것은 아집이다. 성격은 기질의 가변성과 천성의 고정성을 더불어 갖는다. 성격의 확고함은 천성처럼 직접적이고 타고난 것이 아니라, 의지를 통해 발전시켜야 할 것이다.

3.5 개체적 주체의 자연적 경과로서의 연령에서 나타나는 자연적 정신의 특성: 헤겔의 교육론

이제 개체로서의 혼에 있어서의 변화, 하나의 주체가 겪는 자연적인 변화가 또한 고찰되어야 한다. 여기서는 첫째, 연령의 자연적인 경과와, 둘째, 혼의 수면 상태와 각성 상태인 꿈과 생시의 두 가지가 주목할 가치가 있다. 개체의 자연적 경과로서의 연령은 한 개체가 유년, 청소년, 장년과 노년에 속하면서 자연적으로 갖게 되는 자연규정성을 말한다. 개체가 이러한 과정의 각 단계에서 어떠한 자연적 정신의 상태에 있으며 특히 유년 및 청소년 시절에는 어떠한 방식으로 다음 단계로 이행해야 하는지가 고려되어야 하기 때문에, 연령에 따른 자연적 정신의 특성에 대한 고찰에서 교육론이 더불어 서술된다.

유년 시절은 주체가 자신과 세계에 대해 자연적인 조화를 이루는 시기로서 대립 없는 출발점을 이룬다. 유년 시절에 아이는 부모의 사랑 안에서 살아가며, 세계와 직접적인 통일을 이루고 있다. 하지만 개체의 이러한 비정신적이고 단순히 자연적인 통일은 지양되어야 한다. 개체는 그 자체로 존재하는 세계로서의 객체에 자신을 대립시키고 이러한 대립 속에서 자신을 자립적인 것으로 파악해야 한다.

하지만 이런 대립과 그로부터 획득되는 자립성은 우선 청소년기에는 일면적인 형태로 나타난다. 청소년은 참된 것과 선한 것이 사실은 객관적 세계로부터 유래하고 거기에 근거를 갖는 것임에도 불구하고, 그것들을 자신의 덕으로 간주한다. 반면 우연적인 것은 세계의 탓으로 돌린다. 헤겔은 현상하는 현존의 세계가 그 자체 이성적이라고 보지는 않지만, 세계는 이성적인 질서를 내포하고 있고 이 이성적 질서는 인간에 의해 마땅히 그래야 하는 방식으로 존재하게 되어야 한다고 한다. 헤겔의 용어로 말하면 이성적인 것이 현실화되어야 한다. 인간 행위의 타당성의 기준은 이러한 이성적 질서를 떠난 어디에서도 얻어질 수 없다. 그것은 한편으로 현실적인 영향력을 지니고 존재하는 것이면서, 또 한편으로 도달되어야 하는 당위이기도 하다. 헤겔은 존재와 당위의 통일로서 세계 속에 객관적으로 있는 이성을 이념이라고 한다. 청소년은 자신의 행위의 타당성이 자신으로부터 말미암으며 세계는 우연적이고 부수적인 것이라고 봄으로써 세계 속에 객관적으로 있는 이념을 해체시킨다. 그러나 청소년은 이러한 세계와의 참되지 못한 대립을 극복하고 세계를 그 자체 이성적인 것으로 간주하고 개체를 우연적인 것으로 고찰해야 하는 통찰로 이행해야 한다.

    인간은 오직 자신에 대립해 있으면서 자립적으로 운행하고 있는 세계에서만 자신의 본질적 업무와 그를 통한 충족을 발견할 수 있기 때문에 이러한 사태를 위한 필요한 기능을 숙달해야 한다는 통찰에 도달하게 되면 청소년은 성인이 된다. 성인은 인륜적 세계 질서가 자신이 비로소 산출해야 할 것이 아니라 본질적인 것으로서 이미 완성되어 있다는 것을 알고, 사태에 반해서 행위하는 것이 아니라 사태에 관심을 갖고 사태를 위해 활동한다. 이로써 청소년의 일면적 주체성이 극복되고 개체는 객관적 정신성의 위치에 도달하게 된다.

유년이 대립 없는 출발점이라면 노년은 대립 없는 종말이다. 노인은 사태에 익숙해져서 사태에 대해 풍부한 관심을 갖는 활동을 포기한다. 노인은 사태에 대해 무관심하며 사태와 대립 없이 통일되어 있다. 개인은 인간이라는 보편성으로서의 유와 나라는 개체성의 통일로 구성된다. 출생은 유와 개체성이 직접적이고 아직은 무구별적으로 통일되어 있는 직접적 개별성의 추상적 발생이다. 인생은 유와 개체성의 이러한 직접적인 통일이 다시 분리되어 대립하고 이 대립이 통일되는 과정을 거치는데, 결국 개별성에 대한 유의 승리, 즉 개체성의 추상적 부정인 죽음으로 끝난다. 개별자로서의 인간은 죽고 자손을 통해 유로서의 인간만이 존속한다. 따라서 노인의 죽음은 개별성과 유의 통일의 논리적 과정이 개별성에 대한 유의 승리로 마감됨을 의미한다.

교육의 대상으로 문제되는 것은 주로 소년과 청소년이다. 유년으로부터 소년시절로 이행하면서 아이는 외부세계의 현실성을 느끼고 스스로 현실적 인간이 되기 시작한다. 아이가 서고, 걷고, 말하기를 배우면서 현실에 대한 실천적 태도의 능력을 갖는다. 인간은 직립하고 보행함으로써만 자신이 단지 다른 사물들과 나란히 존재하는 것이라는 상태를 지양하며 자신에게 자신의 위치를 부여하고 고유한 관점을 형성한다. 언어는 인간에게 사물을 보편적인 것으로 파악할 수 있는 능력을 주며, 자기 자신 또한 고유한 보편성을 갖는 존재로서 파악하게 한다. 이러한 자신의 고유한 보편성이 자아성이며, 자아에 대한 파악은 정신적 발전에서 가장 중요한 정점이다. 이로써 아이는 외부세계에 침몰되어 있지 않고 자기 자신으로 반성한다. 이러한 자립성은 우선 장남감을 가지고 놀기를 배우면서 현실 속에서 표현된다. 아이는 자신의 고유한 생각대로 장난감들을 배열하고 조작하면서 자신의 즐거움을 성취한다. 하지만 장남감은 감각적 사물에 불과하며 아이의 행위는 놀이에 그친다. 헤겔은 아이가 장난감을 가지고 이룩할 수 있는 가장 이성적인 것은 장난감을 파손하는 것이라고 한다.

아이는 감각적 사물을 가지고 장난하는 것으로부터 배움의 진지함으로 이행하면서 소년이 된다. 소년은 호기심을 갖기 시작하며, 직접적으로 제시되지 않은 표상을 문제 삼는다. 또한 소년은 아직 자신이어야 할 바(성인)대로 있지 못하다는 것을 느끼며 성인처럼 되고자 하는 왕성한 바람을 갖는다. 성인이 되고자 하는 욕구는 아이를 성장시킨다. 이러한 욕구가 교육에 대한 아이 자신의 노력으로 나타나며, 이러한 노력이 모든 교육의 내재적 계기이다. 소년은 자신이 스스로를 그리로 고양하고자 하는 고차적인 목표를 갖는데, 그것은 아직 보편성의 형식으로가 아니라 주어진 것, 개별적인 것 그리고 권위적인 것으로 나타난다. 소년이 승인하고 뒤따르려고 하는 이상형은 이러저러한 사람이다. 소년들은 아직 보편적으로 사유하고 자신의 목표를 구성할 있는 능력이 없기 때문에, 우리는 이미 주어진 구체적이고 개별적인 사례로서 가령 위인의 상을 소년들에게 소개하고 이상형으로 제시하여야 한다. 헤겔은 소년들이 아직 자신의 학습 목표와 대상을 스스로 구성할 수 없기 때문에 그것들이 권위를 가지고 제시되어야 한다고 한다. 그는 놀이 교육학을 불합리한 것으로 간주한다. 그것은 아이들에게 진지한 것을 놀이로 인식하게 하며, 아이들에게 사태의 진지함으로 안내해야 할 교육자들을 학생들의 유아적인 감각으로 끌어내린다는 것이다. 그 결과 학생들은 진지하지 못하고 모든 것을 얕보며 건방지게 되기 쉽다.

헤겔에 따르면 소년은 자신의 기호에 몰두하도록 허용되어서는 안 되고 자제하는 것을 배우기 위해 순종해야 한다. 순종은 모든 지혜의 출발이다. 소년은 아직 참된 것과 객관적인 것을 인식하지 못하고 그것들을 자신의 목적으로 삼지 못하며, 따라서 자립적이지도 자유롭지도 못하다. 이러한 미완성의 의지는 순종을 통해 외부로부터 이성적 의지를 받아들여 자신 안에서 타당하게 해야 하며, 이성적 의지를 점차 자신의 것으로 만들어야 한다. 헤겔은 루소에서 유래하는 아이들의 자발적인 발의에 근거하는 교육론에 반대한다. 이러한 교육론에서 아이들은 자신의 자발적인 발의에 근거해서 자기들이 좋아하는 것을 하도록 허용되는데, 그들이 좋아하는 것이 교육의 대상으로서 타당성을 갖는 것은 아이들 자신에 근거한다. 헤겔은 교육에서 가장 중요한 것이 이성적으로 되는 것이라고 본다. 하지만 인간에게 지배적인 것은 이성이 아니라 충동이다. 우리는 어린 아이가 대부분 충동에 의해서 지배되고 이성적인 면은 싹으로서만 내포하고 있음을 본다. 교육이란 이 이성적인 싹을 배양하여 충동을 이성적으로 길들이는 것이다. 따라서 아직 이성적이기보다 충동이 지배적인 아이에게 자신의 기호에 따라 교육의 대상을 선택하게 하고 그 선택의 근거를 아이에게서 갖게 하는 것은 어리석은 것이며 최악의 교육 방식이라고 헤겔은 생각한다. 이 경우 아이는 마땅히 교육이 지향해야 할 보편성을 목표로 하지 않고 특이한 기호와 이기적 관심 속으로 몰입하는 한심스러운 상태에 빠지게 된다. 루소가 말하듯이 자연 상태에서 아이는 악하지도 선하지도 않다. 하지만 이러한 상태는 무지의 순박함일 뿐이므로, 그것을 이상으로 여기고 그리로 돌아가고자 하는 것은 어리석은 짓이다. 이러한 순박함은 가치가 없으며 단기적이다. 곧이어 아이들에게는 고집과 악이 나타난다. 이 고집은 훈육을 통해 단절되어야 하고 악의 싹은 수양을 통해 잘라내져야 한다.

소년은 언어를 배우면서 개별적인 것에서 보편적인 것을 사유하는 데로 고양된다. 하지만 그는 아직 보편을 개념적으로 파악하지 못하고 단지 표상적인 방식으로만 이해한다. 말하자면 세계의 내적 연관을 이해하지 못하고 단지 추상적으로만 사태를 파악한다. 하지만 종교나 법과 같은 보편을 소년들이 아직 사고할 능력이 없기 때문에 단지 감각적인 방식으로만 경험하도록 해야 한다는 당시의 교육론을 잘못된 방식이라고 비판하면서, 헤겔은 소년들이 이미 초감각적 세계를 사고할 수 있음을 인정한다. 이러한 초감각적 보편성 일반에 대한 교육은 가정에서보다 학교에서 한결 높은 수준에서 가르쳐질 수 있다. 가정에서 아이는 자신의 직접적 개별성에서, 즉 존재 그 자체로 가치를 지니고 사랑받게 된다. 하지만 학교에서 아이는 무언가를 성취했을 때만 가치를 지니며 존중된다. 학교에서 아이는 더 이상 단순히 사랑받는 것이 아니라, 보편적 규정에 따라 비판받게 되며 지도된다. 그는 확고한 규칙에 따라 수업대상을 교육받으며 보편적 질서에 복종하게 된다. 보편적 질서는 그 자체로 잘못이 아닌 것들도 그것이 모든 사람들에게 허용될 수 없기 때문에 금지한다. 그리하여 학교는 가정에서 시민사회로의 이행을 원만하게 한다.

사춘기에 접어들어 소년은 유적 생활에 관심을 갖고 또 그것의 충족을 추구하면서 청소년이 된다. 청소년은 세계의 보편적 질서에 주목한다. 그의 이상은 더 이상 소년에게서처럼 성인의 인격에서 나타나지 않는다. 청소년은 개별성에서 독립된 보편적인 것을 자신의 이상으로 삼는다. 하지만 이들의 이상은 이상적인 사랑이나 우정 혹은 이상적인 세계상과 같은 다소 주관적인 형태를 띠고 현존하는 세계와 대립하며, 청소년들은 자신의 이상을 실현함으로써 이러한 대립을 지양하고자 하는 충동을 갖는다. 그들은 그들이 보기에 적합하지 않다고 보이는 세계를 개조하거나 재정비해야 한다는 사명을 느끼며 그럴 능력이 있다고 공상한다. 하지만 헤겔은 세계가 인류의 보편적 노동을 통해 이미 이러한 비판적 노력들의 결과를 수렴하면서 나름의 보편적 이성을 실현하고 있고, 그것의 전개가 개인의 노력과는 상이한 방향으로 결과하고 그리하여 개인에게는 부조리하게 보일지라도 세계의 운행은 그 자체 이성적인 보편성을 실현하는 것이라고 본다. 따라서 청소년의 이상에 포함되어 있는 보편적인 것이 본질상 이미 세계 안에서 실현되고 있지만, 이것은 열정에 들떠 있는 청소년에게는 통찰되지 않는다. 보편적인 것의 실현은 그에게는 보편적인 것의 타락으로 보인다. 그는 자신의 이상뿐만 아니라 자신의 인격까지도 세계에 의해 승인받지 못한 것으로 느낀다. 이와 같이 아이가 세계와 더불어 살아가던 평화가 청소년에 의해서 파괴된다. 이상을 추구하는 젊은이는 자신의 특수하고 세속적인 이익에 관심을 기울이는 성인들보다 자신이 고상하고 욕심이 없다는 가상을 갖는다. 하지만 성인의 행위는 더 이상 자신의 특수한 충동이나 주관적 관점에 사로잡혀 있지 않고 단지 사적 수련에만 종사하지도 않으며 오히려 현실의 이성으로 침잠해 들어가서 세계를 위해 활동하는 것임이 입증된다. 청소년은 자신의 이상을 실현할 능력을 갖추기 위해 수양하는데, 그러면서 청소년은 성인이 된다.

청소년은 성인이 되면서 이상적인 삶으로부터 시민사회에로 이행한다. 이 이행은 그에게는 속물적인 삶으로의 고통스런 이행으로 나타난다. 그는 지금까지는 수양 과정 속에서 자신을 위해서만 일하였지만 이제 타인을 위해 일하고 다른 개별자들과 관계를 가져야 한다. 그의 이상이 직접적으로 실현될 수 없다는 사실은 그를 우울증 환자로 만들 수도 있다. 이러한 우울증은 늦게 엄습해오면 올수록 그 증상이 더 심각하다. 허약한 본성을 갖는 사람은 우울증 속에서 현실을 혐오하면서 자신의 주관성을 포기한다. 이러한 현실적 무능력 상태에 빠지지 않기 위해서 사람은 세계를 자립적이고 본질적으로 완성된 것으로 승인해야 한다. 그는 세계의 냉담함을 감안하여 자신이 갖고 싶은 것을 단념해야 한다. 세계와의 이러한 동의는 단지 비상시에만 일어나는 우연적인 것이 아니라 이성적인 것으로 인식해야 한다.

성인이 세계를 완전히 변형하고자 하는 기도를 포기하고 사적인 목적과 열정을 세계와 접목시킴으로써만 실현시키고자 하면서 그는 철저히 이성적으로 행동한다. 그럼에도 불구하고 성인에게 창조적인 활동의 공간이 남아 있다. 왜냐하면 세계가 본질적으로 완성된 것으로 승인되어야 한다고 할지라도 세계는 부동의 것이 아니라 스스로를 산출하면서 진보하는 것이기 때문이다. 세계의 자기 산출과 진보는 성인들의 노동에 의해 이루어진다. 한 개인은 자신의 소원이 직접적으로 성취될 수 없기 때문에 불만하지만, 세계의 진행은 개인의 차원에서가 아니라 거대한 군중의 차원에서 일어나고 막대한 양의 산출된 것들 속에서 비로소 눈에 띈다. 그래서 성인이 50년 동안의 노동 이후에 자신의 과거를 되돌아보면 그는 진보를 인식할 것이다. 이러한 인식을 통해 개인은 세계의 이성성을 통찰하고 자신의 이상이 파괴된 데서 오는 슬픔으로부터 해방된다. 결국 성인의 실천적 활동에서 참되지 못한 것, 즉 이상의 공허한 추상성은 사라지고 참된 것만이 유지된다.

청소년이 성인이 되기 위한 조건은 첫째 청소년이 자신의 도야(교양)를 완성해야 한다는 것이다. 도야(교양)의 완성이란 학업을 마친다는 것이다. 하지만 이 도야는 자신의 생계를 유지하고 자신의 사적인 목적을 성취하기 위한 것이므로 청소년은 도야의 과정 속에서 자신을 위해서만 일을 하는 것이다. 이러한 도야는 아직 청소년을 온전히 완성된 인간으로 만들지 못한다. 성인이 되기 위한 두 번째 조건은 다른 사람을 위하여 일하면서 생계를 유지한다는 것이다. 청소년은 성인이 되어 사회에서 노동을 하면서 자신의 생계를 유지해야 하는데, 그의 노동은 이제 자신만을 위한 수양을 넘어서 다른 사람을 위하여 일하기 시작하는 것이다. 그럼으로써 그는 시대적 관심에 대해 배려하게 되며 그것을 통해 완전한 성인이 된다.

성인이 일하면서 다루게 되는 대상은 개별적이고 특수하며 가변적인 것이다. 성인은 그 안에 있는 보편적인 것, 규칙과 합법칙적인 것을 인식하고 거기에 친숙하게 되면서 일에 숙련된다. 성인이 자신의 업무에 완전히 숙련되면서 그의 활동은 대상의 어떠한 저항도 받지 않게 되고 그의 활동의 이러한 완성과 더불어 그 활동의 생명성도 희미해진다. 주관의 객관에 대한 관심도 사라지면서, 성인의 육체적 기관의 활동성도 둔감해지고 마찬가지로 정신적 삶도 일상화되면서 성인은 노인이 된다.

노인은 특정한 관심이 없이 살아간다. 왜냐하면 그는 과거의 희망을 포기하고 미래의 어떤 새로운 약속도 기대하지 않기 때문이다. 아니 오히려 그는 마주치게 될 모든 것에 관해서 이미 그것의 보편성과 본질을 알고 있다고 믿기 때문이다. 노인은 보편적인 것과 보편적인 것에 대한 인식을 가져온 과거에만 몰입하며, 현재의 개별적인 것들에 대한 기억을 상실한다. 노인은 자신이 터득한 생의 지혜를 젊은이들에게 물려주는 것을 의무로 여기지만, 이 지혜는 주관과 세계의 생명력을 상실한 일치이며 이러한 일치는 대립 없는 유년 시절로 되돌아감을 의미한다. 육체적 기관의 활동성은 습관으로 굳어져서 더 이상 진행되지 않으며, 결국 개별성의 추상적 부정인 죽음으로 된다.

3.6 개체적 주체의 자연적 변화로서의 꿈과 생시

개체에서 일어나는 자연적 변화 중에서 주목해야 할 또 한 가지는 동일한 개체에서 나타나는 잠자는 상태와 깨어 있는 상태의 지속적인 교체이다. 인간은 수면과 각성 혹은 꿈과 생시에 있게 마련인데, 전자는 자연적 상태로서 자신 안에 폐쇄된 혼의 자연적 삶을 말하며 후자는 이와 달리 혼이 각성하여 외부의 대상을 의식하는 상태를 말한다.

꿈과 생시, 잠들어 있음과 깨어 있음의 구별은 철학적으로 어려운 문제이다. 양자의 구별의 기준을 첫째로 흥미에 두어, 깨어 있는 동안 우리는 흥미를 느끼지만 잠들어 있을 때 그렇지 않다고 할 수 있다. 그러나 이러한 주장은 우리가 깨어 있는 동안에도 매우 지루할 수 있고 오히려 꿈속에서 생동감 있는 흥미를 갖는 일이 가능하다는 사실에 의해서 반박될 수 있다. 잠들어 있다는 것은 혼이 자신 안에서 구별되지 않고 외부로부터도 구별되지 않는 상태이다. 혼은 항상 동일한 것만을 느끼고 표상할 때 졸리게 된다. 단조로운 음색으로 부르는 노래나 시냇물의 조잘댐은 졸음을 불러일으킨다. 또한 헛소리나 연관성도 없고 내용도 없는 이야기도 마찬가지로 졸음이 오게 한다. 이럴 경우 혼은 외부의 대상과 자신을 구별하지 못하고 대상으로부터 자신 내부의 무구별적 통일성으로 돌아와서 지루해하다가 잠들게 된다. 서로 명백히 구분되는 풍부한 내용의 요소들이 연관성을 가지고 우리에게 제시될 때만 우리의 정신은 흥미를 느끼고 깨어 있음의 역동성을 느끼게 된다. 우리는 깨어 있을 때와 잠들어 있을 때 모두 흥미를 느낄 수 있다. 하지만 꿈속에서 커다란 흥미를 느낄지라도 거기서 우리는 단지 표상적으로 사유할 뿐이며, 요소들의 연관성을 필연적으로 구별하고 사유하는 오성적 사유는 생시에만 가능하다. 이 점이 다음 세 번째 점에서 상론할 꿈과 생시의 구별 기준이다.

두 번째로 꿈과 생시의 구별의 기준을 선명함에 둘 수 있다. 그러나 우리는 가끔 생시보다 더 생생한 꿈을 꾸기도 하며, 특히 질병에 걸린 사람이나 몽상가들에게는 꿈꾸는 것이 깨어 있는 것보다 더 선명하다.

세 번째 구별 기준은 사유이다. 인간은 깨어 있는 상태에서만 사유한다고 주장할 수 있다. 하지만 인간의 감정, 직관, 표상과 같은 정신의 모든 형식에 있어서 사유가 토대가 된다. 사유는 잠들어 있음과 깨어 있음 모두에 공통된 보편적인 활동이다. 하지만 사유가 다른 정신의 형식들과 구별되는 정신적 활동으로서 본래적 의미에서 이해될 때, 이러한 사유는 꿈을 꿀 때는 멈추고 오직 깨어 있을 때에만 활동한다. 이러한 본래적 의미의 사유는 자연적인 것, 외적인 것으로부터 자신을 구별하고 그것에 대립하면서 자립성을 확보하는 오성의 단계의 사유를 말한다. 이러한 방식으로 오성은 외부세계의 개별성에 묶여 있지 않고 거기로부터 자유롭다. 외부의 대상들도 오성의 주체성으로부터 자립적인 것으로 된다. 외부의 대상들은 객관적이고 필연적인 연관을 갖는다. 우리는 생시에는 이것을 오성적으로 사유한다. 이때 대상과 주체는 명백히 분리되며 대상은 주체에 독립한 자립적인 필연적 객관성의 연관을 갖고, 주체는 이 필연성에 따라 사고하고 인식한다. 하지만 꿈은 내용의 요소들을 주관의 자유로운 연상에 의해 결합하는 표상작용에 의해 이루어진다. 꿈속에서 표상작용은 객관의 필연적 연관으로부터 요소들을 떼어내어 개별화하고 자유로운 연상에 의해 자의적으로 결합한다. 여기서 대상은 주관으로부터 분리되어 있지 않고 주관에 의존적이며, 주관은 외부로 향하여 객관적 연관의 필연성에 따라 요소들을 의식적으로 구별하는 것이 아니라 단지 주관의 무구별적 통일 속에만 머물러 있다.

꿈속에서 모든 것은 흩어져 있고 무질서 속에 있다. 대상들은 필연적이고 객관적인 이성적 연관을 상실하고 우연적이고 주관적인 결합 속에 놓여 있을 수 있다. 생시에는 나의 오성은 분명히 정선의 산골마을이 강원도의 산악 지형에, 통영의 바닷가의 전경이 경남의 해안 지형에 서로 분리되어 있음을 알고 있지만, 꿈속에서 나는 정선에 있으면서 산모퉁이를 돌아서니 바로 통영의 바다 전경에 맞닥뜨리는 비오성적인 경험을 한다. 카프카의 소설은 꿈속에서의 사건의 전개를 그려놓은 듯하다는 평을 듣는데, 가령 소설《심판》에서 빈민가에 있는 화가의 집에 있으면서 그 집의 뒷문을 여니 법원으로 통하게 되는 장면 묘사가 나오는데 이러한 연결은 오성적으로는 전혀 결합시킬 수 없는 두 가지 장면의 결합이다. 또한 꿈속의 사건의 연관들은 생시의 자극으로부터 영향을 받기도 하지만, 이때에 꿈속의 나는 현실의 자극을 생시와는 전혀 다르게 연관시킨다. 가령 잠자고 있는 사람에게 가슴에 약간의 압력을 주면 그것은 꿈속에서는 악령에 시달리는 사건으로 표상될 수 있다. 또 현실에서 문이 강하게 닫히는 소리는 꿈에서 총소리로 연결되어 황당한 강도 이야기로 사건화된다. 꿈과 현실과의 이러한 연관은 잠이 깊이 들지 않아 잠꼬대를 할 때 현실의 사람이 잠꼬대를 하는 사람과 간단한 대화를 나누는 흔한 경험에서 확인될 수 있다. 꿈과 생시의 이러한 연관은 특히 초저녁 낮잠을 잘 때 잘 관찰된다. 선잠을 자는 아이의 겨드랑이에 체온계를 꽂았을 때 아이는 이 자극 때문에 눈을 뜬다. 하지만 의식은 아직 이러한 신체적 변화를 따라서 각성하지 않고 꿈속에 있을 수 있으며, 아이는 현실에서 오는 간지러움의 자극을 꿈속에서는 웃기는 만화책을 읽고 웃는 일로 형상화한다. 그래서 아이가 눈을 뜨고 있지만 꿈을 꾸면서 웃는 일이 발생할 수 있다. 보통 꿈을 꿀 때에는 육체가 깨어 있지 않기 때문에 꿈속에서 웃고 있을지라도 그것이 신체상으로 표현되지 않지만, 육체가 각성되었음에도 불구하고 아직 의식이 꿈꾸고 있는 경우에는 이런 일이 일어날 수 있다. 이때 아이의 웃음은 생시에서보다 과장되어 나타나고 얼굴의 근육도 생시에서와는 다른 움직임을 보인다. 꿈속의 사건은 현실의 지성적 연관으로부터 자유롭기 때문에 별로 웃기지 않은 것도 매우 우스운 것으로 나타날 수 있고 눈을 뜨고 있는 각성된 신체와 꿈속의 의식은 별개의 것으로 분리되어 있기 때문에 신체와 의식이 생시에서와 같이 결합되지 않는 이러한 현상이 나타난다고 할 수 있다.

이와 같이 꿈에서는 현실의 오성적 연관이 가능케 하는 객관성의 필연적 연관과는 달리 자유로운 연상의 결합에 의해서 요소들이 결합된다. 따라서 꿈과 생시는 사태의 연관이 객관적인 필연성을 가지고 있는가의 여부에 달려 있다. 생시의 사태가 갖는 객관적 연관과 비교하여 꿈속의 내용이 비객관적임을 판별할 수 있으며 그것이 꿈임을 확인할 수 있다.

4. 자연적 혼과 자각적 의식의 전도된 지배관계로서의 정신병

꿈과 생시의 구별에서 보듯이 보다 발전된 본래적인 정신은 깨어 있는 정신이다. 정상적인 정신을 가진 사람은 생시에 현실을 자각적으로 아는 건전한 감성과 오성을 지닌 사람이다. 만일 생시의 현실에 있으면서도 꿈을 꾸듯이 행동한다면 그것은 정상적이지 못하다. 몽유병 환자가 바로 그런 예이다. 몽유병 환자는 세계 속에서 자신의 관심과 제한된 관계의 범위만을 의식한다. 마땅히 있어야 할 각성된 의식이 현실 속에서 꿈꿀 때와 같은, 정신의 보다 미발달 단계인 자연적 혼의 상태로 타락했을 때 정신적인 질병의 상태에 있게 된다. 이러한 상태는 몽유병처럼 꿈속에 있을 때만이 아니라, 종교적 광신의 상태에 빠져 현실의 오성적 연관성의 필연성을 인식하지 못할 때, 오성이 충동이나 열광에 빠져 있을 때, 최면 상태에 빠져 있을 때, 심한 고열에 시달리며 환각을 체험할 때 등이다.

이러한 상태에서 정신은 오성적 단계 이전의 감각적이고 감성적 생의 상태에 머물러 있다. 여기서 정신은 우리가 꿈의 경우에서 살펴보았듯이 외적 세계와 자신을 구별하지 못하기 때문에 외부 세계는 자립적이지 못하고, 이러한 외재성이 사라져감에 따라 주체 자신의 자립성도 소멸된다. 말하자면 자각적 자의식이 결여된 상태가 감성적 생의 상태이다. 이러한 상태에서는 개체와 개체 밖의 세계가 동일성 속에 있기 때문에 양자가 구별된 건전한 감성과 오성의 상태에서는 이해할 수 없는 신기한 일들이 가능하다. 그것은 사랑하는 사람의 죽음이 남은 사람에게 영향을 미쳐 따라 죽게 되는 경우에서부터 시공간의 제약 조건을 뛰어넘어 사태를 직관하는 투시(Hellsehen)에 이르기까지 다양하게 나타난다. 어떤 신통한 투시력을 가진 독일의 처녀는 자신의 오빠가 스페인의 전쟁에 나가 부상당해서 어떤 병원에서 죽는 것을 독일의 집에서 보았다. 이러한 경우들에서 감각기관은 정상적인 인식에서와는 달리 전혀 기능하지 않는다. 왜냐하면 개체와 개체 밖의 세계가 동일성 속에 있기 때문에 정상적 인식에서처럼 개체 밖의 세계를 인식하기 위해 감각기관을 매개로 할 필요가 없기 때문이다. 그래서 어떤 사람은 명치를 통해서 보고, 듣고, 냄새 맡는다.

그러나 헤겔에 따르면 이러한 신통력은 보통의 인식보다 발전된 고차적인 것이 아니라, 오히려 분별력 있는 자기의식이 무기력하고, 수동적이며, 추상적인 자아로 전락할 때 발생하는 질병 상태이다. 분별력 있는 자기의식은 주관과 객관을 구별할 줄 알기 때문에 자기 자신도 대상화하여 자신과 자신의 자연성 내지 신체성을 구별한다. 그것은 이 자연성 내지 신체성이 갖는 직접성을 극복하고 이것을 관념적으로 정립한다. 또한 자기 외부의 타자를 이 자연적 혼과의 직접적 일치에서 인식하는 것이 아니라, 객체를 자신으로부터 분리하여 대립시키고 또한 이를 통해 스스로를 이러한 타자인 객체로부터 해방시킨다. 자유로운 자기의식은 이와 같이 분별력을 가지고 타자와 자신을 구별하고 타자에 관계하는 주객의 객관적 통일을 이루는 반면, 정신병은 주관과 객관을 주관적으로 동일시한다. 그래서 전자가 객관의 필연적 연관을 법칙적으로 인식하지만, 후자는 외부의 객관적 총체성에 관계하지 않고 주관의 자연적 능력에 의해서 주관의 관심과 제한된 관계에 국한해서만 인식한다. 때문에 몽유병자는 지붕 위에 앉아 있으면서도 말 위에 앉아 있다고 잘못 느끼며, 앞서 말한 독일 처녀의 예에서 처녀는 실제로 스페인의 한 병원에서 부상당한 오빠가 누워 있는 것을 제대로 보았지만 오빠의 옆 침대에서 죽어간 사람을 오빠로 잘못 인식하는 일이 일어난다.

정신적 질병은 자연적 혼이 오성적 의식의 지배 하에서 그것과 통일되어 있지 못하고 분리되어, 의식의 일을 맡게 될 때 오성이 자유를 잃고 낯선 위력에 굴복하게 됨으로써 일어난다. 정신의 지배가 오성적 의식에서 느끼는 자연적 생으로 전락하는 일은 정상인에게도 일어날 수 있지만, 신들림을 통해 무당이 되는 경우에서처럼 특별한 성향을 갖는 사람에게 쉽게 일어난다. 헤겔은 그러한 성향이 신통력을 발휘하는 경우에도 이것을 질병의 상태로 보며, 오성적 인식보다 발전된 고차적인 것으로 보지는 않는다. 정신적 도야의 시대로부터 멀리 떨어진 과거에 혹은 여전히 정신적 교양과는 거리 있는 지역에서, 천리안의 능력을 가진 사람이나 오성적으로 발견할 수 없는 폭풍우를 예감하는 선원, 집의 붕괴를 사전에 예감하는 사람들과 미래에 대해 예감하는 예들이 발견된다. 이런 사람들은 어떤 보편적인 것에 관계하는 것이 아니라 개별적이고 우연적인 것에만 관계한다. 정신이 발전하여 보편을 사유하는 교양의 시대가 되면 정신은 더 이상 이와 같은 자연적 혼의 상태에 의존하지 않는다. 이러한 자연적 혼의 느낌은 오성적으로 설명하기 힘든 신통력을 보여줄지라도 오류를 범하기 쉽다. 따라서 이러한 느낌에 의존하는 정신은 자유롭지 않다. 하지만 오성적 사유는 객관의 필연적 연관에 대한 법칙적 인식을 수행하며 객관으로부터 자유로운 정신의 발전을 성취한다.

본격적인 정신병으로서의 정신착란은 주관적일 뿐인 것을 객관적으로 현재하는 것으로 믿고 그러한 생각을 이와 모순되는 현실에 반하여 고집하는 것이다. 몽유병에서는 몽유상태의 의식과 깨어 있는 의식이 서로 분리되어 양자는 서로에 대해서 알지 못하고 인격의 이중성이 상태의 이중성으로 나타나지만, 정신착란의 경우에는 양자가 서로 접촉하며 서로에 대해 알고 있다. 말하자면 정신착란에 빠진 사람은 자신이 광기에 빠져 특수한 행위를 했다는 것을 알고 있다. 정신착란에 빠진 사람의 자아는 두 개의 중심점을 가진다. 하나는 오성적 의식의 찌꺼기이고 다른 하나는 착란된 표상이다. 착란 상태에서 자아는 특수하고 주관적인 표상에 사로잡히게 되고 이것에 밀려 자기 밖으로 내몰려 현실의 중심점에서 밀려난다.

헤겔은 정신착란의 세 형태로 우선 백치(Blödsinn), 방심(Zerstreutheit), 산만(Faselei)의 세 가지를 든다. 무규정적인 자연적 규정 속에 있기 때문에 정신적으로 구별할 수 있는 분별력을 결여한 자아에 몰입해 있는 것이 백치이다. 이같이 자아가 무규정적 상태에 있기 때문에, 백치는 음절화되지 않은 소리만을 낸다. 둘째로 방심은 직접적 현재에 관한 무지이다. 이것은 분별력 있는 객관적 의식이 활동하지 않게 되어, 목전에 현재하는 사물에 정신이 머물지 않는 경우이다. 가령 뉴턴이 언젠가 귀부인의 손가락을 파이프에 담배를 채워 넣는 기구로 사용하기 위해 끌어당겼다는 일화는 뉴턴의 방심의 상태를 말해준다. 무언가 사고에 골몰하느라 현재하는 사태에 주목하지 못하고 실수를 하는 학자들의 행태를 "방심에 빠진 학자(zerstreuter Wissenschaftler)"라고 말할 때, 어느 정도 방심은 일에 몰두하는 정신에 부수되는 미덕으로 간주되기도 한다. 하지만 이것이 심한 경우는 분명 정신병이다. 세 번째로 산만은 어떤 특정한 것에 주의를 고정시킬 수 없는 무능력을 말한다. 산만은 오성의 집중력이 허약한 데서 기인한다.

바보 또한 정신착란의 한 형태이다. 바보란 정신이 한갓 주관적일 뿐인 개별적 표상을 객관적인 것이라고 간주하는 경우이다. 이것은 인간이 현실에 만족하지 못한 나머지 스스로를 자신의 주관성에 폐쇄시키는 데서 기인한다. 바보는 한 측면에서만 불합리성을 갖고 있지만 다른 면에서는 훌륭하고 일관된 의식과 오성적 행위 능력을 가지고 있으며, 특수한 정열을 가지고 자신의 개별적 행위를 수행하기 때문에 바보를 바보로 인식하지 못하는 경우가 있을 수 있다. 헤겔은 무릎으로 전국을 돌아다니는 인도인의 고행 또한 바보 행위로 간주한다. 바보 중에는 허영심이나 자만과 같은 열정에서 자신이 신이나 왕이라고 생각하는 사람이 있는가 하면 자신을 한 마리 개나 한 알의 보리라고 생각하는 사람도 있다. 바보는 자신의 생각과 객관성이 모순된다는 것을 전혀 의식하지 못하며, 우리만이 그것을 안다. 헤겔은 염세 또한 바보 행위로 간주한다. 사랑하는 사람의 상실을 통해 유발된 것과 같은 경우가 아니라, 근거 없이 삶에 대해 염증을 느끼는 것은 삶을 참고 견뎌내지 못하는 무능력으로서 우행이다. 염세는 우울증으로 현상하기도 하며, 사유와 행위의 생동감을 잃고 불행한 생각에 잠겨 시간을 보내다 자살에 대한 억제할 수 없는 충동에 사로잡히기도 한다.

가장 본격적인 정신착란의 상태는 광기이다. 광기란 주체의 특수성이 고삐가 풀린 채 이성적 정신의 권능을 훼손하는 것이다. 광기에 빠진 사람의 격분은 종종 다른 사람을 해치고자 하는 병적 욕망으로 나타나기도 한다. 하지만 광기가 반드시 비도덕적, 비인륜적인 것으로 나타나는 것은 아니다. 정신병원에서 정상인보다 더 사랑이 충만한 남편과 아버지를 볼 수도 있다. 헤겔은 정신착란이 건전한 의식에서 무기력하고 수동적인 자아로 타락하는 것이라고 본다. 착란의 표상은 보편을 보지 못하고 특수에만 사로잡혀 있다. 하지만 헤겔은 정신착란에서는 두 자아가 서로 만나며, 아직 의식의 생명성이 존재하기 때문에 의식을 착란의 표상을 제어할 수 있는 강제력으로 발전시킴으로써 정신병을 치료할 수 있다고 본다. 정신병은 모든 사람이 필수적으로 빠지게 되는 정신의 상태는 아니다. 하지만 누구나 가능성은 있으며, 정신의 발전 단계에서 오성적 의식이 자연적 감정의 생으로 퇴락하는 현상으로서 인간성을 규명하는데 고찰할 필요가 있는 한 가지 요소이다.

5. 습관과 실현된 혼

신체의 자연성과 그로부터 말미암는 감정적 생이 정신의 관념성과 분열 속에 놓여 있는 것이 정신병이라면, 이제 양자가 통일된 형태가 습관이다. 습관에서 혼은 자신의 내용의 특수성에도 불구하고 분열에 의해 방해받지 않고 자신에 안주해서 존재한다. 습관이란 혼의 자연성이 관념성과 통일을 이룬 상태를 말한다. 습관에서는 혼의 직접적이고 개별적인 내용이 관념성 안으로 완전히 받아들여져서 혼이 이 내용에 완전히 익숙해져서 이 내용 안에서 자유롭게 된다. 습관에 있어서 인간은 우연적이고 개별적인 감각, 표상, 욕망에 관계하는 것이 아니라 이것들을 자신의 행위의 보편적인 방식으로 만든다. 그래서 습관의 산출은 훈련으로 나타난다. 감각, 표상, 욕망 등의 신체성이 정신의 목적에 따라 반복을 통해 숙련이 됨으로써 신체는 정신을 표현하는 수단이 된다. 또한 욕망과 충동은 그것을 충족시키는 습관에 종속되어 이성의 의지에 복종함으로써 그 특수성의 난폭함으로부터 순화된다. 이로써 인간은 욕망과 충동으로부터 이성적으로 해방된다.

    습관은 정신과 몸의 관계에 대한 철학적 문제와 관계된다. 헤겔은 육체를 나에게 낯선 것이 아니라 나의 직접적이고 외면적인 현존재이며 나의 개별적이고 자연적인 생활을 형성하는 것이라고 한다. 그는 육체적 욕구의 충족으로부터 동떨어져서 순수한 정신적 삶을 누릴 수 없다고 생각하며 그러기 위해 육체의 존재를 부정하는 견해를 부정한다. 하지만 육체는 정신의 관념성에 따라 조직화되어야 하며, 나는 신체 조직의 법칙에 적합하게 행동할 때 나의 육체 안에서 자유롭게 된다. 육체는 직접적으로 동물적 생명에 어울리는 것을 행하는 데 불과하다. 정신의 일을 하기 위해 그 기능은 정신의 권유에 따라 형성되어야 한다. 인간은 자신의 신체를 자신의 정신이 설정한 목적에 따라 길들임으로써 신체를 점유하게 되며, 그것을 자신의 활동을 위한 순종적이고 숙련된 도구로 만든다. 가령 인간은 직립이라는 직접적이고 무의식적인 자세를 취하는데, 이것은 인간이 서 있고자 하는 의지를 지속적으로 실행함으로써 습관으로 굳어진 것이다. 보는 것, 생각하는 것 등도 습관이다. 사유에 익숙하지 않은 사람은 사유를 너무 오래 지속할 경우 두통을 느낀다.

동물의 경우에는 신체가 본능에 복종하지만 인간은 교양을 통해 신체의 특수성을 사유의 보편성에 길들인다. 신체성이 아무런 저항 없이 정신에 삼투되어 관념성의 힘에 복종할 때 혼은 현실적인 혼으로 완성된다. 완성된 혼은 신체를 통해 외부로 표현되는데, 헤겔은 정신적 표현이 집중되는 얼굴을 중시한다. 그에 따르면 교양 있는 사람은 표정과 몸짓을 통해 내면의 감정을 표현하지 않는다. 그는 정열의 내적 격렬함을 억제하고 외면적으로 조용한 태도를 취한다. 교양 없는 사람이 자신의 내면에 대한 지배력을 상실한 채 과도한 표정과 몸짓에 의해서만 자신을 이해시킬 수 있다고 믿는 반면, 교양 있는 사람은 대화를 자신을 표현하는 가장 적합하고 고상한 수단으로 생각한다. 표정이 지속적으로 인간을 지배하게 될 때 관상이 된다. 그래서 지속적인 분노의 격정을 얼굴에 심느냐, 경건한 본성을 얼굴에 각인하느냐는 그의 교양에 의해 결정된다. 하지만 아직 자연적 형상일 뿐인 관상이 그 사람의 정신적 내면을 온전히 반영하는 것이라고 생각해서는 안 된다. 관상학적으로 첫인상이 좋은 사람은 남에게 호감을 산다. 하지만 외면적인 것은 직접성의 성격에 사로잡혀 있기 때문에 그것이 내면의 정신에 완전히 상응하는 것이 아니며, 단지 비교적 높은 정도 또는 비교적 낮은 정도로 상응하는 데 불과하다.

감각의 개별성에 지배되는 자연(본성)을 제 1의 자연(본성)이라고 한다면 습관은 제 2의 자연(본성)이다. 하지만 습관은 여전히 하나의 자연이고 직접적인 형태를 지닌다. 여기서 관념성은 아직 자연성에 달라붙어 있고 그로부터 독립되어 있지 못하다. 관념성이 자연성으로부터 온전히 독립해서 객체를 자신으로부터 배제하여 온전히 자립적인 것으로 대립시키고 그와 상응하여 자신의 자립성을 확보하게 되면 정신은 이제 의식의 단계에 이르게 된다.

6. 주인과 노예의 변증법: 인간은 인정을 갈구하는 존재

자연적 정신으로서의 혼의 단계를 벗어나 정신이 대상과 원리적으로 구별되고 대상에 대립하여 자신의 자유를 확보하게 되는 의식의 단계에 이르면, 인간이 무의식과 습관에 의해 행위하는 데서 벗어나 의식적으로 대상을 인식하고 대상 연관 속에서 행위하게 된다. 이 같이 대상과의 대립 속에 있는 정신이 의식이다. 의식은 대상의식과 자기의식으로 대별된다. 대상의식이란 대상으로 향하는 의식이며 여기서는 대상에 대한 이론적 인식이 문제된다. 대상이 사물이 아니라 주관과 동일한 인간이 될 때 의식은 결국 자기 자신에 대한 반성으로 향하게 되며 이러한 의식이 자기의식이다. 인간은 동물과는 달리 자기 자신에 대한 반성의 능력을 갖는다. 그는 자신이 남들과 동일하게 인격으로서 인정되어야 한다는 생각, 즉 보편적 자아에 대한 생각을 갖는다. 그래서 인간만이 자신을 존중하는 마음, 즉 자존심을 갖는다. 자신이 존중되지 않을 때 인간은 자존심이 손상되며 기분 나빠한다. 너나 그처럼, 나도 동등한 인격이라는 자아의 보편성에 대한 의식이 자기의식 혹은 자의식이다. 인간은 자의식을 갖기 때문에 항상 자신을 반성하며 자신이 남에게 어떻게 보일지에 신경 쓴다. 특히 자의식이 강한 사람은 하루 동안의 일을 반성하면서, 자신이 남에게 어떻게 보였는지 생각하고 자신의 어리석은 행위를 후회하며 남이 자신에게 행한 행위에 대해 자존심 상하여 분개하느라 밤늦게까지 잠을 이루지 못한다.

인간을 인간이게끔 해주는 것, 인간을 동물과 구별해주는 인간성의 본질적 요소는 자기의식이다. 인간은 자기의식을 가진 존재로서 인정받기를 원한다. 자기의식을 인정받지 못하는 것은 인격으로서 존중되지 않고 동물과 같이 취급되는 것이다. 헤겔은 인간의 삶이 자기의식을 인정받기 위한 인정투쟁이라고 본다. 그는 자기의식이 인간들 사이에서 어떻게 관계되고 어떤 과정을 통해 진정한 자기의식으로서 실현되는가를 보여주기 위해 인정투쟁이라는 설명 모델을 제시한다. 물론 인정투쟁은 극단적으로 과장된 형식으로서 자연 상태에 비견할 수 있는 모델이다. 시민사회와 국가 같은 현실의 사회에서 인간은 이미 인정투쟁의 결과 속에서, 즉 인정받고 있는 상태 속에서 살아간다. 하지만 인정투쟁의 모델이 제시하는 자기의식의 요소들 간의 관계는 현실 사회 속에서도 계기적 측면에서 작동하고 있으며, 인정투쟁의 모델은 현실 속에서의 자기의식들 간의 인정관계를 이해하기 위한 분석 모형을 제공한다.

인간은 자기의식을 인정받기 위해 목숨을 건 투쟁을 한다. 그런데 인간은 자기의식을 인정받기를 갈구하는 존재이면서 동시에 여느 동물과 같이 자신의 생명에 대한 애착을 가지고 있다. 생과 자기의식은 인간을 구성하는 동전의 양면과도 같은 것이다. 자기의식을 인정받기 위해 인간과 인간이 서로 생사를 건 투쟁을 하는데, 한 사람은 생명의 위협을 무릅쓰고 자기의식을 고집하지만 다른 한 사람은 생명을 택하여 자신이 자기의식으로 인정받는 것을 포기한다. 전자가 주인이 되고 후자는 노예가 되어, 양자 사이의 생사를 건 인정투쟁은 우선 지배와 예속의 관계로서 끝난다. 인정투쟁의 출발점에서 두 자기의식들은 직접적으로 자신이 인정받기를 원한다. 노예의 측면에서 이러한 자기의식의 직접성은 부정되고 주인만이 직접적 자기의식을 인정받는다. 양자에게 생명의 자연성은 모두 존속되지만 노예는 주인의 의지에 복종하여 스스로를 포기하고 주인의 목적을 자신의 목적으로 삼는다. 주인은 직접적 자기의식을 인정받고 보존하면서 노예의 복종 의지를 받아들인다. 하지만 이것은 노예가 진정으로 주인을 섬기고자 하는 의지에서 주인에게 복종하는 것이 아니라, 자신의 생명을 유지하기 위해서 주인에게 복종하는 한에서 그렇다.

　인정투쟁에서 패배한 노예는 주인에게 봉사하면서 자신의 개별적 의지와 고집, 욕망의 직접성을 지양한다. 노예는 주인을 위해서 노동하며, 자신의 개별성에 대한 배타적 이익을 위해 노동하는 것이 아니다. 그렇기 때문에 노예의 욕망은 자신의 욕망일 뿐만 아니라 동시에 타자의 욕망이다. 그에 따라 노예는 자신의 자연적 의지가 지니는 자기중심적 개별성을 극복한다. 반면 주인은 이기심에 사로잡혀 있고, 노예 속에서 자신의 직접적 의지만을 직관하며, 노예의 자유롭지 못한 의식에 의해 형식적으로만 인정받고 있다. 이런 점에서 노예는 주인보다 더 가치가 있다. 노예가 행하는 이기심의 포기는 참된 인간적 자유의 단초를 이룬다. 이기심이 헛된 것임을 알고 복종하는 습관은 인간의 교양을 위한 필연적인 하나의 계기이다. 고집을 꺾게 만드는 이러한 경험을 하지 않고는 누구도 자유로워지지 못하고 이성적이 되지 못한다. 따라서 복종하기를 배운 사람만이 자유롭고 지배할 수 있는 능력을 지닌다.

　하지만 노예적 굴종은 다만 자유의 단초를 형성할 뿐이다. 거기서 자기의식의 자연적 개별성이 굴종하는 것은 참으로 보편적이고 이성적인 의지에서가 아니라, 노예의 의식이 따르는 주인이라는 타인의 개별적이고 우연적인 의지에서일 뿐이다. 긍정적인 자유는 노예가 자신의 자연적 개별성으로부터 벗어날 뿐만 아니라 주인의 개별성으로부터도 벗어나 주체의 특수성으로부터 독립된 보편성에서 이성적인 것을 파악해야 하며, 다른 한편 주인도 노예의 직접적 개별의지의 지양을 자신과 관련해서도 역시 참된 것으로 인식하여 자신의 자기중심적 의지를 보편적 의지의 법칙에 굴복시키게 될 때 가능하다. 노예에 대립해 있는 주인은 아직 참으로 자유롭지 못하다. 왜냐하면 그는 타인을 자신과 같은 인격으로 인정하지 않고, 그럼으로써 타인에게서 자신을 직관하지 못하기 때문이다. 하지만 진정한 자유는 상호인정을 통해 형성되는 동일성에서 성립한다. 타인이 곧 나와 동일한 인격이며, 나의 진리가 우리가 되는 사회에서는 나는 한편으로 타인의 주인이며 다른 한편으로 타인의 노예이다. 내가 우리가 되는 상호인정의 메커니즘 속에서 하나의 개체는 지배와 예속이 중첩된 주체로서 존재한다.

    인간의 본질은 자기의식이다. 인간은 자신의 자기의식을 인정받기를 갈구한다. 인간이 필요에서 기인하는 직접적인 욕구를 충족하는 데 그치지 않고 그 이상의 것을 욕망하는 것도 타인으로부터 자기의식을 인정받기 위해서이다. 오늘날 우리 사회는 생명의 유지에 필요한 것 이상을 생산하는 풍요 사회이며, 우리는 직접적으로 필요한 것 이상을 성취하고자 힘쓴다. 죽을 때까지 쓰지도 못할 돈을 벌려고 애쓰는 이유는 인간의 성취가 자신의 욕구 충족을 위한 것이 아니라 타인으로부터 인정을 받기 위한 것이기 때문이다. 인간은 타인으로부터 타인보다 큰 자기의식으로서 인정받고 타인의 우위에 서려고 한다. 타인에 대한 우위는 지배와 예속의 사회적 관계에서는 타인에 대한 지배로 나타난다. 하지만 헤겔은 이러한 자기의식이 직접적인 자기의식일 뿐이며, 진정한 자기의식은 동등하게 자유로운 타인의 인정을 통해 매개된 자기의식이라는 통찰을 우리에게 전해준다. 만인이 인격이라는 이유로 평등하고 서로가 서로를 섬기는 한에서 섬김을 받는 상호인정의 인륜적 사회에서만이 인간은 진정한 자기의식으로서 자유로울 수 있다. 인간에게는 누구나 자기의식이 있기 때문에 자존심이 있다. 어느 누구도 자신의 예속을 용인하고자 하지 않으며 자신이 상대와 동등하게 인정받지 못할 때 진정으로 상대를 주인으로 인정하지 않는다. 따라서 진정으로 타인을 주인으로 섬기는 자만이 그 자신 주인으로 인정받을 수 있다.

7. 세계사적 개인: 보편정신의 계기로서의 개인

의식은 한 의식과 대상 사이의 관계 속에 있다. 그 대상이 자기와 동등한 인간일 때 하나의 자기의식과 다른 자기의식 사이의 실천적 관계가 문제된다. 한 자기의식과 다른 자기의식의 통일로서의 보편적 인륜이 지배하는 사회는 의식의 진리로서의 이성을 내용으로 한다. 개인은 결국 인륜적 공동체 내에서 인륜적 내용을 얻고 자신의 보편성을 획득한다. 이런 의미에서 인간에 관한 물음으로서의 인간학은 자기의식에 대한 서술에서 종료된다. 사회와 그것의 역사적 전개에서 문제되는 이성은 더 이상 한 개인으로서의 인간의 이성이 아니다.

헤겔은 공동체와 그것의 역사적 전개에서도 이성이 지배한다고 본다. 이러한 이성을 절대정신이라고 일컫는데, 절대정신 혹은 역사 속의 이성은 역사의 전개가 하나의 합리적인 맥락을 가지고 있다는 통찰을 표현한 것이다. 헤겔이 그것을 신적인 것으로 표현하기도 하지만, 역사의 전개가 인간들의 집단적 노동에 의해 형성되는 한 그것은 인류의 보편적 노동이 전개되는 가운데 형성되는 이성적 맥락이라고 할 수 있다. 여기서 이성의 주체는 더 이상 개별적 인간이 아니기 때문에, 그것은 더 이상 자신의 의지와 행위가 문제되는 인간학의 대상이 아니다. 하지만 헤겔의 철학에서 인간의 이성은 이러한 절대적 이성의 한 계기로서 고찰되기 때문에 보편적인 정신의 계기로서의 인간의 위상이 검토될 필요가 있다.

세계사는 자신의 고유한 이성적 맥락 속에서 움직여간다. 물론 이것은 개별 인간들의 집단적 노동의 산물이지만, 한 개별 인간의 의지와 행위는 세계사 속에 직접적으로 반영되지 않는다. 때문에 세계사의 이성적 흐름은 그 속에 있는 한 개인에게는 파악되지 않는다. 그런데 세계사의 측면에서 보면 개인은 세계사의 전개를 위한 수단으로 이용된다고 할 수 있다. 세계사의 실체는 개인들의 노동이며, 세계사를 하나의 실체적인 것으로 간주할 때 그것은 개인들의 노동을 매개로 해서만 자신의 목적을 전개하고 실현한다. 이러한 전개에서 중요한 역할을 하는 사람이 세계사적 개인으로서 영웅이다. 영웅은 세계사의 한 시대에서 새로운 시대로의 이행을 감지하고 새로운 시대를 여는 역할을 수행한다. 하지만 영웅은 단지 새로운 시대를 예감할 뿐이지 역사의 이성적 전개를 개념적으로 파악하지 못한다. 오히려 그는 자신의 사적 목적을 위해 여타의 것들에 정신을 빼앗김이 없이 혼신의 힘을 다한다. 헤겔은 이것을 정열이라고 부르고, 정열 없이는 어떠한 위대한 일도 이루어지지 않는다고 말한다. 세계사적 개인의 정열에 의해 세계사의 이성적 전개가 이루어진다. 하지만 이때 개인은 세계사의 전개의 한 계기로서만 이용될 뿐이다. 나폴레옹은 자신의 목적을 성취하기 위해 세계를 정복했지만 아이러니하게도 자신이 심어준 정신에 의해 각성된 민족들에 의해 멸망하게 된다. 이것을 헤겔은 세계사적 이성이 지닌 간교한 지혜라고 부른다. 세계사적 개인은 이성의 간지에 의해 자신의 목적이 아닌 세계사의 전개를 위해 이용되고 희생된다.

결국 인간은 사회와 역사의 이성적 총체성의 한 계기를 형성하며, 사회의 보편적 정신에 의해 도야되고 역사의 이성적 전개 속에 제약된 존재이다. 따라서 헤겔에게서 인간의 삶의 내용은 그가 속한 사회와 시대의 이성적 전개의 단계에 따라 결정된다. 인간의 삶은 그 시대의 산물이다.

8. 맺는 말: 헤겔의 인간관

인간의 본질은 정신이다. 인간은 우선 — 무기물로부터 동물에 이르기까지의 — 자연으로부터 자기 반성하는 정신이라는 점에서 구별된다. 하지만 정신은 아직 자연과 공생하는 자연적 정신으로서 인간의 본성에 직접적으로 주어져 있다. 자연적 정신으로서의 혼을 지닌 인간은 자연과의 공감을 통해 인식하고 행위한다. 이러한 경향은 정신이 점차 자연으로부터 분리되어 자연을 자신에 대립시키고 자연의 자립성에 상응하는 자신의 자립성을 확보하게 됨으로써 자유롭게 된다. 이러한 정신은 이제 객관을 요소들의 필연적 연관으로 간주하고 그것에 대한 법칙적 인식을 갖는다. 자연적 정신의 느낌이 개별성과 우연성에 고착해 있는 반면, 자유로운 정신으로서의 오성은 사태의 보편적 연관을 파악한다. 정신의 발달이 개별성에서 보편성으로의 고양인 것처럼, 인간의 도야 또한 개별성을 보편성으로 고양하는 것이다. 교양 있는 사람은 보편적으로 사고할 줄 아는 사람이다. 정상인은 자연의 객관을 정신의 주관과 구별할 줄 아는 분별력을 가지고 사태의 보편적 연관을 파악한다. 하지만 정신병은 이러한 오성적 사유에서 자연적 정신의 느낌으로 퇴락하는 데서 기인한다. 정신병은 양자의 분리와 후자가 전자의 역할을 대치하는 것이다. 습관은 이 양자의 분리가 오성적 의식의 지배 하에 통일되는 것이다. 인간은 정신의 목적에 따라 신체의 자연적 감각들을 훈련시킴으로써 신체를 정신의 도구로 삼는다. 이러한 숙련으로서의 습관에서 우리는 자연적 혼이 온전히 실현된 형태를 본다. 하지만 습관은 여전히 자연적인 것일 뿐 의식적인 인간 정신의 표현은 아니다. 의식은 대상과 주관의 명백한 구별과, 대상으로부터 독립된 주관의 자유를 내용으로 하는 정신이다. 대상이 자신과 동일한 인간일 때 자기의식이 문제되며, 자기의식과 자기의식의 인정투쟁 속에서 우리는 인간성의 가장 본질적 특성을 본다. 인간은 누구나 자기의식을 갖고 있으며 타인에게 자기의식으로서 인정받기를 갈구한다. 사회적 삶은 타인으로부터 인정을 받기 위해 투쟁하는 싸움터이며, 거기에서 지배와 예속의 관계가 형성된다. 하지만 인정투쟁에서 처음에 주장되는 직접적인 자기의식은 상호인정을 통해 매개됨으로써 진정한 자기의식으로 고양되어 자유로운 자기의식이 된다. 지배와 예속의 관계에서는 어느 누구도 진정으로 자유롭지 못하고 부자유한 자기의식은 진정한 자기의식으로 인정받지 못하는 것이다. 상호인정의 내용이 인륜적 보편을 형성하는데, 인간은 개인들의 자기의식의 통일로 형성되는 공동체의 인륜성에서 자신의 인식과 실천의 내용을 얻는다. 한 인간이 교육을 통해 교양을 형성하는 것도 자신을 그가 속한 공동체의 인륜적 보편성으로 고양해서 그 내용을 자신의 것으로 체득하는 것이다. 이런 점에서 인간은 자신이 속한 사회와 역사가 지니는 이성적 총체성의 한 계기이다.

추천도서

1. 찰스 테일러, 《헤겔과 현대사회의 위기》, 박찬국 역, 서광사.
2. 헤겔, 《정신철학》, 박병기 외 역, 울산대학교 출판부.
3. 헤겔, 《정신현상학》, 임석진 역, 지식산업사.
4. 헤겔, 《역사철학강의》, 김종호 역, 삼성출판사.
5. 헤겔, 《법철학》, 임석진 역, 지식산업사.

필자 소개

독일학술교류처(DAAD) 장학생으로 독일 보쿰(Bochum)대학교 및 동대학 부설 헤겔문헌연구소(Hegel-Archiv)에서 동 연구소 소장 오토 푀겔러 교수에게 5년간 수학하였다. 《반성과 모순》(Reflexion und Widerspruch)으로 박사학위를 받았으며, 서울대학교에서 박사후과정(Post-doc)과 서울시립대학교 연구교수를 거쳐 현재 명지대학교 철학과 조교수 및 동서철학비교연구센터 소장으로 재직하고 있다.
〈포스트구조주의의 헤겔 변증법 비판에 대한 응답 - 들뢰즈의 헤겔 비판을 중심으로〉(헤겔연구 16), 〈사회적 통합의 두 변증법 모델 (1)(2)〉(시대와 철학 15), 〈정신현상학과 논리학- 헤겔의 정신현상학에서 의식의 형태들과 논리적 규정들의 상응관계〉(철학 79집), 〈선험적 변증법과 사변적 변증법 - 칸트와 헤겔의 Antinomie론을 중심으로〉(철학연구 59) 등의 논문을 발표했다.

마르크스

인간은 노동하는 존재이자 계급적 존재다

손철성 (경북대 윤리교육과 교수)

1. 들어가는 말

마르크스(K. Marx, 1818~1883)는 근대 산업 사회, 특히 자본주의 사회에 대한 탁월한 분석가이자 비판가였는데, 그의 인간관에도 이러한 시대적 상황과 그의 이론적·실천적 활동이 반영되어 있다. 마르크스는 근대 산업 사회를 움직이는 원동력인 '노동'에 주목하였으며 또한 자본주의 사회에서 주요한 갈등의 원인이 되고 있는 '계급'에도 주목하였다. 그래서 마르크스는 노동과 계급의 측면을 중심으로 인간을 '노동하는 존재' 이자 '계급적 존재'라고 규정하였다. 마르크스는 그의 사상적 동반자인 엥겔스와 더불어 철학, 역사학, 경제학, 정치학, 사회주의 등 여러 분야에서 다양한 이론적 저작을 남겼지만 인간관이나 인간론에 대해서는 체계적인 저술을 남기지는 않았다. 그렇지만 《경제학·철학 수고》나 《독일 이데올로기》, 《자본론》과 같은 주요 저작에 나타난 주장을 바탕으로 그의 인간관을 살펴볼 수 있다.

마르크스는 '소외' 개념을 토대로 자본주의 사회에서 발생하는 노동 소외 및 인간 소외의 문제를 비판하였다. 소외란 인간이 만든 생산물이 인간으로부터 분리되어 자립하면서 인간에게 낯선 존재, 대립적인 존재가 되고 나아가 인간을 억압하여 종속시키는 힘으로 작용함으로써 인간이 주체성과 자율성을 상실하게 되는 현상을 가리킨다. 그래서 마르크스는 자본주의 사회에 대한 구체적인 분석을 통해 소외가 발생한 원인을 밝히면서 소외를 지양하기 위해서는 자본주의 사회를 타파하고 공산주의 사회를 세워야 한다고 주장하였다.

이러한 인간 소외 문제는 인간 본질 문제와 긴밀하게 연관되어 있다. 인간 소외는 인간이 자신의 본질적 모습이나 존재방식을 상실한 상태에서 발생하기 때문에, 여기서는 인간의 본질이란 무엇인지가 중요한 문제가 된다. 그래서 마르크스도 인간 소외 문제를 다루면서 명시적 또는 암시적으로 인간의 본질이나 바람직한 인간의 삶에 대해 언급하고 있다. 마르크스는 인간의 본질적 모습이나 특징을 인간의 자유롭고 의식적 활동인 '노동'에서 찾고 있다. 노동이야말로 인간을 인간답게 만드는 본질적 측면이라는 것이다.

물론 인간의 다른 특성이나 측면에 주목하여 인간을 다른 관점에서 규정하거나 이해할 수도 있다. 인간의 이성적인 측면에 주목하여 인간을 '호모 사피엔스(homo sapiens)'로 볼 수도 있고, 인간의 언어 사용에 주목하여 '호모 로쿠엔스(homo loquens)'로 볼 수도 있으며, 인간의 유희적 측면에 주목하여 '호모 루덴스(homo ludens)'로 볼 수도 있다. 그런데 마르크스는 제작이나 노동의 측면에 주목하여 인간을 '호모 파베르(homo faber)' 또는 '호모 라보르(homo labor)'의 관점에서 보고 있는 것이다. 그래서 마르크스는 《경제학·철학 수고》에서 자유로운 의식적 활동인 노동을 하는 사회적 존재라는 의미에서 인간을 '유적 존재(Gattungswesen)'라고 부르고 있다.

이와 더불어 마르크스는 이러한 인간의 보편적인 존재방식뿐만 아니라 또한 사회적·역사적 조건에 따라 다양하게 나타나는 인간의 특수한 존재방식도 중시하였다. 그래서 〈포이어바흐에 대한 테제〉(1845)에서는 인간을 '사회적 관계의 총체(das ensemble der gesellschaftlichen Verhältnisse)'라고 규정하여 인간을 사회적 관계, 특히 생산 관계에 의해 조건 지워진 계급으로 이해하려고 하였다. 이 글에서는 '유적 존재'와 '사회적 관계의 총체'라는 두 개념의 의미를 중심으로 마르크스가 인간에 대해 어떻게 이해하고 있는지 살펴보도록 하겠다.

2. '유적 존재'로서 인간 : 노동하는 존재

마르크스가 추구하는 유토피아는 '인간은 서로에 대해 인간적이어야 한다'는 더 좋은 세상의 기본 법칙을 바탕으로 소외가 없는 새로운 사회를 형성할 수 있는 실마리를 제공해준다. 이러한 블로흐(E. Bloch)의 언급처럼 마르크스의 유토피아론은 더 좋은 사회란 어떤 것인지를 인간다운 삶과 관련시켜 제시하고 있다. 마르크스는 자본주의 사회에서는 인간 소외로 인해 인간다운 삶이 보장되지 않는다고 비판하면서 그 대신에 인간다운 삶이 실현되는 공산주의 사회를 유토피아로 내세운다.

이와 관련하여 마르크스는 《경제학·철학 수고》(1844)에서 공산주의 사회에 대해 다음과 같이 말하고 있다. "인간의 자기 소외인 사적 소유의 실증적 지양으로서 공산주의, 따라서 인간에 의한 인간을 위한 인간적 본질의 현실적 전유로서 공산주의, 따라서 이제까지 이룩한 발전의 전체적인 성과물 내부에서 사회적 인간, 즉 인간적 인간으로의 의식적이고 완전한 복귀로서 공산주의. 이러한 공산주의는 완성된 자연주의=휴머니즘, 완성된 휴머니즘=자연주의로서 존재한다." 이처럼 마르크스는 사적 소유의 철폐를 바탕으로 형성된 공산주의 사회에서는 인간 소외가 극복된다고 말한다. 그리고 이를 통해 인간적 본질이 실제적으로 회복되어 인간이 인간다운 모습을 갖추게 되며, 나아가 자신을 인간으로서 인식하게 된다. 그래서 마르크스는 공산주의를 '휴머니즘(Humanismus)'이라고 부르거나 또는 인간의 자연적 본질을 회복하게 된다는 의미에서 '자연주의(Naturalismus)'라고도 부른다. 이러한 측면에서 보았을 때, 비록 마르크스가 '유토피아'라는 용어를 꺼려했음에도 불구하고 공산주의는 환상적이라는 의미에서가 아니라 더 좋은 대안적 체제라는 의미에서 하나의 '유토피아'라고 할 수 있다.

그렇다면 마르크스가 말하는 인간의 본질이란 무엇인가? 마르크스는 자본주의 사회에서 소유욕과 경쟁에 사로잡혀 사적 이익을 추구하는 개별적 인간이 아니라, 유(Gattung)로서의 인간, 즉 유적 존재(Gattungswesen)로서 인간 종족 전체의 특성을 지닌 보편적 인간을 논의의 대상으로 삼고 있다. '유적 존재'라는 용어는 원래 슈트라우스(D. F. Strauß)에 의해 대중화된 개념인데, 인간들은 아주 다양하고 상이한 성질을 지니고 있기 때문에 그들은 더불어 있을 때 비로소 완전한 인간을 형성할 수 있다는 의미를 갖고 있다. 포이어바흐(Feuerbach)도 《기독교의 본질》(1840)에서 '유'라는 용어를 사용했지만 이후에는 '공동체'라는 용어로 대체하였다. 이처럼 이 용어에는 사회적 존재로서 인간이 갖고 있는 '사회성' 또는 '공동체성'이라는 특성이 함축되어 있다.

마르크스도 이러한 포이어바흐의 인간학적 유물론의 영향을 받아서 《경제학·철학 수고》와 같은 초기 저작에서는 '유적 존재'라는 용어를 사용하였다. 그러나 마르크스는 '유적 존재' 개념에서 '사회성'이라는 특성과 함께 '자유로운 의식적 활동'으로서 '노동'이라는 특성도 강조하는 등 그 함축적 의미는 포이어바흐와 차이가 있다.

마르크스는 유적 존재로서 인간의 본질에 대해 다음과 같이 말한다. "종의 전체적 성격, 즉 종의 유적 성격은 삶의 활동이며, 자유로운 의식적 활동은 인간의 유적 성격이다." 마르크스는 사회적 존재로서 인간의 본질을 '자유로운 의식적 활동'에서 찾고 있는 것이다. 마르크스는 동물과의 비교를 통해서 이러한 인간의 본질을 설명한다. 동물은 직접적인 신체적 욕구를 충족시키기 위해 생산하지만, 인간은 이러한 신체적 욕구에서 벗어나서 자유롭게 생산한다. 동물은 자기 종의 수준과 욕구에 따라 생산하지만, 인간은 사물들 각각의 종의 수준에 따라 생산하는 방법을 알고 있으며 또한 미적으로 생산한다. 자연은 동물에게 단지 신체적 욕구를 충족시키기 위한 대상에 불과하지만, 인간에게는 학문적 대상이자 예술적 대상이 되기도 한다. 그래서 동물이 일면적이라면 인간은 다양한 사물을 대상으로 삼고 있기에 보편적이다. 그래서 인간은 '자유로운' 존재인 것이다.

그리고 동물은 자신의 생명 활동과 직접적으로 통합되어 있지만, 인간은 자신의 삶의 활동을 자기의 의지와 의식의 대상으로 삼는다. "인간은 바로 대상 세계의 가공을 통해서 비로소 자기 자신이 유적 존재임을 현실적으로 입증한다. … 노동의 대상은 인간의 유적 삶의 대상화이다." 인간은 창조적 노동을 통해서 자신의 삶을 대상화시키며 또한 이러한 대상화된 세계에서 자기를 직관하고 자신의 모습을 인식한다. 그래서 인간은 '의식적' 존재인 것이다.

이처럼 사회적 존재로서 인간은 자유롭고 의식적인 활동인 노동을 통해서 유적 존재로서의 자신의 본질을 보여주며, 이러한 노동을 통해 생산된 대상 속에서 자기를 의식한다. 노동은 단지 생계의 수단이 아니라, 인간의 유적 본질을 실현하고 그것을 확인하는 장이자 계기인 것이다.

그런데 자본주의 사회에서는 '소외된 노동'으로 인해 인간 소외가 발생한다고 보면서 마르크스는 네 가지 형태의 소외를 지적한다. 노동 생산물은 노동이 대상화된 것인데, 자본주의 사회라는 특수한 상황에서는 노동자가 그 대상물을 전유하지 못하고 상실하기 때문에 여기서 소외가 발생한다. 자신이 생산한 생산물이 낯선 존재로 자립화하면서 자기에게 오히려 대립하는 것으로 나타나는 것이다. 이것이 '노동 생산물로부터 소외'이다. 이러한 소외는 '생산 과정으로부터 소외'에 기인한다. 노동자는 자발적이 아니라 강제적으로 노동하며, 노동 그 자체가 욕구의 충족이 아니라 다른 욕구를 충족시키기 위한 수단으로 전락한다. 그래서 노동자는 노동 과정에서 행복보다는 불행을 느끼며 비인간화된다.

이러한 두 가지 소외로부터 '유적 본질로부터 소외'가 발생한다. 노동이 신체적 욕구를 충족시키기 위해 어쩔 수 없이 해야 하는 생계 수단으로 전락함으로써 인간은 노동을 통해 자신의 유적 본질을 자유롭게 실현하지 못한다. 또한 노동 생산물을 상실하고 그것과 대립함으로써 노동 생산물을 통해 유적 존재로서의 자기를 의식하지 못하게 된다. 노동은 자유롭고 의식적인 활동이 되지 못함으로써 유적 본질을 실현하는 계기가 아니라 오히려 비인간화를 유발한다. 그리고 이러한 소외들로부터 인간이 다른 인간과 맞서고 대립하는 '인간의 인간으로부터 소외'가 발생한다. 즉 노동자와 자본가가 대립하는 적대적 인간 관계가 산출된다.

마르크스는 이러한 인간 소외를 극복하기 위해서는 사적 소유를 철폐한 공산주의가 건설되어야 한다고 주장한다. 공산주의에서는 노동이 자유롭고 의식적인 활동이 되며 이를 통해 인간이 유적 본질을 회복하여 인간다운 삶을 살 수 있다. 사적 소유에 기반하고 있는 자본주의가 인간을 일면적으로 만들고 비인간화시키는 데 비해, 사적 소유를 지양한 공산주의에서는 "인간은 전면적 방식으로, 따라서 전체적 인간으로서 자신의 전면적 본질을 획득한다." 그래서 "모든 인간적 감각들과 속성들의 완전한 해방"이 이루어진다는 것이다. 결국 유토피아로서 공산주의는 자유롭고 의식적인 활동인 노동을 통해 모든 인간이 유적 본질, 즉 인간의 고유한 능력과 개성을 전면적으로 발휘할 수 있는 사회인 것이다.

마르크스는 《경제학·철학 수고》 이후에 저술한 후기 저작에서는 포이어바흐의 인간학적 유물론 및 헤겔의 관념론의 영향으로부터 점차 벗어나서 역사적 유물론의 관점을 체계화하기 시작한다. 이 과정에서 마르크스는 '유적 존재', '유적 본질의 회복', '인간 본질', '소외' 등의 용어를 초기 저작에서처럼 핵심적인 개념으로 자주 사용하지 않았으며 때로는 이 용어에 대해 비판적인 태도를 보이면서 이 용어의 사용을 꺼려하기도 하였다.

그것은 마르크스가 보편적이고 추상적인 '인간 본질' 개념보다는 구체적이고 역사적인 계급적 인간 개념을 강조한 것인데, 이러한 관점은 〈포이어바흐에 대한 테제〉의 6번째 테제에 정식화된 형태로 잘 표현되어 있다. "인간의 본질은 개별적인 개인에게 내재하는 추상물이 아니다. 인간의 본질은 현실적으로 사회적 관계의 총체이다." 이것은 사회적 산물로서의 인간을 강조한 7번째 테제와 함께 인간을 사회적·역사적 관계 속에서 파악한 것이며 계급으로서 인간의 의식과 행위를 중시한 부분이다. 그렇지만 〈포이어바흐에 대한 테제〉에서 대부분의 다른 테제들은 변혁적 실천성을 강조하고 있다.

《독일 이데올로기》(1846)에서도 마르크스는 포이어바흐의 인간학적 또는 직관적 유물론을 실천적 활동성과 역사성의 결여라는 두 가지 측면에서 비판하고 있는데, 이러한 비판은 그의 인간론에도 반영되어 있다. 포이어바흐는 종교의 본성을 설명하면서 개체로서가 아니라 유(Gattung)로서 보편적인 인간 본성이 신적 본성과 동일하다고 말한다. 인간은 개별자로 존재할 때는 유한한 존재이지만 유로서 사회 속에 존재할 때는 무한자이다. 포이어바흐는 사회성을 인간의 유적 속성으로 보면서 인간을 사회적 존재로 이해하고 있는 것이다. 그리고 포이어바흐는 감각적인 사랑을 유적 존재의 본질적인 특성으로 간주하고 있다. 따라서 포이어바흐에게서 유적 존재는 '감각적 존재'이자 '사회적 존재'라고 할 수 있다.

그런데 마르크스는 이러한 포이어바흐의 '유적 존재' 개념에 대해 두 가지 측면에서 비판하고 있다. 첫째, 포이어바흐가 인간을 '감성적 대상(sinnlicher Gegenstand)'으로만 파악하고 '감성적 활동(sinnliche Tätigkeit)'으로 파악하고 있지 않다는 것이다. 인간을 감성적 활동의 존재로, 즉 자유롭고 의식적인 활동인 노동하는 존재로서 파악하고 있지 못하다는 것이다. 둘째, 비록 포이어바흐가 인간을 '유'로서, 즉 사회성을 지닌 존재로서 파악하고 있지만 이러한 '유'는 "다수의 개인을 순전히 자연적으로 결합하는 내적인 무언의 보편성"에 머무르고 있다는 것이다. 인간을 '사회적 관계의 총체'로서, 즉 일정한 생산 관계나 사회적 조건 속에서 계급적 이해 관계를 담지하고 있는 존재로 인식하고 있지 못하다는 것이다.

여기서 알 수 있듯이 마르크스는 후기 저작에서도 초기의 '유적 존재' 개념에서 핵심이 되었던 측면, 즉 '사회성'(공동체성)을 지닌 사회적 존재로서 '자유롭고 의식적인 실천적 활동'(노동)을 하는 측면을 강조하고 있다. 따라서 마르크스가 후기 저작에서 '유적 존재'라는 규정을 배제하고 '사회적 관계의 총체'라는 규정만을 수용하고 있다는 주장은 옳지 않다. 전자가 다른 존재로부터 인간을 구분해주는 보편적인 질적 규정이라면, 후자는 구체적이고 역사적인 계급적 인간을 이해하기 위한 규정이다.

마르크스가 후기로 갈수록 과학주의적·역사주의적 경향을 보이고 있기 때문에 소외 개념이 후기에도 마르크스 사상의 중심 개념이라는 주장에는 동의하기가 어렵지만, 그렇다고 마르크스가 후기에는 '소외'나 '인간 본질' 개념을 전혀 사용하지 않은 것도 아니고 또 이와 연관된 문제나 관점을 포기한 것도 아니다. 우리는 《독일 이데올로기》를 비롯한 후기의 여러 저작에서도 이러한 인간관이나 인간 본질에 대해 언급하고 있는 부분을 찾을 수 있다. 마르크스는 《독일 이데올로기》에서 "생산 도구 전체의 전유는 개인들 각자가 지닌 능력 전체의 발전이다"라고 말하면서 바로 이러한 공산주의 단계에서는 노동이 자아 실현으로 전환된다고 주장한다. 공산주의 사회에서는 사적 소유가 지양되므로 개인은 "자신의 소질을 전면적으로 도야시킬 수 있는 수단"을 갖게 되며 이를 통해 노동이 자아 실현의 계기가 된다는 것이다. 〈고타 강령 비판〉(1875)에서도 공산주의 사회에서는 "노동이 생활을 위한 수단일 뿐만 아니라 또한 그 자체가 삶의 1차적 욕구가 되고" 그리고 "개인들의 전면적 발전"이 이루어진다고 말한다.

마르크스는 《자본론》(1867)에서 인간의 본질적 활동인 노동의 의미에 대해 몇 가지 측면에서 고찰한다. 우선, 노동은 '욕구 충족의 활동'이다. "노동 과정은 … 인간의 욕망을 충족시키기 위해 자연에 존재하는 것을 사용하는 것이다." 인간은 생존의 욕구를 갖고 있는데, 이를 위해서는 노동을 통해 의식주와 같은 생존 수단을 확보해야 한다. 그리고 이렇게 노동을 통해 충족된 욕구는 단지 그 상태에 머무르는 것이 아니라 더 높은 욕구로 나아가게 되며, 따라서 더 많은 노동, 더 높은 수준의 노동을 요구한다. 이처럼 노동은, 기본적인 욕구이든 아니면 높은 수준의 욕구이든지 간에 인간의 욕구나 욕망을 충족시키기 위한 활동이라고 볼 수 있다.

노동은 '보편적인 삶의 활동'이다. "노동 과정은 인간 생활의 특정 형태로부터도 독립되어 있으며, 오히려 인간 생활의 모든 사회적 형태에 공통된 것이다." 노동은 특정한 사회에서만 이루어지는 활동이 아니라 모든 사회에서 보편적으로 이루어지는 삶의 활동이다. 물론 그 사회가 예를 들어 봉건제 사회인가 아니면 자본주의 사회인가에 따라서 구체적인 노동의 방식에는 차이가 있을 수 있지만, 그러나 일반적인 삶의 활동으로서 노동은 모든 사회에서 공통적으로 행해진다. 노동은 인간의 삶과 분리될 수 없을 뿐만 아니라 또한 인간을 인간답게 만들어준다는 점에서 인간 존재의 보편적 삶의 양식이다.

노동은 특정한 목적을 실현하기 위한 '합목적적(合目的的) 활동'이다. "우리가 상정하는 노동은 오로지 인간에게서만 볼 수 있는 형태의 노동이다. 거미는 직포공들이 하는 일과 비슷한 일을 하며, 꿀벌의 집은 인간 건축가들을 부끄럽게 한다. 그러나 가장 서투른 건축가를 가장 훌륭한 꿀벌과 구별시켜주는 점은, 사람은 집을 짓기 전에 미리 자신의 머릿속에서 그것을 짓는다는 것이다. … 노동자는 자연물의 형태를 변화시킬 뿐만 아니라 자기 자신의 목적을 자연물에 실현시킨다." 거미나 꿀벌도 자신의 집을 잘 짓지만 이것은 본능적인 활동에 불과하다. 반면에 인간은 집을 짓기 전에 미리 이것을 머릿속에 구상하여 계획적으로 일을 한다. 즉 인간의 노동은 자신이 미리 구상한 목적을 실현하기 위한 '합목적적 활동(die zweckmäßige Tätigkeit)'인 것이다. 노동의 합목적성으로 인해서 인간은 좀더 복잡하고 세밀한 것을 만들 수 있었으며 또한 기존의 생산 방식에서 벗어나 좀더 발전된 생산 방식을 도입할 수 있게 되었다.

 노동은 '인간과 자연의 상호 작용의 활동'이자 '자아 실현의 과정'이다. "노동은 무엇보다도 먼저 인간과 자연 사이에서 이루어지는 하나의 과정이다. 이 과정에서 인간은 자신과 자연 사이의 신진대사를 자기 자신의 행위에 의해 매개하고 규제하고 통제한다. … 인간은 자연의 소재를 자기 자신의 생활에 적합한 형태로 획득하기 위해 자기의 신체에 속하는 자연력인 팔과 다리, 머리와 손을 운동시킨다. 인간은 이 운동을 통해 외부의 자연에 영향을 미치고, 그것을 변화시키며, 그렇게 함으로써 동시에 자기 자신의 자연[천성]을 변화시킨다. 그는 자기 자신의 잠재력을 개발하며, 이 힘의 작용을 자기 자신의 통제에 둔다." 인간은 우선 자신의 신체의 힘을 사용하여 외부 대상인 자연을 가공하고 변형시킨다. 그리고 이렇게 노동을 통해 가공된 자연을 보면서 자신의 능력을 확인하고, 나아가 이러한 노동 과정을 통해 자신의 능력을 더욱 개발하게 된다. 이처럼 노동은 인간과 자연의 상호 작용을 매개하는 활동이면서 동시에 자아 실현의 계기가 되기도 한다.

마르크스의 영원한 사상적 동반자였던 엥겔스도 《자연 변증법》 (1883)에서 노동이 인간의 역사에서 얼마나 중요한 역할을 하고 있는지를 밝히고 있다. "노동은 모든 인간 생활의 제1 근본 조건인데, 이는 일정한 의미에서는 노동이 인간 자체를 창조했다고 말해야 할 정도로 그러하다." 엥겔스는 원숭이가 인간으로 진화하는 과정에서 '노동'이 결정적 역할을 했다고 본다. 인간은 직립 보행을 하면서 손을 자유롭게 사용하여 노동을 할 수 있게 되었으며 또한 이러한 노동의 과정을 통해 손이 더욱 정교하게 발달하게 되었다. 노동이 발달하면서 사람들 사이에는 협동이 필요하게 되었고 이 과정에서 언어가 발생하게 되었다. 노동과 언어의 발전은 인간의 두뇌 활동을 활발하게 하여 사고력을 증진시켰다. 그리고 인간은 도구를 제작하여 자신의 힘을 효율적으로 사용할 수 있게 됨으로써 자연을 더욱 합목적적으로 이용할 수 있게 되었다. "인간은 자신이 일으키는 변화를 통해 자연을 자신의 목적에 맞게 변형시키며, 자연을 지배한다. 이것이 인간과 다른 동물 사이의 최후의 본질적 차이며, 이 차이를 발생시키는 것은 노동이다." 이처럼 엥겔스는 합목적적 활동인 노동이야말로 인간을 인간답게 만드는 데 결정적인 역할을 하였다고 보았다.

지금까지 살펴보았듯이 마르크스가 후기 저작에서 '유적 본질'

이나 '인간 본질' 등의 용어를 중심적으로 사용하고 있지는 않지만, 후기 저작의 이러한 내용에 비추어 볼 때 인간을 여전히 '유적 존재'의 관점에서 이해하고 있다는 것을 알 수 있다. '유적 존재'로서 인간의 본질적 측면은 노동이며, 인간은 자유롭고 의식적 활동인 노동을 통해 자아를 실현하고 자신의 본질적인 모습을 유지한다는 것이다.

3. '사회적 관계의 총체'로서 인간: 역사적, 계급적 존재

마르크스는 대략 1845년을 기점으로 포이어바흐의 인간학적 유물론 및 헤겔의 관념론과 결별하고 그 대신에 '과학성'을 표방하면서 역사적 유물론을 체계화하기 시작한다. 마르크스가 이 시기에 쓴 글이 〈포이어바흐에 대한 테제〉(1845)인데, 엥겔스는 나중에 《포이어바흐와 독일고전철학의 종말》(1888)에서 이 저술에 대해 "새로운 세계관의 천재적인 맹아를 내포한 최초의 문헌"이라고 매우 높게 평가하였다. 마르크스는 이 저술에서 낡은 유물론, 특히 포이어바흐의 인간학적 유물론이 실천적 활동성을 결여하고 있을 뿐만 아니라 또한 구체적인 역사성을 결여하고 있다고 비판하면서 6번째 테제에서 다음과 같이 말한다. "포이어바흐는 종교의 본질을 인간의 본질로 해소시킨다. 그러나 인간의 본질은 개별적인 인간에 내재하는 추상물이 아니다. 현실적으로 인간의 본질은 사회적 관계의 총체(das ensemble der gesellschaftlichen Verhältnisse)이다."

마르크스는 여기서 인간의 본질을 '사회적 관계의 총체'로서 규정하고 있는데, 이것의 의미는 다른 테제들의 의미와 더불어 고찰할 때 좀더 잘 드러난다. 마르크스는 포이어바흐가 역사 과정을 도외시하고, 종교적 심성을 그 자체로서 고정시켰으며, 추상적인 고립된 인간을 전제로 삼고 있다고 비판한다. 즉 포이어바흐가 종교적 심성과 구체적 역사 과정의 연관성을 제대로 파악하지 못했다는 것이다. 마르크스가 7번째 테제에서 지적하고 있듯이 종교적 심성 자체는 바로 '사회적 산물'이다. 종교적 심성은 인간의 고유한 심성에서 기인한 것이 아니라 사회적 조건들 때문에 발생한다. 그래서 마르크스는 4번째 테제에서 종교적 세계가 세속적 기초를 바탕으로 발생하기 때문에, 종교적 세계를 폐기하기 위해서는 세속적 기초의 모순을 제거하기 위한 혁명적 실천이 필요하다고 주장한 것이다. 또한 마르크스는 포이어바흐가 역사와 사회로부터 인간을 추상화하여 고립적으로 파악하였기 때문에 인간을 단지 '유(Gattung)'로서, 즉 개인을 자연적으로 결합하는 보편성으로서만 이해하고 있다고 비판한다. 7번째 테제의 주장처럼 포이어바흐가 고찰하고 있는 추상적 개인도 '일정한 사회 형태' 속에 존재한다는 것이다.

이처럼 마르크스는 종교적 심성도 인간의 삶을 규정하고 있는 일정한 사회 형태나 사회 관계에서 발생한 것이지, 인간이 갖고 있는 고유한 선천적 본성에서 기인한 것은 아니라고 보고 있다. 이러한 종교적 심성에서 볼 수 있듯이 인간의 본질은 고정 불변하는 선천적인 것이 아니라, 구체적이고 역사적인 사회적 관계에 따라 변화하는 것이다. 따라서 '사회적 관계의 총체'로서 인간이란, 인간의 본질이 구체적이고 역사적인 사회적 관계에 의해 조건 지워지고 규정된다는 것을 의미한다.

인간에 대한 이러한 관점은 《독일 이데올로기》(1846)에도 그대로 이어지고 있다. 마르크스는 역사적 유물론의 관점에서 물질적인 사회 관계의 총체가 인간의 삶을 규정한다고 보면서, 구체적이고 현실적인 인간의 삶을 파악할 것을 강조한다. 그들은 청년헤겔학파의 이론이 현실성이 결여된 추상적인 인간에서 출발하고 있다고 비판하면서, 반면에 역사적 유물론은 현실적으로 활동하는 구체적인 인간을 출발점으로 삼고 있다고 말한다. "이러한 고찰 방식이 무전제적인 것은 아니다. 그것은 현실의 전제에서 출발하여 잠시도 그것을 버리지 않는다. 그 전제들은 어떤 환상적으로 완결되고 고정화된 인간이 아니라, 특정한 조건 아래에서 현실적이고 경험적으로 관찰될 수 있는 발전 과정 속에 있는 인간이다." 유물론적 역사관은 인간의 고정된 본성을 전제하고서 이것을 토대로 역사를 서술하는 것이 아니라, 특정한 물질적 조건의 영향을 받고 있는 변화하고 발전하는 인간을 전제로 삼고 있다. 따라서 역사는 관념론적 견해처럼 인위적으로 고안해낸 추상적인 주체를 전제로 삼고 있는 것도 아니며, 또한 경험론적 견해처럼 단순하게 사실만을 집적한 것도 아니다. 역사 서술은 현실적으로 경험 가능한 사실에서 출발을 하되, 그것은 고정된 죽은 사실이 아니라 변화하고 발전하는 실천적 인간을 출발점으로 삼는다. 따라서 여기서는 현실적이고 구체적인 역사적 조건이나 사회적 관계 속에서 인간을 파악하는 것이 중요하다.

이와 관련하여 마르크스는 인간의 본질에 대해서 다음과 같이 말한다. "개인들은 자신의 삶을 표현하는 방식대로 존재한다. 따라서 그들이 어떤 존재인가 하는 것은 그들의 생산, 다시 말해서 그들이 무엇을 생산하는가, 그리고 어떻게 생산하는가와 일치한다. 그러므로 개인이 어떤 존재인가 하는 것은 생산의 물질적 조건에 달려 있다." 생산 양식이란 인간이 생존을 위하여 자신의 생계 수단을 생산하는 방식이며, 이것의 구체적인 형태는 그 사회의 생산력이나 생산 관계와 같은 물질적 생산 활동의 조건들에 좌우된다. 그런데 이러한 생산 양식은 개인의 생존을 위해서도 중요하지만 또한 개인의 '활동 방식' 이자 '삶을 표현하는 방식' 이라는 점에서도 중요하다. 즉 물질적 생산 활동인 노동은 개인이 자신의 '유적 본질' 을 드러내고 자아를 실현하는 계기가 된다는 점에서 중요하다. 그렇지만 각 개인이 무엇을 어떻게 생산하는가는 자신이 속한 사회적·물질적 조건에 따라 상이하게 된다. 그래서 마르크스는 "개인이 어떤 존재인가 하는 것은 생산의 물질적 조건에 달려 있다"고 말한 것이다. 개인의 삶의 방식이나 특성은 생산 양식과 같은 일정한 물질적 생산 조건에 의해 규정된다는 점에서 '사회적 관계의 총체' 인 것이다.

마르크스는 이렇게 개인의 본질적 특성이나 삶의 방식을 규정하는 물질적 생산 조건은 역사적으로 형성된 것이므로 개인들이 자의적으로 선택하거나 변경할 수는 없다고 본다. 인간은 역사적으로 주어진 일정한 물질적 조건의 제약을 받으면서 생산 활동을 하게 된다. "역사의 각 단계는 선조로부터 각 세대가 물려받은 물질적 성과물, 생산력의 총합, 자연에 대한 그리고 각 개인들 상호간의 역사적으로 창조된 관계를 포함하고 있다는 것을 보여준다. 다시 말해서 일군의 생산력, 자본, 환경이 존재하고, 이것들이 한편으로는 새로운 세대에 의해 개조되지만, 다른 한편으로 새로운 세대에 대해 그 특유의 생활 조건을 규정하며, 그 세대에 일정한 발전 및 특수한 성격을 부여한다. 그러므로 이것은 인간이 환경을 만드는 것과 마찬가지로 환경이 인간을 만든다는 사실도 보여준다." 인간이 노동과 같은 실천적 활동을 통해서 환경을 만들듯이, 환경도 인간의 삶에 일정한 제약을 가함으로써 인간을 만든다는 것이다. 인간은 실천적 활동을 통해서 스스로 역사를 창조하지만 그렇다고 자의적으로 선택한 조건이나 환경에서 역사를 만드는 것은 아니다. 인간은 역사적으로 형성되어 전래된 물질적 조건이나 환경 속에서 역사를 만든다.

그리고 이러한 물질적 조건이나 사회적 관계가 인간을 만든다는 것은, 인간의 행동 양식뿐만 아니라 인간의 의식도 이러한 조건으로부터 규정을 받는다는 것이다. "의식의 형태들은 아무런 역사도 갖지 않고, 아무런 발전도 갖지 않으며, 오히려 자신의 물질적 생산과 물질적 교류를 발전시키는 인간이 자기의 현실과 함께 자기의 사고와 그 사고의 산물을 변화시킨다. 의식이 삶을 규정하는 것이 아니라 삶이 의식을 규정한다." 도덕이나 종교, 형이상학, 이데올로기와 같은 인간의 모든 의식 형태들은 그 자체의 역사를 갖고 있는 자립적인 것이 아니라, 경험적으로 확인할 수 있는 물질적인 것과의 연관 속에서 발생한 것이다. 즉 의식은 그 기원이나 내용에서 물질적인 것과 연관되어 있다. 의식이 삶을 규정하는 것이 아니라, 물질적 삶이 인간의 의식을 규정한다. 의식은 '의식된 존재(das bewußte Sein)'인 것이다. 이처럼 인간의 의식이나 사상은 일정한 사회적·역사적 조건의 산물이기 때문에, 이러한 사회적·역사적 조건이 변화하면 인간의 의식도 변화한다.

인간은 일정한 사회 관계, 특히 물질적 생산을 하는 데 있어서 인간과 인간이 맺는 '생산 관계'에 의해 규정된 삶의 방식과 이에 상응하는 사회적 의식을 갖게 된다. 마르크스가《정치 경제학 비판》(1859)의 '서문'에서 개괄적 형태로 정식화하고 있듯이, 인간은 생산 과정에서 불가피하게 자기의 의지와 독립된 일정한 생산 관계를 맺게 되며, 이러한 생산 관계의 총체로서 생산 양식이 삶의 방식과 사회적 의식을 포함하여 사회적·정치적·정신적 생활 과정 전반을 조건 짓고 규정하게 된다.

시대에 따라 물질적 생산 조건 및 사회 관계가 변화하면 이에 따라 인간은 다양한 삶의 방식과 의식을 갖게 될 뿐만 아니라, 동일한 시대의 한 사회에서도 개별 인간들은 사회 관계, 특히 생산 수단의 소유를 둘러싼 생산 관계에서 차지하는 위치에 따라 서로 다른 삶의 방식과 의식을 갖게 된다. 즉, 계급에 따라 서로 다른 삶의 방식이나 계급 의식을 갖게 된다. 마르크스는《독일 이데올로기》에서 다음과 같이 말한다. "계급은 개인들로부터 독립해 있고, 그 결과 개인들은 자신들의 생활 조건을 미리 예정된 것으로 생각하며, 계급에 의해 자기들의 생활상의 지위 그리고 그에 따른 인격적 발전이 지정되는 것으로 받아들임으로써 계급에 포섭된다." 개인이 어떤 계급에 속하는가는 개인의 선택이나 의지에 의해 결정되는 것이 아니라, 개인의 물질적 생활 조건이나 생산 관계에서의 지위 등에 의해 결정되며 이에 따라 그 개인의 인격적인 측면도 결정된다. 즉 개인의 본질적 측면이나 특성은 사회 관계, 특히 생산 관계에 의해 조건 지워진 계급에 의해 규정된다.

이렇게 인간을 계급적 존재로서 이해하는 관점은 마르크스의 《자본론》(1867)에도 잘 나타나 있다. "여기서 개인들이 문제로 되는 것은 오직 그들이 경제적 범주의 체현, 즉 일정한 계급 관계와 이해 관계의 담지자인 한에서 그렇다." 개인들은 사회적 삶의 과정에서 계급적 이해 관계에 따라 사고하고 행동하게 된다. 더 많은 이윤과 더 많은 임금이라는 경제적 이해 관계가 자본가와 노동자의 사고와 행동을 규정하게 된다. 그래서 마르크스는 자본가를 가리켜서 "자본가로서 그는 단지 인격화된 자본이다. 그의 영혼은 자본의 영혼이다"라고 말했다. 자본가는 자신의 자의적 선택에 따라 행동하는 것이 아니라 자본과 시장의 논리에 따라 행동하게 되며 따라서 이러한 물질적 조건이 그의 사고방식이나 행동 방식을 규정하게 된다.

이처럼 '사회적 관계의 총체'로서 인간이란 사회 관계, 특히 생산 관계와 같은 물질적 조건에 의해 규정된 인간이며, 따라서 계급 사회에서는 계급으로서 인간을 의미한다고 볼 수 있다.

4. 인간에 대한 두 가지 규정의 상호 관계

마르크스는 '유적 존재'와 '사회적 관계의 총체'라는 개념을 통해서 인간을 '노동하는 존재'이자 '계급적 존재'로 이해하였다. 앞에서 보았듯이 마르크스는 후기에 과학성을 표방하면서 휴머니즘적이고 가치론적인 '유적 존재'라는 개념의 사용을 꺼려하였지만, 그렇다고 '유적 존재'의 관점을 폐기한 것은 아니며 여전히 이러한 관점에서 인간의 본질을 이해하고 있다. 따라서 마르크스가 후기에는 '유적 존재'라는 규정을 폐기하고 오로지 '사회적 관계의 총체'라는 규정을 통해서만 인간을 이해하고 있다는 주장은 타당하지 않다. 마르크스는 이 두 가지 규정을 동시에 사용하여 인간을 노동하는 존재이자 계급적 존재로서 인식하고 있다.

테일러(C. Taylor)는 《헤겔과 근대 사회》(1979)에서 마르크스가 후기에 과학을 표방하였지만, 그렇다고 마르크스가 초기 사상을 버린 것은 아니라고 주장한다. 마르크스는 처음부터 급진적 계몽주의와 표현주의를 종합하려는 의도를 갖고 있었다. 마르크스의 사상 전체에는 과학을 통해 자연과 사회를 지배하고 대상화하는 것, 즉 인간의 의지로 자연을 변형시키려는 급진적 계몽주의(the radical Enlightenment)의 측면과 함께, 유적 인간으로서 자유롭게 자아를 실현하려는 표현주의(expressivism)의 측면이 동시에 존재한다. 표현주의는 고전 경제학의 원자론과 공리주의적인 계몽 철학을 비판하면서 《경제학·철학 수고》의 '소외' 개념에서 드러나듯이 현존 질서의 비인간적인 소외 문제를 고발한다. 표현주의의 완성으로서 공산주의는 비인간적인 인간 소외가 사라지고 자유롭게 자아를 실현할 수 있는 사회이다. 이처럼 마르크스는 후기 저작에서도 자유롭고 의식적인 활동인 노동을 통해 인간의 유적 본질이 현실화되어 각자가 고유한 능력과 개성을 전면적으로 발휘할 수 있는 사회를 이상적 사회로 간주하는 등 초기의 '유적 존재'의 관점을 유지하고 있다.

앞의 논의에서 보았듯이 '유적 존재'라는 개념이 동물과 같은 다른 존재로부터 인간 일반을 구분해주는 보편적인 질적 규정이라면, '사회적 관계의 총체'라는 개념은 구체적이고 역사적인 인간, 특히 계급적 존재로서 인간을 이해하기 위한 규정이다. 이 문제와 관련하여 마르크스는 《자본론》에서 벤담을 비롯한 공리주의를 비판하면서 다음과 같이 말하였다. "우리가 모든 인간 행위, 운동, 관계 등을 유용성의 원리에 의해 평가하려면, 먼저 보편적인 인간 본성이, 그 다음으로 각각의 시기에 역사적으로 변형되는 인간 본성이 중요하다." 여기서 볼 수 있듯이 마르크스는 인간의 보편적인 본성뿐만 아니라 역사적으로 변화하는 인간의 본성에 대해서도 언급하고 있다.

이와 관련하여 뮈슬리프첸코(A. Myslivchenko)는 다음과 같은 주장을 한다. 마르크스는 인간의 본성 '일반', 즉 인간의 유적 본질이 존재한다는 점을 인정했다. 또한 마르크스는 인간의 본성 '일반'이 취하고 있는 역사적인 구체적 형태, 즉 그러한 본성이 변화해가고 있는 모습으로서 인간의 현존을 연구할 필요가 있다고 생각했다. 코솔라포프(R. I. Kosolapov)도 인간의 본질은 의심의 여지없이 발전의 과정을 겪지만, 그렇다고 이 사실이 역사의 과정에서 인간이 질적 규정성을 유지하는 것을 막지는 않는다고 주장한다.

이러한 주장처럼 '유적 존재'와 '사회적 관계의 총체'라는 개념은 인간의 본질이나 본성이 지니고 있는 다른 특성이나 측면을 드러내기 위한 규정이므로 이 양자는 서로 모순적인 것이 아니라 양립 가능한 개념이다. 인간은 다른 동물들과는 다르게 사회 속에서 자유롭고 의식적인 활동인 노동을 함으로써 자신의 본질을 실현하는 '유적 존재'이기도 하지만, 다른 한편으로 이러한 노동이나 삶의 방식이 특정한 역사적·사회적 조건, 특히 물질적 생산 관계와 같은 계급적 조건에 의해 규정된다는 점에서 '사회적 관계의 총체'이기도 하다. 인간은 보편적인 삶의 방식으로서 노동을 하는 존재이기도 하지만, 동시에 일정한 역사적·사회적 조건 속에서 계급적 행위와 같은 특수한 삶의 방식을 영위하고 있는 존재이기도 하다.

5. 맺음말

지금까지 살펴보았듯이 근대의 사상가로서 마르크스는 산업 사회를 이끌어가는 원동력이 되고 있는 노동의 역할에 주목하여 인간을 '유적 존재', 즉 자유롭고 의식적 활동인 '노동하는 존재'로 규정하였다. 또한 사회적·역사적 존재로서 인간의 다양한 삶의 방식에도 주목하여 인간을 '사회적 관계의 총체'로 규정하였는데, 특히 자본주의와 같은 계급 사회에서는 '계급적 존재'로서 인간을 이해하였다.

인간의 삶에서 노동이 차지하는 역할이나 중요성에 주목한 근대 사상가로는 마르크스 이외에도 여러 사상가들이 있다. 로크(J. Locke)는 《시민 정부론》(1689)에서 노동의 의미를 소유권과 관련하여 설명하였다. 자연 상태에서 인간은 자유권, 생명권, 소유권이라는 기본적 권리를 지니는데, 이 중에서 소유권은 노동을 통해서 형성된다. 원래 대지를 비롯한 자연물은 모든 사람들의 공유물이다. 그런데 개인이 노동을 통해 이러한 자연물에 인격을 투영하게 되면, 즉 자연물에 힘을 가하여 그것을 가공하거나 변형시키게 되면 그 자연물은 자신의 소유물이 된다. 예를 들면 야생의 도토리는 모든 사람의 공유물이지만, 어떤 개인이 노동을 통해 그 도토리를 주워 모은다면 그 도토리는 그 개인의 소유물이 된다. "노동이 만물의 공통의 어머니인 자연보다 더 많은 그 무엇을 거기에 첨가한 것이다. 그리하여 그것들은 그의 사적인 권리가 된다." 노동은 사적 소유권을 정당화시키는 근거가 되기 때문에, 이제 모든 개인은 자신의 노동을 통해 그 누구나 소유권의 주체가 될 수 있다. 이처럼 로크는 근대 자본주의의 주요한 사회 원리인 사적 소유권을 정당화시키는 관점에서 노동 개념을 이해하고 있다.

이에 비해 헤겔(Hegel)은 노동의 의미를 자기 의식이나 자기 정체성의 확립과 관련하여 설명한다. 헤겔은 《법철학》(1821)에서 사적 소유를 기반으로 한 근대의 시민 사회가 한계를 지니고 있다고 보았다. '욕구의 체계'로서 시민 사회는 소유권을 보장함으로써 개인들의 욕구를 충족시키고 개인들 간의 갈등을 조절하기도 한다. 그런데 헤겔은 진정한 '인륜(Sittlichkeit)'이란 이러한 시민 사회의 개별적이고 이기주의적인 상태를 넘어서서 개별성과 공동체성이 통일을 이루는 국가에서 현실화된다고 보았다. 헤겔은 시민 사회, 즉 사적 소유권을 기반으로 한 자본주의 사회의 한계를 비판하면서 이를 넘어설 것을 주장하고 있는 것이다.

헤겔은 《정신 현상학》(1807)에서 주인과 노예의 변증법을 통해 노동의 의미를 다음과 같이 밝히고 있다. 개인들은 타인으로부터 인정을 받기 위해 생사를 건 투쟁을 하게 되며, 이 과정에서 자립적 의식을 고수한 사람은 '주인'이 되지만 반면에 비자립적 의식을 지니게 된 사람은 '노예'가 된다. 노예는 노동을 통해 주인에게 봉사하며, 주인은 이러한 노예의 노동 성과물을 향유하면서 살아간다. 그런데 노예는 노동을 통해 점차 자신의 힘을 확인하고 자신의 능력을 발전시킴으로써 자립적 의식을 확보한다. "대상을 형성하고 가공하는 과정에서 순수한 대자적 존재로서의 노예가 자신을 객관적 존재로서 인지하게 된다." 노동은 대상을 가공하고 변형하는 활동인데, 노예는 이렇게 노동을 통해 가공된 대상 속에서 자신의 힘을 확인함으로써 '대자적 존재', 즉 자립적인 자기 의식을 확보한 존재가 된다. 노예는 노동을 통해 자립적 의식을 확보하지만 반면에 생산적 노동에 종사하지 않고 향유만을 즐기던 주인은 오히려 노예의 노동에 의존해야 하는 비자립적 존재로 전락한다.

이처럼 헤겔에게서 노동 개념은 단지 사적 소유권을 정당화시키는 근거로서만 작용하는 것이 아니라 이를 넘어서서 개인이 자신의 힘을 발휘하여 자기를 확인하고 자기 의식을 확보하는 계기로서 작용한다. 헤겔에게서 노동 개념은 이제 인간의 삶과 존재방식에서 좀더 근본적인 의미를 지닌 것으로 자리를 잡게 된다.

마르크스는 이러한 헤겔의 노동 개념을 수용하여 '유적 존재'라는 개념을 중심으로 노동을 인간의 본질적인 활동이자 근본적인 삶의 방식으로 정립하였다. 인간은 생존을 위해서는 노동을 통해 생활 수단을 생산할 수밖에 없다. 그러나 인간의 노동은 동물과는 다르게 목표를 설정하고 계획을 세우는 '합목적적 활동'이다. 또한 인간은 도구를 활용하여 힘을 효과적으로 사용하고, 언어를 매개로 사회적 협동을 함으로써 문화를 발전시킬 수 있었다. 이런 점에서 노동은 인간을 인간답게 만드는 데 결정적인 기여를 하였다고 볼 수 있다. 그리고 노동은 인간이 자신의 힘을 표출하여 자연을 가공하는 활동인데, 이 과정에서 새로운 가치를 창출한다. 노동은 부의 원천인 것이다. 그래서 로크는 노동을 소유권의 원천으로 간주하였으며, 아담 스미스(A. Smith)는 노동을 가치의 원천으로 간주하였다.

그런데 마르크스는 이러한 노동 개념에 그치지 않고 이를 넘어서서 좀더 근본적이고 본질적인 관점에서 노동 개념을 정립하였다. 마르크스에게 노동은 인간이 유적 본질을 실현하는 활동이자 인간이 전면적인 자기 발전을 이루는 계기이다. 인간은 노동을 통해 자아를 실현하고 자기를 확인하며 자기 발전을 이룬다. 그래서 마르크스는 인간을 '유적 존재'로, 즉 '노동하는 존재'로 인식한 것이다. 마르크스는 자아 실현의 관점에서 노동을 이해하고 있는 것이다.

이와 관련하여 엘스터(J. Elster)는 《마르크스 이해하기》(1985)에서 다음과 같이 말한다. "마르크스는 대체로 자본주의가 인간의 발전과 자아 실현을 좌절시키기 때문에 자본주의를 비난했다. 이와 관련하여 마르크스는 공산주의를 완전한 인간이 될 수 있는 사회, 즉 전면적인 창조자로서 자신들의 잠재력을 완전히 실현할 수 있는 사회로 보았다." 자본주의 사회가 소수에게만 자아 실현의 기회를 부여하고 대다수에게는 그러한 기회를 주지 않음으로써 그들을 소외시키는 데 비해, 공산주의 사회는 모든 개인이 풍부하고 적극적인 삶을 살 수 있는 기회를 준다는 것이다. 그래서 마르크스는 소외의 관점에서 자본주의를 비판하면서 전면적인 자아 실현이 가능한 공산주의 사회를 이상적인 사회로 간주하였던 것이다.

룩스(S. Lukes)도 《마르크스주의와 도덕》(1988)에서 '유적 존재' 개념을 중심으로 자아 실현의 관점에서 마르크스의 사상을 이해한다. "'무엇이 자유의 왕국을 (형식적으로가 아니라) 실제적으로 자유롭게 만드는가'라는 질문에 관심을 갖고 있다면, 우리는 목적론적이고 아리스토텔레스적인 완전론자(perfectionist)로서의 마르크스를 따라야 한다." 왜냐하면 공산주의가 약속하는 자유는 '유적 능력', 잠재력, 자아 실현과 같은 개념들 속에 체계적으로 나타나 있기 때문이다. 개인들이 공동체 안에서 자신의 힘과 개성을 최대한으로 발휘하여 자유롭고 완전한 발전을 이룰 수 있을 때 사회는 최선의 상태에 도달하게 된다. 따라서 이것은 자아 실현을 최고의 가치로 여기는 완전론의 관점이라고 볼 수 있다.

이처럼 마르크스는 '유적 존재'라는 개념을 바탕으로 하여 노동을 통한 자아 실현이라는 관점에서 인간을 이해하고 있다. 인간은 자유롭고 의식적 활동인 노동을 통해서 자신의 유적 본질을 실현하고 자기를 발전시킨다는 점에서 '노동하는 존재'인 것이다. 그리고 마르크스는 이러한 보편적인 인간의 삶의 방식뿐만 아니라 '사회적 관계의 총체'라는 개념을 바탕으로 역사적·사회적 조건에 따라 서로 다르게 나타나는 인간의 특수한 삶의 방식에도 주목하였다. 마르크스는 역사적 유물론의 관점을 바탕으로 물질적인 생산 활동의 과정에서 어떠한 사회적 관계를 맺는가에 따라 개인들의 삶의 방식이나 사고방식에서도 차이가 발생한다고 보았다. 특히 계급 사회에서 개인들은 특정한 계급에 속하는 존재로서 활동하며 살아간다는 점에서 '계급적 존재'이다. 마르크스에게 인간은 '유적 존재'이자 '사회적 관계의 총체', 즉 '노동하는 존재'이자 '계급적 존재'인 것이다.

더 읽어볼 책

손철성,《유토피아, 희망의 원리》, 철학과 현실사, 2003.
차인석,《사회의 철학》, 민음사, 1992.
페도세예프(P. N. Fedoseyev) 외,《인간의 철학적 이해》, 한국철학사상연구회 역, 새날, 1990.
프롬(E. Fromm) 외,《사회주의 인간론》, 사계절 번역실 역, 사계절, 1982.

필자 소개

서울대 철학과 졸업, 동대학원에서 철학박사학위를 받았다. 서울대 철학사상연구소 선임연구원, 국민대 교양학부 강의전담교수, 한국철학사상연구회 논리연구실 기획위원을 역임하고, 현재 경북대학교 사범대학 윤리교육과 교수로 재직 중이며, 서울대학교 철학사상연구소 객원연구원, 국립중앙도서관 철학분야 외국자료 추천위원으로 활동하고 있다. 주요 저서로《유토피아, 희망의 원리》,《고전과 논리적 글쓰기》,《디지털 지식자원구축을 위한 기초적 연구: '독일 이데올로기'》,《디지털 지식자원구축을 위한 기초적 연구: '자본론'》,《환경문제와 철학》 등이 있고, 번역서로《테러 시대의 철학: 하버마스, 데리다와의 대화》(지오반나 보라도리 저, 문학과지성사, 2004) 등이 있다.

니체
인간은 자신을 초극해야 하는 존재다

박찬국(서울대 철학과 교수)

1. 들어가면서 – 니힐리즘의 극복이란 지평에서 본 니체의 인간관

모든 위대한 사상가들은 자신의 시대와의 대결을 통해서 자신의 사상을 전개한다. 니체 역시 하나의 역사적인 시대를 살아간 사람으로서 시대적인 문제와 고통을 자신의 문제와 고통으로 겪으면서 그것들과 고투하는 가운데 인간과 세계에 대한 새로운 사유를 전개시켜나갔다고 볼 수 있다. 니체가 자신의 시대와 자신의 삶이 부딪힌 가장 절박한 문제로 본 것은 니힐리즘의 문제였다. 니힐리즘의 문제란 플라톤적인 형이상학과 기독교가 붕괴하게 되면서 사람들이 삶의 방향과 의미를 상실하고 허무에 직면하게 된 근대적인 현실을 말한다. 니체는 이러한 니힐리즘의 궁극적인 원인과 그것의 극복 방안을 강구하는 가운데 인간과 세계에 대해서 새롭게 사유하지 않을 수 없었다. 이런 맥락에서 우리는 니체의 인간관을 니힐리즘에 대한 니체의 대결을 살펴보는 방식으로 정리하려고 한다.

2. 니체 철학의 목표

우리가 삶의 분명한 사실로서 부정할 수 없는 것은 우리는 태어나서 늙고 병들고 죽는다는 단적인 사실이다. 이러한 현실을 목전에 두면 우리는 누구나 불안과 허망함에 사로잡힐 수밖에 없다. 이러한 사실은 인간뿐 아니라 동물들도 겪는 사실임에도 인간만이 이러한 사실을 의식하고 그러한 사실을 문제로 여기면서 괴로워할 수 있다는 데 인간의 본질적인 특성이 있다. 이렇게 탄생에서 죽음에 이르는 자신의 삶에 대해서 전체적인 조망을 갖고 그것이 내던져 있는 불가항력적인 생성소멸의 사실에 대한 의식을 우리는 시간의식이라고 부를 수도 있겠지만 이러한 시간의식을 니체는 '흘러가 버린 과거(Es war)'에 대한 의식이라고 불렀다. 시간은 우리의 의지와 상관없이 흘러가버린다. 과거의 일에 대해서 우리가 아무리 회한을 품어도 우리는 과거를 어찌할 수 없다. 미래의 시간도 마찬가지다. 우리는 미래의 시간을 통제할 수 없다. 그것은 우리에게 밀려오고 그리고 흘러간다. 인간은 자신이 미래에서 밀려와서 과거로 흘러가는 생성소멸의 현실 앞에 무력하게 던져져 있다는 사실을 의식하면서 무력감과 공허감에 사로잡힐 수 있는 존재다.

니체는 플라톤에서 헤겔에 이르는 서양의 형이상학과 기독교는 인간을 이렇게 근저로부터 규정하고 있는 이러한 무력감과 공허감에서 벗어나려는 몸부림이었다고 본다. 다만 그것은 이데아의 세계라든가 피안에 존재하는 신이라는 허구적인 관념들에 호소함으로써 그러한 무력감과 불안에서 벗어나려는 시도였다. 그것은 시간과 생성의 세계를 가상으로 보고 시간과 생성에서 벗어나 있는 영원불변한 피안의 세계를 실재라고 본다. 그리고 그것은 언젠가 이루어질 이러한 피안에로의 귀환을 확신하는 것을 통해서 생성 변화하는 현세에서 느끼는 무력감과 불안에서 벗어나려고 하는 것이다.

그 결과 서양의 역사를 지배한 것은 인간의 상상물에 불과할 뿐 실제로 존재하지도 않는 허구였고 사람들은 이러한 허구를 숭배하는 데 자신의 사고와 행위의 모든 힘을 쏟았다. 물론 사람들은 이러한 허구에 대한 믿음과 숭배를 통해서 시간과 생성의 세계 한가운데에서 느끼는 무력감과 불안에서 어느 정도 벗어날 수는 있다. 그러나 그 대가로 사람들은 자신의 삶의 에너지를 그러한 허구를 숭배하는 것에 소모하고 낭비하지 않으면 안 된다. 사람들은 세계를 영원불변한 참된 피안 세계와 무상하기 그지없는 가상의 차안 세계로 나누는 것처럼 인간 자신도 피안의 세계에 속하는, 영원한 정신과 차안에 속하는 무상한 육체로 나누게 되며, 피안에 가기 위해서는 차안의 세계와 육체와 감성적인 욕망을 억압하고 부정해야 한다고 믿게 된다.

이와 함께 사람들은 자신의 모든 힘을 현세와 자신의 자연스런 욕망을 부정하는 데 쏟게 되며, 그것에 끌리는 자신을 죄인으로 여기면서 자책하고 자학하는 데 쏟아 붓는다. 자신의 힘을 외부로 쏟으면서 생성 변화하는 세계와의 대결 속에서 자신을 강화하고 완성시키는 데 쓰여야 할 힘이 현세에 대한 부정 속에서 자신의 내면에만 향하게 되면서 자신을 공격하고 억압하는 데 쓰이는 것이다. 이런 의미에서 니체는 서양의 역사를 인간이 자신의 힘을 자신을 공격하고 억압하는 데 소모시켜온 자기파괴와 생명부정의 역사였다고 본다.

　니체는 근대에 대두된 다양한 철학사조들이 플라톤적인 형이상학과 기독교를 부정했음에도 이러한 현실에는 근본적인 변화가 없다고 본다. 플라톤적인 형이상학과 기독교는 변화된 형태로 계속해서 서양인들의 삶과 사유를 지배하고 있다는 것이다. 실로 칸트와 같은 철학자는 서양의 형이상학이 감각적 경험에 입각하지 않고 있다는 면에서 그것의 학적인 성격을 부정하고 있다. 그러나 플라톤이 말하는 이데아나 기독교에서 말하는 신의 말씀은 칸트에서는 도덕적인 정언명법이나 양심의 소리로 변형되어 나타나고 있다. 더 나아가 니체는 플라톤적인 형이상학과 기독교를 자신과 유사하게 비판하고 있는 근대 사상가들인 포이어바흐나 마르크스와 같은 사상가들마저도 결국은 그것들의 영향력에서 벗어나지 못하고 있다고 보고 있다. 이 점에서 서양의 전통 형이상학과 기독교에 대한 니체의 비판은 그것들에 대해서 근대의 어떤 사상가들이 행한 비판보다도 철저한 면이 있는 것이다.

실로 포이어바흐나 마르크스와 같은 사상가들은 니체와 마찬가지로 플라톤에서 헤겔에 이르는 서양의 형이상학과 기독교를 인간의 자기소외로 보고 있다. 즉 서양의 형이상학과 기독교에서 인류는 사랑이나 지혜와 같은 자신의 고귀한 능력을 이데아나 절대정신 그리고 신과 같은 허구적인 관념들에 귀속시키고 그것에 복종하고 있다는 것이다. 그러나 니체에 의하면 이들은 이러한 허구적인 관념들 대신에 다시 보편적인 인류나 그러한 보편적인 인류의 대표자인 민중 혹은 프롤레타리아와 같은 추상적인 실체들을 내세우게 된다. 이와 함께 이데아나 신 대신에 이제는 이러한 보편적인 인류나 민중 혹은 민족과 같은 추상적인 실체들이 구체적인 인간 개개인으로부터 헌신과 경배를 요구하게 된다. 사람들은 추상적인 인류나 인류의 보편적 본질, 민중 혹은 프롤레타리아 혹은 민족의 승리나 영광을 위해서 자신을 희생하고 자신의 모든 힘을 쏟는 것이다. 아울러 이데아의 세계나 피안 대신에 이상적인 시민사회나 공산주의와 같은 미래의 이상사회가 주창되고 이제 사람들은 피안이 아니라 언젠가 이루어질 가공적인 미래의 이상사회를 위해서 현재의 삶을 희생한다.

포이어바흐나 마르크스와 같은 전통 형이상학과 기독교에 대한 급진적인 비판가들마저도 이렇게 그것들의 영향력에서 벗어나지 못하고 있다고 보는 점에서 니체는 서양의 전통 형이상학과 기독교는 형태를 바꾸면서 암암리에 서양의 생명력을 계속해서 약화시켜 나갈 것이라고 니체는 생각한다. 이런 맥락에서 니체는 이렇게 말하고 있다.

"새로운 투쟁 — 부처가 죽은 후에도 인간들은 수백년 동안 동굴 안에 그의 그림자를 안치시켰다 — 거대하고 섬뜩한 그림자를. 신은 죽었다. 그러나 인간들의 유형과 마찬가지로 사람들이 그의 그림자를 안치할 동굴이 필시 앞으로 수천 년 동안에도 존재할 것이다. 그리고 우리는 계속 신의 이 그림자를 정복해야만 한다."

니체의 이러한 문제의식은 그에게 크게 영향을 주었던 19세기의 무정부주의적인 개인주의자 슈티르너의 문제의식과 유사한 면이 많다고 생각된다. 슈티르너는 신이나 절대정신 혹은 인류나 민족 혹은 프롤레타리아 같은 추상명사들과 이러한 추상명사들의 대리인을 자처하는 성직자 계급이나 정치가들 혹은 혁명가들이 지배하는 사회에 대해서 구체적인 개개인들이 자신들의 운명을 결정할 수 있는 사회를 내세웠다.

슈티르너에 따르면 헤겔은 기독교인의 인격신을 살해하고 그 대신에 '절대정신' 또는 '이성'이라는 추상적인 존재를 내세우면서 기독교와 성직자들의 지배를 붕괴시켰다. 그러나 헤겔은 '국가'를 '절대정신'의 '구체적인 실현'으로 간주하면서 성직자들 대신에 국가의 관료계급을 사회 전체의 보편적인 이해를 대변하는 계급으로 내세웠다. 이러한 헤겔의 절대정신을 추상적인 허구로 배척하면서 인류를 역사형성의 주체로 내세운 것이 포이어바흐와 마르크스를 비롯한 헤겔 좌파다. 이들 헤겔 좌파에 따르면 기독교의 '신'이나 헤겔의 '정신'이란 인간의 자기소외의 산물이다. 즉 인간은 자신의 육체적 정신적인 잠재 능력을 '신'이나 절대정신과 같은 추상적인 허구에 속하는 것으로 간주하고 자신은 비천하기 짝이 없는 존재로 여기면서, 자신의 '육체적 정신적인 노동의 산물'을 '신'이나 절대정신의 은총 따위로 생각하게 된다는 것이다.

그러나 포이어바흐나 마르크스와 같은 헤겔 좌파가 말하는 것처럼 보편적인 인류가 역사의 주체라면 구체적이고 개별적인 인간들은 '보편적 인류'나 '인류의 보편적인 본질'의 객체이며, 이 '보편적 인류'가 자신의 뜻을 실현하기 위한 도구로 되고 만다. 슈티르너는 이런 의미에서 포이어바흐와 마르크스와 같은 헤겔 좌파들은 궁극적으로 기독교적인 자기소외로부터 탈피하지 못했다고 본다. 그들은 헤겔이 기독교의 신 대신에 절대정신을 내세웠던 것처럼, 절대정신 대신에 이른바 보편적인 인류 혹은 그러한 보편적인 인류의 대표자격인 프롤레타리아계급을 내세운다. 이 점에서 슈티르너는 헤겔좌파들은 사실상 헤겔의 사상과 본질적으로 구별되는 어떠한 독창적인 것도 제시하지 않았으며 헤겔이 자신의 주장에 씌웠던 신비적인 베일을 벗긴 데 지나지 않는다고 말한다.

따라서 슈티르너는 헤겔의 절대정신에서 기독교적인 인격신이 변형되어 나타난다고 보는 것처럼 포이어바흐와 마르크스가 종교의 근원이라고 주장하는 '보편적인 인류'라는 개념에서도 '종교적인 냄새'를 맡는다. 즉 그는 그러한 개념들은 현실에서 구체적으로 살고 있는 개별적인 인간들을 초월해 있으면서 이들을 억압할 수 있는 메커니즘으로 작용하는 고정관념으로 보는 것이다.

"…사람들은 유적(類的) 인간(Gattungswesen) 자신이 유일한 신이 되기 위해 신을 죽였다는 사실을 깨닫지 못했다. 우리들의 외부에 있는 피안은(Jenseits außer uns) 제거되었고, 계몽주의자들의 위대한 기도는 실현되었다. 그러나 우리들 내부에 있는 피안(Jenseits in uns)이 새로운 천국이 되었다.…"[1]

이와 관련하여 슈티르너는 이러한 신은 이제 피안에서 차안으로 내려왔기에 더욱 위험한 것이 되었다고 말하고 있다. 이 점에서 슈티르너는 서양의 중세시대에 신의 이름으로 수많은 사람들이 단죄되고 자신을 학대하고 죄책감에 시달렸던 것처럼, 근대에도 보편적인 인류와 민중 그리고 민족 혹은 미래에 실현될 위대한 이상사회 등의 이름으로 수많은 사람들이 단죄되고 살해되며 자신을 학대하고 죄책감에 시달릴 것이라는 사실을 이미 통찰하고 있었다고 할 수 있다. 사람들이 종교적인 믿음에 의해서 피안에 도달하려는 것이 아니라 정치적인 혁명과 폭력에 의해서 피안을 현세에 실현하려고 할 때 그러한 이상사회의 실현에 장애가 되는 인간들에 대한 억압과 학살 그리고 인간 개개인들 내부의 반동적인 성향에 대한 단죄는 불가피하게 되는 것이다.

니체의 철학이 슈티르너의 철학과 동일한 것은 아니지만 양자는 적어도 시대적 상황을 보는 문제의식 면에서는 동일하다고 볼 수 있다. 양자 모두 신·절대정신·보편적인 인류·인류의 고귀한 본질

---

1 칼 뢰비트(Karl Löwith), 《헤겔에서 니체로 Von Hegel zu Nietzsche》, 강학철 역, 민음사, 1994, 408쪽에서 재인용.

적인 성질·민족·민중과 같은 허구적인 고정관념들이나 추상적인 실체들에 의해서 사람들이 지배당하는 상태를 극복하고 인간 개개인들로 하여금 건강하고 발랄한 삶을 영위할 수 있게 하는 것을 목표하는 것이다.

3. 근대 니힐리즘의 본질과 그것의 극복

니체에 따르면 칸트 철학이나 마르크스 사상과 같은 근대적인 사고 유형들까지도 암암리에 규정하고 있는 전통 형이상학과 기독교는 생성과 소멸 그리고 고통으로부터 벗어나 있는 피안 세계를 설정하고 그것에 도피하는 것에 의해서 현실의 괴로움을 극복하려고 한다. 이러한 사고방식들을 규정하는 것은 피안과 차안의 이원론이자 영원한 정신과 생성소멸하는 감성의 이원론이다. 그런데 니체에 따르면 자신의 시대는 이러한 이원론적 세계상이 하나의 환상이자 기만으로서 드러나게 된 시대다. 형이상학이 진정한 실재의 영역으로 상정했던 피안과 정신의 영역은 사실은 인간의 상상이 만들어낸 세계라는 것이 드러난다. 이러한 시대적인 상황을 니체는 최고의 가치들이 자신의 가치를 상실하게 되는 니힐리즘의 상황으로 파악하고 있다.

"니힐리즘이란 무엇인가? 그것은 최고의 가치들이 자신의 가치를 상실한다는 것이다. (이에) 목표는 (더 이상) 존재하지 않는다.

'왜'라는 물음에 대한 답이 존재하지 않는 것이다."²

이 단편에서 니체는 전통 형이상학과 종교에서 신으로 대표되는 영원한 것들을 최고의 가치라고 표현하고 있다. 이 지상의 것들이 무상하고 무가치한 반면에, 그러한 영원한 것들은 인간이 추구할 만한 가장 가치 있는 것들이다. 근대에는 플라톤의 이데아의 세계와 기독교의 신과 같은 초감상적인 이념들은 우리 인간이 삶의 무상함을 견디기 위해서 만들어낸 신기루에 지나지 않는다는 사실이 폭로되면서 그것들이 그동안 인간에 대해서 가지고 있었던 지배력을 상실하게 된다. 그러나 사람들은 이러한 상황에서 일단은 삶의 방향과 의미, 즉 내가 '왜' 사느냐에 물음에 대한 답을 발견하지 못하면서 허무감에 사로잡히게 된다. 니체는 이러한 상황을 니힐리즘이라고 부르고 있는 것이다.

이러한 니힐리즘의 상황은 언뜻 보기에는 부정적인 사태로 나타날지 모르지만 인간은 이러한 사태를 통해서 자신이 이제까지 사로잡혀온 환상과 허위에서 깨어나게 된다는 점에서 니체는 그것을 긍정적으로 보고 있다. 이런 의미에서 근대인에게 진정으로 필요한 것은, 칸트나 헤겔 그리고 포이어바흐나 마르크스처럼 이데아나 기독교적인 인격신 대신에 도덕적인 정언명법이나 양심 혹은 절대정신이나 보편적인 인류와 같은 또 하나의 허구적인 추상관념들을 통

---

2   니체, 《힘에의 의지》, 2번.

해서 그리고 피안 대신에 미래의 이상 사회에 대한 희망을 통해서 자신의 삶에 방향과 힘을 부여하려고 하는 것이 아니라 자신의 시대적 상황의 본질을 있는 그대로 통찰하는 것이다. 근대인이 자신의 시대적 상황의 본질을 통찰한다는 것은 이제 이러한 모든 종류의 추상 관념들은 하나의 가상에 지나지 않으며 우리가 인정할 것은 생성 변화하는 지상의 세계와 개별적인 존재자들뿐이라는 사실을 철저히 자각하는 것이다. 그리고 이러한 자각 위에서 인간은 자신이 직면하고 있는 니힐리즘의 상황을 극복할 길을 모색하지 않으면 안 된다.

그러나 이러한 추상 관념들이나 피안이나 유토피아적인 미래에 대한 희망을 통하여 니힐리즘으로부터 도피하는 것이 금해져 있을 경우에 니힐리즘으로부터 우리가 벗어날 수 있는 길은 어디에 존재할 것인가? 니체는 이러한 길을 인간의 자기 강화, 생명력의 강화에서 찾는다. 인간이 자신의 생명력을 강화하는 것에 의해서만 이러한 니힐리즘의 상황은 극복될 수 있다. 이러한 생명력이 약할 경우에 인간은 항상 피안 세계나 미래의 이상 세계 등의 신기루를 만들고 거기서 구원을 찾으려 하거나 갖가지 추상적인 고정관념들을 만들어 그것들에서 삶의 확고한 방향과 의미를 구한다. 따라서 이러한 현실의 무상함과 고통을 진정으로 극복할 수 있는 것은 그러한 환상들이 아니고, 그러한 무상함과 고통을 긍정하고 오히려 그것들을 자신을 강화하고 자신의 힘을 즐길 수 있는 기회로 전환할 수 있는 강인한 생명력이다. 이러한 생명력을 니체는 힘에의 의지(Wille zur Macht)라고 부르고 있다.

4. 힘에의 의지

니체가 힘에의 의지에 대해서 말할 경우, 우리는 자신의 주위에 있는 인간들이나 사물들을 자의적(恣意的)으로 지배하고 억압하려는 의지를 연상해서는 안 된다. 니체가 말하는 힘에의 의지는 네로나 칼리굴라 식의 자의적인 횡포에의 의지가 아니다. 네로나 칼리굴라와 같은 자들은 자신들을 지배하지 못한 자들이며 오히려 자신들의 자의적인 감정들에 의해서 지배된 자들이다. 그들은 무엇보다 자신의 적들에 대한 공포에 의해서 사로잡힌 자들이며, 그들의 전제적인 횡포는 이러한 공포에서 비롯된 과잉 방어에 지나지 않는다.

타인들에 대한 진정한 지배는 자신에 대한 지배에 기초한다. 자신을 지배할 수 있는 자만이 진정한 의미에서 남을 지배할 수 있다. 힘에의 의지란 이러한 의미에서 무엇보다 자신을 통제할 수 있고 자신의 주인이 되는 것을 의미한다. 힘에의 의지는, 끊임없이 자신을 고양하는 것, 즉 자신을 보다 높은 단계로 올리고 자신에게 보다 큰 폭을 부여하는 것을 의미한다. 단적으로 말해서 '자신의 초극(超克)'이 힘에의 의지의 본질이다.

니체는 존재는 본질적으로 '생'으로서 '생성(Werden)'이라고 역설하지만, 이 경우 '생성'은 힘에의 의지의 자기 초월 운동을 의미한다. 생은 니체에게는 다윈에서와는 달리 한갓 '생존을 위한 투쟁', 즉 자기 유지의 추구가 아니라 자기 고양의 운동이다. 자신의 유지는 자신의 초극과 성장을 위한 조건에 지나지 않는다. 삶은 성장인 것이다. 인간이 자신의 생존에만 관심이 있다면 인간들은 서로 싸우지 않고 서로의 생존을 위해서 적당히 타협하고 말 것이다.

그러나 인류의 역사에는 끊임없이 전쟁이 존재해왔다. 이는 사람들의 일차적인 관심사가 생존보다는 자신의 힘의 확장, 위신과 자부심의 증대, 달리 말해서 자신의 힘의 증대에 있기 때문이라는 것이 니체의 생각이다. 인간은 힘의 고양과 상승 이외의 어떤 다른 목적, 자신의 생존이나 도덕적 가치의 실현을 위해서 자신의 힘을 고양시키는 것이 아니라 자신의 힘의 고양 자체를 위해서 자신을 고양하고자 한다. 따라서 인간은 자신의 생존에 유리한 것보다는 자신의 힘이 고양되었다는 느낌을 주는 것을 더욱 중시한다. 인간의 관심이 이렇게 힘의 고양에 존재하는 한 인간에게는 경쟁과 전쟁은 불가피하고 또한 필요하다. 니체는 다음과 같이 말하고 있다.

"다원적인 생물학의 의미에서 '유용한 것'은 다른 것들과의 싸움에서 이로운 것으로서 드러난 것이다. 그러나 내게는 싸움에서의 이익보다는 자신이 보다 고양되었고 보다 강하게 되었다는 느낌이 본래의 진보로 보인다. 이러한 느낌으로부터 투쟁을 위한 의지가 생겨난다."[3]

모든 전통적인 형이상학이나 종교가 내세우는 피안이란 이러한 힘에의 의지가 약화된 상태에서 날조된 것이며 그러한 가치들은 다

---

3 《힘에의 의지》, 649번

시 이러한 힘에의 의지를 약화시키는 방향으로 작용한다. 사람들은 자신의 힘이 약할 때 자신의 현실을 스스로 개척할 의욕을 갖지 못하고 신이나 피안 혹은 미래의 이상 사회란 신기루를 만들고 그것이 자신의 현실적인 고통을 해결해줄 것을 기대하는 것이며 이를 통하여 자신을 무력하게 만들고 만다. 그러나 진정한 힘에의 의지란 자기 강화와 자기 극복에의 의지이며 자신의 힘으로 자신을 구원하려고 하는 의지다. 이러한 진정한 힘에의 의지는 지상의 무상함과 간난(艱難)을 피안이나 먼 미래의 이상 사회에서가 아니라 바로 '지금 여기서' 극복하려고 하는 것이며, 이는 힘에의 의지 자체의 극도의 강화에 의해서 일어난다.

인간이 독립적이고 강한 인간이 되기 위해서는 우선은 이데아나 신 그리고 인간의 모든 문제들이 해결된 이상 사회와 같은 허구적인 타자에 대한 의존상태로부터 일단 벗어나지 않으면 안 된다. 이런 맥락에서 니체는 신의 죽음에 대해서 말하면서 인간은 자신이 신이 되기 위해서 신을 살해해야만 했다고 말하고 있다. 달리 말하면 인간이 자신 이외의 타자에 대한 유아(幼兒)적인 의존상태로부터 벗어나 독립적인 성인이 되기 위해서는 신을 살해하지 않으면 안 된다는 것이다. 이 경우 신을 살해한다는 것은 그러한 신을 더 이상 믿지 않으며 그것에 의존하지 않는다는 것을 의미한다.

우리는 여기서 니체가 프로이트의 종교비판을 니힐리즘의 극복이란 맥락 아래 변형된 형태로 선취(先取)하고 있음을 발견한다. 주지하듯이 프로이트에게는 인격신을 믿는 기독교란 아버지에 대한 소아(小兒)적 의존상태를 성인이 되어서도 반복하는 것에 지나지 않는다. 소아기의 실제적인 아버지를 이제는 허구적인 신이 대신하고 있다는 점이 다를 뿐 아버지에 의존하는 소아의 태도와 신에게 귀의하는 성인의 태도 사이에는 근본적인 차이가 없다는 것이다. 프로이트에서 인간이 완전한 성인이 되기 위해서는 이러한 종교적인 의존 상태에서 벗어나지 않으면 안 되는 것처럼, 니체에서도 인간이 자율적인 존재가 되기 위해서는 부친 살해가 선행되지 않으면 안 된다. 니체의 철학은 인간을 이데아나 신 대신에 양심이나 보편적인 인류 혹은 민족과 같은 새로운 아버지들의 제시를 통해서 그리고 피안 대신에 미래라는 환상을 통해서 위로하고 달래는 값싼 위로의 철학이 아니라, 인간을 오히려 위험에 직면시키면서 그를 훈련시키려고 하는 함마(Hammer)의 철학이려고 한다.

그런데 자신을 고양하고 강화하려는 의지인 힘에의 의지는 니체가 보기에는 사실은 인간뿐 아니라 모든 존재자들의 근본 성격이다. 모든 존재자는 '존재하는' 한 '힘에의 의지'로서 존재한다. 즉 식물, 동물, 인간뿐 아니라 물질적인 '무생물' 조차 힘에의 의지이다. 인간 존재는 탁월한 형태일지라도 '힘에의 의지'의 한 형태일 뿐이다.

5. 모든 가치들의 근원으로서의 '힘에의 의지'

이렇게 존재하는 모든 것들이 힘에의 의지로서 존재하고 오직 힘에의 의지만 존재하기 때문에 힘에의 의지야말로 모든 가치들의 근원이다. 즉 그것은 기존의 전통 형이상학이 그 자체로 존립하는 것으로 보았던 초감성적인 가치들을 포함한 모든 가치들의 근원인 것이다. 힘에의 의지가 모든 가치들의 근원인 한 힘에의 의지를 강화시키는 것만이 가치 있는 것이며 그렇지 않은 것은 무가치한 것으로 타기되지 않으면 안 된다. 이에 반해 전통 형이상학에서 가치는 존재자 전체의 위에 그 자체로 존립하면서 인간에게 명령을 내리는 것으로서 사유되었다. 그러나 니체는 힘에의 의지를 모든 가치들의 근원으로 보는 것이다.

"...생 자체가 힘에의 의지라고 할 경우, 힘의 등급 외에 가치를 갖는 아무 것도 생에는 존재하지 않는다...."[4]

힘에의 의지가 모든 가치들의 근원이기 때문에 힘의 등급을 둘러싼 투쟁에서 굴복하는 자는 굴복했기 때문에 부당하며 참되지 않다. 그리고 이러한 투쟁에서 승리하는 자는 승리했기 때문에 정당하며 참되다. 힘에의 의지의 '목적'은 자신의 무조건적인 강화에 존재할 뿐이며, 따라서 오직 힘 자체만이 정의가 무엇이고 무엇이 정당화될 수 있고 정당화될 수 없는 것인지를 확정하는 것이다. 이와 함께 니체에게 가치란 힘에의 의지가 자신의 유지와 고양을 위해서 그때그때마다 정립한 조건들에 지나지 않는다. 언뜻 목적 자체처럼

---

4 《힘에의 의지》, 55번.

보이는 모든 것들(예를 들어서 정의의 구현 등)은 힘에의 의지에 의해서 정립된 목적들로서 항상 힘에의 의지의 '수단들'일 뿐이며, 필요에 따라서는 다른 것들에 의해 언제든지 대체될 수도 있는 것이다.

니체는 이렇게 가치를 그 자체로 존재하면서 인간의 복종을 요구하는 무조건적이고 절대적이며 영원불변한 것이 아니라 그때그때마다의 힘에의 의지에 의해서 필요에 따라서 정립되고 폐기되는 것으로 보는 것을 가치의 전환(Umwertung der Werte)이라고 부르고 있다. 이러한 가치 전환은 기존의 가치들 대신에 새로운 가치들을 정립한다는 것이 아니라 가치들의 본질에 대한 규정이 변화된다는 것, 다시 말해 가치 정립의 원리가 변화한다는 것을 의미한다. 그것은 이제 더 이상 형이상학적인 가치 정립을 반복하지 않겠다는 결의를 의미한다. 형이상학적인 가치 정립에서 인간은 초감성적인 가치들에 굴복하고 그것의 명령에 따르지 않으면 안 되었다. 여기서 인간은 철저히 복종적이 되고 굴종할수록 찬양받았다. 여기서 반항하는 인간은 악에 사로잡힌 자인 반면에 굴종하는 자는 선한 자로 인정받았다. 니체는 이러한 사태야말로 인간을 비롯한 모든 존재자들의 본래적인 성격인 힘에의 의지에 반하는 것이며 이제 인간은 이러한 형이상학적 가치 정립을 통한 자기 소외에서 벗어나지 않으면 안 된다고 말한다.

6. 힘에의 의지와 진리

니체는 진리라는 개념도 자신의 철학적 원리인 힘에의 의지로부터 새롭게 규정한다. 니체에게 인간의 '인식'은 사태를 객관적으로 파악하는 것이 아니라 생성 변화하는 세계의 한가운데에서 인간이 자신을 유지하기 위해 사태를 질서 지우는 것을 통해서 그것을 사용하기 쉽게 만드는 활동이다. 단적으로 말해 참된 것이란 니체에게는 인간의 안정된 존립을 가능케 하는 것이다. 우리는 이러한 소위 참된 사실에 입각하여 기술을 개발하는 것을 통해서 안전하게 확보된 세계 안에 거주하게 되는 것이다. 진리는 생의 존립과 유지를 위해서 힘에의 의지가 정립한 가치다. 따라서 우리가 사유하는 것은 실재와 일치하는 것에 의해서 참이 아니라 힘에의 의지의 유지에 기여하는 한에서만 '참되다'.

우리는 보통 실재 자체가 우리의 의지와 상관없이 객관적으로 존재하며 우리는 우리의 인식작용을 통해서 그러한 실재를 드러낸다고 생각한다. 그러나 인식작용을 통해서 인식된 것이 실재 자체를 드러내는지는 의심스러우며 심지어 부정되지 않으면 안 된다. 왜냐하면 실재하는 모든 것은 하나의 생성이기 때문이다. 인식작용이 사태를 확정하는 것인 한 그것은 생성을 구속하며 생성하는 것을 그것이 '있는' 그대로가 **아니라** 정지 상태에서 보여준다. 인식작용은 오직 실재의 가상만을 제시할 뿐이다.

인식된 것은 따라서 생성하는 실재에 비춰 볼 때 본질적으로 오류이다. 진리는 오류이나 하나의 필연적인 오류이다. 니체가 여기서 진리를 오류라고 할 경우에는 진리를 실재와의 일치라고 보는 전통적인 진리관을 염두에 두고 있다. 니체는 진리는 실재와 일치하는 성격을 갖는 것이 아니라 실재를 지배하는 도구라는 성격을 갖는 것이기에 차라리 오류라는 것이다.

"진리는 어떤 **특정한 종류의 생물**(즉 인간)이 그것 없이는 살 수 없는 종류의 오류이다. 생을 위한 가치가 궁극적으로 결정한다."[5]

니체에서는 이렇게 모든 것이 인식 작용과 의식(perceptio)의 영역으로부터 충동(appetitus)의 영역으로 옮겨지고, 힘에의 의지의 생리학으로부터 철저하게 사유되고 있다.

"나는 전적으로 육체이며 그 이외의 아무 것도 아니다. 영혼은 육체에 부속되어 있는 어떤 것을 가리키는 말일 뿐이다. 육체는 위대한 이성이며 **하나의** 의미를 갖는 다양성이며 하나의 전쟁이고 하나의 평화이고 하나의 무리이자 하나의 목자이다. 너의 육체의 도구는 또한 너의 작은 이성이다. 네가 '정신'이라고 부르는 너의 형제는 너의 위대한 이성의 작은 도구이자 노리개다."[6]

의식 활동으로서의 정신은 육체의 표피적 기능, 다시 말하면 "보다 높은 삶에, 삶의 향상에 봉사하는 수단이요 도구"일 뿐이다. 인식이란 우리의 삶의 관심에 따라서 무질서에 질서와 형식을 부여하는 것이다. 우리의 모든 생각, 느낌, 의지 등은 우리의 전체적인

---

5 《힘에의 의지》, 493번.
6 《차라투스트라는 이렇게 말하였다》, I 권 중 '육체를 경멸하는 자들에 대해서'

육체 상태의 표현이다. 그러나 여기서 육체는 전통 형이상학에서처럼 정신에 대립된 부분으로서의 육체를 말하는 것이 아니라 정신과 육체의 분리 이전의 힘에의 의지로서의 인간의 전체적인 실존을 말한다고 볼 수 있다. 니체는 인간을 정신과 육체로 분리될 수 없는 통일체로 보는 것이다. 니체는 이 전체로서의 실존을 자기라고도 말하고 있다.

"감각과 정신은 도구이며 장난감이다. 그것들 뒤에는 여전히 자기(das Selbst)가 있다. 자기는 감각의 눈으로 찾고, 정신의 귀로도 듣는다. 자기는 항상 들으며 찾는다. 그것은 비교하고, 강요하고, 정복하고, 파괴한다. 그것은 지배하며, 또한 자아의 지배자다. 그대의 사상과 감정 뒤에, 나의 형제여, 강한 명령자, 알려지지 않은 현자가 있다. 그것이 자기라고 일컬어진다. 그것은 그대의 육체 속에 살고, 그것은 그대의 육체이다."[7]

7. 힘에의 의지와 영원회귀사상

우리는 위에서 힘에의 의지가 목표하는 것은 자신의 고양과 강화라는 사실을 보았다. 따라서 전통적인 최고의 가치들이 붕괴된 니힐리즘의 상황에서 이제 제시되어야 할 '궁극적인 가치'는 힘에

---

[7] 동일한 곳.

의 의지를 최고도로 실현하고 강화하는 가치이지 않으면 안 된다. 그것은 전통적인 최고의 가치들처럼 힘에의 의지를 약화하거나 병들게 하는 게 아니라 그것으로 하여금 최고의 힘에 도달하도록 내모는 가치이지 않으면 안 된다. 이러한 가치는 피안이나 미래의 이상 사회와 같은 신기루를 통해서 힘에의 의지를 단순히 위로함으로써 현재의 연약한 상태에 머물게 하는 것이 아니라 그것을 최대의 시련에 직면케 함으로써 단련케 하는 것이다. 이러한 최대의 시련과 대결하고 그것을 극복하는 것을 통해서 힘에의 의지는 최고의 힘을 구현할 수 있다.

그런데 무엇이 인간에게 최대의 시련이 될 수 있는가? 그것은 바로 근대가 직면하고 있는 니힐리즘의 상황이다. 생이 아무런 확정된 목적도 갖지 않는 것으로서 드러날 때 생은 인간에게는 최대의 고통으로 나타난다. 인간이 어떤 고통을 견뎌야 할 삶의 의미를 확신하고 있을 때 인간은 그러한 고통을 감수한다. 오히려 그는 그러한 고통을 기꺼이 견디는 자신의 삶에 대해서 의연한 기쁨마저 느낄 수 있다.

빅터 프랭클은 아우슈비츠라는 극한상황에서 살아남은 사람들은 갖은 수단을 다하여 육신의 안일을 꾀한 자들이 아니고 오히려 자신들의 삶이 갖는 정신적 의미를 확신하면서 수용소 안에서도 그러한 정신적 의미를 실현하기 위해서 노력한 자들이라는 사실을 밝히고 있다. 이런 맥락에서 우리는 인간은 향락과 안락을 추구하는 존재 이전에 의미를 추구하는 존재라고 말할 수 있다. 따라서 생이 아무런 목표도 없이 자신을 반복할 뿐이라는 극단적 니힐리즘의 상태야말로 힘에의 의지에게 최대의 시련이 되는 것이다.

이러한 극단적인 니힐리즘의 상태를 니체는 영원회귀사상을 통해 보다 철저한 형태로 제시하고 있다. 생은 의미도 목적도 없이 영원히 회귀한다는 사상은 신의 죽음 이후에 근대인이 처한 니힐리즘의 상태를 영구화하고 이를 통해서 니힐리즘을 극단으로까지 몰아간다. 그런데 바로 이렇게 니힐리즘이 극단적인 형태를 취함으로써 니힐리즘은 인간을 하나의 궁극적인 결단의 상황에 직면케 하는 것이다. 이런 의미에서 니체는 영원회귀의 상태를 최대의 무게에 비유하고 있다. 그것은 연약한 인간은 감당할 수 없는 무게를 갖는다. 그러나 영원회귀의 사상은 그것이 갖는 엄청난 무게로 우리를 분쇄할 수도 있지만, 다른 한편으로 우리가 그것을 견디고 그것을 흔연히 긍정할 때에는 니힐리즘의 극복을 위한 전환점으로 나타날 수 있다. 영원회귀의 상태를 인간이 적극적으로 인수할 때 인간은 지상의 삶의 순간 순간을 있는 그대로 긍정할 수 있는 힘, 즉 최고의 힘을 얻게 된다는 것이다.

따라서 극단적인 니힐리즘으로서의 영원회귀의 상태를 극복한다는 것은, 또 하나의 새로운 피안적인 목표를 설정함으로써 이러한 니힐리즘의 상태로부터 손쉽게 도피하려 하지 않고 그러한 니힐리즘의 상태를 철저하게 긍정한다는 것을 의미한다. 바로 이러한 긍정을 통하여 그전에 니힐리즘의 상태였던 것이 이제는 니힐리즘을 진정으로 극복하는 생의 최고의 상태로 나타난다. 이와 관련하여 우리는 힘에의 의지는 영원회귀의 사상을 자신의 최고의 고양을 위한 조건으로서 요구한다고 말할 수 있다. 영원회귀사상에로 결단하는 순간 우리는 힘에의 최고의 의지로서 다시 태어나는 것이다.

극단적인 니힐리즘의 상태로서의 영원회귀의 상태와 니힐리즘을 극복한 상태로서의 영원회귀의 상태에서나 모든 것이 동일하게 영구히 회귀한다는 것은 실로 마찬가지이다. 그러나 이는 양자에게 전혀 다른 의미를 갖게 된다. 극단적인 니힐리즘의 상태에서는 모든 것이 동일하게 영원히 회귀한다는 것은 모든 것이 무의미하다는 것, 모든 것은 실은 공허한 무라는 것, 그 아무것도 가치를 갖지 않는 것이란 의미를 갖는 반면에, 니힐리즘의 극복태로서의 영원회귀의 상태에서는 모든 것은 의미로 충만해 있으며 모든 순간이 절대적인 가치를 갖는다는 것, 그 어느 것도 무의미하고 무가치한 것이 아니라 모든 것이 절대적인 의미를 갖는다는 것을 의미한다.

이렇게 니힐리즘이 철저하게 긍정됨으로써 공허의 지배가 아니라 오히려 충만의 지배로서 나타나게 될 때, 니체는 그것을 '고전적 니힐리즘(der klassische Nihilismus)'이라고 부르고 있다. 이를 통해 '니힐리즘'이란 용어는 이제까지의 가치들의 무화와 파괴 그리고 삶 전체가 허망하고 인간의 역사는 더 이상 전망을 갖지 못한다는 사실을 의미할 경우의 한갓 부정적인 의미를 완전히 떨쳐버리게 된다.

이러한 고전적 니힐리즘에서 힘에의 의지로서의 인간의 삶은 이제 더 이상 그것 위에 존재하는 어떤 목적에 관계하는 것이 아니지만 그렇다고 하여 목적 없이 흐를 뿐인 무의미한 생성도 아니다. 힘에의 의지는 이제 피안적인 유토피아든 아니면 근대의 세계관에서처럼 미래에 실현되어야 할 유토피아든 어떠한 유토피아도 지향하지 않으며 그것은 오직 그때그때마다 우리에게 주어진 순간에 철저할 뿐이다. 다시 말해 동일한 것의 영원한 회귀에서는 생성하는 존재자 밖과 위에 존재하는 모든 목적은 파괴되는 것이다. 그런데 이렇게 소위 초감성적인 참된 세계가 제거됨으로써 또한 형이상학에 의해서 가상적인 것으로 간주되었던 감성계의 가상적인 성격도 소멸해버린다. 그것은 형이상학이 그것에 부여한 무의미한 혼돈이라는 성격, 가상적인 성격에서 벗어나는 것이다.

이와 함께 생성은 생성이면서도, 전통 형이상학에서는 영원한 피안에게 귀속되었던 절대적인 존재와 충만의 성격을 갖게 된다. 생성하는 것, 우연적인 것은 그 자체에 있어서 모든 순간에 절대적으로 긍정되는 것이다. 생성하는 것은 전통 형이상학에서 생성과 대립하는 것으로서의 영원한 존재가 갖는 성격을 갖게 된다. 이런 의미에서 니체는 자신의 철학의 목표를 생성에 영원한 존재의 봉인을 찍는 것으로서 표현하곤 했다. 영원회귀의 사상에서 생성의 세계는 존재세계에 극한적으로 근접하며 그러한 사상을 통하여 '생성의 세계에 존재의 봉인을 찍는다'는 니체의 사상적 목표는 실현된다. 이런 맥락에서 니체는 《짜라투스트라》의 제3편의 〈쾌유되는 자〉에서 영겁회귀의 사상을 이렇게 표현하고 있다.

"모든 것은 가고 모든 것은 되돌아온다. 존재의 수레바퀴는 영원히 굴러간다. 모든 것은 죽고 모든 것은 다시 꽃핀다. 존재의 연령은 영원하다.

모든 것은 부서지고 모든 것은 새로 결합된다. 존재의 동일한 집은 영원히 재건되어진다. 모든 것은 헤어지고 다시 서로 만난다.

존재의 원환은 영원히 자신에 충실하게 회전한다.

매순간에 존재는 시작된다. …… 중심은 도처에 있다……."

생성하는 세계가 절대적으로 긍정되는 것에 의해서, 세계에 그 전에 투입되었던 초감성적인 목적이나 죄, 섭리 등의 이념들은 의미를 잃고 세계는 이제 충만한 '영원의 원환'으로서 규정된다. 이런 의미에서 니체는 영원회귀를 긍정하는 삶을 예술가와 어린이의 유희에 비유하고 있다.

"이 세계에서는 오직 예술가와 어린아이의 놀이만이 영원히 동일한 무구함 안에서 어떠한 도덕적 책임도 묻지 않고 생성과 소멸, 건설과 파괴를 행한다. 어린이와 예술가가 유희하듯이 이 영원히 살아 있는 불도 유희하며 무구하게 타오르다가 사그라진다. 그리고 장구한 세월은 이러한 유희를 자신과 행한다."

예술가의 창작행위에서는 성공과 실패가 있을 뿐 도덕적으로 선하고 악한 것은 없다. 예술은 도덕과 다른 척도를 갖는다. 어린이의 유희라는 것도 보다 흥미 있는 유희가 있고 재미없는 유희가 있을 뿐 거기에는 어떠한 도덕적 비난도 질책도 존재하지 않는다. 이런 의미에서 니체는 생성의 무구에 대해서 말하고 있다. 이 경우 무구하다는 것은 죄가 없다는 것이 아니라 죄와 무죄라는 범주를 완전히 넘어서 있다는 의미를 갖는다. 그것은 선악의 피안에 서는 것이다.

니체는 인간의 삶도 예술가의 창작행위와 어린이의 유희와 같다고 생각한다. 인간의 삶이란 힘들의 유희이다. 인간은 서로의 힘을 고양시키기 위해서 유희하다가 미련 없이 사라진다. 인간의 삶이란 바다가 자신과 행하는 유희와 다르지 않다. 바다는 잔잔하게 사그라지다가 다시 파도를 일으키고 다시 사그라진다. 이러한 삶의 유희에는 어떠한 목적도 의미도 없다. 유희 자체가 목적일 뿐이다. 인간은 이러한 삶의 유희에서 어떠한 목적도 따지지 않고 지금 여기서의 유희에 몰두할 뿐이다.

이러한 영원회귀 사상은 니체에게는 하나의 실험적 사상이다. 니체에게 모든 철학은 하나의 실험이다. 전통 형이상학도 그리고 미래에서 위안처를 찾는 근대의 계몽주의도 니체에게는 인간이 직면하고 있는 무상한 현실을 극복하려는 실험들이다. 그런데 니체에게 그러한 실험들이 갖는 문제점은 그것들이 현실을 올바로 파악하지 못한다는 데에 있지 않고 그것들이 값싼 위로를 제시함으로 힘에의 의지를 연약하게 한다는 데에 있다. 이런 의미에서 힘에의 의지가 필요로 하는 것은 오히려 최대의 시련이며, 이러한 시련을 통한 자기 초극이 힘에의 의지가 목표하는 것이다. 이러한 최대의 시련이 바로 영원히 회귀하는 현실이다. 이 현실을 기꺼이 긍정하면서도 힘에의 의지가 좌절하지 않고 견뎌내었을 때 힘에의 의지는 진정하게 강하게 되며 존재의 충만을 만끽하게 되는 것이다.

이렇게 볼 때 니체에게 전통 형이상학과 기독교 그리고 칸트에서 헤겔, 마르크스에 이르는 근대의 계몽사상은 궁극적으로는 힘에의 의지가 아직 연약하여 자기 자신의 힘 이외에 다른 것에 의지하려고 하는 것이다. 인간의 사명이란 신과의 합일도 미래 사회의 건설도 아니고, 유일한 현실인 힘에의 의지의 본질을 구현하는 것, 다시 말하여 힘에의 의지의 명령에 충실하게 따름으로써 자신을 극도로 강화하는 것이다. 이런 의미에서 니체는 피안에서도 미래의 이상 사회에서도 아니고 인간 의지의 심층 차원에서 구원을 찾으려고 했다고 볼 수 있을 것이다. 니체에게 인간의 삶의 목적은 카오스적인 생성의 세계에 의해 휩쓸려버리지 않고 그 세계 안에서 의연히 버틸 수 있는 능력의 강화를 통해서, 세계를 인간을 압도하는 것으로서가 아니라 오히려 아름답고 생명력이 충만한 세계로서 경험하는 것이다.

이렇게 강화된 인간은 세계와 대결하면서 이 세계의 고통이나 간난을 의연히 버티는 자신의 힘을 향유하는 한편, 그 세계를 이제는 더 이상 두려운 세계로서 느끼지 않고 아름다운 세계로서 느끼게 된다. 세계는 무수한 힘에의 의지들이 서로 간의 긴장에 찬 대립을 통하여 서로의 힘을 고양시키는 생동하는 세계로서 나타나게 된다. 세계를 이렇게 경험하는 자는 행복과 불행, 기쁨과 슬픔이 교차하는 지상의 운명을 있는 그대로 긍정하며 사랑한다. 이런 의미에서 니체는 아모르 파티(amor fati), 즉 운명애(運命愛)를 말하고 있다.

이렇게 운명애에 대해서 말한다는 점에서 니체는 포이어바흐와 마르크스와 같은 사람들에서 정점에 이르는 근대적인 계몽사상과는 철저하게 구별된다고 볼 수 있다. 니체는 근대적인 계몽사상과 마찬가지로 인간의 굴종을 요구하는 모든 신적인 권위로부터 인간을 해방하려고 하면서도 영원회귀 사상을 통하여 계몽사상과 철저하게 대립하게 되는 것이다. 근대 계몽사상이란 바로 인간의 이성을 계발하는 것을 통해서 한편으로는 자연을 정복하고 다른 한편으로는 사회를 자유와 평등이 실현된 이상 사회로 만들려고 한다. 계몽주의는 과학과 기술을 발전시키는 것을 통해서 천연 재해나 질병 등의 자연적인 재앙을 극복하고 또한 사회의 변혁을 통해서 사회적인 부정과 불평등과 부자유를 극복하려고 하는 것이다.

그러나 니체가 보기에 이러한 계몽주의는 아직 기독교적 사유방식으로부터 철저하게 벗어나지 못하고 있다. 계몽주의에서는 플라톤적 형이상학과 기독교에서와 마찬가지로 아직 선과 악의 대립, 어둠과 밝음의 대립이 존재하며 악과 어둠은 어떻게 해서든지 제거되어야 할 것이다. 다만 플라톤적이고 기독교적 사유에서는 인간은 악과 어둠을 신에 의지하는 것을 통하여 제거하려고 한 반면에 계몽주의에서는 인간 자신의 힘으로 그것을 제거하려고 한다는 점에서 차이가 있을 뿐이다. 이에 대해서 니체에게는 선과 악, 밝음과 어둠의 이원론적 대립은 존재하지 않는다. 플라톤적인 형이상학과 기독교적인 사유와 계몽주의에서 악이라고 생각되었던 것은 니체에게는 힘에의 의지의 고양을 위해서는 불가결한 것이다. 니체는 이렇게 말하고 있다.

"악 – 최선의, 가장 생산적인 인간이나 민족이 살아가는 모습을 보며 이렇게 자문해보라. 하늘 높이 자라려는 나무들이 과연 비바람이나 눈보라를 겪지 않고 제대로 그렇게 자랄 수 있을 것인가? 외부로부터 가해지는 불운과 저항, 증오, 질투, 불신, 고집, 냉혹, 탐욕, 폭력은 덕의 위대한 성장을 위해서는 필수불가결한 것이 아널까? 그것들은 덕의 성장을 위해서 유리한 환경을 조성한다. 나약한 천성을 가진 자들을 사멸시키는 독은 강한 자들에는 강장제이다. 강한 자는 그것을 또한 독이라고 부르지 않는다."[8]

소위 악이라고 전통적으로 규정된 것은 어떻게든 피해져야 할 것이 아니라 절대적으로 필연적인 것이며 절대적으로 긍정되어야 할 것이다. 힘이 강한 자에게는 악과 어둠은 존재하지 않는다. 그에게 그것은 오히려 긍정하고 감사해야 할 어떤 것이다. 비유컨대 험준한 산악은 약한 자에게는 자신의 진로를 가로막고 어떻게든 제거되어야 할 악에 불과하다. 그는 그 산을 올라가면서도 자신을 그렇게 힘들게 하는 그 산을 저주하며 그 산을 올라야 하는 자신의 운명을 한탄한다. 이에 대해 강한 자에게 험준한 산은 자신의 충만한 힘을 향유할 수 있는 기회를 제공하는 한편 그것은 지극히 아름다운 것으로서 나타난다. 산이 험하면 험할수록 강한 자는 그 산의 깊이를 모를 심원한 아름다움을 찬양하게 된다. 그는 산의 힘과 그것에 의연히 버티는 자신의 힘 사이의 상호 투쟁을 통한 상호 고양을 경험한다. 이러한 힘들 간의 투쟁은 서로를 고양시키는 사랑의 투쟁이다.

이런 맥락에서 니체는 해석에서 벗어난 사실 자체, 운명 혹은 환경 자체가 존재한다는 생각을 부정한다. 통상적으로 사람들은 환경이 인간을 지배한다고 말하지만 동일한 환경이라도 인간에 따라서

---

8 《즐거운 지식》, 19번.

전혀 달리 해석된다. 약한 자에게는 힘들고 어둡기만 한 환경도 강한 자에게는 자신의 힘을 강화하는 것을 돕는 고마운 것으로 나타날 수 있다. 예를 들어 고아라는 불운한 상황에서 태어난 사람이라도 그 사람이 강한 사람일 경우에는 자신의 불우한 환경이 오히려 자신을 보다 강화하고 고양시킬 수 있는 유리한 환경으로 해석되는 반면에 그 사람이 약한 사람일 경우에는 자신의 환경은 자신의 발전을 저해하는 저주스러운 것으로 해석된다. 따라서 우리는 힘에의 의지의 그때그때마다의 상태에 따른 해석에서 벗어난 '환경 자체'란 존재하지 않는다고 말할 수 있는 것이다. 니체는 이런 맥락에서 이렇게 쓰고 있다.

"환경과 외부적 원인의 영향력에 대한 학설은 부정되지 않으면 안 된다. 내적인 힘(die innere Kraft)이야말로 무한히 우월한 것이다. 외부로부터의 영향인 것처럼 보이는 많은 것도 사실은 내적인 힘의 순응에 지나지 않는다. 엄밀하게 동일한 환경도 정반대로 해석되고 이용된다. '사실 자체'라는 것은 없는 것이다. 천재는 외적인 발생조건으로부터는 설명될 수 없다."[9]

이에 따라 약한 자, 퇴락한 자에게 저주의 대상인 것은 강한 자에게는 찬양과 사랑의 대상이 될 수 있다. 약한 자는 의미도 목표도 없이 흘러가면서 고통과 기쁨이 끊임없이 교차하는 삶의 운명을,

---

9 《힘에의 의지》, 70번

그것에 피안과 미래의 유토피아에 대한 희구를 통하여 견디려 한다. 그는 지상의 운명을 가상적인 것으로 여기면서 피안의 신에게 의지하는 것을 통하여 그것에 견디려고 하거나, 현재 인간이 처하고 있는 지상의 운명을, 인간에 의해서 언젠가는 완전히 통제될 수 있는 잠정적인 것으로 생각하는 것을 통하여 그것에 견디려고 한다. 그러나 이 모든 해결책들은 허위적인 것이다. 피안이란 인간의 상상이 만들어낸 허구일 뿐이다. 또한 자연의 정복과 사회의 개혁을 통하여 이 세상의 악과 고통을 제거하려는 계몽주의적 시도들도 무한한 우주를 생각할 때 항상 벽에 부딪힐 수밖에 없다. 니체가 보기에 이 세상의 악과 고통은 끝이 없는 것이며 이에 그러한 악과 고통에서 도피하거나 제거하려고 하는 입장은 절망적인 것이 된다.

계몽사상을 신봉하는 근대인들은 과학과 기술의 발전을 위해서 끊임없이 노동하고 사회제도의 개선을 위해서 온갖 방안을 강구하지 않을 수 없지만 그 어느 것들도 완벽할 수는 없기에 항상 벽에 부딪힐 수밖에 없다. 또한 자연을 보다 효과적으로 정복하기 위해서 사회는 철저한 노동 분업을 통하여 조직된 사회가 되어야 하기 때문에 계몽주의적인 이념이 지배하는 근대사회는 갈수록 인간 개개인을 사회의 한 부품으로 만들지 않을 수 없다. 노동하는 나사로 개개인이 전락하는 것을 통해서 인간의 물질적 안락은 보장될지 모르나 인간은 그만큼 왜소해질 수밖에 없게 된다. 이에 대해서 니체는 고통과 악을 극복할 수 있는 궁극적 방안으로서 오히려 고통과 악을 자신의 삶과 힘에의 의지의 고양을 위해서 긍정적으로 수용할 수 있는 강한 인간이 될 것을 주창하는 것이다. 단적으로 말해 마르크스를 비롯한 계몽사상가들이 자연환경과 사회적 환경의 변혁에서 인생의 고통에 대한 해결책을 찾으려고 했던 반면에, 니체는 영원회귀사상이란 연옥불을 통과하는 것을 통한 인간 의지의 강화와 고양에서 해결책을 찾으려고 하는 것이다.

모든 종류의 철학은 헤겔식의 표현을 빌리면 인간의 지배를 벗어난 '운명과의 화해'를 목표한다고 볼 수 있다. 운명과 화해를 시도하는 것은 여러 철학들에 의해서 다양한 방식으로 시도되었다. 그러나 대부분의 경우 그것들은 운명과의 진정한 화해가 아니라 운명으로부터의 도피(플라톤주의와 기독교)나 이른바 변증법적인 논리에 의해서 운명을 합리화하는 것을 통한 운명과의 타협(헤겔), 운명과의 무망(無望)한 대립(포이어바흐와 마르크스)이란 형태로 시도되었다. 이에 대해서 니체는 진정한 의미에서 운명과의 화해를 꾀한다. 그리고 이러한 운명과의 화해를 가능케 하는 사상이 영원회귀사상이다. 영원회귀사상을 통과하여 인간이 전적으로 새로운 인간으로 탄생함으로써 인간은 자신이 처한 운명을 그전과는 전혀 다른 눈으로 보게 되는 것이다.

8. 초인

생을, 그것이 갖는 극도의 고통과 기쁨 그리고 어둠과 밝음을 갖는 그대로 긍정하기로 결단한 자가 초인이다. 초인에게는 모든 것들이 영원히 회귀하는 이 세계는 의미도 목표도 없는 어둠의 지배를 의미하는 것이 아니라 정오의 밝음에 비견될 수 있는 밝음의 지배를 의미한다. 이 경우 밝음이란 모든 어두운 것들, 모든 간난과 장애들을 배제하고 그것들과 대립된 밝음이 아니라 오히려 그것들을 자신의 힘을 강화하는 필연적인 계기로서 흔쾌히 긍정하는 밝음이다.

이러한 초인은 초인이 되도록 정해진 어떠한 특정한 소수의 인간이 아니고, 모든 가치들을 힘에의 의지라는 유일한 원천으로 전환시키는 과제를 인수하면서 힘에의 의지를 궁극적으로 실현하려는 인간 '유형', 내지 인간 '형태'를 의미한다. 그것은 모든 인간들이 구현할 수 있지만 어떠한 인간도 구현하지 못할 수도 있는 인간 유형인 것이다. 이런 의미에서 니체는 초인사상을 설파한 책인 《차라투스트라는 이렇게 말했다》를 "만인을 위한 책이지만 어느 누구를 위한 책"도 아니라고 말했다. 인간은 이제까지의 모든 가치들의 전환에 의해서 존재자를 힘에의 의지로 경험하고 동일한 것의 영원회귀를 유일한 '목표'로서 수용하는 것을 통해서 자신을 '초월하면서' 스스로를 창조해야 하며 자신의 척도인 '초인'이 되지 않으면 안 된다.

이런 맥락에서 니체는 《차라투스트라는 이렇게 말했다》의 제 4부 〈보다 높은 인간에 대해서〉의 2번에서 이렇게 말하고 있다.

"보라! 보라! 너희들, 보다 높은 인간들이여! 이제야말로 인간 미래의 산(der Berg der Menschenzukunft)이 진통으로 괴로워한다. 신은 죽었다. 이제 **우리는** 초인이 살기를 원한다."

참고문헌

박찬국 지음, 《해체와 창조의 철학자, 니체》, 동녘, 2001년.

로버트 솔로몬·캐슬린 히긴스 지음, 《한권으로 읽는 니체》, 고병권 옮김, 푸른숲, 2001년.

J. P. 스턴 지음, 《니체》, 임규정 옮김, 지성의 샘, 1994년.

필자 소개

서울대 철학과를 졸업하고, 동 대학원에서 석사학위를, 독일 뷔어츠부르크 대학에서 철학박사학위를 받았다. 호서대 철학과 교수를 역임했고, 2004년 현재 서울대 철학과 교수로 재직 중이다.

저서로 《들길의 사상가, 하이데거》(동녘, 2004), 《하이데거와 윤리학》(철학과 현실사, 2002), 《하이데거와 나치즘》(문예출판사, 2001), 《해체와 창조의 철학자 니체》(동녘, 2001), 《에리히 프롬과의 대화》(철학과 현실사, 2001), 《하이데거―그 생애와 사상》(공저) 등이 있고, 주요 번역서로 《아침놀》(니체 저, 책세상, 2004), 《마르크스주의와 헤겔》, 《실존철학과 형이상학의 위기》, 《유고》(니체 저, 책세상, 2001), 《니체와 니힐리즘》(마르틴 하이데거 저, 철학과 현실사, 2000), 《헤겔 철학과 현대의 위기》(찰스 테일러 저, 서광사, 1988) 등이 있다.

베르그송

영화처럼 사는 인생

차건희 (서울시립대 철학과 교수)

1. 영화와 인생

    영화 속 주인공의 삶이 그렇듯이, 험난한 인생 여정은 한 순간의 장면으로 묘사되고 스치듯 지나친 인연이 영원히 잊지 못할 순간들로 일생 동안 아름답게 기억되는 그런 이미지의 삶을 우리는 '영화처럼 사는 인생'이라 부른다. 우리는 누구나 일상적인 삶으로부터 벗어나는 일탈을 꿈꾸며 산다. 내가 아닌 수많은 내가 다양하게 겪는, 도무지 실제로는 일어날 것 같지 않은 극적인 삶들을 누구도 마다하지 않는다. 그런데 사실은 이미지들이 만들어내는 영화보다 더 극적인 것이 바로 우리 인간들의 삶 자체가 아닌가?

다양한 철학자들의 인간관을 수록한다는 이 책의 기본 취지에 따라, '프랑스 철학자 앙리 베르그송(Henri Bergson, 1859~1941)이 어떻게 인간을 보고 있는지' 소개할 것을 부탁받았지만, 필자는 나름대로 자유롭게 작업한 결과 잡다하고 이질적인 방식으로 주제에 접근하게 되었다. 결과적으로 각 장은 전체와 유기적 관계를 갖지 않는다. 우선 이 글의 제목인 '영화처럼 사는 인생'이라는 표현으로 우리는, 견강부회(牽强附會)일 수 있겠지만, 세 가지를 의미하고자 한다. 이 글은 바로 그 세 측면과 연관하여 베르그송의 인간관을 논의한다.

첫째, 베르그송의 생명철학에서 볼 때 진정 인간의 삶이란 양적이 아닌 질적인 삶을 한 편의 '영화처럼' 극적인 장면들로 펼쳐 보여주는 것이다. 생명현상이란 기존의 사고틀로는 상상조차 할 수 없었던 것이 이 세상에 도래하는 '각본 없는 드라마'이다. 인간은 바로 이 감동적 드라마의 주인공인 것이다. 이와 같은 생명의 드라마를 필자는 이미 다른 곳에서 보여준 바 있기 때문에 여기서 전부 재상영하지 않고 주요 장면만을 추려본다.

둘째, 꿈에서처럼 비약이 심해서 심지어 불가사의일 정도로 극적인 생명현상 자체가 바로 '인간'이지만, 그 오랜 진화의 과정에서 자신이 포함된 거대한 전체 실재, 즉 생명 그 자체를 파악해내기가 점점 힘들어졌다. 먹고 살기에 급급하다 보니 형이상학은 점점 어려워진 셈이다. 이렇게 형이상학적 태도와는 거리가 멀어진 인간의 실천적 삶의 태도와 꿈공장(영화)의 제작 메커니즘을 닮은꼴로 보는 것이 베르그송의 시각이다. 베르그송은 그의 작품 여러 곳에서 인간 정신의 최고 대표 기능인 지성의 메커니즘을 영화적 기법과 동일시한다. 지성적 동물로서의 인간은 또 다른 의미에서 '영화처럼' 살고 있는 것이다.

1907년 출판된 《창조적 진화》의 마지막 장에서 베르그송은 인간의 인식 기능과 영화적 기법을 비교하고 있다. 실천적 삶의 영역에서 정당하게 사용될 수 있는 사유 형태, 다시 말해서 '행위를 위한 사유'와 영화는 그 메커니즘이 같다는 것이다. 생명의 살아 움직임을 그것 자체로 파악해낼 수 없는 이와 같은 '영화적 사유'는 '사유 그 자체를 위한 사유'의 기능에 의해 보완될 수밖에 없다.

사실 인간은 주로 실용적 활동을 효과적으로 수행하기 위해서 자신의 정신을 사용하였다. 그 결과 인간 정신은 실재의 끊임없는 흐름 자체를 정지된 상태들로 파악하는 습관을 갖게 되었다. 시공간적으로 한계가 분명하게 정해진 부동의 순간들로 부단한 유동성을 파악하는 데 이골이 난 인간 정신은 실용적 쓰임새를 위해서가 아니라 순수이론적인 관점에서 실재를 파악해야만 할 때도 역시 자신의 습관적 방식을 사용하게 되었다. 그런데 이렇게 재구성된 실재는 이미 애초의 그 실재의 모습일 수 없다는 것이 베르그송의 생각이다. 따라서 실재 자체를 사유할 수 있는 기능을 갖춘 형이상학적 방법으로서 직관의 필요성이 요구되는데, 물론 이때 직관은 다름아닌 지속의 직관이다.

셋째, 베르그송의 이미지 존재론을 원용해 영화의 '운동-이미지'를 새롭게 사유하게 된 들뢰즈(Gilles Deleuze, 1925~1995)의 작업은 결국 '영화처럼' 사유하려는 인생의 또 다른 모습인 것이다.

푸코의 표현대로 '들뢰즈의 세기'에 이르러 제7예술은 기존 철학이 번번이 놓치고 말았던 생성의 사건을 새롭게 사유해낼 수 있는 장치로 재조명된다. 영화처럼, 다시 말해 영화가 운동을 이미지화하는 방식대로, 철학은 운동을 사유 안에서 재생시키게 된다.

질 들뢰즈는 1980년대 영화에 대한 두 가지 저서를 세상에 내놓았다. 《영화1 : 운동-이미지》(1983)와 《영화2 : 시간-이미지》(1985)는 철학사에서 최초로 영화에 관해서 체계적으로 사유한 결과물이다. 들뢰즈에게 영화에 대한 철학적 사유를 가능하게 해준 사람은 다름아닌 베르그송이다. 주목할 점은 들뢰즈가 영화에서 철학을 발견한 것이 아니라는 사실이다. 그는 철학에서 영화를 발견했고 그에게 있어서 "영화는 철학하는 도구"가 되었다. 그에게 영화를 발견하게 해준 철학은 바로 베르그송의 철학이고, 《물질과 기억》(1896)과 《창조적 진화》이다.

뤼미에르 형제(Louis et Auguste Lumière)의 영사기가 돌아가기 시작한 지 이제 100여 년이 넘어가고 있다. 지금까지 많은 철학자들이 영화에 대하여 말해왔고 영화를 대상으로 하는 사유를 전개시키곤 했다. 하지만 정작 영화를 자신의 철학을 설명하는 중요한 도구로 사용한 철학자는 그리 많지 않다. 단지 베르그송과 들뢰즈가 거기에 속할 뿐이다. 물론 베르그송은 진정한 '운동'을 설명하기 위해서 부정적인 예로 '영화의 운동'을 들고 있다. 그러나 베르그송은 분명 들뢰즈로 하여금 '영화의 운동'을 새롭게 사유하도록 빌미를 제공하였다.

'사유의 방법'으로서의 영화란 무엇을 의미하는가? '들뢰즈의 세기' 이전 서양의 사유는 합리주의와 존재 우위의 사고방식으로 진행되었다. 그러나 철학이 기존의 방식으로는 사유해낼 수 없는 변화와 생성, 다시 말해 운동과 시간을 사유해내려는 순간 우리에게 나타난 '이미지 기계'가 바로 영화이다. 철학은 영화가 어떻게 대상들을 파악하여 이미지화하는지 그 방식에 주목한다. 바로 이런 의미에서 '영화는 철학의 도구'이다. 들뢰즈의 철학이 '사건의 철학'이라면, 영화야말로 사건이 어떻게 일어나고 진행되는지를 가장 잘 보여주는 도구가 된다. 영화가 운동을 이미지화하듯이 철학은 운동을 사유 안에서 재생시켜야 하는 것이다.

2. 생명의 드라마

베르그송의 소위 '생의 비약', 다시 말해 생의 자발성은 생명의 형태를 '진화' 하게 할 뿐만 아니라 그 형태 자체를 계속적으로 '창조'한다. 그러나 '창조적 진화'가 항상 성공하는 것은 아니다. 물질이라는 장애물을 만나 실패로 끝날 경우도 있을 수 있기에 생명의 진화는 지극히 우연적이다. 성공할 수도 있고 실패할 수도 있어 예측이 불가능한 사건, 즉 생명의 물질과의 투쟁은 한 편의 우주적 드라마이다.

생명이 지속이면 물질은 지속의 단절이다. 변화하지 않고 단지 반복하는 조각들로 흐르는 시간을 세로로 잘게 부수어놓으면 그것이 곧 물질이다. 한편 가로로 보면 물질은 생명을 축소시켜서 좁은 곳에 가두어두려고 한다. 생명의 비약을 부동성의 경향을 갖는 물질에 의해 가로 세로로 나누어놓음으로써 우주 안에는 현재 발견되는 유기체의 형태가 나타나게 되었다. 유기체란 생명과 물질 사이의 휴전 협상안이다. 그러나 공격자인 생명이 오히려 일방적으로 항복하고 마는 경우가 생기는데, 어떤 종들은 더 이상 진화하지 못하고 화석에서 볼 수 있는 원시적인 형태를 아직도 반복하여 재현하고 있는 경우가 그 좋은 예이다. 하지만 아직도 계속 진화하고 있는 종들이 있다면 그것은 생명이 거기서 물질을 누르고 승리하고 있음을 우리에게 알려주는 것이다.

유기작용의 결과 생명은 육체를 입는다. 그러나 살아 있는 육체는 사물이 아니고 개체이다. 개체들은 대대로 번식하고 죽기를 거듭한다. 그러나 개체로서의 육체는 그 몸통 안에 제한되지 않는다. 육체는 그것이 주고받는 영향에 의해 모든 공간에 걸쳐질 수도 있다. 그래서 베르그송은 "만약 우리의 육체가 우리의 의식이 적용되는 물질이라면 우리 의식과 동연적이다. 그것은 우리가 지각하는 모든 것을 포함하며 심지어 별들에까지 미칠 수 있다"고 말한다. 하지만 생명체가 일단 육체로 제한되어 그의 형태가 잡히면 무한히 그 형태를 반복하려 하고 한 번 완수한 행위를 자동적으로 거듭 수행한다. 자동성과 반복은 생명이 담보 상태임을 알린다.

그러나 생명은 이렇게 겉보기에 패배한 듯이 보이는 곳에서도 물질이 강요하는 지연과 부동성을 무릅쓰고 기필코 전진하며 증가되어간다. 그것은 잠시 방해를 받고 있던 생명의 비약이 장애를 극복하는 순간 최초의 비약의 순간과 똑같거나 오히려 더 큰 힘으로

용솟음쳐 오르기 때문이다. 생명이 반복과 죽음이라는 장애를 딛고 승리하는 모습을 베르그송은 "인류 전체가 거대한 군대처럼 열을 지어 말 타고 달리면서" 수많은 장애를 극복하는 영화 같은 장면으로 우리에게 보여주고 있다.

3. 지성적 동물

영화 〈장미의 이름〉(1986)과 〈연인〉(1991)으로 유명해진 프랑스 영화감독 쟝-자크 아노(Jean-Jacques Annaud)는 1981년 작품 〈불을 찾아서〉에서 인간이 무기 등 도구를 사용함으로써 자연 상태에서 문화로 이행하고 있음을 보여준다. 인간이 동물과 구별되기 시작하는 시점을 나타내는 외적 징표로 '털 없는 원숭이'가 발전된 형태의 도구를 사용하게 되었다는 고고인류학적 사실을 일반적으로 인정하고 있다. 인간이 자신의 동물적 삶을 극복하고 인간 고유의 문화적 영역을 개척할 수 있었던 것은 그의 도구 사용 덕분이었고 이는 인간 지성이 자신의 몸, 특히 손의 연장으로 자연을 이용할 수 있었기에 가능했다.

베르그송에게 있어서도 인간은 무엇보다도 지성적 동물이며, 이때 지성은 곧 도구를 사용하는 능력이다. 이것은 우리가 익히 알고 있는 전통적 정의인 '인간은 이성적 동물'과 크게 다르지 않다. 다만 지성이든 이성이든지 간에 둘 다 정신적 기능들 중에 하나임에는 틀림없지만 정신 전부는 아니다. 무엇인가 부족하고 빠져있다.

인간을 정신적 동물로 정의할 수 없는 이유가 여기에 있다.

우선 전통적인 의미에서도 지성은 처음부터 그 자체가 순수 정신은 아니며, 무엇보다도 물질적이고 감각적인 동물의 정신으로 출발한다. 다시 말해 물질에 관계하며 보통 오감에 의존해서 움직이는 동물의 정신이다. 그런데 물질적이고 감각적인 대상 속에서 자기 자신과 흡사한 것을 찾는 이른바 '지성적 영혼'은 감각 경험 속에서 가지적 본질, 즉 형상을 추상해내려고 한다. 물론 이와 같은 추상 작용이 항상 완벽한 것은 아니지만, 그렇게 부분적으로나마 형성된 많은 개념들로부터 하나의 완성된 형상이 재구성된다. 결국 추상하고 추론하는 지성의 기능은 순수 정신의 차원에 이르게 되어, 직접적으로 주어지는 감각적 대상을 넘어서 절대적인 것, 신적인 것을 지향하게 된다. 이런 이유로 지성적 인간은 자신과 자연에서 신을 찾게 된 것이다. 바로 지성적 인간이 형이상학적 인간이 되는 대목이다.

한편 베르그송이 보기에 지성은 정신의 한 형태임에도 불구하고 오로지 물질에만 관심이 있다. 지성은 물질을 이용하여 육체적 삶의 필요를 충족시키기 때문에 고질적으로 물질에 집착한다. 이를테면 인간은, 역설적 표현을 쓰자면, '물질적 정신'의 소유자이다. 이런 맥락에서 베르그송은 인간을 '도구인(homo faber)'이라 정의한다. 인간은 물질에 대하여 무엇인가 행동하기 위해서 도구를 제작했다. 생존하기 위해서 인간은 사유하기보다는 먼저 행동해야 했고 행동이 물질로 향할 때 인간은 물질적 정신 그 자체인 도구인이 되었다.

이렇게 지성은 우선 인위적 대상들, 즉 무생물 도구들을 제조하는 능력이다. 특히 도구들을 만들 도구들을 제조하고 그것의 제조를 무한정 다양화할 수 있는 능력이다. 그리고 더 나아가 물질적 도구나 기술적 도구뿐만 아니라 관념적인 도구와 논리적 도구를 사용한 무한 변주 가능성이 지성의 고유한 특성인 것이다. 이를 위해서 지성은 사물들 사이의 관계를 설정하는 선천적 경향을 갖게 되는 바, 이런 경향은 매우 일반적인 관계들에 대한 자연적 인식을 함축한다. 지성은 생명의 한 모습이긴 하지만, 밖을 내다보는 생명, 스스로 외화되는 생명, 무생물적 자연의 방식들을 채택하는 생명이다. 따라서 지성은 생명에 대해서는 자연적 몰이해를 특징으로 나타낸다.

지성이 도구들을 통해서 물질에 작용하고 어떤 대상들을 그것들의 관계들을 통해서 인식한다면, 지성은 무엇보다도 공간을 통해서 물질을 인식하는 능력이라 말할 수 있다. 지성은 인간의 공간적 사유 방식이다. 그러므로 지성은 공간적 개념 작용과 판단의 논리에 의해서 부여된 절대적 한계를 포함한다. 지성은 꿀벌에게 주어진 본능처럼 우리의 행동을 지도하기 위해서 우리에게 주어졌다고 베르그송은 말하고, 뚜렷하거나 희미하거나 간에 지성은 정신이 물질에 기울이는 주의라고 강조한다.

실제로 생명 진화의 현 단계에 이르러 지성은 단지 실천적 기능을 넘어서 그 자체로 인간이라는 생물학적 종의 고유한 능력이 되어버렸다. 그러므로 인간 인식의 구조는 제조라고 하는 지성의 행동 방식으로부터 도출된다. 그 결과 지성과 물질적 세계는 부분적이나마 원리적으로 일치하게 되고 더 나아가 그 나머지 부분에 대하여서는 지성이 구성적 제한을 가하게 되는 것이다. 급기야 인간이 자연의 입법자로 등장하지 않았는가?

베르그송은 칸트의 인식론을 비판하면서 그것을 극복하고자 한다. 베르그송이 보기에 지성을 제한하는 것은 직관의 감각적 한계가 아니고, 오히려 지성의 생물학적 기능이 직관의 효력을 제한하고 있다. 물론 직관은 논리적 형태를 취하고 인류에 전달되기 위해서 지성에 의지할 수밖에 없다. 하지만 만약 직관이 자신의 고유한 대상에 이르기 위해서 지성을 넘어설 수만 있다면 지성이 강요하는 한계는 극복될 수 있다.

4. 본능과 직관

베르그송이 인간을 지성적 동물로 정의하는 것은 종의 진화의 관점에서 이루어진 것이다. 알다시피 인간은 척추동물이다. 그런데 척추동물은 직관적이기보다는 지성적으로 진화한 반면, 절지동물은 직관과 본능의 방향으로 나아갔다. 따라서 지성은 인간만의 변별적 특성이 아니다. '털 있는 원숭이'도 나름대로 나뭇가지를 도구 삼아 높은 곳에 매달려 있는 과일을 따 먹는 지성을 발휘한다. 물론 인간은 모든 동물들 중에서 가장 지성적인 동물이다. 요컨대 정도의 차이만 있을 뿐 동물도 인간과 같은 지성을 갖고 있기 때문에, '지성적 동물'이라는 인간의 정의는 좀더 본질적이고 진정 인간에게 고유한 특성으로 다시 정의되어야 한다.

그렇다면 지성 이외에 인간에게 고유한 능력은 무엇인가? 본능이 모든 동물에게 공통적으로 나타나는 기능이라면 인간만이 갖고 있는 종적 차이로서의 특수 기능은 무엇인가?

본능이란 생명체들이 기본적으로 갖고 있는 능력이다. 베르그송에게 있어서 본능도 물질에 대한 생명의 행동 방식들 중의 하나이지만, 식물의 무감각 상태와 광합성이나 인간의 지성과 그 제조 작업과는 본성 상 차이가 난다. 하지만 본능이 효과적으로 기능하기 위해서는 그 대상에 대하여 무엇인가 지각이 이루어져야 하기 때문에 본능도 일종의 인식의 한 양태라고 볼 수 있다. 다시 말해서 본능은 생명체가 자신의 기관을 직접 사용하거나 대상들에 대한 직접적이며 무의식적인 인식을 통해서 물질에 작용하는 능력이다. 모든 본능이 선천적 메커니즘을 이용하는 자연적 능력은 아니라고 해도, 본능이 유기적 자연도구들을 사용하고 심지어 제조하는 전형적 능력이라고 한다면, 그 어떤 잠재적 혹은 선천적 인식을 포함하고 있어야 한다. 자신이 사용하는 도구와 자신의 대상에 대한 인식을 어떤 방식으로든 항상 포함하고 있어야만 하기 때문에, 본능은 사물에 대한 일종의 선천적 인식이다.

한편 본능은 공감이다. 그래서 만약 이 공감이 자기의 대상을 확장하고 또한 자기 자신에 대하여 반성할 수만 있다면, 그것은 우리에게 생명작용들에 대한 열쇠를 제공할지도 모른다고 베르그송은 말한다. 진화된 인간 지성은 생명 자체를 파악해낼 수 없게 되었고 오히려 동물의 본능과 흡사한 공감의 기능인 직관만이 인간에게 생명의 형이상학을 가능하게 해줄 수 있음을 그는 암시하고 있는 것이다.

본능은 모든 생명체가 어느 정도 그 흔적을 보존하고 있는 생명의 경향성에 참여하고 있기 때문에 직관이 생명과 존재 안에 뿌리내릴 수 있도록 만들어준다. 본능은 직관의 생물학적 기반이다. 그렇다고 직관이 곧 본능은 아니다. 물론 인간 지성의 언저리에는 본능이 자리잡고 있고 그것을 차후에 직관이 발전시킬 수 있을 것이지만, 직관이 본능으로 환원될 수는 없다. 왜냐하면 직관은 본능의 확장된, 의식적인 형태이며, 생명체의 행동은 파악하지 못하나 생명과 지속의 본질을 파악하기 때문이다. 이와 같은 고유한 능력인 직관에 의해 인간은 스스로 지속하고 있음을 알아차리고 스스로를 창조해나간다.

5. 철학하는 동물

우주에서 인간은 어떤 존재인가? 다시 말해서 인간은 어디서 왔으며 어디로 가는가? 또 이곳에 사는 동안 무엇을 해야 하는가? 이는 수많은 사상가들이 스스로 던지고 나름대로 답해보고자 했던 철학적 물음이다. 인간은 자신의 기원과 종말, 그리고 이 우주를 마주대하고 취해야만 하는 삶의 태도가 항상 궁금했다.

인간은 물질을 제어할 수 있게 됨에 따라 이 세상에서의 자신의 삶을 통제하게 되었다. 그러나 인간은 여전히 불안하다. 이와 같은 불안은 단지 인생의 숙명적 종말에 대한 두려움일 뿐인가? 아니면 그것은 무엇에 대한 불안인가? 근본적으로 인간의 불안은 철학적이다. 왜냐하면 불안과 염려의 대상은 바로 존재와 생명의 의미이기 때문이다. 인간에게는 실재하는 것들이 왜 그렇게 있는지를 설명해줄 수 있는 그 어떤 최고의 절대적 근거가 항상 궁금하다.

인간은 자신의 지속을 의식하는 유일한 동물이다. 심지어 인간이 자신의 지속과 구분될 수 없다고 본다면, 인간은 그 자체 의식적 지속이라 말해도 과언이 아니다. 인간은 과거의 자신을 기억하면서 현재를 살고 있지만 그렇다고 그대로 머물러 있을 수는 없기에 불확실한 미래를 부단히 예견한다. 하지만 인간에게 확실한 것은 그가 언젠가는 죽어야만 한다는 사실뿐이다. 인간은 지속하기 때문에, 그리고 바로 그 지속을 의식하기 때문에 불안한 동물이다.

인간은 영속적인 변화로서의 지속에 대한 의식을 가지고 있고 또 스스로 변화하기를 원한다. 그러나 그 어떤 순간에도 인간은 그가 되고자 하는 존재가 되지 못한다. 하지만 인간을 제외한 동물들은 자신의 생명을 유지하는 데 필요한 양분을 공급받고 천적이나 자연 재해로부터 스스로를 보호하는 기초적인 근심 이외에 인간이 보이는 불안은 나타내지 않는다. 동물은 현재 상태에 만족하며 더 높은 야망을 내보이지 않는다. 각각의 동물들은 그 종의 차원에서 되어야 할 수준에 완벽하게 도달해 있으며, 동일한 형태의 생명체를 반복적으로 세상에 내놓을 뿐이다.

동물은 지속하지 않는다. 동물은 자신의 지속을 의식할 수 없을 뿐만 아니라 지속적인 삶을 살지도 않는다. 보편적인 지속의 흐름

속에서 스스로 지속한다는 사실을 모른 채 흘러갈 뿐이다. 동물들은 순간을 살고 순간을 향유하는 존재이다. 동물에게서 보이는 불안의 부재와 종적 안정성 내지 반복성은 영속적인 변화와 창조로서의 생명의 진화 기제가 더 이상 작동하고 있지 않음을 보여준다. 그러므로 지칠 줄 모르게 휘날려야 할 생명 진화의 깃발은 오로지 인간의 손에 쥐어져 있다. 인간만이 스스로의 지속을 의식하고 동시에 스스로를 창조할 수 있기 때문이다.

이렇게 베르그송에게 있어서 인간은 '철학하는 동물'이 분명하지만, 선천적 원리들로 출발하여 추상적 개념들을 가지고 작업하는 지성의 철학을 말하는 것은 아니다. 왜냐하면 베르그송은 경험적 직관의 철학과 분석적 지성의 철학을 철저하게 구별하고 있기 때문이다. 철학은 모름지기 절대를 대상으로 하지만, 위의 두 종류의 철학에서 그 의미는 판이하게 다르다.

우선 철학함이란 근본적으로 단순성의 정신에 따라 행해지는 지극히 단순한 행위라고 베르그송은 본다. 물론 모든 철학자가 성공한 것은 아니지만, 모름지기 그 명칭에 부합되는 철학자라면 과거와는 다른 새로운 사유 방식을 우리에게 보여주었던 사람들이다. 이를 위해 철학자는 부득불 기존의 사유 체계를 동원하여 표현할 수밖에 없겠지만, 철학자의 고유한 직관은 지극히 단순한 것이고 유일무이한 것이다. 겉보기에 복잡한 개념들로 이루어진 철학적 체계 너머에 철학적 정신의 단순성이 있지만, 그것은 우리들을 빗겨가는 경우가 허다해서 철학자는 그의 동일한 철학적 직관을 끝없이 다르게 표현하고 있는 것이다.

이제 구체적인 내용면에서 볼 때 철학이란 자신의 안과 밖을 있는 그대로 보는 것이다. 물론 그냥 보이는 대로 보는 게 아니라 있는 그대로를 보아야 하는 것이다. 인간에게 자연스럽게 보이는 것은 결코 자연 자체가 아니기 때문이다. 요컨대 행동하기 위해 보지 말고 보기 위해 보아야 한다는 것이다.

행동할 필요 없이 볼 때 모든 실재는 끊임없는 생성으로 나타난다. 그러나 이와 같은 실재 파악은 단번에 가능한 것이 아니다. 우선 인간 지성의 타성을 벗고 상징 기호들과 결별해야 한다. 실용적인 결과에 도달해야 한다는 강박으로부터 자유로워지면 인간은 인간적 관념들과 논리를 넘어서기 위해 노력을 할 수 있게 된다. 이는 인간 정신이 끊임없이 스스로를 넘어서려는 시도가 될 것이고 인간 정신을 진보하게 만들 것이다.

결국 철학은 인간의 사고틀을 점차 넓혀나가는 것이고 그렇지 못하면 철학은 더 이상 발전할 수 없게 되어 현재 상태가 곧 최종 결정판이 된다. 철학은 경험에 접하여 스스로를 검증하고 무한히 수정해나가야 한다. 내용이 없이 공허한 전문용어를 만들어 내거나 단번에 영원 속에 위치하려고 하지 말고 철학은 총체적인 경험 자체가 되어야 한다. 이와 같은 인간의 자기 극복의 노력은 자신을 확장시켜 그 자신을 넘어서게 한다. 결국 철학은 인간 조건을 넘어서기 위한 노력이며 동시에 전체로부터 떨어져 나간 인간이 그 전체에 재통합되는 기획이다.

그런데 자신을 넘어서려는 인간의 노력이 철학이라고 한다면, 이는 한갓 헛수고가 되어버리거나 악순환의 굴레에 빠지는 것이 아닌가? 왜냐하면 인간 정신은 자신의 유일한 사고 수단, 아니 단순한 수단을 넘어서 거의 자기 자신이 되어버린 지성만을 도구로 사용해서는 결코 스스로를 넘어설 수 없기 때문이다. 결국 인간 정신이 실재를 인식하기 위한 도구로 지성 이외에 다른 것을 갖고 있지 않다면 철학은 불가능해지는 것이다.

만약 지성의 철학적 불능을 확인하고 금방 지성을 넘어서 절대적인 차원에 근접하려는 시도를 한다면, 그것은 곧바로 시간으로부터 떨어져 나오는 결과를 낳을 것이다. 그러나 지성이 넘어섰다고 생각하는 시간은 사실은 이미 지성화된 시간, 즉 공간이었다. 통상 지성은 지속의 환영에 작용했던 것이지 결코 지속 그 자체에 미치지는 못했다. 그러므로 인간이 지성을 넘어서기 위해서는 시간 밖으로 나올 것이 아니라 진정한 시간 속에 다시 진입하기 위해 애써야 하는 것이다.

6. 지속하는 동물

인간이 순수 지속에 자리를 잡기 위해서는 비록 잠정적이기는 하지만 지성을 벗어나려고 노력해야만 한다. 이와 같은 탈지성의 노력이 바로 직관의 노력인 것이다. 그러므로 철학이란 직관의 노력에 의해서 지속하며 끊임없이 변화하는 대상 자체 안에 위치하는 것이며 결국 실재를 그 본질인 운동성 안에서 파악함을 의미한다. 특히 베르그송에 있어서 직관은 무엇보다 내적 영역을 겨냥하며,

거기서 성공적으로 대상을 붙잡을 수 있는데, 왜냐하면 여타의 대상들에 대해서 인간은 외적이고 피상적인 파악을 하는 반면 스스로는 직접적으로 지각하기 때문이다. 단순한 분석이 아니라 직관에 의해서 인간의 내부에서부터 파악하는 실재가 적어도 하나 있는데, 그것은 시간을 가로질러 지속하고 있는 자아이다.

자신을 내부에서부터 들여다볼 때, 의식적 존재로서 인간은 끊임없이 변하고 있음을 알아차릴 것이며, 거기서 동일한 두 순간이란 있을 수 없음을 깨닫게 될 것이다. 인간의 의식 상태가 부단히 변화하는 이유는 기억이 아닌 의식이란 없기 때문이며 현재의 감정에다 지나간 순간들에 대한 기억이 첨가되지 않으면 한 상태의 계속적 흐름이란 없기 때문이다. 결국 인간 의식이 기억이라면 인생은 흘러가는, 즉 늙어가는 것을 의미한다. 그런데 어떤 한 상태에서 다른 상태로 변한다는 것과 동일한 상태를 유지하고 있다는 것 사이에는 본질적인 차이가 없다. 왜냐하면 상태 그 자체가 이미 변화이기 때문이다. 그러나 변화는 절대로 분할 불가능하고 지침대가 필요 없으므로 우리의 의식 상태들을 가지고 변화를 결코 재구성할 수는 없다.

직관은 이와 같이 인간의 내부 정신세계를 목표로 삼는다. 인간의 의식이나 정신은 그것이 현재 포함하고 있는 것보다 더 많은 것을 창출해낼 수 있고 내부로부터 점점 더 풍부해질 수 있는 실재, 다시 말해 스스로를 창조하고 끊임없이 재창조할 수 있는 실재이다. 이와 같은 실재는 근본적으로 측정을 거부할 수밖에 없다. 왜냐하면 그것은 완전히 결정된 적이 전혀 없으며 한 번도 무엇으로 고정되어진 바 없이 항상 활동 중이기 때문이다. 이런 인간 정신의 세계야말로 바로 실제적 지속의 세계이고 창조와 자유의 세계이며 철학의 고유 영역과 일치한다. 여기서 정신은 지속이며 정신의 무한한 자기 창조력은 바로 지속의 창조성과 관련이 있다.

실재는, 우리가 지속의 상하에서 모든 것을 볼 때, 지속이 실재의 바탕임을 보게 될 때, 비로소 파악된다. 과거가 파괴되거나 변질됨 없이 현재 안에 끊임없이 연장되는 내적 경험을 통해, 실재는 분할될 수 없이 전체적으로 불어나는 점진적인 새로움, 이른바 지속 그 자체임을 알게 된다.

베르그송에게 있어서 '지속(la durée)' 개념은 그의 사상의 핵심이다. '시간(le temps)'은 지속하지 않는다는 경이로부터 그의 철학은 시작한다. 과학의 시간과 일상 언어에서의 시간은 다르지 않다. 일상 언어는 상식의 표현으로서 그 주요 임무는 '행위를 위한 사유'이지 '사유 자체를 위한 사유'가 아니다. 일반적인 언어 사용과 상식적인 관점은 지성적 동물인 인간의 관점으로서 행위의 용이함을 위해 시간을 공간적인 외적 표상으로 파악한다. 그러나 실제 흐르는 시간은 형이상학적 동물인 인간이 내적으로 체험하는 지속임에도 불구하고, 형이상학적 순수 사유보다 유용성이 급선무인 일상생활과 과학은 의식에 직접 주어지는 지속을 공간화된 시간으로 대체하고 만다.

지속 자체가 아니라 그 측정에 관심을 갖고 결국 공간화된 시간만을 재고 있을 때, 우리는 상식의 요구에 부응하는 것이며, 상식은 바로 과학의 출발점이 된다. 본디 예측을 자신의 소임으로 삼는 과학은 물질세계로부터 반복과 계측이 가능한 것, 결과적으로 지속하지 않는 것을 추출하여 연구 대상으로 삼는다. 이렇게 순간들만을 포착하는 과학의 방법을 베르그송은 '영화적 방법'이라 명명했던 것이다. 과학은 생성을 일련의 상태들의 연속으로 표상하는데, 이 상태들이라는 것 각각은 영화필름처럼 하나씩 정지된 동질적 요소들이기 때문에 결코 변화하지 않는 것들이다.

반면 지속이란 '흐름'이며 '지나감'이다. '흐름'이란 흐르고 있는 어느 한 부분이 지금 현재 흐르고 있을 때 다른 부분이 동시에 나타날 수 없음을 의미한다. '흐름'을 측정하기 위해서 그 부분들을 중첩시켜 비교해볼 수 없는 경우가 곧 '지나감'이다. 하지만 우리는 일상적 삶과 과학의 필요에 의해 지속을 움직이는 것의 궤도로 고정시켜놓고 선형적으로 측정한다. 그런데 과학자가 측정하는 선은 최소한 그것이 재어지고 있는 동안은 움직이지 않아야 되지만, 흐르는 시간은 움직인다. 지속은 운동이다. 한편 선은 이미 다 된 것인 반면, 지속은 되어가고 있는 것이며 더 나아가 모든 것을 되어가게 만드는 것이다. 요컨대 과학은 전개되는 시간 또는 전개될 시간을 이미 다 전개되어 완료된 것처럼 취급하지만, 실제적 지속은 그 자체가 흐르는 시간인 동시에 창조적 시간이다. 지속하는 인간이 자기 창조하는 동물일 수 있는 이유가 바로 여기에 있다.

베르그송에게 있어서 기억은 의식과 구별되지 않는다. 시간의 흐름에 따라 인간 의식은 점점 커지고 새롭게 바뀐다. 언뜻 보아 과거는 흘러가버리고 마는 것처럼 보이나 사실 과거는 상실되지 않는다. 망각이란 당장 급박한 '행위를 위한 사유'를 가로막고 지연시키는 현재 불필요한 기억이 의식 저편 그늘진 곳으로 물러서는 것을 말한다. 과거는 의식적이든 아니면 무의식적이든 경험의 상태로 항상 존속한다. 현재 인간의 행위는 과거의 모든 것들로부터 이루어지는 것이다.

나는 지금 베르그송에 관한 글을 쓰고 있다. 과거에 내가 읽고 이해한 베르그송 관련 문헌을 비롯한 기타 모든 지식들이 현재 나의 글쓰기 작업에 역동적으로 참여하고 있다. 나의 의식에 뚜렷하게 떠오르기를 원할 때면 언제든지 잠재되었던 정보는 다시 나타난다. 심지어 의식이 자신의 과거로 거슬러 올라가 그 시원에 도달할 수 있다면 생명 전체를 단번에 파악해낼 수도 있을 것이다.

인간의 심리적 삶에는 어떤 것도 상실되지 않는다. 우리의 현재는 과거에 우리가 생각하고 원했던 모든 것으로 이루어져 있다. 이 모든 경험은 우리의 현재에 통합되고 우리의 성격과 개성을 형성하는 역할을 한다. 그러므로 어느 한 순간을 살고 있는 그 어떤 인간도 단지 그가 과거에 축적한 경험, 바로 그의 기억일 뿐이라 말할 수 있다.

7. 창조적 동물

생명의 철학자 베르그송에 있어서 인류의 기원에 관한 논의는 종의 창조를 말하는 그의 진화론에서 찾아보아야한다. 생명 진화의 과정에서 인간의 위치는 무엇인가? 베르그송에 따르면 모든 동물들 중에서 유일하게 인간만이 자유롭다. 인간만이 생의 약동의 구도 속에 들어갈 수 있다. 인간 의식의 지속은 정신의 발명, 창조, 점진적 해방이다. 각자의 인생은 하나의 독창적이고 예측 불가능한 멜로디이다. 인간이 이렇게 자유롭고 창조적인 동물일 수 있는 이유는 무엇인가? 그것은 인간만이 철학적 태도를 취할 수 있는 동물이며 자신 스스로의 창조적 지속을 직관할 수 있기 때문이다.

베르그송에 따르면 인간의 삶이란 보편적인 진화의 과정이 그렇듯이 자기 창작이며 자기 발명, 예측 불가능한 증가이다. 이것이 바로 베르그송이 《창조적 진화》에서 '창조'란 개념을 이해하는 방식이다. 창조가 고유한 의미의 발명이라면 인간의 지성은 그것을 그 용솟음치는 상태, 그 불가분적인 상태에서 파악해낼 수 없다. 소위 발명을 '설명한다'는 것은 항상 그 예측 불가능하고 새로운 것을 이미 잘 알려진 기존의 요소들로 분해하여 또 다른 질서로 배열하는 작업이다. 반면에 인간이 자신의 존재를 그의 의지에 위치시키고 더 나아가 생명의 약동 안에 위치시킬 때, 실재는 영속적인 성장이며 끝없이 계속되는 창조임을 알아차리게 된다. 이렇게 창조는 성장이며, 정신이 스스로를 창조자로 느끼는 것은 오직 이런 경우일 뿐이다. 정신은 낡은 것이 새롭게 배열된 하나의 복합적 통일성에 도달하기 위해서 이미 만들어진 수많은 요소들로부터 출발하지 않는다. 정신은 하나이자 유일해 보이는 어떤 것으로 단번에 옮아갔고, 곧이어 그것은 단어들 속에 미리 주어진 다양하고 공통적인 개념들 속에 그저 그렇게 펼쳐지려고 애쓸 것이다. 요컨대 모든 창조는, 지속의 흐름 자체에 의해서 혹은 거기에 뛰어들기 위한 노력에 의해서, 절대적으로 새로운 것이 갑작스럽게 출현하는 것이다.

베르그송의 창조 개념은 그것의 전통적인 의미와 뚜렷이 구분된다. 진정한 창조는 플라톤 철학에서 보이는 범형으로부터 모사품의 생산도 아니고 유대-기독교 전통에서 말하는 그 어떤 초월적 의지의 힘에 의한 실재의 '무로부터(ex nihilo)' 출현도 아니다. 실제로 베르그송의 창조 개념은 지속 개념 자체에 함축되어 있다. 《창조적 진화》에서 지속 개념은 지속의 흐름과 성장 자체에 의해서 새로움의 계속적인 창조가 된다. 내용의 내재적인 성장과 혼동되기 때문에, 창조는 모형도 초월적 의지도 상정하지 않는다. 하지만 창조는 그것이 드러나는 도처에서 지속의 실재성 자체를 분명 증명한다. 시간은 발명이든가 아니면 그것은 아무것도 아니다. 게다가 만약 창조가 연속적이라면 창조는 스스로 실현하기 위해서 장애물들을 만나며 창조의 요구가 된다. 베르그송은 이 '창조의 요구'란 표현을 물질에 대항한 생명에 대하여뿐만 아니라, 자신의 소재를 마주하고 있는 예술가에 대하여도 사용한다. 물질과 우주의 최초의 창조를 제외하고, 모든 창조는 노력이고 약동이며 지속으로의 회귀를 의미한다. 창조는 미리 정해진 목표에 따라 낡은 요소들을 새롭게 배열하는 제작과는 대립되는 것이다. 인간은 종으로서는 도구인(homo faber)이나, 자신의 종을 넘어서는 한에서는 창조적 개인이다.

8. 철학과 영화

철학이란 인간이 모든 것을 알 수 없기에 생겨난 궁여지책이다. 인간은 신이 아니며, 신은 철학하지 않는다. 혹여 인간이 경험에 의해 이 세상 모든 것에 대하여 알 수 있었다면, 인간에게 철학은 필요하지 않았을 것이다. 인간의 지각경험 능력이 매우 불완전하기 때문에 철학은 태어나게 되었다.

서양 철학의 경우 '기원전 6세기 그리스'라는 분명한 탄생 시기와 출생지가 있다는 사실은 철학이 인간만큼이나 유한한 존재임을 말해준다. 인간은 태어났기 때문에 죽어야만 한다. 이 세상에 존재하지 않을 수 없는 것은 하나도 없다. 다시 말해 절대적으로 필연적인 것은 이 세상의 것이 아니다. 시간 속에서 그 처음과 끝을 갖는 역사적 존재는 절대적이라는 의미에서 필연적일 수 없다. 영원한 것만이 절대적으로 필연적이다. 왜냐하면 그것이 존재하기 시작하거나 존재하기를 멈춘다는 사실이 그것이 존재하지 않을 수 있음을 나타내기 때문이다. 이것이 인간의 운명이고 그의 궁여지책 철학도 같은 운명을 갖는다. 인간만큼이나 철학도 더욱더 완성되고 스스로를 넘어서기 위해 노력하는 동시에 계속 자신의 종말을 예고하고 있다. 그러면 철학의 완성인가 혹은 종말인가? 추측하건대 철학은 인간이 신이 되는 순간 완성되어 영원한 존재의 영역으로 들어가거나 스스로를 넘어서지 못하고 답보 내지 퇴보를 거듭하다가 종말을 고하고 말 것이다. 분명한 것은 인간이 시도한 역사적 기획으로서의 철학은 언젠가 그 끝을 볼 것이라는 사실이다.

인간은 모든 것을 알려고 했다. 그래서 철학의 아버지는 "만물은 물이다"라고 말했다. 이렇게 철학은 인간 지각의 연장선에서 세계에 대한 형이상학적 직관으로 출발했다. 그러나 베르그송에 의하면 엘레아의 제논이 인간 지성이 표상하는 운동과 변화에 내재하는 모순들을 지적했을 때 형이상학이 비로소 시작되었다. 그 후 철학자는 이 난제들을 극복하기 위해 모든 노력을 기울였으나, 실제 그들이 한 일은 시간의 위로 올라가거나 움직이고 변화하는 것을 넘어서는 일을 했을 뿐이다. 인간의 감각과 의식이 지각하는 것 밖에서 사물의 실재를 찾기 시작한 것이다. 인간 지성이 야기한 표면적 모순들을 피하기 위해서 철학은 경험을 초월하기 시작한 것이다. 결국 철학자들은 개념 조작을 통해 지성의 단단한 추상적 건축물, 전체에 대한 유일하며 총체적인 체계를 세우고 자위하게 되었다.

우리가 변화 안에 자리잡지 않고 변화를 밖에서 지켜본다면, 변화의 진정한 본성을 파악하기란 불가능하다. 베르그송이 명명한 '영화적 방법' 이야말로 변화를 외부에서 바라보는 태도를 가리키는 것으로서 '직관적 방법'과 대립된다. 우리는 변화를 파악하기 위해서 변화하고 있는 한 사물의 어떤 상태에서 다른 상태로의 전이를 파악하려고 노력하는데 그것은 그 사물의 변화 자체를 파악하는 것이 아니다. 이 경우 우리는 새로운 상태들을 삽입할 뿐이며, 이 상태들이란 물론 정의상 정지되어 있는 것이다. 정지된 상태들을 아무리 많이 끼워넣더라도 그것들의 간격을 무한히 감소시킬지는 몰라도 완전히 사라지게 만들 수는 없다. 그래서 베르그송은 변화를 상태들로 재구성하기 위한 모든 시도는 운동성이 부동성들로 이루어졌다는 터무니없는 명제를 함축한다고 단언한다.

    자신의 이와 같은 생각을 확실하게 설명하기 위해서 베르그송은 제논의 역설들을 예로 들곤 한다. 특히 '날아가고 있는 화살'의 경우에 우리는 화살이 날아가는 동안 연속적으로 각기 다른 위치를 차지한다고 상정한다. 그런데 만약 실제로 그렇다면 날고 있는 화살은 각 위치에서 매번 멈추어 정지해야만 한다. 왜냐하면 그 화살은 여러 곳에 동시에 있을 수 없기 때문이다. 이로부터 비행궤적 각 지점에 정지되어 있는 화살은 허공을 날아 움직이는 동안 내내 움직이지 않는다는 제논의 역설이 성립하는 것이다. 그러나 사실 화살은 그것이 지나고 있는 그 어떤 위치와도 일치하지 않고 그 비행궤적의 어떤 지점에도 (정지해) 있을 수 없다고 설명함으로써 베르그송은 이와 같은 역설적 상황을 극복한다. 요컨대 날고 있는 화살의 운동은 나눠질 수 없다. 만약 나눈다면 그것은 하나의 유일한 운동이 아니라 수많은 운동들이 될 것이다.

    형이상학이 제논의 논의들로부터 시작되었다고 보는 베르그송의 지적을 바탕으로 베르그송이 비록 명시적으로 말하진 않았지만 이미 말한 것과 다름없는 "영화적 방법은 제논에 그 기원을 두고 있다"는 명제를 운동에 대한 베르그송의 생각을 파악하는 좋은 지름길로 생각하는 영화학자(Guy Fihman)도 있다. 이와 같은 견해에 따라 영화도 형이상학과 마찬가지로 엘레아의 제논으로부터 시작되었다고 한다면, 영화는 소위 '소크라테스 이전' 시대에 이미 생겨난 셈이다. 물론 고대 그리스에 이미 영사기와 같은 기계가 발명되어 실제 영화가 상영되었다는 말은 아니다. 이는 운동을 분석하고 종합하는 메커니즘에 대한 논의가 장차 영화 기계를 실제로 고안해낼 수 있게 해주었다는 의미이다. 실제로 완성된 형태의 영화에서 분석이란 촬영기구의 도움으로 운동을 분할하는 것을 말하며, 종합이란 영사기를 통해서 운동을 재합성하는 작업을 가리킨다. 그러므로 영화를 엘레아의 제논과 연관 짓는 이유는 운동의 분석과 종합에 대한 관심이 이미 제논의 논의 속에 포함되어 있고, 게다가 영화적 운동이야말로 역설적이기 때문이다. 영화적 운동이 영화필름 위에 사진으로 고정된 이미지들을 바탕으로 만들어지는 한, 영화는 움직임을 움직이지 않는 요소들로부터 창조하고 있는 것이다. 바로 이 점을 베르그송은 지적하고 있는 것이다.

들뢰즈는 영화에 대한 두 저서를 내놓으면서 가장 중요한 준거로서 베르그송에 의지하고 있다. 《영화 1 : 운동-이미지》에서 들뢰즈는 베르그송의 《창조적 진화》에서 다양한 운동 개념들을 찾아내 논의하고 있으며 그것을 영화적 이미지들을 분류하여 체계화하는 데 이용하고 있다.

베르그송은 영화적 메커니즘을 단절된 순간의 스냅사진들로부터 운동을 인위적으로 재구성하는 것으로 간주하였는데, 이와 같은 생각은 사실 들뢰즈의 관심을 끌지 못하였고 타당한 것으로 받아들여지지 않았다. 들뢰즈에게 있어서 운동은 이미지와 함께 직접적으로 관객에게 주어진다. 영화의 이미지야말로 베르그송이 얻고자 했던 진정한 운동을 재생시킬 수 있다고 들뢰즈는 보는데, 이것이 바로 그가 말하는 '운동-이미지'이다. 들뢰즈는 운동-이미지에 이미 운동이 내재한다고 보고 운동-이미지를 환영일 뿐인 거짓 운동을 만들어낼 수밖에 없는 '부동적 단면'들에 대립시킨다. '부동적 단면'이란 초당 24개의 이미지들, '사진소들(photogrammes)'을 말하는데, 영화는 사진소가 아니라 '평균적 이미지'를 우리에게 보여준다. 운동은 이 평균적 이미지에 덧붙여지거나 추가되는 것이 아니고, 운동은 직접적 소여로서 평균적 이미지에 속하는 것이다. 요컨대 영화는 이미지를 우리에게 보여주고 거기에 운동이 차후에 부가되는 것이 아니라, 영화는 직접적으로 운동-이미지를 제공한다. 물론 영화는 단면을 보여주나 그 단면은 '동적 단면'이지 '부동적 단면'+추상적 운동이 아니라는 것이다.

들뢰즈는 영화가 공식적으로 탄생하기 이전인 1886년《물질과 기억》제1장에서 이미 베르그송이 자연적 지각의 조건들을 넘어서 운동-이미지를 발견했다고 보고 10년 후《창조적 진화》에서 이를 망각한 것을 의아하게 생각한다. 사실 초창기 영화는 자연적 지각을 모방하는 단계에 있었고 고정된 카메라에 공간적이고 부동적 쇼트(plan)뿐이었다. 한편 촬영 장비와 영사 장비가 동일했기 때문에 시간은 동일한 추상적 시간이었다. 물론 영화는 진화를 거듭하여 쇼트는 공간적 범주이길 멈추고 시간적 생성이 되었고 단면은 부동적 단면이 아니라 동적 단면이 되었다. 이로써 영화는《물질과 기억》첫 장의 '운동-이미지'를 되찾게 된 것이다.

9. 영화와 철학

'운동-이미지' 개념은 '시간-이미지' 개념과 마찬가지로 철학적 개념이며, 영화가 철학에게 제공한 사유의 과제이다. 영화는 전통적으로 철학이 진행시킨 표상적 사유에 대하여 문제를 제기하는 좋은 수단이 된다. 무엇보다도 떨쳐버려야 할 편견이 하나 있는데, 기계적 혹은 기술적 예술로서 영화가 동시에 인간은 주체로, 세계는 이미지로 만들어버린다는 믿음이 그것이다. 실제로 영화는 관객 주체의 시선 앞에 이미지 세계를 펼쳐 보여주는 기술인 것만은 아니다. 영화란 주체적 지각의 형태로 환원될 수 없는 이미지들을 창출해내는 작업이다. 근대를 넘어서 '들뢰즈의 세기'에 이르러 영화적 지각은 비표상적 사유를 가능하게 해주는 중요한 위상을 획득하고, 베르그송은 그 이론적 근거가 된다.

베르그송의 《물질과 기억》 첫 장은 관념과 물질적 실체 이전에 존재하는 이미지를 말함으로써 관념론과 실재론을 넘어서는 이미지 존재론을 제시한다. 베르그송 당시나 지금이나 일반적으로 이미지라는 용어는 일종의 주관적 표상을 의미하나 베르그송은 이미지를 실재 또는 세계와 같은 뜻으로 사용한다. 베르그송의 우주에서는 이미지들, 물질, 빛, 운동이 모두 동일한 것의 다른 표현인 것이다. 이를 들뢰즈는 대표적으로 '운동-이미지'라 명명하면서 근본적으로 탈-중심의 우주를 구성하는 것으로 간주한다. 이와 같이 중심을 결여하고 있는 우주에서는 지각이 출현하기 위해서 인간의 시선을 기다릴 필요가 없다. 운동과 빛이 같은 것이라면 이미지들 자체가 곧 지각이며, 가시적인 것이 되기 위해서 그 어떤 주체의 의식도 필요로 하지 않는 물질의 지각이다. 물론 의식적 지각도 있지만 그것도 하나의 특별한 이미지일 뿐이다. 그것은 다른 이미지들의 모든 운동에 작용하는 대신에 그것들 중에서 선택을 하는 이른바 '살아 있는 이미지'이다.

이미지의 선택은 인생의 관심과 필요에 의해서 이루어진다. 그러므로 지각이 의식적이 되려면 모두 다 지각하는 것이 아니라 덜 지각할 때 가능해진다. 다시 말해 사물들로부터 당장 유용한 측면들만을 취해 덜어낼 때 의식적 지각이 성립하는 것이다. 전통적으로 인간의 이성은 '자연의 빛'으로 간주되었다. 하지만 베르그송에게 있어서 빛은 의식 안에 있는 것이 아니라 사물들 자체에 있는 것이다. 또한 의식적 지각은 행동과 무관한 관조가 아니라 실천적 행위와 단번에 연결된다. 이와 같은 이미지 존재론이 베르그송을 표상적 사유의 오랜 전통으로부터 분리시키고 있고 바로 이 점을 들뢰즈는 자신의 영화 철학에 적용시키는 것이다.

몽타주와 이동 카메라에 힘입어서 이제 영화는 운동-이미지들의 탈-중심화된 우주를 보여줄 수 있게 되었다. 물론 그 속에는 주관적 지각의 중심들이 존재한다. 하지만 그 중심이란 더 이상 특권적인 지위를 갖지 못하고 세계의 무수히 많은 운동들 중에 특이한 운동들일 뿐이다. 대부분의 고전적인 영화들이 지각과 행동의 연결을 중심으로 만들어졌지만, 영화는 그 언제든지 이와 같은 연결을 해체할 수 있었다. 주관적 지각을 넘어서는 이미지들, 물질 자체의 지각과 합류하는 이미지들, 지각이 더 이상 행동으로 연결되지 않는 이미지들을 만들어냈다. 이제 영화는 고정된 카메라가 만들어낸 '영화적 환상'이 아니라 취사선택되지 않은 이미지 자체, 즉 실재를 보여줄 수 있는 철학도구가 되었다. "행위하기 위해 보는 것이 아니라 보기 위해 보는 것"은 영화의 작업인 동시에 철학의 목표이기도 하다.

참고문헌

황수영,《베르그손 : 지속과 생명의 형이상학》, 이룸, 2003.
김형효,《베르그송의 철학》, 민음사, 1991.

필자 소개

서울대 철학과를 졸업한 후 프랑스 파리 제1대학교에서 철학박사 학위를 받고 현재 서울시립대학교 인문대학 철학과 교수로 재직 중이다.

저서로는《생명과 더불어 철학하기》,《고전형이상학의 전개》,《하이데거와 철학자들》(이상 공저) 등이 있으며, 〈라깡의 주체이론과 아버지의 은유〉, 〈가상과 현실의 존재론〉, 〈형이상학적 경험〉 등과 함께 '멘 드 비랑'과 '베르그송'에 대한 다수의 논문이 있다.

후설

인간은 사실인의 차원을 넘어선 지향성의 주체이자 세계구성의 주체다

이남인 (서울대 철학과 교수)

1. 현대의 위기와 후설의 현상학의 핵심 주제로서의 인간관

현상학의 창시자인 후설(Edmund Husserl, 1859~1938)은 현대를 위기에 처한 시대로 진단한다. 이러한 진단에 의하면 현대에 접어들면서 인류는 정신적으로 피폐해지고 병들게 되었으며 이처럼 병든 인간들에 의해 이루어진 현대문화 역시 병든 문화이며 현대인은 더 이상 참다운 인간적인 삶을 유지할 수 없을 정도로 심각한 실존적인 위기상황에 처하게 되었다. 그가 몸소 체험했던 제1차 세계대

전, 전 세계적인 경제공황, 나치주의의 대두 등은 현대가 처한 이러한 위기 상황의 한 단면을 보여주고 있다. 두말할 것도 없이 그가 진단한 현대의 위기는 그의 사후에 보다 더 극단적인 방향으로 치닫고 있다고 할 수 있다. 1938년 후설이 타계한 이후 현대사에 등장한 수없이 많은 가공스러운 사건들, 예를 들면 제2차 세계대전, 나치주의자들의 만행, 원자탄 투하, 그리고 무엇보다도 최근 들어 가속화되고 있는 생명공학의 비약적인 발전을 통한 인간정체성의 위기, 환경파괴 등은 후설이 진단한 현대의 위기의 정체가 무엇인지 극명하게 보여주고 있다.

후설에 의하면 현대가 처한 이러한 위기의 일차적인 원인은 현대 과학이 병들어서 그 본래적인 기능을 상실한 채 위기 상황에 빠져 있다는 데 있다. 여기서 우리는 현대 과학이 위기 상황에 처해 있다는 이러한 후설의 주장이 무엇을 의미하는지 정확하게 이해해야 할 필요가 있다. 현대에 접어들면서 과학이 전반적으로 비약적인 발전을 거듭해왔다는 사실을 잘 알고 있는 현대인들에게 현대과학이 위기에 처해 있다는 이러한 주장은 의아하게 들릴 수도 있을 것이다. 실제로 물리학, 화학, 생물학을 비롯한 순수과학뿐 아니라 공학, 의학, 농학 등 응용과학, 더 나아가 경제학, 심리학 등을 비롯한 인문사회과학 역시 현대에 접어들면서 비약적인 발전을 거듭해왔다. 따라서 현대에 접어들면서 과학이 이처럼 비약적인 발전을 이룩했는데도 과학이 위기에 처해 있다고 말함은 납득하기 어려운 주장처럼 들릴 수도 있다. 두말할 것도 없이 후설이 현대 과학이 위기에 처해 있다고 주장하면서 현대과학이 이처럼 비약적인 발전을 이룩했다는 사실을 부정하는 것은 아니다. 후설 역시 현대과학이 비약적인 발전을 이룩했으며 앞으로도 더욱더 비약적으로 발전하리라는 사실을 그 누구보다 더 잘 알고 있었다. 그럼에도 불구하고 그가 현대 과학이 위기에 처해 있다고 진단하는 이유는 이처럼 비약적으로 발전한 현대 과학이 역설적으로 인류의 삶의 고양을 위해 그것이 지녀왔던 본래적인 의미를 상실하고 점차 인류를 파멸의 구렁텅이로 몰아넣고 있다고 생각했기 때문이다. 바로 후설은 이처럼 과학이 인류의 삶을 위해 지녀야 할 본래적인 의미를 철저히 망각하게 된 사실을 지적하면서 현대 과학이 위기에 처해 있다고 진단하는 것이다.

그런데 후설은 현대의 위기를 낳게 된 과학의 위기의 최종적인 원천이 바로 철학의 위기에 있다고 진단한다. 전통적인 철학의 이념에 의하면 철학이란 과학을 포함한 모든 것의 뿌리를 다루는 학이며 후설 역시 이러한 전통적인 철학의 이념을 받아들인다. 이러한 전통적인 철학의 이념에 의하면 철학과 과학은 하나의 살아 있는 전체를 이루고 있으며 따라서 모든 것의 뿌리를 다루는 철학이 위기에 봉착하면서 자신의 기능을 다하지 못할 경우 이처럼 위기에 처한 철학에 뿌리박고 있는 과학 역시 위기에 처하지 않을 수 없다. 뒤에서 살펴보게 되겠지만 후설은 20세기에 접어들어 실증주의가 발호하면서 철학이 일대 위기에 처하게 되었다고 진단한다. 그의 필생의 철학적 작업은 바로 실증주의를 비판하면서 현대 과학이 처한 위기를 극복하고 참다운 의미에서 인간다운 삶을 가능하게 해줄 수 있는 참다운 의미의 철학인 현상학을 수립하는 일이었다.

이처럼 현대의 위기를 극복하고 참다운 의미에서 인간다운 삶의 터전을 모색함을 목표로 한다는 점에서 후설의 현상학은 철두철미 실천적인 함축을 지니고 있다. 따라서 그처럼 방대한 후설의 문헌을 실천적인 삶의 문제와 전혀 무관하리라고 간주되는 맹목적인 이론적 관심과 연관 지어 이해하는 한 그 누구도 후설의 현상학의 본질을 충분히 파악했다고 할 수 없을 것이다. 방대한 후설의 문헌 속에 들어 있는 수없이 많은 현상학적 분석들을 수렴하는 하나의 초점이 있다면 그것은 바로 현대의 위기의 극복이라는 화두라 할 수 있다.

현대의 위기의 극복이라는 화두를 중심으로 전개되는 후설의 현상학의 가장 핵심적인 물음은 바로 인간이란 무엇인가 하는 물음이다. 현대의 위기는 바로 인간성의 위기를 의미하며 따라서 현대의 위기의 극복 방안을 검토하기 위해서 일차적으로 이루어져야 할 작업은 인간이란 무엇인지 살펴보는 일이기 때문이다. 칸트는 철학의 핵심적인 주제를 "나는 무엇을 알 수 있는가?", "나는 무엇을 행해야 하는가?", "나는 무엇을 바래도 좋은가?" 등 3가지로 요약하면서 결국 철학의 핵심적인 주제를 "알고, 행하고, 바라는 자"인 "인간"으로 규정하였는데, 이러한 칸트적인 입장은 많은 부분 후설의 경우에도 타당하다고 할 수 있다.

이처럼 인간관의 문제가 후설의 현상학의 핵심적인 문제이기 때문에 후설은 다방면에 걸쳐 인간관에 대한 분석을 수행하였으며 인간관을 다루고 있는 많은 글들을 남겼다. 후설의 현상학의 초석, 더 나아가 지난 100여 년 동안 진행된 현상학적 운동의 초석을 놓은 1900/1901년에 출간된 후설의 《논리연구》에서부터 시작하여 그의 마지막 저술인 《위기》뿐 아니라 그의 미발간 유고에 이르기까지 후설이 남긴 글들 중에서 많은 부분은 인간관의 문제를 다루고 있다. 이처럼 인간관의 문제를 다루고 있는 후설의 문헌이 방대하기 때문에 이 작은 글에서 후설의 인간관 전체를 살펴보는 일은 불가능하다. 이제 우리는 몇몇 주제에 초점을 맞추어 후설의 인간관의 중요한 몇 가지 측면만을 살펴보고자 한다.[1] 후설의 인간관이 등장하게 된 배경을 이해하기 위해서 우선 실증주의의 인간관에 대해 간단히 살펴보자.

2. 실증주의적 인간관

후설의 인간관은 실증주의의 인간관을 비판하면서 등장하였다. 따라서 후설의 인간관을 살펴보기 위해서는 실증주의의 인간관이 무엇인지 살펴볼 필요가 있다. 그리고 실증주의의 인간관을 이해하기 위해서 우리는 우선 실증주의의 개요를 이해할 필요가 있다.

앞서도 지적하였듯이 후설에 의하면 현대에 접어들어 철학을 일대 위기에 빠뜨리면서 현대의 위기를 낳게 한 것은 다름아닌 실증

---

[1] 이처럼 인간관이 후설의 현상학 전체를 관통해 흐르는 핵심적인 주제이며 이 주제를 다루고 있는 후설의 문헌이 방대하기 때문에 이 글에서 우리는 후설의 인간관의 전체적인 모습을 다 고찰할 수 없다. 후설의 인간관에 대한 보다 더 상세한 논의는 졸저, 《현상학과 해석학》, 서울: 서울대학교 출판부, 2004 참조. 이 글은 후설의 인간관과 관련해 이 책에서 논의된 내용 중에서 중요하다고 생각되는 몇 가지 점만을 발췌해서 정리했다.

주의 철학이다. 실증주의란 특정한 실증과학을 여타의 모든 학의 철학적 토대로 간주하면서 특정한 실증 과학에서만 통용될 수 있는 방법을 다른 학문 분야에까지도 확장시켜 적용할 수 있으리라고 생각하는 철학적 입장을 포괄하는 개념이다. 실증주의의 가장 전형적인 예는 물리주의적 실증주의이다. 물리주의적 실증주의는 르네상스 시대 이래 비약적으로 발전한 수리물리학의 성과에 자극받고 고무되어 수리물리학적 방법만이 모든 학문의 참된 유일한 방법이 될 수 있으리라고 생각하는 철학적 입장을 말한다. 이러한 물리주의적 실증주의의 대표적인 예는 20세기 초에 등장한 논리실증주의인데 논리실증주의는 모든 학문을 하나의 방법에 의해 통일할 수 있으리라고 생각하면서 통일 과학의 이념을 추구하였다. 논리실증주의는 통일 과학의 이념을 추구하면서 수리물리학을 모범으로 삼아 모든 경험 과학을 수리물리학적 방법을 사용해 정초하고자 시도하였다.

후설에 의하면 물리주의적 실증주의는 여러 가지 심각한 문제점을 지니고 있다. 이 점을 살펴보기 위해서 우리는 어떤 학문이 다루는 사태와 그 학문이 사용해야 하는 방법의 관계에 대해 후설이 피력하는 견해를 살펴볼 필요가 있다. 후설에 의하면 그 어떤 학문도 자신의 탐구 방법을 다른 학문 분야로부터 임의로 차용해서는 안 되며 오직 그것이 다루고자 하는 사태 자체의 본성에 기초해 자신의 연구 방법을 개발해야 한다. 말하자면 그는 어떤 학문이 사용하는 방법은 그 학문이 다루고자 하는 사태의 본성과 밀접히 연결되어 있다는 견해를 피력하고 있다. 따라서 후설에 의하면 수리물리학이 르네상스 시대 이래 현대에 이르기까지 비약적인 발전을 거듭하면서 커다란 성공을 거두었다고 하더라도 그 어떤 학문도 아무런 반성 없이 수리물리학적 방법을 함부로 사용하려고 해서는 안 된다. 수리물리학이 수리물리학적 방법을 사용해서 커다란 성공을 거둔 것은 수리물리학이 다루는 사태인 물리적 자연이 그 본성상 수리물리학적 방법을 통해 잘 파악될 수 있기 때문이지 수리물리학적 방법이 만병통치약과 같은 효력을 가지고 있어서가 아니기 때문이다. 비록 수리물리학적 방법이 물리적 자연을 탐구함에 있어서는 커다란 위력을 가지고 있을지라도 그것이 물리적 자연 이외의 여타의 사태, 예를 들면 사회, 문화, 역사 등을 파악하기 위해 무비판적으로 사용될 경우 그것은 결정적인 한계를 지닐 수도 있는 것이다. 물리주의적 실증주의의 결정적인 문제점은 사회, 문화, 역사, 예술, 종교, 본질, 의식 등 그 존재 및 인식 구조에서 서로 구별되는 다양한 사태 영역이 존재한다는 사실을 망각한 채 물리적 자연이라는 특정한 사태 영영에만 타당한 존재 및 인식원리를 일반화시켜 다른 영역에도 무차별적으로 적용할 수 있으리라고 생각한 데 있다.

이처럼 커다란 문제점을 지니고 있는 물리주의적 실증주의 역시 그것이 일종의 철학적 입장인 한 그것은 명시적이든 암묵적이든 나름의 고유한 인간관을 피력하고 있다. 후설에 의하면 실증주의는 인간을 단순히 "사실인(Tatsachenmenschen)"으로 간주한다. 이 경우 "사실인"이란 수리물리학적 방법 혹은 이와 유사한 방법을 사용해 전개되는 실증과학이 탐구 대상으로 삼는 인간을 의미한다. 물론 이러한 사실인은 실증 과학의 분야가 다름에 따라 다양한 모습을 보일 수 있으며, 그에 따라 다양한 유형의 사실인이 존재할 수 있다. 그 가장 전형적인 예는 현대 생물학과 현대 의학 등 자연과학이 탐구 대상으로 삼는 인간이다. 그러나 자연과학이 탐구 대상으로 삼는 인간만이 사실인인 것은 아니다. 사회과학이 탐구 대상으로 삼는 인간 역시 경우에 따라서 사실인이 될 수도 있다. 우리는 그 가장 전형적인 예로서 수리물리학적 방법과 유사한 방법을 사용해 전개되는 수리경제학이 탐구 대상으로 삼는 인간을 들 수 있다. 잘 알려져 있듯이 수리경제학은 "합리적인 경제인"이라는 가정에서 출발해 다양한 유형의 경제현상을 수리물리학적 방법과 유사한 방법을 동원해 연구하는데, 수리경제학이 가정하는 합리적 경제인은 후설이 말하는 사실인의 대표적인 예라 할 수 있다.

사실인은 현실세계에서 구체적으로 살아가는 인간이라기보다는 실증과학의 목표에 따라 일정한 방향으로 추상화되고 재단된 인간이라 할 수 있다. 사실인은 현실세계에서 살아가고 있는 구체적인 인간을 구성하는 요소이며 그러한 한에서 후설이 사실인에 대한 연구가 인류의 삶에 대해 지닐 수 있는 의의를 조금도 부정하는 것은 아니다. 후설이 문제 삼고 있는 것은 사실인을 절대화하면서 현실적인 인간을 사실인으로 대체하고자 시도하는 실증주의적인 시도라 할 수 있다. 이러한 실증주의적 시도와 관련해 우리는 다음의 두 가지 사실을 지적하고자 한다.

첫째, 물리주의적 실증주의에 의하면 인간의 여러 가지 영혼 활동 중에서 존재하는 것과 관련해 진리 발견을 가능하게 해줄 수 있는 활동은 감각적 경험에 토대를 둔 추론을 핵심 내용으로 하는 자연과학적 이성이다. 따라서 진리의 발견이라는 관점에서 볼 때 자연과학적 이성이 인간의 본질적 속성으로 규정될 수 있다면 여타의 영혼 활동은 인간의 비본질적 속성으로 규정될 수 있다. 이 경우 자연과학적 이성은 자연지배라는 목적을 달성하기 위한 수단을 고려할 수 있는 능력을 의미이며, 이러한 이유에서 자연과학적 이성은 넓은 의미의 도구적 이성을 의미하기 때문에 사실인은 경우에 따라 도구적 이성의 주체로 규정될 수 있다. 도구적 이성의 주체로서의 사실인의 대표적인 예는 앞서 지적한 합리적인 경제인이다. 합리적 경제인은 효용극대화라는 목표를 달성하기 위한 수단을 고려할 수 있는 도구적 이성의 주체이다.

둘째, 물리주의적 실증주의에 의하면 실증과학의 탐구 대상으로 파악되는 한 인간은 물리적 자연의 일부가 되며, 따라서 인간은 물리적 자연 안에서 존재하는 여타의 모든 대상과 마찬가지로 자연적 인과관계의 틀 속에서 존재한다. 따라서 물리적 자연 속에 존재하는 모든 대상과 마찬가지로 인간 역시 자연과학적 방법을 통해 남김없이 파악될 수 있다. 인간에게 자연과학적 방법을 통해서 파악될 수 없는, 자연적 인과관계의 틀을 벗어나는 영역은 존재하지 않는다.

3. 다양한 유형의 영혼 활동의 주체로서의 인간

후설은 바로 이러한 물리주의적 실증주의의 인간관을 비판하면서 자신의 인간관을 전개해나가고 있다. 우선 후설은 물리주의적 실증주의가 주장하는 것과는 달리 인간의 다양한 영혼 활동 중에서 핵심적이며 본질적인 요소를 자연과학적 이성으로 간주하지 않는다. 그렇다고 해서 그가 자연과학적 이성의 의의를 부정하는 것은 아니다. 우리는 자연과학적 이성이 없이는 자연이 무엇인지 파악할 수 없으며 자연 파악이 인간의 삶을 위해 필수적인 요소인 한 자연과학적 이성은 인간의 삶을 위해서 중요한 의미를 지닌다. 이러한 점에서 자연과학적 이성을 계발하기 위해 인류가 최선의 노력을 기울이는 것은 극히 정당한 일이라 할 수 있다. 후설은 자연과학적 이성이 인류의 삶을 위해 지니는 의의를 철두철미 인정한다.

여기서 우리는 물리주의적 실증주의에 대한 후설의 비판이 정확히 무엇을 의미하는지 이해할 필요가 있다. 그가 물리주의적 실증주의를 비판할 경우 그는 결코 자연과학적 이성을 토대로 전개되는 자연과학 자체를 비판하는 것이 아니다. 우리는 실증주의에 대한 후설의 비판을 실증적 자연과학에 대한 비판으로 오해해서는 안 된다. 이 점과 관련해 우리는 실증주의에 대한 비판과 실증적 자연과학에 대한 비판이 동일한 것이 아니라는 사실에 유의해야 할 필요가 있다. 실증주의란 다양한 철학적 입장 중의 하나, 즉 실증적 자연과학적 방법만이 진리를 파악할 수 있는 유일한 방법이라고 간주하는 "철학적" 입장을 말하며, 따라서 그것이 자연과학과 동일한 것은 아니기 때문이다. 이처럼 실증주의가 일종의 철학적 입장이기 때문에 모든 자연과학자가 실증주의자인 것은 아니다. 어떤 자연과학자는 철학적 입장 중의 하나인 실증주의를 옹호할 수도 있고 어떤 자연과학자는 그에 대해 비판적인 입장을 취할 수도 있다. 어떤 자연과학자가 실증주의자인가 아닌가 하는 점은 전적으로 그의 개인적인 문제라 할 수 있다.

후설은 자연파악에 있어 자연과학적 이성이 지니고 있는 그 무엇에도 양도할 수 없는 고유한 권리를 철저히 인정하면서 자연과학 자체의 의의에 대해 일말의 회의도 표명하지 않는다. 이러한 점에서 그는 결코 자연과학 자체를 비판하는 것이 아니다. 그럼에도 불구하고 그는 실증주의를 비판하며 그 중에서도 자연과학적 이성이 인간의 여러 가지 영혼 활동 중에서 핵심적이며 본질적인 요소라는 실증주의적인 입장에 대해 비판적인 태도를 취한다. 이 점과 관련해 그는 다음과 같이 서로 연결되어 있는 두 가지 사실을 주장하고 있다.

첫째, 자연과학적 이성은 물리적 자연을 파악함에 있어서만 고유한 권리를 지니고 있을 뿐이며 따라서 그 누구도 자연과학적 이성이 물리적 자연 이외의 여타의 사태 영역을 그 사태의 본성에 적합하게 파악할 수 있는 수단이 될 수 있으리라고 주장해서는 안 된다. 앞서도 지적했듯이 자연과학적 이성이 물리적 자연을 파악할 수 있는 적절한 방법인 이유는 물리적 자연이라는 사태가 본성상 자연과학적 이성을 통해 잘 파악될 수 있는 성질을 지녔기 때문이다. 이 점과 관련해 우리는 후설이 어떤 사태를 파악하기 위한 방법은 그 사태의 본성과 필연적인 관계를 가지고 있다고 말하면서 "사태"와 그를 파악하기 위한 "방법" 사이에 놓인 필연적인 연관성을 강조하고 있다는 사실을 다시 한번 떠올릴 필요가 있다. 이러한 후설의 견해에 의하면 물리적 자연 이외의 여타의 사태 영역들을 파악하기 위해서 자연과학적 이성을 사용하게 될 경우 이러한 다른 사태들이 사태의 본성에 적합하게 파악되리라는 보장이 없다.

둘째, 이처럼 사태와 그를 파악하기 위한 방법 사이에 필연적인 연관이 존재한다는 사실은 자연과학적 이성으로 환원될 수 없는 다양한 유형의 이성이 존재함을 함축한다. 자연과학적 이성으로 환원될 수 없는 이론이성의 예를 몇 가지 들자면 역사적 대상을 파악할 수 있는 능력인 역사이성, 정치적 대상을 파악할 수 있는 능력인 정치적 이성, 본질 구조를 파악할 수 있는 능력인 본질직관능력, 반성을 통해 의식의 구조를 파악할 수 있는 반성적 의식 등을 들 수 있다. 이처럼 다양한 유형의 이성은 자연과학적 이성으로 환원될 수 없는 나름의 고유한 권리를 지니고 있다. 그뿐 아니라 인간은 다양한 유형의 이성 이외에도 감각적 감정, 기분, 본능, 충동 등 발생적 관점에서 볼 때 아직 이성의 단계로 진입하지 못한 다양한 유형의 선이성적 영혼 활동도 지니고 있는데 이러한 다양한 유형의 영혼 활동 역시 인간의 삶을 위해 그 어떤 다른 유형의 영혼 활동으로 환원될 수 없는 고유한 권리를 지니고 있다.

실증주의적 인간관을 비판하면서 후설은 이처럼 다양한 유형의 영혼 활동이 자신에게 주어진 고유한 권리를 지니고 있다는 사실을 강조하는 데서 만족하지 않는다. 물리주의적 실증주의는 인간의 삶에서 가장 중요한 요소를 자연과학적 이성으로 간주한다. 그러나 후설은 도구적 관점에서 볼 때 자연과학적 이성이 가장 중요한 의미를 지닐 수 있음에도 불구하고 다른 관점에서 보면 자연과학적 이성보다도 여타의 유형의 이성이 더 중요하다는 견해를 피력하고 있다. 예를 들면 그는 책임의식이 있는 삶을 살아감이라는 관점에서 볼 때 반성적 자기의식이 자연과학적 이성뿐 아니라 여타의 영혼 활동에 대해 절대적인 위위를 지니고 있다는 사실을 강조한다. 반성적 자기의식이 있어야만 인식 행위를 비롯한 자신의 삶 전체를 반성적으로 돌아보면서 책임감 있는 삶을 살아갈 수 있기 때문이다. 그뿐 아니라 그는 현대에 접어들면서 인류가 처한 일대 위기를 극복하기 위해서는 인간이 인간으로서 지니고 있는 근원적인 가치가 존재한다는 사실을 포착해야 할 필요가 있으며 이러한 점에서 가치론적 이성이 여타의 이성에 비해 결정적으로 중요한 의미를 지니고 있다는 사실을 강조하기도 한다. 이러한 관점에서 보자면 도구주의적 이성의 주체인 합리적 경제인은 가치론적 이성이 뒷받침되지 않을 경우 가장 비이성적이며 불행한 삶을 살아갈 수도 있는 것이다.

인간은 이처럼 자연과학적 이성 이외에도 다양한 유형의 이성 및 영혼 활동을 지니며 이러한 다양한 유형의 이성 및 영혼 활동이 자연과학적 이성으로 환원될 수 없는 고유한 권리를 지닌다는 견해는 실증주의적 인간관과는 구별되는 후설의 인간관의 중요한 특징이라 할 수 있다. 그러나 이러한 견해가 후설의 인간관의 유일한 측면은 아니다. 후설의 인간관을 조금 더 포괄적으로 이해하기 위해서 우리는 실증주의적 인간관에 대한 후설의 비판이 지닌 또 하나의 측면을 살펴볼 필요가 있다. 앞서 우리는 물리주의적 실증주의에 의하면 인간은 물리적 자연의 일부이며 따라서 인간은 물리적 자연 안에서 존재하는 여타의 모든 대상과 마찬가지로 자연적 인과관계의 틀 속에서 존재한다는 사실을 지적하였는데, 이러한 실증주의적 인간관에 대한 후설의 비판을 살펴보면서 후설의 인간관의 또 다른 측면을 살펴보자.

4. 지향성의 주체로서의 인간

후설에 의하면 실증주의가 인간을 물리적 대상과 마찬가지로 물리적 자연을 구성하는 하나의 요소에 불과하며 그러한 한에서 인간을 자연적 인과관계의 틀 속에서 존재하는 존재자의 하나로서만 파악할 수밖에 없었던 이유는 다양한 유형의 영혼 활동이 지향성을 지니고 있다는 사실을 포착하지 못하였기 때문이다. 후설에 의하면 인간의 영혼 활동의 본질적 속성은 그것이 지향성을 지니고 있다는 사실에 있는데 실증주의는 바로 영혼 활동이 지닌 이러한 본질적 속성을 간과했던 것이다. 그러면 이제 영혼 활동의 본질적 속성인 지향성이 무엇을 의미하는지 살펴보면서 후설의 인간관의 또 다른 측면을 살펴보자.

영혼 활동의 본질적 속성인 지향성은 모든 영혼 활동이 "넓은 의미에서 대상적인 것을 향하면서 그것과 맺고 있는 관계"를 의미한다. 예를 들면 내가 어떤 길가를 걸어가면서 그 길가에 서 있는 어떤 나무를 지각할 경우 나의 영혼 활동은 "그 어떤 나무를 향하면서 그것과 지각적인 관계"를 맺고 있는데 이처럼 영혼 활동이 그 어떤 나무를 향하면서 그것과 맺고 있는 지각적인 관계가 지향성이다. 내가 거실에서 들려오는 어떤 선율을 들으면서 그 선율을 즐길 경우 나의 영혼 활동은 "선율을 향하면서 그것과 즐김이라는 관계"를 맺고 있는데 이러한 관계 역시 지향성이다. 내가 어떤 사람을 좋아하거나 싫어할 경우 나의 영혼 활동은 "그 사람을 향하면서 그 사람에 대해 사랑하는 관계 혹은 미워하는 관계"를 가지고 있는데 이러한 관계 역시 지향성이다. 내가 수학 시간에 "2 더하기 3은 5다"라고 생각할 경우 나의 영혼 활동은 "2 더하기 3은 5다"라는 사실을 생각하면서 그것과 관계를 맺고 있는데 이러한 관계 역시 지향성이다. 내가 논리학 시간에 "모든 A가 B이고 모든 B가 C이면 모든 A는 C이다"라고 추론할 경우 나의 영혼 활동은 "모든 A가 B이고 모든 B가 C이면 모든 A는 C이다"라는 사실을 향하면서 그러한 사실과 관계를 맺고 있는데 이러한 관계 역시 지향성이다. 내가 점심시간이 가까워서 허기를 느끼면서 무엇인가를 먹고 싶다는 생각이 들 때 나의 영혼 활동은 허기를 채워줄 수 있는 그 무엇을 향하면서 그것과 관계를 맺고 있는데 이러한 관계 역시 지향성이다. 두말할 것도 없이 우리는 이러한 예 이외에도 지향성의 예를 무수히 많이 제시할 수 있다. 실제로 우리가 아침에 일어나서 저녁에 잠들 때까지 우리의 영혼 활동은 무수히 많은 대상을 향하면서 그들과 지향적 관계를 맺고 있다. 심지어 우리가 잠들어 있어 우리의 영혼이 의식적인 활동을 하지 않을 경우에도 우리의 영혼은 대상을 향하면서 그것과 지향적인 관계를 맺을 수 있다. 예를 들어 내가 잠자면서 실내 기온이 너무 높아 덮고 있던 이불을 차버릴 경우 나의 영혼 활동은 "너무 덥게 느껴지는 방"을 향하면서 그것과 나름대로 지향적 관계를 맺고 있다고 할 수 있다.

물론 실증주의자 역시 영혼 활동이 지향성을 지니고 있다는 사실을 인정하면서 그에 대해 나름대로 탐구할 수 있음은 두 말할 필요도 없다. 예를 들면 그는 지향성이란 물리적 자연을 구성하는 한 가지 요소에 불과하며 그러한 한에서 그것은 자연과학적 인과관계의 지배를 받고 있는 여타의 물리적 대상과 마찬가지로 자연과학적 이성을 통해 남김없이 파악될 수 있으리라고 생각하면서 지향성을 탐구할 것이다. 그러나 지향성에 대한 실증주의자의 이러한 견해는 커다란 한계를 지니고 있다. 지향성에 대한 이러한 견해는 지향성이 무엇을 의미하는지 정확하게 파악하지 못한 데에서 유래한 것에 불과하다. 이러한 견해를 피력하면서 실증주의자는 영혼 활동이 대상을 향하고 있는 관계인 지향성을 암암리에 영혼 활동과 외계 대상 사이에 존재하는 자연적 인과관계와 동일한 것으로 간주하고 있는 것이다. 말하자면 그는 지향성이란 세계에 존재하는 어떤 물리적 사건을 원인으로 하여 우리의 두뇌 속에서 발생한 하나의 결과에 불과하며, 따라서 외계대상에서 출발해 우리의 두뇌에 이르게 되는 일련의 자연적 인과관계를 해명하면 지향성의 정체가 해명될 것이라고 생각하고 있는 것이다. 그러나 그가 이처럼 생각하게 된 이유는 그가 비록 심리현상이 지니고 있는 지향적 관계 역시 우리의 의식과 대상 사이에 존재하는 일종의 관계를 의미하긴 하지만, 지향적 관계는 자연적 인과관계와는 전혀 다른 것이라는 사실을 깨닫지 못하고 있기 때문이다.

지향성에 대한 실증주의자의 이해가 지닌 한계를 살펴보기 위해서 우리는 자연적 인과관계와 지향적 관계의 차이를 분명히 파악할 필요가 있다. 자연적 인과관계의 경우 인과관계의 두 항인 원인과 결과는 모두 현실세계에 존재하는 것이라야 한다. 현실세계에 존재하는 그 어떤 사건만이 현실세계에 존재하는 그 어떤 다른 사건의 원인 혹은 결과가 될 수 있다. 예를 들면 내 책상 위에 있는 하나의 구슬이 움직이는 사건은 다른 구슬이 움직이는 사건의 원인이 될 수도 있고 결과가 될 수도 있다. 자연적 인과관계라는 관점에서 보자면 현실세계 이외의 세계, 예를 들면 수학적 세계 혹은 상상의 세계 속에 존재하는 사실 혹은 사건은 결코 현실 세계 속에 존재하는 사건의 원인도 결과도 될 수 없다. 예를 들면 "2 더하기 3은 5다"라는 사실, "백설공주가 일곱 난쟁이를 만났다"는 사실 등은 결코 내 책상 위에 있는 구슬이 움직이는 사건의 원인도 될 수 없고 결과도 될 수 없는 것이다.

그러나 지향적 관계의 경우는 사정이 전혀 다르다. 지향적 관계의 경우 물론 지향성을 지닌 영혼 활동이, 현실적인 이 세계에 존재하는 하나의 사건임에도 불구하고, 그것이 관계를 맺고 있는 대상, 다시 말해 그것이 지향하는 대상이 꼭 현실세계에 존재하는 대상이어야 할 필요는 없다. 우리의 영혼 활동은 이 책상, 저 의자 등 수없이 많은 현실적인 대상들뿐 아니라 수학의 세계 속에 존재하는 2, 3, 5 등의 수학적 대상, 상상의 세계 속에 존재하는 백설공주, 일곱 난쟁이 등과도 지향적 관계를 맺을 수 있다. 나는 2, 3, 5, 등의 수학적 대상에 대해 생각할 수 있으며 백설공주, 일곱 난쟁이 등을 떠올리면서 그에 대해 생각할 수 있다. 이 경우 이러한 다양한 대상들이 나의 영혼 활동에 대해 자연적 인과관계라는 관점에서 볼 때 원인의 역할을 하거나 결과의 역할을 하는 것이 아님은 두말할 필요도 없다.

이처럼 자연적 인과관계와 지향적 관계는 그 근본성격이 다르며, 따라서 우리는 양자를 혼동하지 않도록 하여야 한다. 그런데 실제로 이 양자를 혼동할 수 있는 위험은 늘 존재한다. 무엇보다도 어떤 영혼 활동의 지향적 대상이 실재하는 대상일 경우 우리는 i) 영혼 활동과 실재하는 대상 사이에 존재하는 자연적 인과관계와 ii) 영혼 활동과 그의 지향적 대상 사이에 존재하는 지향적 관계가 동일한 관계라고 생각하기 쉽다. 예를 들어 내가 내 앞에 있는 책상을 지각하는 경우를 살펴보자. 이 경우 나의 영혼 활동과 이 책상 사이에는 자연적 인과관계뿐 아니라, 지향적 관계도 존재한다. 그러나 이 경우 우리는 i) 나의 영혼 활동과 이 책상 사이에 존재하는 자연적 인과관계와 ii) 나의 영혼 활동이 이 책상과 맺고 있는 지향적 관계를 명료히 구별하여야 할 필요가 있다. 나의 영혼 활동과 책상 사이에 존재하는 자연적 인과관계는 엄밀히 말해서 하나의 자연적 대상으로서의 책상과 또 다른 자연적 대상인 나의 영혼 활동 사이에 존재하는 관계이며, 이러한 관계는 원칙적으로 자연과학적 방법을 통하여 해명될 수 있다. 그러나 나의 영혼 활동과 책상 사이에 존재하는 지향적 관계는 i) 대상을 어떤 의미를 지닌 대상으로 파악할 수 있는 능력이 있는 영혼 활동과 ii) 바로 그러한 의미를 지닌 것으로 파악된 대상 사이에 존재하는, 의미를 매개로 하여 이루어진 관계이며, 따라서 지향적 관계의 본질적 구조는 자연과학이 아무리 발달한다 하여도 자연과학적 방법을 통해서는 파악될 수 없다.

이러한 예를 통해서 알 수 있듯이 영혼 활동과 실재하는 대상 사이에 존재하는 자연적 인과관계와 지향적 관계는 서로 엄밀히 구별된다. 현실적인 세계 속에 존재하는 동일한 영혼 활동, 동일한 대상이라고 하더라도 자연과학적 인과관계의 한 항으로 파악되느냐, 지향적 관계의 한 항으로 파악되느냐에 따라 전혀 다른 영혼 활동, 전혀 다른 대상이 되는 것이다. 영혼 활동과 대상이 자연적 인과관계에서 파악될 경우 유일한 관심사는 영혼 활동과 대상이 지닌 물리적, 화학적인 여러 가지 속성을 해명하는 일이며, 반대로 그것들이 지향적인 관계에서 파악될 경우 유일한 관심사는 영혼 활동과 대상이 의미를 매개로 하여 어떻게 연결되어 있는지 하는 점을 해명하는 일이다. 바로 여기서 영혼 활동과 수학적 세계 및 상상의 세계에 존재하는 대상 사이에는 비록 자연적 인과관계는 존재하지 않을지라도, 지향적 관계는 존재할 수 있는 이유가 밝혀지는데, 그 이유는 바로 수학적 세계 및 상상의 세계에 존재하는 대상은 비록 그것이 물리적·화학적 속성은 지니고 있지는 않지만 의미는 지니고 있기 때문이다.

지향성에 대한 지금까지의 논의를 토대로 우리는 후설의 인간관이 지닌 또 하나의 측면을 이해할 수 있다. 인간이란 자연적 인과관계의 틀 속에서 존재하며 따라서 자연과학적 방법을 통해 그 정체가 완전히 드러날 수 있는 존재자가 아니다. 그 이유는 인간의 영혼 활동의 본성인 지향성은 자연적 인과관계의 틀을 벗어나 있으며 자연과학적 방법으로는 그 정체가 드러날 수 없기 때문이다. 인간은 자연적 인과관계로 환원될 수 없는 지향성의 주체이다.

5. 의미로서의 대상 및 세계를 구성하는 초월론적 주관으로서의 인간

그러나 영혼 활동이 그것이 지향하고 있는 대상과 단순히 지향적인 관계를 맺고 있는 것만은 아니다. 영혼 활동은 다양한 유형의 지향성을 매개로 이미 앞서 주어진 의미로서의 대상 및 세계를 토대로 더 높은 단계의 의미로서의 대상 및 세계를 구성하는 능력을 지니고 있다. 말하자면 영혼 활동은 다양한 유형의 지향성을 매개로 실제로 우리에게 주어진 의미로서의 대상 및 세계보다 더 많은 의미로서의 대상 및 세계를 사념할 수 있는 능력이 있는데 후설은 이처럼 앞서 주어진 대상 및 세계보다 더 많이 사념할 수 있는 영혼 활동의 능력을 "구성"이라고 부른다. 두말할 것도 없이 이 경우 구성은 자동차 제작자가 자동차를 만들어내듯이 영혼 활동이 대상을 만들어내는 과정을 의미하는 것이 아니라, 이미 앞서 주어진 어떤 의미를 지닌 대상 및 세계를 토대로 더 높은 단계의 의미를 지닌 대상 및 세계를 생각해나가는 과정을 뜻한다. 그러면 이제 가장 단순한 유형의 구성이라 할 수 있는 외적지각을 예로 들어 구성이 구체적으로 무엇을 의미하는지 살펴보자.

전면은 붉은 색으로 칠해져 있고 후면은 노란색으로 칠해져 있는 커다란 공에 대한 지각이 이루어지며 이 지각의 맨 처음 단계에서(t_0) 공의 빨간 면이 우리에게 지각되었고 공이 서서히 돌아가면서 다음 순간(t_1)에 공의 노란 면이 지각되기 시작했다고 가정하자. 이 공의 노란 면이 지각되기 시작한 이 순간(t_1), 이 공은 일차적으로 "전면이 부분적으로 붉고 부분적으로 노란 사물"이라는 의미를 지닌 대상으로 우리에게 지각될 것이다. 그러나 이 순간 우리가 확인할 수 있는 것은 "전면이 부분적으로 붉고 부분적으로 노란 사물"로서의 공뿐만은 아니다. 물론 이 단계의 지각에서 이 공이 우리에게 일차적으로 "전면이 붉고 부분적으로 노란 사물"로 지각되는 것은 사실이다. 그러나 반성해보면 우리는 이 순간 이 공이 그러한 한계를 넘어서 이미 "한 면은 붉고 다른 한 면은 부분적으로 노랗고 부분적으로 비규정적인 사물"로 지각되면서 직접적으로 주어진 의미보다 더 많은 의미를 지니고 있는 대상으로 지각되고 있음을 알 수 있다. 지향 체험으로서의 외부지각은 이처럼 실제 주어진 것보다 "더 많이 사념함"이라는 특징을 가지고 있다. 이는 지각의 지향성이 과거에서 이미 주어진 의미와 현재 주어진 의미를 종합하면서 더 높은 단계의 새로운 의미를 지향하면서 파악하기 때문에 가능하다. 이처럼 외부지각에서 확인할 수 있는 바, 실제 주어진 것보다 더 많이 사념하는 의식의 작용, 혹은 더 높은 단계의 새로운 의미를 지향하면서 파악하는 작용이 다름아닌 구성 작용이다.

그런데 자세히 고찰해보면 이러한 구성 작용은 비단 외부지각이라는 영혼 활동에만 국한된 것이 아니고 모든 유형의 영혼 활동이 가지고 있는 본질적인 특성이다. 실제로 우리는 의식의 장에서 다양한 유형의 구성 작용을 확인할 수 있는데 이러한 다양한 유형의 구성 작용은 그 구조에 있어 서로 엄밀히 구별된다. 이제 외부지각이라는 구성 작용과는 구별되는 또 다른 유형의 구성 작용을 몇 가지 검토해보자.

우리는 종종 어떤 사진을 보고 그 사진 속에 들어 있는 사람이 누구인가를 지각하는 경우가 있는데, 이러한 사진지각 작용 역시 "더 많이 사념함" 속에서 나름대로의 새로운 대상적 의미를 파악하는 일종의 구성 작용이다. 예를 들어 내가 어떤 사진을 보고 그 사진이 어릴 때 함께 놀던 옛친구의 모습을 담고 있다는 사실을 깨닫게 되었다고 가정해보자. 이 경우 나에게 일차적이며 직접적으로 주어지는 것은 어떤 색을 지닌 종이라고 하는 물리적 대상으로서의 사진이지만, 나는 이 사진을 단순한 물리적 대상으로서가 아니라, 어릴 때 함께 놀던 옛친구를 담고 있는 사진으로 지각한다. 이처럼 사진지각은 일차적이며 직접적으로 주어진 것보다 더 많이 사념함이라는 특성을 지니며, 그러한 한에서 그것은 일종의 구성 작용이라고 할 수 있다. 그런데 이 사진을 어떤 색을 지닌 종이라는 물리적 대상으로 파악하는 과정 역시 외부지각이라는 구성 작용이요, 따라서 본래적인 의미의 사진지각 작용은 외부지각이라는 구성 작용에 기초한 보다 더 복잡한 유형의 구성 작용이라 할 수 있다.

우리는 일상적으로 타인과 더불어 살아가면서 타인의 언어적 표현 혹은 신체적 표현 등을 매개로 타인의 심리상태를 경험하는데, 이러한 타인경험 역시 구성 작용의 일종이며, 타인경험이라는 구성 작용은 외부지각이나 사진지각과는 또 다른 지향적 구조를 보인다. 예를 들어 내가 타인의 신체적 표현, 예를 들면 그의 신체의 일부에 있는 큰 상처를 보고 그가 고통을 경험하고 있으리라는 사실을 이해할 경우를 생각해보자. 이 경우 타인의 신체적 표현을 보면서 나의 의식은 단지 그의 신체적 표현만을 향해 있는 것이 아니라, 그것을 토대로 하여 그것을 초월하여 타인의 심리상태를 파악하고 있기 때문에 타인경험 역시 일종의 구성 작용이다.

그러나 타인경험이라는 구성 작용은 앞서 살펴본 외부지각과 사진지각과는 다른 유형의 구성 작용이다. 우선 타인경험은 외부지각과는 달리 타인의 신체적 표현에 대한 지각에 기초한 작용이며, 그러한 한에서 그것은 후자보다 더 복잡한 구조를 지니고 있다. 타인의 신체적 표현에 대한 지각 역시 일종의 구성 작용이기 때문에, 타인의 심리상태에 대한 경험은 이미 수행된 또 다른 구성 작용에 토대를 둔 구성 작용이라고 할 수 있으며, 그러한 한에서 그것은 사진지각과 유사한 구조를 가지고 있다고 할 수 있다. 그러나 타인경험이라는 구성 작용이 사진지각이라는 구성 작용과 동일한 구조를 가지고 있는 것은 아니다. 양자 사이에 존재하는 무엇보다도 분명한 차이점은 사진지각의 대상인바, 사진 속에 있는 사람이 현재는 나에게 직접적으로 지각될 수 없지만 많은 경우 원칙적으로 나에게 생생하게 지각 가능한 반면, 타인의 심리 상태는 타인에게만 생생하게 지각 가능하지, 나에게는 생생하게 지각될 수 있는 가능성이 원칙적으로 차단되어 있다는데 있다.

    그런데 이러한 구성 작용은 비단 우리가 살펴본 외부지각 작용, 사진지각 작용, 타인의 심리 상태에 대한 이해 작용에만 국한된 것은 아니다. 우리의 삶의 어느 한 순간을 살펴보아도 우리는 우리에게 직접적으로 주어진 것만을 존재하는 것이라고 생각하지 않고 그것을 초월하여 그보다 더 많은 것을 사념하면서 새로운 의미를 파악할 수 있는데, 바로 이처럼 직접적으로 주어진 것을 초월하여 새로운 의미를 파악하는 작용이 바로 구성 작용이다. 이렇게 본다면 우리의 영혼의 삶은 부단히 다양한 유형의 구성 작용을 수행하고 있다고 할 수 있다. 실제로 우리의 영혼의 삶을 돌이켜 보면 우리는 아침에 일어나서 잠들 때까지, 심지어는 잠들어 있을 때에도 우리의 영혼 활동이 부단히 다양한 유형의 구성 작용을 수행하고 있음을 확인할 수 있다.

이처럼 우리는 의식의 장에 그 본질적인 구조에서 볼 때 서로 구별되는 다양한 유형의 구성 작용이 존재함을 확인할 수 있다. 그런데 이러한 다양한 유형의 구성 작용의 특징은 그러한 작용을 통하여 그 어떤 대상이 지금까지 그것이 우리에게 지녀왔던 의미를 넘어서 새로운 의미를 지닌 대상으로 경험될 수 있다는 데 있다. 예를 들면 사진지각이라는 구성 작용이 수행되었을 경우 우리에게는 단순히 외적지각의 대상이라는 의미를 지닌 사진만이 경험되는 것이 아니라, 그보다 더 높은 단계의 의미, 예를 들면 어릴 때 내 친구의 모습을 담고 있는 것이라는 의미를 지닌 대상으로서의 사진이 경험된다. 이러한 점에서 구성 작용이란 그를 통하여 우리의 영혼 활동이 이미 앞서 주어진 낮은 단계의 대상적 의미로부터 더 높은 단계의 대상적 의미를 향해 초월해가는 과정이라 할 수 있다.

지금까지의 논의를 토대로 우리는 후설의 인간관의 또 다른 측면을 이해할 수 있다. 인간은 다양한 유형의 지향성을 토대로 부단히 구성 작용을 수행하는 구성의 주체이다. 그런데 방금 전에 지적했듯이 이러한 구성의 주체는 이미 앞서 주어진 낮은 단계의 대상적 의미로부터 더 높은 단계의 대상적 의미를 향해 초월해가는 주체, 다시 말해 초월적 기능을 지니고 있는 주체이며 바로 이러한 이유에서 후설은 초월적 구성의 주체를 초월론적 주관이라 부른다. 이처럼 인간은 다양한 유형의 초월론적 기능을 매개로 하여 다양한 유형의 의미로서의 대상을 구성하는 초월론적 주관이다. 그런데 우리가 경험할 수 있는 의미를 지닌 다양한 대상의 총체가 다름아닌 현상학적 의미의 세계이기 때문에, 초월론적 주관으로서의 인간은 궁극적으로 이러한 의미를 지닌 다양한 대상의 총체로서의 세계, 다시 말해 우리가 경험할 수 있는 의미의 총체로서의 세계의 구성 근거라 할 수 있다.

6. 후설의 현상학적 인간관의 특징

지금까지 우리는 후설의 인간관의 몇 가지 측면을 살펴보았다. 그러면 이제 지금까지 살펴본 후설의 인간관의 특징을 정리해보고 지금까지의 논의가 지닌 한계를 언급하면서 이 글의 전체적인 논의를 마무리 짓기로 하자.

앞서도 누누이 강조했듯이 후설의 인간관의 특징은 물리주의적 실증주의의 인간관의 한계를 비판하면서 전개되고 있다. 물리주의적 실증주의가 피력하는 인간관은 기본적으로 일차원적이다. 우선 물리주의적 실증주의는 인간을 본질적으로 자연과학적 이성의 주체로 상정하고 여타의 영혼 활동을 인간의 비본질적 요소로 간주하며 더 나아가 인간 및 인간의 영혼 활동 전체가 물리적 자연 속에 들어 있는 여타의 물리적 대상과 마찬가지로 자연과학적 이성을 통해 남김없이 파악될 수 있으리라고 생각한다.

후설의 인간관은 이러한 실증주의적 인간관과 대척적인 지점에 위치하고 있다. 후설의 인간관은 물리주의적 실증주의의 인간관과는 달리 일차원적이지 않다. 앞서도 지적했듯이 후설은 인간을 다양한 유형의 영혼 활동을 지니고 있는 주체로 간주하고 더 나아가 이처럼 다양한 영혼 활동들 각각은 인간의 인식 및 삶 전반에 있어 나름의 고유한 의미 및 권리를 지니고 있다는 사실을 강조하고 있다. 그리고 물리주의적 실증주의가 인간을 물리적 자연을 구성하는 하나의 요소에 불과한 것으로 파악하는 것과는 달리 후설은 우리가 인간을 파악하는 태도가 다름에 따라 인간이 다양한 모습을 지니고 있는 존재로 파악된다는 사실에 주목하고 있다. 앞서 우리는 인간이 물리적 자연을 구성하는 하나의 요소일 뿐 아니라, 동시에 지향성의 주체요 더 나아가 의미로서의 대상 및 세계를 구성하는 초월론적 주관이라는 사실을 살펴보았다. 물리주의적 실증주의는 우리가 인간을 대하는 태도가 다름에 따라 인간이 이처럼 다양한 차원에서 자신의 모습을 드러낸다는 사실을 망각한 채 오직 우리가 자연과학적 태도에서 살아나갈 때 우리에게 자신의 모습을 드러내는 인간의 모습만을 포착하고 그것을 절대화시켰던 것이다. 두말할 것도 없이 우리가 자연과학적 태도에서 살아가면서 인간을 대할 경우 인간은 물리적 자연을 구성하는 한 가지 구성 요소로서 자연적 인과 관계의 틀 속에서 존재하는 것으로서 파악될 수 있다. 그리고 이처럼 인간을 물리적 자연의 일부로 파악하는 일은 그 자체로 볼 때 지극히 정당한 일이라 할 수 있다. 그러나 이처럼 물리적 자연의 일부로 파악된 인간을 절대시하고 여타의 차원에서 파악될 수 있는 인간의 모습이 존재한다는 사실을 포착하지 못하는 실증주의는 나름대로 커다란 한계를 지니고 있다고 할 수 있다. 바로 여기서 우리는 실증주의의 한계를 지적하고 인간이 다차원의 모습을 보일 수 있음을 강조하는 후설의 인간관이 지닌 참다운 의미를 확인할 수 있다.

두말할 것도 없이 지금까지의 논의를 통해 후설의 인간관의 전체적인 모습이 드러난 것은 아니다. 지금까지 우리는 다만 후설의 인간관의 중요한 몇 가지 측면만을 개괄적으로 살펴보았을 뿐이다. 따라서 후설의 인간관의 전체적인 모습이 조명될 수 있기 위해서 우리는 여러 가지 방향으로 지금까지의 논의를 보충해야 할 필요가 있는데, 이 점과 관련해 다음의 두 가지 사실을 지적하고자 한다.

첫째, 우리는 지금까지 논의된 후설의 인간관의 몇 가지 측면들에 대한 논의를 보다 더 구체화시킬 필요가 있다. 이러한 논의를 통해 후설의 인간관이 지닌 보다 더 구체적인 모습이 드러날 수 있을 것이다. 예를 들면 초월론적 주관으로서의 인간을 보다 더 상세히 분석해 들어갈 경우 우리는 후설의 인간관이 주지주의적 요소뿐 아니라 주의주의적 요소도 지니고 있다는 사실을 밝혀낼 수 있을 것이다. 또는 초월론적 주관의 사회적 지평, 역사적 지평 등을 추적해 가면서 우리는 초월론적 주관으로서의 인간이 지닌 사회적 차원, 역사적 차원 등을 해명할 수 있을 것이다.

둘째, 후설의 인간관의 전체적인 모습을 조명할 수 있기 위해서 우리는 지금까지 논의되지 않은 후설의 인간관의 또 다른 측면들도 살펴볼 필요가 있다. 예를 들면 후설은 인격주의적 태도에서 자신의 모습을 드러내는 인격으로서의 인간에 대해서도 논의하는데 우리는 인격으로서의 인간에 대해서도 살펴볼 필요가 있다. 이 점과 관련해 우리는 어떤 태도를 가지고 인간을 파악하느냐에 따라 인간의 다양한 측면이 드러날 수 있다는 사실에 주목할 필요가 있다. 예를 들면 방금 전에 언급한 것처럼 인격으로서의 인간은 오직 인격주의적 태도 속에서만 자신의 모습을 드러낼 수 있는 것이다. 이와 마찬가지로 후설에 의하면 지향성의 주체로서의 인간은 현상학적 심리학적 태도 속에서 자신의 모습을 드러내며 초월론적 주관으로서의 인간은 초월론적 현상학적 태도 속에서 자신의 모습을 드러낼 수 있는 것이다. 후설의 인간관의 전체적인 모습을 살펴보기 위해서 우리는 우리가 취할 수 있는 다양한 유형의 태도에는 어떤 것들이 있으며 이처럼 다양한 유형의 태도 속에서 인간이 어떻게 다양한 방식으로 자신의 모습을 드러낼 수 있는지 검토할 필요가 있다.

참고문헌

윤명로, 《현상학과 현대철학》, 서울: 서광사, 1987.

이남인, 《현상학과 해석학》, 서울: 서울대학교 출판부, 2004.

이영호(편), 《후설》, 서울: 고려대학교 출판부, 1990.

한전숙, 《현상학》, 서울: 민음사, 1996.

필자 소개

서울대학교 철학과 학부와 대학원을 졸업하고 독일 부퍼탈대학 철학과에서 박사학위를 취득하였으며 현재 서울대학교 철학과 교수로 재직 중이다.

저서로 《현상학과 해석학》, *Edmund Husserls Phänomenologie der Instinkte* 등이 있으며 〈현상학과 질적연구〉, "Edmund Husserl's Phenomenology of Mood", "Phenomenology of Feeling in Husserl and Levinas" 등 다수의 논문을 발표하였다. 《철학》, 《철학사상》, *Continental Philosophy Review*, *Phenomenology and Cognitive Sciences* 등을 비롯한 다수의 국내학술지와 국제학술지의 편집위원으로 활동하고 있다.

하이데거

인간은 존재의 진리를 지키는 파수꾼이다

이수정 (창원대 철학과 교수)

1. 펴는 말: 인간론과 하이데거

인간에 대한 인간 자신의 철학적 관심은 철학의 초창기에서부터 지금까지 하나의 큰 흐름을 이루어왔다. 인간은 '우리 자신'이기 때문에 특별할 수밖에 없고 그 특별함 때문에 우리의 관심에서 결여될 수 없다. 사실 철학의 근본 주제가 무엇이던가. 우리 자신인 인간과 그 인간이 살아가는 장소로서의 세계가 아니던가. 그 실상을 이해하고 설명하기 위한 이성적인 노력이 바로 철학이 아니었던가.

인간에 대한 철학적 관심의 역사에서 인간은 아주 다양한 모습으로 그려져왔다. 철학적 인간학을 표방한 막스 셸러는 그것을 엔스 크레아툼, 호모 사피엔스, 호모 파베르, 디오니소스, 위버멘쉬 (피조물, 지성인, 공작인, 향락인, 초인)로 정리하기도 했다. 모두 다 맞는 말이다. 그 어느 것도 우리 인간의 모습 아닌 것은 없다. 그러나 어찌 그뿐이겠는가. 문화적 동물이나, 신 앞에 홀로 선 고독한 단독자나, 계급적 존재라는 근래의 규정들도 또한 의미 있는 철학적 성과의 하나일 것이다.

그러한 성과 중에서 하이데거의 인간론도 배제될 수 없다. 그의 철학에서 인간론은 압도적인 부분을 차지한다. 그것은 수많은 20세기의 지성들을 매료했다. 왜? 무엇 때문에? 어쩌면 하이데거식 사유의 독특하고도 신선한 스타일 때문일 수도 있겠고, 어쩌면 전통적 사고에 대한 그의 압도적 이해 및 비판이 거부할 수 없는 권위로서 다가오기 때문일 수도 있겠고, 또 어쩌면 그의 사유가 시대의 문제와 교묘히 얽혀 있기 때문인지도 모른다. 아마도 그럴 것이다. 하지만 그것뿐만은 아니다.

하이데거 철학의 최대 강점은 무엇보다도 그 주제설정에서 찾아져야 한다. 하이데거 철학의 모든 것은 '존재(Sein)'라는 하나의 주제로 수렴된다. 그는 무려 100권이 넘는 전집에서 존재라는 이 한마디 말을 끈질기게 파고들었다. '존재하는 것이 있다'는 것(Daß-sein), '이러이러하게 있다(So-sein)'는 것, 이천 수백 년 동안 잠자고 있던 이 '경이로운' 철학적 진리를 그는 다시금 깨어나게 했다. 또는 해묵은 창고에서 그것을 꺼내어 먼지를 털고 때를 닦아 다시금 그 빛을 되찾게 했다. 그의 철학은 시종일관 존재론이고 철두철미 존재론이다. 현상학·해석학·현존재분석·해체·사유·성찰·시해명……과 같은 실로 매력적인 방법론들도 그의 것으로 빛이 나지만 그것들도 사실은 다 존재론에 봉사하는 시종들임을 잊어서는 안 된다.

그의 인간론도 이 존재론과 맞물려 있다. 그의 사유에서 인간과 존재는 불가분의 관계다. 인간은 존재를 '지키는'(사유하는, 언어화하는, 밝히는, 응답하는, ……) 자고, 존재는 인간을 '부르는'(말거는, 눈짓하는, 필요로 하는, 기다리는, ……) 자다. 하이데거의 사유에서 인간은 '존재가 드러나는 장'으로서, '존재의 부름에 응하는 자'로서 그려진다. 이러한 근본틀을 놓쳐서는 안 된다. 그리고 이 안에 담겨진 세밀한 부분들도 놓쳐서는 안 된다. 그 내용들을 이제 하나씩 구체적으로 추적해 하이데거 인간론의 대강을 소묘해보기로 하자.

2. 《존재와 시간》의 인간론

하이데거 철학의 근본은 뭐니뭐니 해도 《존재와 시간》에 있다. 《존재와 시간》은 존재론이다. 그러나 그 본론부인 '기초존재론(Fundamentalontologie)'의 실질적인 주제는 인간론이다. '현존재분석(Daseinsanalyse)'이라는 타이틀이 그것을 명백히 알려준다. 원래 '거기에 있다', '와 있다'를 뜻하는 '현존재(Dasein)'는 하이데거에게 있어 인간을 나타낸다. 그것은 인간과 존재와의 특별한 상관관계—즉 인간은 존재가 자신을 드러내는 장이라는 그런 관계—를 나타내기 위해 특별히 채택된 존재론적 술어인 것이다. 하이데거는 존재를 해명하기 위해 막연하게라도 존재가 무엇인지를 알고 있는 자, 즉 인간에게 물음을 던져야 한다는 식으로 문제의 실마리를 풀어나간다. 하이데거가 인간에 주목하는 것은 바로 이 때문이다. 평균적이고 막연한 인간의 존재이해를 철저화시켜 존재일반의 의미를 해명하자는 것(=해석학)이 그의 착안점인 것이다.

이것을 위해 그는 현존재의 존재성격, 즉 '실존범주(Exitenzialien)'들을 밝혀나간다. 하이데거는 이것을 인간의 일상성과 근원성(또는 비본래성과 본래성)이라는 두 차원에서 검토한다. 쉽게 말해, 불안·죽음 등과 관련하여 인간존재의 근원이 문제되는 특별한 경우의 인간의 모습과 이른바 '세계'와의 관계 속에 몰입·퇴락해 있는 보통 경우의 인간의 모습을 두 갈래로 그리고 있는 것이 《존재와 시간》의 큰 특징이자 성과인 것이다. 우선 그는 현존재의 평균적 일상성을 분석하여, '세계내존재'라는 근본틀을 찾아내며, 그 세 가지 계기, 즉 세계성, 공동존재 및 자기존재, 내존재 자체 등을 물으면서, 세계 및 타자와의 공존구조 그리고 '마음씀'을 해명한다. 그리고 그는 근원적인, 즉 전체적이고 본래적인 현존재의 존재를 물으며, 죽음에의 존재라는 전체성의 계기, 양심이라는 본래성의 계기를 분석한 후, 선구적 결의성을 매개로 현존재의 의미가 시간성임을 지적한다. 그리고 더 나아가 역사성의 해명에까지 이른다.

이러한 전체 과정에서 우리는 인간에 관한 하이데거의 중요한 통찰들을 아울러 만나게 된다. 하이데거는 인간에 관한 다양한 근본 사실들을 우리에게 가르쳐준다. 그것을 우리는 일단 다음과 같이 정리할 수 있다.

인간은 **물음을 갖는 자**이며 동시에 **물음을 받는 자**이다.

인간은 **현존재**로서 존재이해를 갖는 유일한 **존재론적** 존재자이다.

인간은 **범례적** 존재자로서 존재적-존재론적-기초존재론적 우위를 갖는다.

인간은 자신의 존재 자체에 대해 태도를 취하는 **실존**이라는 존재구조를 갖는다.

인간은 자신의 실존성에 대해 **실존론적** 관심을 갖는다.

인간은 다른 모든 존재자의 존재에 대한 **범존재론적** 관심을 갖는다.

인간은 **세계내존재**라는 근본존재틀을 갖는다.

인간은 **환경세계**를 갖는다.

인간은 우선 대개 평균적 **일상성** 속에 퇴락해 살고 있다.

인간은 수다·호기심·모호성을 특징으로 하는 **세상사람**으로서 살고 있다.

인간은 타자와의 **공동존재**이다.

인간은 사물에 대해 **배려**하며 타자에 대해 **고려**한다.

인간은 **마음씀**이라는 존재를 갖는다.

인간은 심정성·이해·말함에서 보듯 **드러내는 존재**(=개시성, **진리**)이다.

인간은 **죽음**에의 존재이다.

인간은 시작과 끝을 지닌 **전체성**을 갖는다.

인간은 **양심**을 갖고자 결의할 수 있다.

인간은 **본래적**으로 존재할 수 있다.

인간은 **시간적**으로 존재한다.

인간은 **역사적**으로 존재한다.

이상이 인간에 관한 《존재와 시간》의 핵심적 통찰들이다. 물론 이 통찰들은 하이데거의 존재론적 구도 속에서 유기적으로 서로 얽혀 있고, 그 연관에서 비로소 제대로 된 의미가 드러날 수 있다. 하지만 '인간론'이라는 관점에서 보자면 그 하나하나가 독립된 의미를 가질 수도 있다. 이 하나하나는 각각 설명을 필요로 한다. 그러나 《존재와 시간》 전체에 걸친 이 주제들을 여기서 충분히 논할 수도 없다. 따라서 그 설명은 극히 제한적일 수밖에 없다.

《존재와 시간》 서론부에서 하이데거가 가장 먼저 알려주는 것은, 인간이 '묻는 자'이며 또한 '물음을 받는 자'라는 것이다. 이는 여타 존재자에 대한 인간의 특별한 '우위'와 연관돼 있다.

'묻는다'는 것은 하이데거 철학을 구성하는 결정적인 요소 중의 하나가 된다. 그의 철학은 이 '물음'으로 성립된다고 해도 과언이 아니다. 실제로 그의 글은 수많은 물음들에 의해 이끌리고 있으며, 그 물음에 대한 대답의 형태로 그의 사상은 전개되고 있다. 그의 수제자인 가다머가 '물음과 대답의 논리'를 강조한 것도 우연만은 아닌 것이다. 그 '물음'의 의의가 《존재와 시간》의 벽두에서 거론되고 있다. 인간은 '묻는다'는 존재가능성을 가진 자인 것이다.

또한 인간은 '물음을 받는 자(das Befragte)'이기도 하다. 이는 단적으로, 존재이해를 위해서는 막연하게라도 존재가 무엇인지를 알고 있는 자에게 물음을 던져야 하는데, 인간이 바로 그런 유일한 존재자라는 것이다. 그래서 인간은 다른 모든 존재자들과 근본적으로 구별되는 특별한 자가 된다. 그 점을 하이데거는 '범례적 존재자' 또는 '현존재의 우위'라는 말로 표현한다. 적어도《존재와 시간》서론부의 인간론은 이 말 속에 집약되어 있다고 해도 과언이 아니다. 인간은 다른 모든 존재자에 대해 우위를 갖는 특별한 범례적 존재자이다. 그것은 인간이 실존이며, 존재론적이며, 모든 존재론의 가능성의 근거라는 존재적-존재론적-기초존재론적이라는 세 가지 점에서 그렇다.

위에서 하이데거가 인간이 '실존'임을 지적하는 것은 특별히 주목할 필요가 있다. 그는 실존을, '현존재가 그것에 대해 이러저러하게 태도를 취할 수 있고, 또 언제나 어떤 방식으로든 태도를 취하는 그 존재 자체'라고 설명한다. 인간의 이러한 모습은 주지하듯이 19~20세기 인간이해의 한 중심축을 이루었다. 하이데거에게서 한 가지 더 특기할 점은 인간이 단지 실존할 뿐만 아니라 또한 '실존론적'으로 존재한다는 것이다. 실존론적이란 실존적 구조들의 연관인 실존성의 분석을 존재론적으로 수행한다는 뜻이다. 여기에 덧붙여서 강조되는 것이, 다른 모든 존재자의 존재에 대한 존재론적 관심도 인간에게서 비로소 가능해진다는 것이다.

《존재와 시간》본론부의 전반에서 하이데거가 보여주는 인간의 모습은, '세계-내-존재'라는 표현 속에 압축된다. 이는 '평균적 일상성'의 모습이다. 세계-내-존재란, 현존재가 실제로 거기에 살고 있는 현사실적-선존재론적-실존적 개념인 세계(우리의 삶의 터전) 안에서 우리 인간은 존재한다는 것이다. 여기서 '내(In)'란, 공간적 관계가 아니라, '무엇무엇 곁에서 살고 있다. 무엇무엇과 친숙해 있다'는 의미로 이해된다. 그리고 '내-존재(In-Sein)'란, 현존재가 취하고 있는 구체적인 '본질상의 존재양식'을 말하는데, 그 내용으로서는, 첫째, '공존재' 내지 그것에 기초하고 있는 '세인', 그리고 둘째, 심정성, 이해, 말함 등으로 구성되는 이른바 '개시성', 특히 그 일상적 양태로서의 '퇴락', 그리고 셋째, 세계-내-존재의 '전체성'이라고 그가 부르는 이른바 '마음씀'이 지적된다.

'개시성(Erschlossenheit)'이란, 현존재가 '현'으로서, '폐쇄되어 있지 않다'고 하는 것, 현존재가 자신의 존재이해를 가지고 자신과 세계에 관련하여, 그 결과, 거기에 밝음의 장이 열려져 온다는 것을 말한다. 다시 말해, 개시성이란 현존재가 '자신의 현이라고 하는 방식에 있어서 존재하고 있다'고 하는 것, '조명되어 있다'고 하는 것, 즉 '자기 자신에 즉하여 세계-내-존재로서 밝혀져 있다'고 하는 것, 즉 '자기 자신이 밝음'이라는 것을 나타낸다. 이 개시성의 '구성적인 방식'으로서 하이데거는 '심정성', '이해', '말함'이라는 세 가지를 제시한다. 그리고 그 현의 일상적인 존재양식이 곧 '퇴락'이다.

'심정성(Befindlichkeit)'이란 현존재가 '기분적으로 규정되어 있다'고 하는 것으로, '사람들이 어떤 상태이며, 또한 어떤 상태가 되는가'를 드러낸다. 바로 이러한 심정성에 있어서 현존재의 한 특별한 존재성격, 즉 '피투성(Geworfenheit)'이 개시된다. 그것이 바로

'현존재는 [이미] 존재하며, 존재하지 않으면 안 된다'고 하는 것, 다시 말해 '자신이 어디서부터 유래하고, 어디로 귀속되는가 하는 점에서는 차단되어 있지만, 자기 자신에 즉하여 더 이상 차단되어 있지 않고 개시되어 있다'는 존재성격이다. 이것은 또한 '맡겨져 있다'고 하는 '현사실성' 이라고도 표현된다.

'이해(Verstehen)'란 현존재가 '자기 자신에 대해, 다시 말해 자신의 존재가능에 대해, 자신이 취해야 할 입장을 알고 있다는 것'을 말한다. 그것은 일종의 능력이다. 이와 같은 '끊임없이 자신을 존재시켜가는 힘을 가지고 있다는 것' 내지 '끊임없이 가능성을 기투해 실현해간다'고 하는 현존재의 존재양식, '자신의 존재가능을 향한 개시하는 존재'를 하이데거는 '기투(Entwurf)'라고 부른다. 그는 또한 이 이해가 구성하고 있는 '배시', '고시'와 같은, 현존재의 근본적인 존재방식으로서, '봄' 이라고 하는 것도 지적하고 있으며, 그리고 '이해'가 지니는, 스스로를 '완성' 하여 내것으로 삼는다고 하는 측면을 지적하여, 그것을 '해석' 이라고 부른다. 이 '해석' 으로부터 '진술' 이라는 것이 '파생' 된다.

'말함(Rede)'이란 세계-내-존재의 이해가능성을 유의미화하면서, 현존재가 '배려적으로 마음쓰고 있는 상호공존재' 라는 사실을 기초로 한다. 현존재가 만일 공존재가 아니라면 말함이란 아무 의미도 갖지 못할 것이다. 이 말함은 실제에 있어서 다양한 형태(승인, 거부, 권고, 경고, 언명, 상담, 대변, 진술, 연설 등)로 나타난다. 이런 방식으로 현존재는 말하고 있다. '말함' 은 '무언가에 관한 말함' 으로 '화제' 라고 하는 구조 계기를 가지며, 또한 '전달' 의 성격을 가지며, 그리고 '자신을 언표한다'고 하는 성격도 갖는다. 바로 이러한 의미에서 '인간은 언어를 갖는 동물(zoon logon echon)'이라고 이해된다. 이것은 결국 인간이 '세계와 현존재 자신을 드러낸다고 하는 방식으로 존재한다'는 것을 알려준다. 바로 이러한 성격을 갖는 '말함'이 '밖으로 언표된 것'이 다름아닌 '언어'라고 하이데거는 말한다. 이 '말함'에는 '듣는 것'과 '침묵하는 것'도 속해 있다.

그리고 하이데거는 '퇴락(Verfall)'이라는 '세계-내-존재'의 '일상적'인 모습을 제시한다.

'퇴락'은 일상적 현존재에 관한 어떤 부정적인 모습을 말하는 것은 아니다. 퇴락은 어디까지나 현존재 자신의 한 본질상의 존재론적 구조, 현존재가 그 안에 자신을 우선 보존하고 있는 현존재의 가장 가까운 존재양식으로서, 현존재가 우선 대개 배려적으로 마음 쓰여진 '세계' 곁에 존재하고 있다는 것, 바로 이것을 의미한다. 다시 말해 그것은 '세인'이 공공성 안으로 상실되어 있다는 것, 본래적인 자기존재가능으로서의 자기 자신으로부터 우선 이미 항상 일탈하여 '세계'에 빠져 있다는 것, 상호공존재 안에 몰입되어 있다는 것, '세계'와 세인 상태인 타자의 공존재에 의해 완전히 마음을 빼앗기고 있다는 것을 가리킨다. 이것이야말로 현존재의 '비본래성'이다. 그러한 퇴락에 빠진 현존재의 모습이 곧 '세인(das Man)'이다.

세인은 현존재의 '세계-내-존재'가 본질상 타자와의 공존재(共存在)라는 데 기초한다. 현존재는 무릇 존재하고 있는 한, '상호공존재'라는 존재양식을 지닌다. 그래서 현존재는 '배려적으로 마음 쓰여진 세계'나 '타자에 관련하는 공존재'에 '몰입'되어 있을 수 있는데, 이러한 경우 현존재는 '자기 자신이 아니다' 라고 하는 방식을 취하게 된다. 바로 이러한 현존재의 특수한 방식, 즉 '이 사람도 아니고 저 사람도 아니며 몇몇의 사람도 아니고 모든 사람들의 종합도 아니다' 라고 하는 중성적인 모습이 '세인' 인 것이다. 세인은 '타자에게 예속되고' 그 '타자가 현존재로부터 존재를 탈취' 하고 '타자의 의향이 현존재의 일상적인 존재가능성들을 좌지우지' 한다. 이러한 비자립적 비본래적 세인의 특징으로서 그는 '현격성, 평균성, 균등화, 존재면책, 및 영합' 을 예로 든다.

위와 같은 세인의 '개시성', 즉 말함, 봄, 해석의 일상적인 존재양식을 그는 각각 '잡담', '호기심', '애매성' 이라 한다. 이것들이 '퇴락' 을 구성한다.

'잡담(Gerede)' 이란 말함이라는 개시성의 일상적인 존재양식이다. 쉽게 말해 이것은 존재자에 대한 근원적 존재관련 없이 그냥 떠돌아다니는 세인의 말을 지칭한다. 예컨대 '따라 말하기' 와 '말 퍼뜨리기' 같은 것이 그런 잡담이다. 이런 경우에서는 진정한 것은 문제되지 않는다. 평균적 이해는 그런 것을 전혀 원하지도 않고, 필요로 하지도 않는다. 그런 평균적 이해는 실로 만사를 이해하고 있다는 식이다. 그렇게 해서 잡담은 지반을 상실하고, 공공성 안으로 끌려드는 것을 조장한다. 잡담은 사태가 선행적으로 내 것으로 될 때에 좌절하는 위험에 빠지지 않도록 보호해주고, 진정한 이해라고 하는 과제를 면제한다. 결국 잡담은 '뿌리 잃은 현존재의 이해' 가 된다. 이런 경우 현존재는 세계-내-존재로서, 세계와의, 공현존재와의, 내존재 자체와의 제1차적이고 근원적인 진정한 존재연관들로부터 단절되어 있다.

'호기심(Neugier)'은 '봄'이라는 개시성과 관련된 일상성의 어떤 독특한 존재경향으로, 세계를 인지하면서 만나게 하는 특유의 방식이다. 그것은 세계를 기웃거리며 그저 보기만 하면 되는 것이다. 따라서 새로운 것에서 새로운 것으로 끊임없이 옮겨가면서 '새로운 것'을 추구하며, '언제나 새로운 것, 및 만나게 되는 것의 변화에 의한 초조와 흥분'을 추구하는 것이다. 오직 알아두는 것만을 목적으로 신경 쓰며 머무르는 일이 없이 마음가는 대로 무언가를 쫓아다닌다. 그러므로 호기심에 있어서는 진정한 것에 대한 진지한 이해 같은 것은 전혀 문제가 되지 않는다. '호기심'에는 두 가지의 구성적인 계기, 즉 '배려적으로 마음 쓰여진 환경세계 안에서 머무르지 않는다는 것'과 '새로운 가능성들 안으로의 마음뺏김'이 있다. 그리고 이 두 가지의 계기가 제3의 성격, 즉 '거처 상실'이라는 것, 즉 '어디에나 있으면서 또한 어디에도 없다'고 하는 것을 기초 지운다.

'애매성(Zweideutigkeit)'은 '무엇이 진정한 이해하에서 개시되고 무엇이 그렇지 않은지 이미 결정할 수 없다'는 것을 가리킨다. 이 애매성은 현존재의 근원적인 현상으로서 현존재의 제 가능성을 기투하고 미리 건네주는 양식인 이해 안에 이미 뿌리박고 있기 때문에, 세계 안에서의 피투된 상호공존재 안에 이미 원천적으로 숨어 있다. 이러한 애매성은 호기심에 있어서도 잡담에 있어서도 그 성격이 숨어 있다. 그러나 애매성은 공공적으로는 은닉되어 있다. 불명확하고 진정하지 못한 상태로 이해한다고 하는 이 근원적 현상이 공공연히 드러나지는 않는다는 말이다. 그 때문에 세인 자신은 결코 이것을 인정하려 하지 않는다. 그것은 어디까지나 세계-내-존재를 '어디에나 있고 어디에도 없다'고 하는 뿌리 없는 상태로 밀어 넣는다.

하이데거는 이상 살펴본 '세계-내-존재'의 구체적 개별적인 존재양식들을, 즉 그 '구성적인 계기들'을 '전체성'이라는 관점에서 포괄적으로 종합한다. 그 전체성을 그는 '마음 씀'이라고 정리한다.

'마음 씀(Sorge)'이란, 단순한 '근심' '걱정' '우려'가 아니다. 마음씀은 단적으로, 현존재가 "[세계 내부적으로 만나게 되는 존재자의] 곁에서의 존재로서, 자신에 앞서, [세계] 안에서 이미 존재하고 있다고 하는 것(Sich-vorweg-schon-sein-in-[der-Welt-]als-Sein-bei [innerweltlich begegnendem Seiendem])"이라고 정식화된다. 마음씀은 '현사실성(피투성)', '실존성(기투성)', '퇴락'이라는 세 가지의 계기로 구성된다. '곁에서의 존재'라는 것이 '퇴락'이며, '자신에 앞서 존재한다'는 것이 '실존성'이며, '안에서 이미 존재한다'는 것이 '현사실성'이다. '퇴락'이란 '세계'와 타인의 공존재에 몰입해 있는 비본래적인 현존재의 존재양식이고, '실존성'이란 가장 고유한 자신의 존재가능을 향해 기투하면서 관련하는 존재, 즉 이해라는 존재양식이며, '현사실성'이란 현존재가 자신의 뜻과는 무관하게 이미 세계 안에 던져져 있다고 하는 존재양식이다. 이 현상들은 각각 독립적인 개별적 계기들을 그저 나열해서 연결하고 있는 것이 아니다. 이 세 가지의 계기 안에는 '하나의 근원적인 연관'이 생생하게 활동하고 있어서, 이 연관이 구조 전체의 전체성, 즉 '마음 씀'을 이루고 있는 것이다.

그런데 하이데거는 이러한 '마음 씀'이 '불안(Angst)'이라는 '근본심정성'에 있어서 분명히 밝혀질 수 있다고 설명한다. 불안이란 단순한 두려움을 말하는 것이 아니다. 불안해하는 것은 심정성으로서 세계-내-존재의 한 방식이며, 불안의 대상은 피투된 세계-내-존재 자체이며, 불안의 이유는 세계-내-존재가능이다. 바로 이 불안을 지반으로 해서, 현존재의 구조 전체의 전체성의 존재가, 현존재를 그 퇴락으로부터 건져내어 본래성과 비본래성을 현존재의 존재의 두 가지 가능성으로서 현존재에게 드러나게 한다.

《존재와 시간》 본론부의 후반에서 하이데거는 비본래적 '일상성'으로부터 '비일상성' 내지 '근원성'으로, 즉 '전체성' '본래성'으로 시선을 돌린다.

먼저 '전체' 내지 '전체존재(Ganzsein)'란 '현존재의 '처음'부터 '마지막'에 이르기까지'를 의미하며, 이 점에서 '출생과 죽음 **사이**의 존재'인 '일상성'과 구별된다. 이는 인간에게 처음과 끝이 있음을 알려준다. 단, 이 '전체존재'는 어디까지나 '가능적'인 것으로서, '죽음'(끝남)에 의해 구성되는 것이다. 즉 현존재는 죽음으로 종말에 달하며, 이렇게 해서 전체존재에 이른다. 현존재에게는 '부단한 미완결성'이 있으며, 이 미완에는 죽음이라는 종말이 속하여 있어서, 이것이 현존재의 그때그때 가능한 전체성을 경계 지어 규정하고 있다. 그런데 실제로 죽음에 이르면, 현존재는 이미 현존재가 아니게 되므로, 죽어보고서 현존재의 전체존재를 논하는 것은 불가능하다. 그래서 그는 죽음 그 자체의 성격을 밝힘으로써 이 불가능을 해결하고자 한다. 그에 따르면 죽음이란 단지 '생명이 있을 뿐인 자가 세계 밖으로 떠나는 것', 즉 '종료(Verenden)'와는 구별된다. 따라서 죽음이 현존재에 적합하게 존재하는 것은 **죽음을 향한** 실존적인 존재에 있어서 뿐이다. 요컨대 죽음이라는 종말은 현존재가 '종말에 달하여 있음'을 의미하는 것이 아니라, 현존재가 **'종말을 향한 존재'** 임을 의미한다. 따라서 죽음은 현존재가 존재하자마자 현존재가 받아들이는 하나의 존재 방식인 것이다. 이러한 죽음은 '현존재가 그것에로 태도를 취하고 있는 어떤 것'으로서 '가장 극단적인 미완' 내지 '하나의 절박함(Bevorstand)'이라고 성격 지어진다. 더욱이 '죽음'은 '가장 고유한, 몰교섭적인, 추월할 수 없는 가능성'이라는 점에서 특별하다. 죽음은 특히 '불안'이라는 심정성에 있어서 근원적으로 절실하게 드러난다. 그러나 우선 대개는, 즉 '일상성'에 있어서는, 현존재는 '퇴락'이라는 방식에 있어서, 이 절박함으로부터 '도피'하고 있다. 즉 가장 고유한 몰교섭적인 가능성에 직면하여 그로부터 회피하고, 이와 같이 도피하면서 이 가능성을 바꾸어 해석한다. 바로 이러한 방식을 그는 '죽음을 향한 비본래적 존재'라고 규정한다. 그러나 현존재에게는 '죽음을 향한 본래적인 존재'의 가능성도 있다. 죽음을 향한 본래적인 존재는 '가능성을 향한 비도피적 비은폐적인 존재라고 하는 의미에서의 죽음을 이해하는 것'이다. '선구'가 이것을 가능하게 한다. '선구'란 어떤 가능적인 것에로 앞질러 접근함으로써 그것의 현실화를 부각시키는 것이다. 즉 '선구'란 죽음이라는 가장 고유하고 극단적인 존재가능을 이해할 수 있는 가능성, 즉 '본래적 실존의 가능성'이다. 이러한 선구에 있어서, 현존재는 자신의 가장 극단적인 가능성을, 즉 가장 고유한, 몰교섭적인, 추월할 수 없는, 확실한, 더욱이 그러한 것으로서 무규정적인 가능성을 순수하게 이해하고, 그것을 자기 자신 쪽으로부터 받아들이지 않을 수 없게 되며, 그러면서 일상성으로부터 벗어난다. 이상과 같은 '선구' 안에, 전체적 현존재를 실존적으로 선취하는 가능성이, 즉 전체적 존재가능으로서 실존하는 가능성이 숨어 있다. 즉 '현존재'의 '전체존재'가 이 '선구'에 있어서 보여질 수 있다.

다음으로 하이데거는 인간의 '본래적 존재(eigentliches Sein)'라는 모습을 보여준다. '본래적 존재(=본래성)'는 하나의 '존재가능'으로, 비본래성과 함께 현존재의 두 가지 '존재양태'를 이룬다. 단적으로 말해 그것은 '비본래성', '일상성'으로부터 벗어난 현존재의 특별한 존재 방식을 가리킨다. 그것은 말하자면 '가장 고유한 자기를, 자기 자신 쪽으로부터, 자신의 책임 있는 존재에 있어서, 자신 안에서 행위하게 한다'는 것이다. 즉 '세인의 어떤 실존적 변양', 이것이 '본래적인 자기존재'인 것이다. 그런데 이러한 **본래성**은 현존재 자신의 '결의성'을 통해서 개시될 수 있다. 이 '결의성'이라는 '개시성'은 불안(심정성)과 자기기투(이해)와 침묵(말함)에 의해 구성된다. 다시 말해, '가장 고유한 책임 있는 존재를 향하여, 침묵한 채 불안에의 준비를 하고 자신을 기투하는 것'이 결의성이다. 이 '결의성'은 다름아닌 '양심을 갖고자 의지하는 것'을 말한다. '양심을 갖고자 의지하는 것'이란, 즉 '자기존재라는 것의 선택을 실존적으로 선택한다는 것'이며, '양심의 부름'에 대응하는 '하나의 가능적인 듣기'로서의 '호소의 이해'이다. 그런데 여기서 하이데거가 말하는 '양심(Gewissen)'이란 일반적으로 말해지는 윤리적 양심이 아니라, 존재론적으로 하나의 특별한 의미를 갖는 것으로서 '현존재의 한 근원적인 현상'이며, '현사실'이다. 이러한 '양심'은 무언가를 이해하도록 알려주는, 즉 개시하는 작용을 하기 때문에, 바로 이 점 때문에 양심은 '부름(Ruf)'이라는 성격을 갖는다. 바로 이 '양심의 부름'이 '가장 고유한 책임 있는 존재에로 불러 연다'고 하는 방식으로, 현존재의 가장 고유한 자기존재가능을 향하여, 현존재를 불러들인다. 말하자면 이것이 곧 '결의성'이며, 이 '결의성'에 있어서 현존재는 '비본래성'으로부터 벗어나, '본래적 존재가능'을 자기에게 가능케 한다.

이렇게 해서 그는 인간의 '본래적인 전체존재가능(eigentliches Ganzseinkönnen)'이라는 것을 제시한다. 이는 '현존재가 자신을 자기 자신에로 회복하여 자기 자신에게 당면시키는 그런 존재방식'을 말한다. 하이데거는 이러한 '존재가능'을 '선구적 결의성(vorlaufende Entschlossenheit)'이라고 말한다. 즉 선구적으로 결의하는 것이 다름 아닌 본래적으로 전체존재할 수 있음이라는 것이다. 이 선구적 결의성은 '죽음을 향한 본래적 존재'로서의 '선구'와 '양심을 갖고자 의지하는 것'으로서의 '결의성', '사이'의 가능적인 연관에서 성립되는 것이다. 그것들은 그 근본에 있어서 서로 연관되어 있다. 즉 결의성은 자신의 가장 고유한 실존적인 존재경향 자체 안에서 선구적 결의성을, 자신의 가장 고유한 본래적 가능성으로서 미리 제시한다.

다시 말해 '결의성'은 가장 극단적인 가능성을 향해 자신을 기투하면서 자신의 본래성 안으로 자신을 이끌어간다. 즉 결의성은 죽음에의 선구로 비로소 자신에게 귀속되어 있는 본래적인 확실성을 획득한다. 이러한 '선구적 결의성'으로써 인간의 '본래성'과 '전체성', 즉 '근원성'이 보여지게 된다는 것이 하이데거의 지적이다.

다음으로 하이데거는 '현존재'의 '시간성(Zeitlichkeit)'이라는 것을 제시한다. 이는 인간이 '기존하면서 마주하는 도래'라는 시간적 구조 속에서 존재한다는 것을 말한다. 즉 인간은 자신의 고유한 존재가능에로 다다르며, 그때마다 이미 그것으로 존재하고 있었던 그것으로서 존재하며, 그리고 상황 내의 도구적 존재자 곁에서 환경세계적으로 현존하고 있는 것을 행위하면서 만나게 한다. 이것이 시간적으로 존재하는 인간의 실상이다. 그는 이 '시간성'이라는 것이 현존재의 존재인 '마음 씀'의 세 가지 계기(자신에 앞서, 세계 안에 이미, 세계 내부적 존재자의 곁에)를 근저에서 통괄하고 있으며, 뿐만 아니라 현존재의 기초적인 구조들 모두가 '근본적으로 시간적'이며, '시간성의 시숙의 양태들'이라고 본다. 따라서 이것이 현존재의 존재를 '가능케 하는 것', 그런 뜻에서의 '의미(Sinn)'라고 본다.

마지막으로 하이데거는 시간성을 기초로 인간의 '역사성(Geschichtlichkeit)'이라는 존재방식을 보여준다. 그는, '죽음'이라는 것이 현존재의 전체성을 둘러싸고 있는 '한쪽의 끝'에 불과하므로, '또 한쪽의 끝'인 '시작', 즉 '출생'을 함께 고려해서, 그 출생과 죽음 사이의 존재가 비로소 '전체'를 이룬다고 지적한다. 그래서 하이데거는 현존재의 존재 안에 이미 숨어 있는 '출생과 죽음 사이의 현존재의 펼쳐짐', 즉 '생의 연관'에 주목하게 된다. 그러한 '생의 연관', '펼쳐지면서 자신을 펼친다고 하는 특별한 운동성'을 그는 '현존재의 생기'라 부르고, 이것을 다름아닌 현존재의 '역사성'으로 이해한다. 따라서 '역사성'이란 애당초 처음부터 '역사적인 자(현존재)'의 시간적인 존재양식, 실존의 존재틀이며, 따라서 그것은 '현존재의 존재'에 속해 있다. 그리고 바로 이 '역사성'으로부터 '역사학'이라는 것도 유래한다고 그는 지적한다.

이상 우리는 인간의 모습에 관한 《존재와 시간》의 통찰을 일람해보았다. 이것이 근본적으로 수정되는 일은 없으나, 존재에 대한 인간의 지위 문제와 관련된 이른바 '전회(Kehre)'를 거치면서 하이데거의 인간론도 다른 각도에서 재조명을 받아 새롭게 전개된다.

3. 《존재와 시간》 이후의 인간론

《존재와 시간》 이후의 이른바 후기 사유, 일명 존재사적 사유(Seinsgeschichtliches Denken)에서는 논의의 중점이 인간에서 존재 자체 쪽으로 이동하는 듯이 보인다. '전회'가 논란되는 것도 일차적으로는 바로 이 때문이다. 그러나 유심히 보면 인간의 존재론적 의의가 축소·약화되거나 수정·변화되는 일은 없다. 그래도 굳이 말하라면 주제를 바라보는 시선의 방향, 또는 전개의 방식이 달라졌다고 할 수는 있다. 달라진 그 후기 사유에서 하이데거는 인간에 관해 다음과 같은 사실들을 알려준다. 두드러진 것들을 간단히 정리하자면 다음과 같다.

인간은 무 자신이 무화하는 불안 속에서 전체로서의 존재자를 **초월**한다.

인간은 존재가 거기서 드러나는 '**현-존재**(Da-sein)'이다.

인간은 언어라는 거처에 **거주**한다.

인간은 세계에 거주한다.

인간은 존재의 진리 속에 '**나-섬**'으로서 존재의 진리를 지키는 파수꾼이다.

인간은 존재의 말 걸음에 대한 응답으로서 **사유**한다.

인간은 '죽을 자'로서 '땅' '하늘' '신적인 것'과 더불어 '**세계**의 **일부**를 이룬다.

인간은 **고향을 상실**하고 있다.

인간은 존재와 본연적으로 서로 **공속**한다.

이러한 말들도 설명을 필요로 한다. 그러나 이에 관한 충분한 논의 또한 여기서는 불가능하다. 역시 제한적인 설명만을 덧붙이기로 한다. 이 설명은 후기 하이데거의 인간론에 대한 하나의 이정표가 될 수 있다.

《존재와 시간》 발표 직후 1930년대 초에 하이데거는 '형이상학'을 주제화시키면서 인간이 '형이상학적 존재'임을 강조한다. 그러나 이는 그가 훗날 강력하게 비판하는, 극복해야 할 전통적 형이상학과는 무관한, 인간 자신에게 근본적 가능성으로서 내재하는 '초월'적 경향을 가리킨다. 그의 논의를 압축해서 말하자면, 인간은 '불안'이라는 '근본기분' 속에서 '무' 자신이 '무화'하는 사태에 직면하면서 '전제로서의 존재자'를 넘어서는 '초월(=형이상학)'을 수행할 수 있다는 것이다. 이러한 초월을 통해 인간은 단순한 '관념적 무'가 아닌 '무 자체'를 만날 수 있을뿐더러, '도대체 왜 존재하는 것이 있으며 오히려 무가 아닌가?' 하는 것을, '아무튼 무가 아니라 존재하는 것이 있다'는 것을 '경이'로서 받아들일 수 있게 된다.

1936년부터 38년에 걸쳐 작성한 방대한 양의 수기 《철학에의 기여》에서 하이데거는 인간이 '현-존재(Da-sein)'임을, 즉 존재의 진리가 드러나는 장, 존재의 진리의 근거임을 명확히 주제화한다. 인간의 긍지는 이 점에서 가능해진다. 이 점과 관련해 그는 인간을 '존재를 찾는 자' '존재의 진리를 지키는 자' '마지막 신의 조용한 지나침을 망보는 자'로 규정한다. '현'이란 그 스스로 나타나면서 비은폐되어 현성한다는 것, 전체 존재자 그 자체의 열려 있음, 존재 자체의 트여 있음이다. 현존재란 그러한 현의 존재를 말하며, 존재자의 현실 방식을 말하는 것이 아니다. 여기서 인간은 철저하게 존재와의 관련에서 이해되고 있다.

1949년에 발표되어 큰 반향을 불러일으킨 《휴머니즘에 관하여》에서 하이데거는 로마적 의미의 '인간성'에 경계를 나타내면서, 존재와의 관계에서 보아 인간의 진정한 의의는 '나-섬'(탈-존)에 있음을 강조한다. 이는 쉽게 말해 인간이 그 자신만으로 단독으로, 또는 패쇄적-단절적으로, 존재하는 자가 아니라, 존재의 '관여'(말 걸음)

에 따라 존재의 빛(진리) 안에 나서-있다는 것이다. 존재의 진리를 '지키는' '목자' 라는 유명한 말도 이러한 의미를 나타내는 것이다. 전기에서 강조된 '실존(Existenz)' 이 이처럼 '탈-존(Ek-sistenz)' 이라는 심화된 모습으로 이해된다.

후기 사유의 압축판이기도 한 이 글에서 보여지는 또 하나의 큰 주제는 인간이 '언어적 존재' 라는 것이다. 후기 사유 전체를 그 사정거리에 두는 이 말은 인간이 '언어' 라는 거처에 거주한다는 것이다. 이때 언어는 단순한 의사소통의 도구가 아니라 '존재의 집' 으로서, 그 자체가 존재에 대한 '응답', 인간 '본질의 거처' 라고 해명된다. 언어는 존재로 지어진 집인 동시에 인간이 살고 있는 집이라는 점에서 양자 모두의 것이다. 언어는 분명 인간의 언어이지만 어떤 점에서는 인간에 선행한다는 것을 하이데거는 '언어 자체가 말한다' 는 말 등으로 은근히 그러나 강력하게 시사한다.

후기 사유에서 광범위하게 논의되는 핵심주제의 하나는 인간이 '사유적 존재' 라는 것이다. 사유는 존재의 '말 걸음' 에 대한 인간의 '응답' 이다. 이 응답은 '청종' 이라고도 표현된다. 이는 사유가 인간의 사유이면서도 그 주도권은 오히려 존재 자체 쪽에 있음을 시사한다. 단 존재와 사유의 관계는 근본적인 공속으로서 발현에 속하는 것이다. 서로가 서로를 요구하는 공존관계인 것이다. 내용적으로 볼 때 그것은 '존재의 언어화' 라고 할 수도 있다. 그것은 존재 내지 존재의 진리를 그 '요소' 또는 '사태' 로 갖는다.

1954년에 발표된 《강연 및 논문》에서 하이데거는 인간이 '거주하는(Wohnen)' 자임을 강하게 인상 지운다. 그것은 언어 속에 체류

한는 것과, 시인적으로 산다는 것, 그리고 원천적 의미에서의 '건설한다'는 것을 함의한다. 거주한다는 것은 단순히 숙소를 소유하는 것이 아니라, 머문다, 체류한다는 것, 그리고 근원적으로는, 죽을 자인 인간이 지상에서 존재하는 방식 내지 근본틀을 뜻한다. 그리고 어원적으로는 '소중히한다' '보살핀다'는 의미도 갖는다. 각각 그 본질이 보살펴지는 그런 자유로움 속으로 감싸여 머문다는 것이 거주의 참뜻이다. 이러한 거주는 '세계'에서의 거주이다. 후기의 하이데거가 말하는 세계는 특이하다.

후기 사유의 또 한 가지 특이한 성과 중의 하나가 강연 〈사물〉 등에서 전개되고 있는 '사방(Geviert)'으로서의 '세계'이다. 인간은 '죽을 자'로서 '땅' '하늘' '신적인 것'과 더불어 윤무하는 이 '세계'의 일부를 이룬다. 인간은 '죽을 자'라는 것을 그는 이 이름으로써 명백히 하고 있다. 인간의 죽음은 다른 존재자의 종말과 근본적으로 구별된다. 인간은 '사자'로 구성되는 '세계' 내지 '방역'(Gegend)의 일부로서 나머지 삼자들과 근원적으로 연관된다. 그것을 그는 '반영'이라고도 '윤무'라고도 '영동'이라고도 부른다. 불가분적인 이 원천적 '서로-얽힘' (서로 마주한 열림)은 하이데거의 중요한 통찰 중의 하나다.

인간이 시인적으로 거주한다는 것은 인간 현존재의 근본 틀인 거주의 본질과 관계해서 이해된다. 시작한다는 것은 거주하게 함, 그리고 건설함을 뜻한다. 이 논의에서 하이데거가 주시하는 것은 인간이 '언어적 존재'이며 인간의 거주가 언어적 거주라는 것이다. 이것은 그러나 인간이 표현의 수단으로서 언어를 사용한다는 그런 뜻이 아니라, 그 스스로 이미 '말하고 있는' 언어 자신의 말 걸음(Zuspruch)에 대해 우리 인간이 응답(Entsprechen)한다는 뜻이다. 이 지상에 인간의 성과는 가득하지만 인간의 진정한 참모습은 지상에서의 시인적(언어적) 거주 내지 사유라고 하이데거는 강조한다. 이것은 사방으로서의 세계에 대한 본질적인 관여를 뜻한다. 재는 것, 척도를 갖는 것이라는 근원적 의미로 이것은 이해된다. 이것은 부름으로써 나타나게 하는 것, 보게 하는 것이기도 하다.

덧붙여서 지적해두고 싶은 것은 후기의 하이데거가 곳곳에서 '고향상실자' 로서의 인간을 그려내고 있다는 것이다. 인간의 고향상실(Heimatlosigkeit)은, 인간이 세계를, 그 안에서 안주하고 아늑함을 느낄 수 있는 장소로서가 아니라, 전통 형이상학에 기초한 과학과 기술을 통해 조작하고 지배할 수 있는 대상으로 설정하고 있다는 위기적 사태를 말한다. 그 핵심에는 '존재망각'이 놓여 있다. 그 극복을 위해 하이데거는 형이상학의 정초나 형이상학의 근거에로의 진입을 모색한다.

후기 하이데거의 인간론에서 가장 결정적인 것은 역시 인간과 존재와의 '공속성(Zusammengehörigkeit)' 이다. 적절한 비유일지 모르겠지만 그것은 선생이 학생과, 남편이 아내와 근본적으로 짝지어져 어느 한쪽이 없이는 다른 한쪽이 불가능한 것처럼 원천적으로 서로 얽혀 있다. 그래서 그는 양자의 공속을 '발현(Ereignis)' 이라고 규정한다. 애당초 본래부터 그렇다는 것이다. 그는 1962년의 강연 〈시간과 존재〉에서 이 점을 분명히 강조한다. 물론 이 점은, 현존재라는 명칭에서 보이듯,《존재와 시간》의 출발점에 놓인 통찰이기도

했다. 그것이 그의 기나긴 사유의 여정에서 견지되고 발전되어 궁극적 '발현'에까지 도달했다는 것은, 이 공속이 하이데거 인간론의 근본 중의 근본임을 확인하게 해준다.

4. 맺는 말: 성과와 한계

이상에서 보았듯이 하이데거는 인간의 근원적인 존재 구조들을 밝혀 보여주었다. 그것은 인간이 '존재론적 존재', '존재사유적 존재'라는 근본사실에 정향한 것이었다. 그러나 세부적인 내용들은 순수한 인간론적 관심에서도 충분히 읽혀질 수 있는 것이었다. 하이데거라는 거울에 비친 우리 인간의 모습은 '존재를 아는 자' '묻는 자' '물음을 받는 자' '특별한 자' '실존자' '던져진 자' '던지는 자' '드러내는 자' '초월자' '나가-서는 자' '죽을 자' '사유자' '말하는 자' '열린 자' '거주자' '고향 잃은 자'…… 등 넓고도 깊은 것이었다. 이 말들 속에는 분명한 우리의 실상이 있다. 어쩌면 이것들은 너무나도 당연한 모습들이다. 그렇기에 이에 관한 하이데거의 진지하고 거창한 논의가 오히려 의외처럼 느껴질 수도 있다. 그러나 겸허하게 귀 기울여보면, 너무도 당연한 그 사실들이 실은 너무도 중요한 근원적 진리임을 그는 깨닫게 해준다. 당연한 것의 놀라움(thaumazein)을 일깨운다는 점에서 그것은 지극히 철학적이며, 따라서 훌륭한 성과로 인정될 수 있다.

특히 그가 전체 존재자 가운데서 인간이 갖는 우위를 그토록 강조하면서 사유의 역정을 시작했음에도 불구하고 존재에 대한 인간의 수동성을 끝까지 망각하지 않고 호소한 것은, 환경파괴로 상징되는 작금의 인간 전횡 내지 기술 만능 시대에 대해 시사하는 바가 크다. 인간은 자신이 세계의 전부가 아님을 알고, 자신이 세계의 주인이 아님을 알고, 세계 속에서 겸손해야 한다. 이 또한 하이데거 인간론의 중요한 철학적 성과라고 말할 수 있다.

그래도 하이데거는 인간이 어떤 특별한 자임을 분명히 한다. 오직 인간만이 이 엄청난 존재를 아는 자이다. 이 존재를 사유와 언어 속에서 기념할 자는 인간밖에 없다. 하이데거는 인간의 그러한 지위와 책무를 일깨우고 있다. 이 또한 하이데거 인간론의 간과할 수 없는 성과에 속한다.

하지만 '하이데거 만세!'는 제한적이어야 한다. 인간이 무엇보다도 사연 가득한 '세상' 속에서 희로애락을 겪어가는 '삶의 존재'이며 그 '삶의 구조'가 어떤 것인가 하는 정작 가장 '인간적'인 인간의 모습에 대해서 그는 사실상 거의 눈길을 주지 않았다. 예컨대 행복과 불행, 성공과 실패, 희망과 절망, 사랑과 미움, 일과 놀이, 성장과 노쇠, 부귀와 빈천, 소유와 상실, 옳음과 그름, 지배와 예속⋯⋯, 이러한 삶의 문제들이 '인간'과 결코 무관할 수 없음을 생각할 때, 이것이 결여된 인간론은 결국 공허하고 현학적이라는 비판에 부딪칠 수 있다. 하이데거에게도 이것은 해당된다. 그것은 물론 그의 문제의식이 애당초 인생론적이 아니라 존재론적이기 때문에 불가피한 것이기는 하지만, 따라서 그의 책임이나 의무는 아니었지만, 그의 그 뛰어난 철학성이 이쪽까지 향했더라면 하는 아쉬

움은 못내 지울 수가 없다. 그것은 이제 고스란히 우리의 과제로서 남겨져 있다.

참고문헌

소광희, 《하이데거 존재와 시간》 강의, 2003, 문예출판사.
안상진 외, 《하이데거 철학의 근본문제》, 1996, 철학과현실사.
이기상, 《존재의 바람, 사람의 길》, 1999, 철학과현실사.
이수정·박찬국, 《하이데거》, 1999, 서울대출판부.

필자 소개

일본 동경대 대학원 인문과학연구과 철학전문과정에서 석사 및 철학박사를 받았으며 일본 동경대·독일 하이델베르크대학·프라이브루크대학 연구원을 지냈다. 한국하이데거학회 회장을 역임하고, 현재 창원대 철학과 교수로 재직 중이다. 저서로 《『存在と時間』から『時間と存在』へ―「存在」と「時間」の問題を中心に見たハイデガ―の思惟》(박사학위논문, 1990)가 있으며, 《달려라 플라톤 날아라 칸트》(감수 및 공저; 해냄, 1995), 《하이데거―그의 생애와 사상》(공저; 서울대출판부, 1999) 등을 펴냈다. 번역서로는 《현상학의 흐름》(이문출판사, 1988), 《해석학의 흐름》(이문출판사, 1995), 《근대성의 구조》(민음사, 1999), 《일본근대철학사》(생각의 나무, 2000) 등이 있다.

지은이 소광희 蘇光熙

충남 대전에서 출생하여 서울대학교 철학과에서 학부와
대학원 과정을 마치고(철학박사), 서울대학교 철학과 교수로 재직했다.
한국철학회 회장과 서울대학교 인문대학장을 역임했으며,
서울대학교 명예 교수와 대한민국학술원 회원으로 있다.
지은 책으로는 《시간의 철학적 성찰》,《자연 존재론》,
《하이데거 〈존재와 시간〉 강의》 등이 있고,
옮긴 책으로 하이데거의 《존재와 시간》,《시와 철학》 등이 있다.

인간에 대한 철학적 성찰

지은이   소광희
펴낸이   전병석·전준배
펴낸곳   (주)문예출판사
신고일   2004. 2. 12. 제 312-2004-000005호
         (1966. 12. 2. 제 1-134호)
주 소   서울특별시 마포구 월드컵북로 6길 30
전 화   393-5681   팩 스 393-5685
이메일   info@moonye.com
블로그   blog.naver.com/imoonye

제1판 1쇄 펴낸날 2005년 5월 20일
제1판 4쇄 펴낸날 2014년 9월 30일

ISBN 978-89-310-0497-7   03100